U0049666

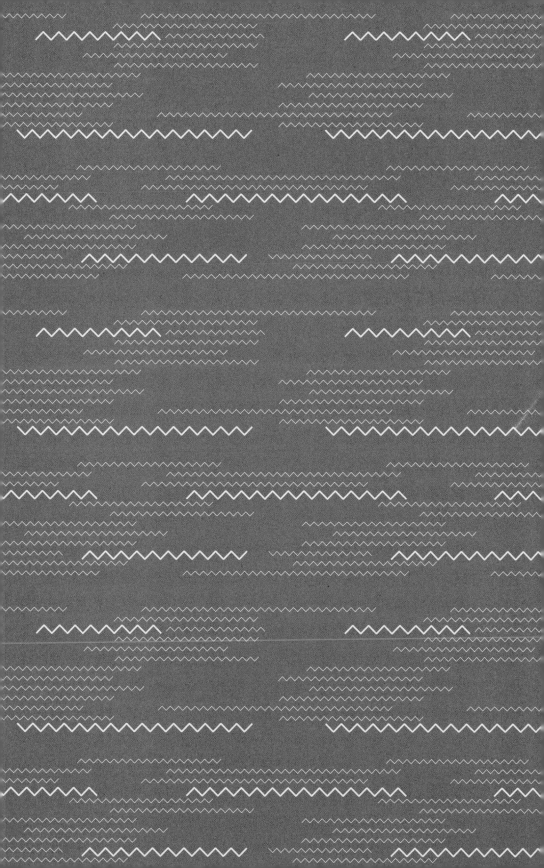

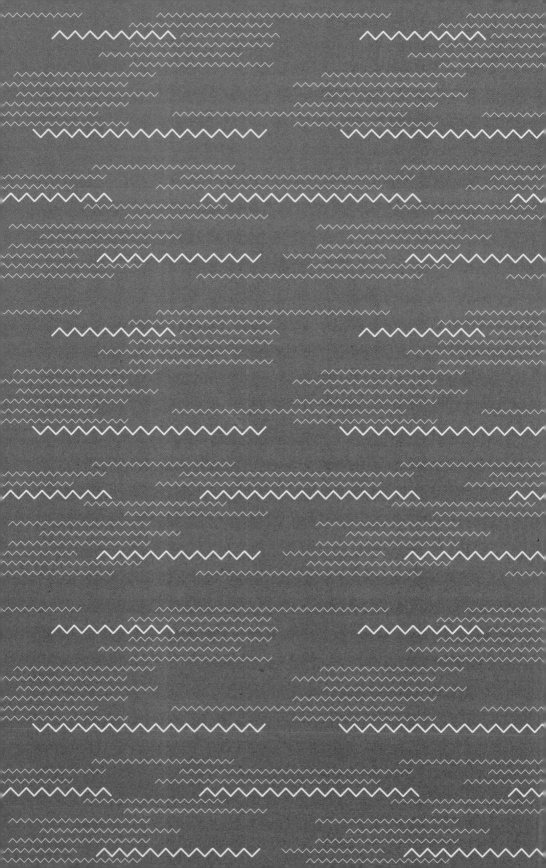

柏南克
談聯準會
二十一世紀貨幣政策

21st CENTURY
MONETARY POLICY

The Federal Reserve from
the Great Inflation to COVID-19

柏南克●著　洪慧芳●譯

**Ben S.
Bernanke**

CONTENTS

他是那個時代對的人

關又上

　　不知道你看過奧斯卡影帝羅素克洛（Russel Ira Crowe）所主演的一部電影《最後一擊》（Cinderella Man）嗎？電影根據真人真事故事改編，描述 1930 年代經濟大蕭條的時代，一個失意的拳擊選手如何為家庭，為經濟，為生存而戰的故事。

　　其中有一個場景，寒冬來臨，那個酷寒真不是一般人可以忍受的，家人小孩生病，卻因為交不起燃料費而被斷暖，主人太太苦苦哀求執行任務的工人高抬貴手，工人說，如果違反公司規定，我自己也會因此失業，沒有了工作，我家人也無法度過這個寒冬。

　　許多人可能不知道，1930 年代的美國經濟大蕭條，是間接引發第二次世界大戰的原因之一，你說二戰喪失了多少人命？而共產主義興起到今天依然餘波蕩漾，若沒有因共產主義興起的前蘇聯，就不會有今天的俄烏戰爭，也就不會有 2022 年的高通膨和後續引發的股災，以及投資者荷包的失血。

　　巴菲特出生於 1930 年 8 月經濟大蕭條的年代，所以一生中也充滿了危機感和那份勤奮，他了解在那個年代下生存之不易，就如同電影中的男

主角，必須放下自尊排隊去領取救濟金和食物。

大膽實驗

　　說了那麼多的背景，你或許才會有一點感覺，為什麼柏南克是熱衷研究大蕭條時代的經濟學家。在華爾街日報的一篇報導中，一位紐約大學的經濟學家提到了，柏南克關心而且熱衷於研究美國聯準會在 1930 年代經濟迅速下滑時，身為中央銀行的角色卻未能進行干預的原因和議題，柏南克當年下的這個苦功夫完全沒有白費。憑藉著他對大蕭條的充分了解，所以才能在金融海嘯來臨時大膽因應。

　　有經濟學家認為，柏南克或許也受到二次世界大戰期間，美國最偉大總統之一的富蘭克林・羅斯福透過「大膽實驗」（bold experimentation）抗擊大蕭條的啟發。他透過知識和熱情，領導聯準會率先採取積極和創造性的干預政策，量化寬鬆政策（Quantitative Easing，簡稱 QE）的創舉將全世界經濟從第二次可能的大蕭條中拯救出來，恢復金融市場的正常狀態，可以說是史詩般的成就。他的學術研究也讓他在 2022 年因「對銀行及金融危機的研究貢獻」，獲頒諾貝爾經濟學獎。

　　當然，量化寬鬆政策的後續發展與影響，許多經濟學家也還在觀察中，因此在華爾街日報談論柏南克的那篇報導中，不全是歌功頌德，也關注後遺症的部分，但我們仍可以確定的是，2008 年金融海嘯引起全球經濟的恐慌和不安，如果不是聯準會介入，如果不是柏南克對經濟大蕭條如此扎實的了解和研究，以及那份熱情和過人的膽識，那第二次經濟大蕭條的災難是恐怖且難以想像，所以和事後（可能）的後遺症相比，當時柏南克的勇敢決斷就顯得更加傳奇，這個精彩就留待給你在書中慢慢品味了。

熟悉投資和歷史的人都清楚，美國在尼克森時代把黃金跟美元做了脫鉤，當年的財政部長康納利（John Bowden Connally, Jr）說了這麼一句話：「美元是我們的貨幣，但是你們的問題」。柏南克的量化寬鬆政策也造成各國央行的困擾，像是沒有受到房地產次級風暴影響的台灣，也受到波及。柏南克退休後於 2015 年來台訪問時，當時的央行總裁彭淮南先生曾經溫柔地向他表達抗議，聯準會的量化寬鬆政策造成的台灣的困擾，新聞媒體報導柏南克微笑回應，如果屬實，這算是有修養的了，如果像當年美國尼克森時代財政部長的說詞，「我們的 QE，你的問題」那樣強勢回應的話，就讓人更跳腳了。

政治上所謂弱國無外交，金融呢？台灣是金融的弱國嗎？在我看來不見得，賴清德在行政院長任內推出 100 兆新台幣的金融振興方案，與世界接軌，這個資金大致是借重銀行定存 40 兆，證券 37 兆，保險公司 23 兆。但很可惜的是，台灣上市公司整體本益比在 2022 年 11 月大約是 9，彷彿又回到張忠謀先生曾說過的台灣折扣（Taiwan Discount）。我們甚至可以說，只占 20 兆的外資在台灣證券市場呼風喚雨，利用成熟的金融操作及避險，幾乎是以少擊眾，導致台資企業的股價受到壓抑。當年台灣資本市場小，必須仰賴外資給予刺激協助成長，如今台資已經長成大象，卻彷彿是當年小象受到繩子的牽絆，永遠不敢離開那個圈圈。

紐約大學的某位經濟學家提到，羅斯福總統的大膽實驗試行了凱因斯的刺激計劃，讓美國走向經濟復甦，進而帶動全球。這裡可以給我們什麼樣的啟示，柏南克雖然是一個經濟學家，但在很多行為決策上，尤其 2008 年的量化寬鬆政策，展現了政務官的膽識。

有專業又有擔當

我曾經接受台灣媒體的訪問，主持人問為什麼我們的勞工退休金會面臨破產危機，我回答關鍵在「專業和擔當」，台灣的主事者經常是，有專業的欠缺了擔當，有擔當的欠缺了專業，而這兩項要件在柏南克量化寬鬆政策的決策上「完美演繹」，何以見得？

我用一個柏南克的小故事，作為我們台灣政務官的一個啟示，有位美國知名記者曾寫文評論，標題是「我們欠柏南克一個感謝」。這位記者說，他當年因為量化寬鬆政策帶來的後遺症，因而建議歐巴馬總統撤換柏南克。但這幾年實踐下來，量化寬鬆政策確實穩定了金融市場，也讓美國經濟復甦，避開第二次經濟大蕭條。

該篇評論寫到，柏南克在金融海嘯後實行前所未有的量化寬鬆政策，面臨許多人的質疑和施壓，有一天他離開辦公室，進入停車場時，警衛遞給他一張紙條，柏南克先生說，這張字條給了他很大的鼓勵，字條引用南北戰爭時林肯總統的一段話：「我將盡我所知，和我所能，直到終點。如果結局平安無事，證明我所做是對的，那麼一切對我批判的言詞已不算什麼；如果結局證明我是錯的，那麼十個天使發誓我是對的也無濟於事。」

台灣已經有條件可以創造更穩定的金融市場，和證券市場的收益，但因為決策欠缺擔當，導致明明有 40 兆豐沛的銀行資金水源，卻無法灌溉證券市場的良田，以致於受外資資金的輕意調控，也間接造成台灣證券市場體質良好，卻只有美國市場一半的估值。當全民的退休金不能和台灣的經濟掛勾，與全世界退休金管理的潮流背道而馳的時候，這豈是政策決策者樂見，決策者欠缺的正是柏南克效法羅斯福總統的的擔當，柏南克看到的是羅斯福總統的典型在夙昔，進而見賢思齊，反觀我們，會不會是憂讒

畏譏，僅僅是追求了小確幸？

許多人看到了柏南克量化寬鬆政策的成功是因為專業，而我卻認為那是「專業與擔當的結合」。走筆至此，你能告訴我，為什麼美國的政務官可以借鑑如此典範，而我們卻不行？您說問題出在哪裡？

（本文作者為美國又上成長基金經理人、財經作家）

導讀
反求諸己的勇氣

陳南光

　　柏南克、戴蒙（Douglas Diamond）以及迪布維格（Philp Dybvig）共同獲得 2022 年諾貝爾經濟學獎。台灣許多報導第一時間聚焦在柏南克曾擔任聯準會主席，以及任期間推行的量化寬鬆政策，還有津津樂道他卸任後於 2015 年 5 月來台演講時被「嗆聲」的逸事。誠然，柏南克在聯準會主席（2006 － 2014）任期間實施的貨幣政策，對全世界金融體系與市場具有無與倫比的影響力，在本書的歷史敘述中也占一席重要地位。不過，柏南克的學術成就才是他得獎的主因。對於柏南克的學術貢獻有多一些了解，應有助爬梳本書的脈絡，增進閱讀的樂趣。

　　傅利曼（Milton Friedman）與許瓦茲（Anna Schwartz）的鉅著《美國貨幣史，1867 － 1960 年》是柏南克開始研究 1930 年代銀行恐慌與大蕭條成因的主要參考文獻。傅利曼與許瓦茲認為，聯準會的政策失誤使得貨幣供給極度萎縮，是造成大量銀行倒閉與大蕭條的主因。柏南克認為這是極具洞察力的見解，不過，這還不是整個故事的全貌。柏南克在 1983 年的論文的發現，貨幣數量的變動雖然在全部樣本期間（1919 － 41）顯著影響美國工業生產成長，但僅能解釋 1930–33 年間工業生產下挫幅度的一

半，無法完整說明大蕭條期間極為嚴重的經濟衰退與緩慢的復甦。

柏南克進一步研讀其他重要文獻，尤其是費雪（Irving Fisher）在 1933 年關於債務緊縮（debt deflation）的論文，說明 1930 年代的通貨緊縮使得家庭與企業的實質負債上升，造成大批銀行資產品質惡化並倒閉；以及密希金（Frederic Mishkin）在 1978 年的論文，認為家庭資產負債狀況所造成的流動性緊縮與大蕭條之間有緊密關聯。於是，柏南克理解到金融因素在形成大蕭條上的關鍵角色。他的切入點是，當金融市場存在各種不同類型的借貸交易障礙時，金融中介扮演造市者與訊息蒐集的角色。對於金融中介服務的使用者而言，就會產生金融中介成本。當爆發金融危機，許多銀行出現財務困難甚至倒閉，難以繼續提供這些金融中介服務，中介成本將急遽上升，造成整體銀行信用嚴重萎縮，使得投資與生產中斷。因此，許多銀行倒閉造成金融中介服務中斷，對於大蕭條期間的深度衰退與緩慢復甦提供更為完整的解釋。此研究結論延伸出的政策意涵是，央行與金融監理機構應該致力於降低借貸交易障礙，尤其是訊息不對稱性，並據此制定適當的監理制度與規範，降低金融機構的中介成本，提升金融中介的效率。

2022 年同樣獲頒諾貝爾經濟學獎的戴蒙與迪布維格，則認為銀行內在的不穩定性是金融危機的主要來源，並提出稱為「Diamond-Dybvig 模型」的理論模型，用來解釋危機的形成過程。他們的切入點是銀行提供期限轉換的功能，亦即將流動性高的存款轉成流動性低的放款，而這期限錯配（maturity mismatch）正是銀行脆弱性的來源。因為當人們預期轉為悲觀，認為銀行可能倒閉時，存款人會爭相到銀行領取現金，迫使銀行將投資於長期流動性低的資產賤售求現。如此不僅具生產性的長期投資被中止，也可能造成銀行負債大於資產而倒閉。於是當初大眾（或許是莫名）

的信念改變，反倒成為自我實現的預言（self-fulfilling prophecy）。由此所得的政策意涵也與柏南克稍有不同：銀行內在的不穩定性給予政府與央行更大的介入空間；據此，除了建立存款保險制度，戴蒙與迪布維格更強調央行作為最後貸放者（lender of last resort）的重要性，尤其最後貸放者在危機形成前的承諾，可降低大眾的恐慌心理，遏止擠兌的觸發。

我個人認為柏南克更大的貢獻在於，其後偕同幾位共同作者，尤其是葛特勒（Mark Gertler），進一步擴展其原先的想法，發表一系列極具影響力的論文。他們將前述的金融中介成本擴展，並具體化一個源於借貸市場訊息不對稱的概念：外部融資溢酬（external finance premium）；同時，他們亦首度將外部融資溢酬置入總體經濟一般均衡模型中。如此一來，外部融資溢酬與廠商或家庭的資產負債表因而產生連結；亦即當廠商與家庭的財務狀況惡化，外部融資溢酬將升高，使廠商與家庭的外部融資更形困難，投資與消費因而大幅滑落。透過上述金融與實質部門互相強化的過程——他們稱之為財務加速效應（financial accelerator effect），放大並傳遞初始衝擊，進而擴大並延長經濟衰退的幅度與期間。這些研究成果不僅有助我們了解金融與實質部門的相互影響的運作過程，也契合實證估計結果，對於總體經濟理論與實證的發展有深遠的貢獻，也影響各國央行與金融監理機構制定其貨幣政策與監理制度。

本書的主題

如同作者所言，本書透過歷史的視角檢視從過去到現在的聯準會，以了解聯準會的政策工具與策略如何演變至今天的樣貌。更重要的是，省思聯準會過往所面臨的各種挑戰中學到了什麼，以及貨幣政策未來可能的發

展路徑。

傅利曼與許瓦茲的《美國貨幣史，1867–1960 年》對於聯準會貨幣政策的討論停筆於 1960 年，本書則從 1951 年馬丁（William Martin）就任聯準會主席做為起點，討論至 2021 年底美國通膨再度大幅飆升的前夕，涵蓋約七十年的歷史敘事。本書也採用類似傅利曼與許瓦茲的方法來分析聯準會貨幣政策的演變，以及其在不斷變遷的經濟與金融部門中所扮演的角色。正因如此，本書作者頗有承續傅利曼與許瓦茲巨著的自我期許。本書內容紮實嚴謹，對各種概念的解說邏輯清晰；全書行文流暢，毫不拖泥帶水。讀者不論是否具有經濟金融背景，應皆可從中獲益。與傅利曼與許瓦茲不同的是，本書捨棄使用資料圖表與方程式輔助說明，或許是顧及更廣大讀者的閱讀習慣。

聯準會主席從馬丁嬗遞到鮑爾（Jerome Powell），其政策工具與操作手法已有顯著的改變。柏南克認為，這些改變深受這期間通膨與失業率關係改變、自然利率長期下降以及金融不穩定風險增加的影響。在這三個長期趨勢的演變下，柏南克討論這期間經濟與金融上的重大議題，以及聯準會如何因應這些挑戰。特別是，從全球金融危機到新冠疫情，聯準會所扮演的角色已一再擴大，不斷跨越過去被視為禁忌的紅線，由最後貸款者，轉為最後購買者（buyer of last resort），並充當信用配置者（credit allocator）。央行除了承擔部分財政當局的紓困責任，還兼任類似於商業銀行的角色。

因此，柏南克在本書中使用最後三分之一的篇幅，深入討論聯準會面臨的挑戰，包括檢討聯準會在 2008 年之後採用的政策工具——像是量化寬鬆、前瞻指引；新冠疫情期間推出一些頗具爭議的措施——像是採用彈性平均通膨目標機制（flexible average inflation targeting, FAIT）的貨幣政

策架構、涉入準財政政策領域；未來潛在的新貨幣政策工具——像是負利率政策、殖利率曲線控制；虛擬通貨與數位美元；央行獨立性的威脅；以及央行在氣候變遷與貧富不均等重大社會議題上的角色等議題。

事實上，過去七十年聯準會所面臨的諸多問題，至今仍是各國央行必須面對並具有急迫性的重大議題，其中尤以通膨與通膨預期，以及金融穩定兩大議題特別與台灣息息相關。以下我會分別討論這兩點。

通膨與通膨預期

柏南克在書中詳細檢視大通膨時期（1960 年代中期持續到 1980 年代初），聯準會的政策反應與通膨走勢的相互影響。柏恩斯（Arthur Burns）在 1970 年接任聯準會主席時，認為當時的通膨主要是由「成本推動」的力量造成的，而非來自需求面拉動或寬鬆貨幣政策。1973 年 10 月的石油危機與緊接而來的通膨飆升，更強化柏恩斯主張通膨是由成本推動造成的觀點。因此，他極力主張實施全面的薪資與物價控制，而非以緊縮貨幣政策來抑制通膨。然而，「前面幾輪的價格控制並未能結束通膨，所以價格控制措施在多數美國人的心中已失去可信度。」柏南克接著分析，「聯準會為了遏制通膨上升，在 1973 年確實啟動了連串的升息，但經濟陷入衰退時，利率又降回來了。事實證明，這種『走走停停』的模式不僅無效，還使通膨與通膨預期逐漸升高。」結果，通膨持續走高，籠罩整個 1970 年代。

今日我們面對的通膨情境，與 1970 年代頗有似曾相識之感。直到 2021 年底，聯準會主席鮑爾仍稱通膨只是暫時性（transitory），因此遲至 2022 年 5、6 月間才大幅升息因應。台灣也有類似狀況，近期有些看法同

樣認為通膨是暫時性，因為台灣物價上漲主要來自於國際原物料與油價上漲，以貨幣政策（升息）因應供給面的衝擊並無效果，而且恐會影響經濟成長。因此，至今央行仍多以半碼爬行的速度升息，物價控制則多依賴水電油氣等費率凍漲。然而，當通膨持續走高，不論來自需求拉動或成本推動，將導致民眾提高通膨預期。由於通膨預期自我實現的特性，最終將回饋到通膨本身，使得通膨進一步上升。如何打破通膨與通膨預期互相強化的惡性循環，避免民眾的高通膨預期變得根深蒂固，至關重要。據此，央行不能以成本推動的通膨非央行能力所及為藉口，束手坐視通膨與通膨預期持續上升。

聖路易斯聯邦準備銀行總裁布拉德（James Bullard）在 2022 年 6 月撰文，比較聯準會前後兩任主席柏恩斯與伏克爾（Paul Volker）回應通膨政策的差異，對大通膨時期通膨與經濟所造成的影響。他分析，柏恩斯面對 1974 年的高通膨時，把通膨歸諸於油價高漲、企業與工會大幅調升商品價格和薪資（也就是「成本推動」），因此未持續緊縮貨幣政策以防止通膨復熾，結果造成高通膨持續更長的時間，並且從 1970 年代中期到 1980 年代初進入三次經濟衰退。伏克爾接任之後，在 1980 到 1981 年間巨幅提高利率，並且當 1983 年通膨下降之後，仍然維持相對高的利率，以持續抑制通膨預期復熾。這結果帶來 1980 年代中期之後穩定的通膨與持續擴張的經濟活動。因此，布拉德認為貨幣政策若能儘早回應通膨，不僅可以維持低而且穩定的通膨，而且有助未來經濟的擴張。

國際清算銀行（Bank for International Settlements，BIS）發表於 2022 年的跨國研究，也得到類似結論。該文檢視 1985–2018 年間三十五個國家貨幣政策緊縮循環（連續三季政策利率上升）的追蹤資料，將緊縮循環高峰後三年內，經濟進入衰退（連續兩季 GDP 負成長），定義為硬著陸；若

經濟未進入衰退，則為軟著陸。該文發現，應趁通膨仍不高時即介入，方能更迅速完成緊縮循環，並相對上可避免硬著陸。雖然各方仍存在對於大幅升息可能造成停滯膨脹的擔憂，近來多國央行的態度已反映布拉德與 BIS 的看法，認為央行必須迅速採取行動以降低高通膨，防止高通膨變得根深蒂固，如此也能進一步降低經濟步入衰退的風險。

金融穩定

柏南克與葛特勒在 1999 到 2001 一系列的論文，認為貨幣政策（調整利率）不適宜用來防範資產價格（當時他們討論的對象是股市泡沫）引發的金融穩定風險。這是由於（1）央行可能無法準確辨識泡沫；（2）利用貨幣政策來戳破資產價格泡沫，可能導致難以預料的後果；（3）以調整利率處理金融穩定風險是大而無當（blunt）的工具，會連帶影響整體經濟表現。然而，二十餘年來經濟理論與計量方法的進展，許多新證據已逐漸浮現，促使柏南克改變主意，認為有重新檢視這問題的必要。

比如，許多研究發現，低利率會藉由提高資產價格以及改善借貸雙方的資產負債表，使投資者願意承擔更高的風險，並大幅擴張信用，這就是貨幣政策的風險承擔管道（risk-taking channel of monetary policy）。其次，大量文獻證實，信用擴張通常伴隨資產價格飆漲，與隨後的金融危機之間有顯著的關聯；更重要的是，由房價上漲所驅動的信用擴張並引發的金融危機，往往導致經濟陷入深且持久的衰退，其後經濟復甦也更加緩慢。因此，央行若要維持金融穩定，不只要抑制信用異常高度擴張，也必須針對房價變動實施政策反應。

全球金融危機之後，各國央行與金融主管當局廣泛使用總體審慎政策

與工具，來執行金融穩定的任務。其中，許多國家針對房地產市場實施選擇性信用管制，設定貸款成數或債務所得比率的上限。然而，不少實證文獻卻發現，針對房市的總體審慎政策在減緩銀行信用成長方面有顯著效果，但是對於穩定房價的效果並未如預期顯著。因此，柏南克認為不應完全排除使用貨幣政策作為穩定金融的一項工具，只是央行面對相關的權衡取捨時，應進行詳盡的分析。一些研究即指出，當貨幣政策與總體審慎政策並行搭配使用，比起使用單一政策，可更有效穩定產出、信用與房價，達成更佳的金融與總體經濟穩定效果。所以，我們不應輕易斷言，在處理房市問題上，利率政策是大而無當的工具。

從更廣的角度來看，寬鬆貨幣政策不僅提高上述的金融穩定風險，也可能對經濟造成長期的負面效果。近年的研究顯示，寬鬆貨幣政策可能會透過重分配效應與資產價格（尤其是房價）上漲，造成所得與財富分配惡化。另一些研究也發現，寬鬆貨幣政策可能會導致資源誤置，像是造成殭屍企業（zombie firms）的增加，或者房價提高使得資源過度集中在房地產相關產業。張天惠、朱浩榜與陳南光（2022）研究台灣的資料，發現房價大漲對製造業的產出、投資、僱用量與總要素生產力均有顯著的負面影響，拖累長期的生產力與經濟成長。這些證據也凸顯央行穩定房價的正當性：穩定房價不僅能夠穩定金融，還能避免對經濟造成長期的負面影響。

反求諸己

綜觀全書，柏南克以其深厚經濟學素養與精煉文筆，分析在各時期政經情勢下聯準會面對的各項挑戰。同時，對於過去聯準會對經濟與通膨展望的誤判以及貨幣政策上所犯的失誤，包括柏南克自己任內的政策，他也

在書中加以檢討。無可厚非，柏南克當然會為自己的政策辯護，而他的觀點也將受到市場和讀者的評價與挑戰。我想重要的是，勇於回顧和檢討，可激起更多的研究與廣泛的討論，並持續改進貨幣政策。

迄今為止，回顧和討論我國央行貨幣政策，以及其對台灣金融部門與經濟發展影響的書籍，可謂鳳毛麟角。比如，亞洲金融風暴與全球金融危機期間，我國央行的政策措施效果及其後續影響為何？如同 1930 年代的大蕭條，這些重大的歷史事件在未來數十年，依然會是非常重要的研究課題。然而，我們仍欠缺容許檢討央行貨幣政策的空間，而且檢討所需的部分資料也付之闕如。身為一個高度開放的小型經濟體，必然會受到聯準會貨幣政策的外溢效果影響。只是，在「嗆聲」表達不滿之餘，央行能否反求諸己，容許外界從各個角度檢視過去到現在的政策及其影響？有勇氣面對過去，方能釐清未來發展方向，因應各種變局。期望有關我國貨幣政策的討論，日後終能獲得良性的成長空間。

（本文作者為中央銀行副總裁、台大經濟系教授）

不斷跨越政策紅線的聯準會

2020 年 1 月 29 日，傑洛姆．鮑爾（Jerome Powell）邁著輕快的腳步走上講台，開啟他擔任聯準會主席第三個年頭的第一場記者會。他打開白色的文件夾，短暫抬起頭來歡迎到場的記者，接著低下頭，開始朗讀他準備好的聲明。他的舉止低調，近乎嚴肅，但他傳達的訊息是樂觀的：美國經濟邁入有史以來最長、第十一年的向榮歲月；失業率維持在半世紀以來的最低水準，收入較低的勞工歷經了多年的薪資停滯後，終於看到薪資上漲；過去兩年擾亂金融市場的貿易緊張局勢已減弱，全球經濟成長似乎正在走穩。

他順便提到影響經濟前景的「不確定性」，「包括新冠病毒帶來的不確定性」。[*1] 不過，在這場歷時五十四分鐘的記者會上，直到開場二十一分鐘後，才有人追問病毒的後續問題 ——CNN 的記者唐娜．博拉克（Donna Borak）。當時，中國以外的地區只傳出少數病例。鮑爾謹慎地承

---

* 書末的資料來源列出聯準會的官方檔案連結，包括記者會與 FOMC 會議的逐字稿、政策聲明、新聞稿、會議記錄、預測、國會證詞。整本書的章節附注則提供額外的必要資訊，包括直接引述的頁面資料，以及較舊或較難取得的參考資料。聯準會官員發表的談話則是單獨引用。

認，新冠病毒是個「需要認真思考的議題」，可能會「對中國乃至於全球的活動造成一些干擾」。[2]

五個星期後，也就是 3 月 3 日，鮑爾走上同樣的講台，以同樣平靜的語氣，向記者宣讀一份悲觀許多的聲明。他對世界各地感染新冠病毒的人表示同情，指出病毒擾亂了許多國家的經濟，並預測遏制病毒的措施「肯定會在一段時間內拖累國內外的經濟活動」。他說，聯準會正在降息，「好讓經濟在新的風險臨頭之際，依然保持強勁」。[3] 他暗示，未來還會進一步降息。世界局勢丕變，聯準會的政策也會隨之調整。

在 1 月 29 日與 3 月 3 日的記者會之間，新冠病毒已從一個區域性的問題，演變成一場開始席捲全球的危機。這個後來人稱新冠肺炎的疾病在世界各地傳出病例，從不到一萬例（而且幾乎全在中國）增加至全球九萬多例。義大利已隔離了倫巴底地區（Lombardy）的城鎮，伊朗也傳出感染人數激增的消息。2 月 29 日，美國出現第一起新冠病毒的死亡病例，死者是西雅圖附近一名五十幾歲的男性。此後，美國的病例與死亡人數急遽增加，幾乎癱瘓紐約市與其他熱點的醫療系統。

與此同時，大家對病毒的擔憂，引發了美國金融市場自 2007–2009 年金融危機以來表現最差的一週，預示著未來的經濟麻煩大了。道瓊工業指數在 2 月稍早才剛創下歷史新高，但截至 2 月 28 日的那週已暴跌逾 12%。3 月，動盪蔓延至債券市場。連最安全的美國公債也很難找到買家，當時，買家對於持有現金以外的任何東西幾乎毫無興趣。當貸款機構與投資者都疲於因應新冠病毒所引發的不確定時，為企業、購屋者、州與地方政府提供信貸的私人信貸市場似乎有完全凍結的風險。

事實上，市場的恐慌確實預示經濟即將受到重創。隨著企業與學校紛紛關閉（有的是主動關閉，有的是在地方政府的封城指令下強制關閉），

經濟活動以前所未有的速度緊縮。2020 年 2 月，經濟從大衰退中長期復甦後，原本失業率僅 3.5%。但兩個月後的 4 月，官方公布的失業率高達 14.8%，這種驚人的漲幅可能還低估了勞力市場所受的衝擊。4 月消失的工作數量逾兩千萬個，是 1939 年開始記錄資料以來的最大跌幅。美國國家經濟研究局（National Bureau of Economic Research）的景氣循環認定委員會（Business Cycle Dating Committee）是經濟衰退與擴張時點的裁決者，該委員會後來確定，這場新冠疫情所引發的經濟衰退是從 2 月開始。

2007–2009 年全球金融危機期間，我擔任聯準會主席，所以大致上明白鮑爾與聯準會的同仁在新冠疫情期間所經歷的壓力。然而，這次危機與十幾年前我們面臨的危機不一樣。我們經歷的危機歷時將近兩年，他們遇到的危機似乎一下子全爆發了。原則上，盡可能提前因應危機比較好。鮑爾領導的聯準會迅速採取了一系列引人注目的行動，來平息金融動盪及保護經濟。聯準會把短期利率目標維持在接近零的水準，並承諾必要時會持續維持那樣的利率。為了幫助貨幣市場與公債市場恢復正常運作，聯準會放款給資金短缺的金融公司，並在公開市場上買進價值數千億美元的公債與房貸抵押擔保證券（mortgage-backed securities，簡稱 MBS）。聯準會也重新制定了金融危機時期的方案，以支持商業與消費信貸市場。此外，由於美元是全球的準備貨幣，聯準會也與外國的央行合作，確保全球市場有充足的美元供給。最終，聯準會承諾，在經濟狀況大幅改善以前，它會持續大規模買進證券——亦即所謂的量化寬鬆政策（quantitative easing）。

這些措施都是借鑑 2007–2009 年危機期間所發展出來的教戰手冊，但鮑爾領導的聯準會並未就此止步。聯準會還與國會及財政部合作，推出新的方案，支持公司債與地方債券市場，並為銀行提供放款給中型企業與非營利組織的資金。2020 年 8 月，聯準會宣布對其貨幣政策的架構做出重

大的調整——這是疫情爆發以前就已經啟動的一個過程的結果——目的是在利率已經很低的情況下，想辦法提高政策的效力。在接下來的幾個月裡，聯準會更明確地承諾，必要時它會一直維持低利率以強化其貨幣政策。

當然，這場危機的最終源頭是病毒，聯準會無法影響病毒的發展模式，也無法像政府與國會那樣，透過稅收與開支來支援那些在疫情中遭受重創的人與企業。但它可以同時利用貨幣政策及其放貸的能力，為金融體系提供穩定，使經濟中的信貸流通更加順暢，支援消費者與企業的開支，以及促進就業機會的創造。聯準會可以藉由上述種種措施，把經濟儘速帶向疫情之後的復甦階段。

我領導聯準會時常說，貨幣政策不是萬靈丹，但錢很重要，非常重要。此外，誠如鮑爾時代的聯準會對疫情的反應所示，顯著的創新與變革重新定義了 21 世紀的貨幣政策，乃至於更廣泛的央行政策。聯準會在疫情期間所採取的各種全面行動，以及決定與宣布這些行動的速度之快，可說是從前難以想像的——不僅對 1950 與 60 年代由第一位現代聯準會主席小威廉・麥切斯尼・馬丁（William McChesney Martin Jr.）所領導的聯準會來說是如此，對史上最有影響力的央行總裁之一艾倫・葛林斯潘（Alan Greenspan）所領導的 1990 年代聯準會來說也是如此。鮑爾本人亦坦言：「我們越過了許多以前從未越過的紅線。」[4]

本書的目的在於幫助讀者了解，身為美國貨幣政策的管理者，聯準會是如何發展成今日的模樣，它從面臨的各種挑戰中學到了什麼，以及未來它可能如何發展。儘管我的描述把焦點放在我最了解的中央銀行（聯準會）上，但我也以全球其他主要央行的經驗為鑑。這些央行也面臨許多相同的挑戰，並各自做了重要的創新。我希望這本書對經濟學家及他們的學

生而言是實用的，我也努力把它寫得淺顯易懂，讓任何對經濟政策、金融或央行感興趣的人都能開卷有得。誠如鮑爾時代的聯準會在疫情危機中扮演的角色所示，了解聯準會的目標，以及它為了實現這些目標所採用的工具與策略，對於了解當代的全球經濟至關重要。

歷史的視角

這本書主要透過歷史的視角來檢視現今的聯準會，並放眼未來。這是我切入這個主題的方法，我認為若要全盤了解聯準會的工具、策略、溝通是如何演變至今天的樣貌，別無他法。

1970 年代末期，我在麻省理工學院（MIT）攻讀研究所時，一席談話激發了我對貨幣政策的興趣。我去找年輕的教授史坦利・費希爾（Stanley Fischer），請他針對論文的主題給我一些建議。當時他是學術界的明日之星，後來先後擔任了以色列央行總裁以及聯準會副主席。費希爾後來成為我的指導教授與人生導師。當時他遞給我彌爾頓・傅利曼（Milton Friedman）與安娜・許瓦茲（Anna Schwartz）合著的《美國貨幣史，1867 － 1960 年》（*A Monetary History of the United States, 1867–1960*）[5]，厚達 860 頁。

費希爾說：「看看這本書吧，你可能會覺得無聊得要命。但如果你讀得興致盎然，那麼你可以考慮研究貨幣經濟學。」

這本書令我著迷，它不僅讓我對貨幣經濟學感興趣，也讓我對 1930 年代大蕭條的原因感興趣（後來我經常在學術著作中探索這個議題）。誠如傅利曼與許瓦茲的著作所示，那個年代央行總裁所抱持的過時理論以及對經濟的誤解，是造成十年大災的主因，由此可見概念塑造事件的力量。

該書秉持著傅利曼與許瓦茲的精神，以歷史來說明聯準會的政策演變，以及它在經濟中扮演的角色。由於傅利曼與許瓦茲談論的歷史僅止於 1960 年，對於二戰之後的數十年並未著墨，我從戰後開始探索央行的貨幣政策看來是很適合的起點。從聯準會的歷史中記取教訓，也有助於臆測未來，在本書最後的篇章，我也會加以詳述。

事實上，就很多方面來說，1950 年代與 1960 年代初期可謂現代央行制度的開始。當時，聯準會不再受到 1920 年代與 1930 年代的金本位制所限，也不像二戰期間必須承擔為戰時債務融資的責任。那也是英國經濟學家約翰・梅納德・凱因斯（John Maynard Keynes）的思想在美國變得愈來愈有影響力的時期。凱因斯於 1946 年過世，但他的追隨者以他在大蕭條時期的著作為基礎，強調總體經濟政策（包括貨幣政策）在對抗衰退及控制通膨方面的潛力。所謂的凱因斯經濟學（Keynesian economics），如今以一種現代化的形式，仍是聯準會與其他央行奉守的核心模型。

1960 年代也是所謂「大通膨」（Great Inflation）的開始。大通膨可說是美國戰後歷史上衝擊最大的經濟事件之一，也是經濟政策制定的重大失敗之一。1980 年代，保羅・伏克爾（Paul Volcker）領導的聯準會克服了大通膨，代價是嚴重的失業。在那之前，大通膨一直威脅著美國的經濟，甚至危及政治穩定。政策制定者從大通膨中學到的東西（或自認學到的東西），塑造了貨幣政策的演變，甚至影響至今。

在了解現代聯準會之前……

為了做一些鋪陳，我將在這裡概述美國央行的早期歷史，並提供聯準會的背景資訊——包括它的架構，它如何治理，以及它如何執行貨幣政策

的決定。接著，我將簡介一些關鍵要素，它們塑造了現代的聯準會，也促使聯準會的工具與政策在近幾十年來出現顯著的變化。

▌早年

美國有濃厚的民粹傳統，民粹主義者一直很反對金融與政府權力的集中——從安德魯・傑克遜總統（Andrew Jackson）到最近的茶黨運動（注：Tea Party，一個 2009 年初開始興起的美國財政保守政治運動，支持小政府原則。該運動的成員呼籲降低稅收，並以減少政府支出的方式來減少國債與聯邦預算赤字）與占領華爾街運動（Occupy Wall Street）的成員皆然。民粹主義的影響，有助於解釋為什麼 1913 年聯準會成立以前，美國一直沒有一個完善的央行，而且聯準會的成立也比許多已開發國家來得晚（例如英國央行於 1694 年成立，瑞典央行成立的時間更早）。美國第一任財政部長亞歷山大・漢密爾頓（Alexander Hamilton）是現代化主義者，他知道美國有朝一日會成為工業與金融強國。1791 年，他提議成立央行，但受到內閣成員湯瑪斯・傑佛遜（注：Thomas Jefferson，美國開國元勳，第三任總統）與詹姆斯・麥迪森（注：James Madison，美國開國元勳，第四任總統）（James Madison）的強烈反對，他們對美國經濟抱持著偏向農民派的理念。1811 年，國會以些微的票數差距，決定不為漢密爾頓創立的美國第一銀行（First Bank of the United States）更新特許經營執照。後來，美國再次嘗試建立央行，亦即美國第二銀行（Second Bank of the United States），但也在 1832 年失敗了，因為傑克遜總統既不信任銀行，又與第二銀行的領導人尼古拉斯・畢多（Nicholas Biddle）有宿怨，於是否決了國會對其特許執照的更新。（諷刺的是，傑克遜的肖像仍然出現在聯準會發行的二十元美元紙鈔上。他要是地下有知，肯定會

反對。）

　　進步時代（約莫自 1890 年代到 1920 年代）的政治環境對於建立央行比較有利，所以伍德羅・威爾遜總統（Woodrow Wilson）於 1913 年 12 月 23 日簽署了《聯邦準備法》（*Federal Reserve Act*）。新的聯邦準備系統符合當時的進步觀點（亦即主張以科學、理性的政策來改善經濟），目的是監督及協助穩定美國那個幾乎不受規範、且經常失靈的銀行體系。19 世紀，美國的銀行體系一直飽受頻繁的擠兌與恐慌之苦，那些擠兌與恐慌事件幾乎都與經濟衰退有關，有些衰退相當嚴重。1907 年的恐慌使眾人對這些金融亂象終於忍無可忍，最後在頗負盛名的金融家約翰・皮爾龐特・摩根（John Pierpont Morgan，常稱作 J. P. Morgan）及其盟友的干涉下才告一段落，而不是靠政府干預。這次恐慌促使美國國會下定決心，重新考慮央行的概念。

　　當時全球最重要的央行英格蘭銀行提供了一個範例，它有兩大職責。第一，管理英國的貨幣供給以符合金本位制。英鎊就像其他主要貨幣一樣，對黃金的價值是固定的，英國央行藉由調整短期利率來確保英鎊的黃金價值維持穩定。第二個職責與美國特別相關，就是在爆發銀行擠兌與恐慌期間，央行會充當**最後貸款人**（lender of last resort）。萬一存戶對英國的銀行或其他金融公司失去信心，搶著提款，英國央行隨時得準備好借錢給銀行來償還存戶，並接受銀行以貸款和其他的資產作為擔保。只要一家銀行有償付能力，央行的貸款就能讓它繼續營運，避免賤價拋售資產。英國因此避免了 19 世紀與 20 世紀初一再困擾美國的金融危機與經濟不穩定的型態。

　　聯準會剛成立時，與英國央行一樣，負責管理貨幣供給（根據金本位制的規定），也擔任所有成員銀行（選擇加入聯邦準備系統的銀行）的最

後貸款人。* 由於銀行必須有償付能力才有資格向聯準會借款,新成立的聯準會也有權審查成員銀行的帳本——這是與金融管理局(Comptroller Of The Currency,成立於內戰期間,負責監管國立特許銀行)和各州的銀行業監管機構(監管州立特許銀行)共有的權力。時至今日,貨幣政策、銀行監管,以及因應金融穩定所受到的威脅,都算是聯準會的主要職責。

新成立的央行究竟該由中央管理,還是以更分散的方式,賦予央行的地區分行更大的權力,一直以來爭議不休。多數的銀行家主張中央集權;但中西部農民以及其他擔心權力集中在東部金融利益集團的人,則偏好地方分權的方式。威爾遜支持一種妥協方案:聯邦準備系統是由中央一個擁有一般監督權的理事會,以及多達十二家的地區性聯邦準備銀行所組成。每家地區性的聯邦準備銀行都有很大的自主權,分布全美各大城市。許多城市競相爭取成為準備銀行的地點,最後是波士頓、紐約、費城、克利夫蘭、里奇蒙、亞特蘭大、芝加哥、聖路易斯、明尼亞波利斯、堪薩斯城、達拉斯與舊金山雀屏中選。儘管聯準會成立以來,經濟活動向西轉移,但這些城市至今仍是準備銀行的所在地。(舊金山聯邦準備銀行的轄區如今囊括了美國五分之一以上的經濟活動。)

▌大蕭條時期

整體來說,聯準會剛成立的最初十五年,美國經濟蓬勃發展,但 1929 年全球陷入蕭條。大蕭條的起源很複雜,但國際金本位制是主因(一戰期

---

* 國立特許銀行必須加入聯邦準備系統,但州立特許銀行可以選擇要不要加入該系統。如今的美國銀行體系仍有三種銀行:國立特許銀行、加入聯邦準備系統的州立特許銀行、沒加入聯邦準備系統的州立特許銀行。每種銀行都有不同的監管機構組合。

間，多數國家暫停金本位制，但之後又重新啟用）。嚴重的通膨伴隨著戰爭而來，交戰國的財政崩解，關鍵大宗商品的短缺倍增。戰後，各國紛紛恢復金本位制，重新建立貨幣供給與黃金數量之間的關係，這時可以明顯看出世上黃金不足，且黃金在各國之間的分布也不均，無法讓商品與服務的價格維持在新的更高水準上。

一種解決方案是降低貨幣相對於黃金的官方價值，讓現有的黃金量足以支持更高的貨幣供給和物價水準，但許多國家認為，貨幣貶值不符合金本位制的精神（購買政府公債的人特別反對貨幣貶值，因為那會降低債券的實際價值），而以暫時應急的措施來彌補黃金的短缺。例如，一些國家同意持有黃金擔保的貨幣（例如英鎊），來代替實際的黃金。然而，長期以來，英國央行持有的黃金存量都比發行的英鎊紙鈔還要少；它依賴的純粹是投資者對英國致力實行金本位制的信心，而不是靠實際的黃金持有量來支持英鎊。

戰後的國際政治與金融狀況依舊很不穩定，一些歧見也導致政經不穩的狀況更加惡化，例如，德國該付多少賠款、美國要求英國與法國全額償還戰時貸款等等，眾人意見分歧。戰後重建的全球貨幣體系亟需相互信任與合作，然而那些衝突又撼動了大家對全球貨幣體系的信心。隨著恐懼與不確定性持續增加，各國政府與投資者不再持有英鎊與其他的黃金替代品，而是試圖持有實體的黃金，最終演變成一場全球的「黃金爭奪戰」，世人甚至開始擠兌央行持有的黃金。隨著全球黃金短缺的現象再次顯現，金本位制國家的貨幣供給與物價也跟著暴跌。例如，從 1931 到 1933 年，美國商品與服務的價格下降了 30%。

物價水準的通縮又進一步導致許多債務人破產（試想，農作物價格暴跌之際，農民試圖償還抵押貸款），拖垮了金融體系，經濟也隨之崩解。[6]

驚恐的存戶忙著擠兌，導致銀行倒閉潮愈演愈烈——美國有數千家銀行倒閉，大多是小型銀行——倒閉潮又加劇了金融危機，進一步減少貨幣供給，縮限了企業與農民可獲得的信貸。除了少數例外，大蕭條是全球性的，不過，那些主動選擇提早放棄、或被迫提早放棄金本位制的國家，經濟復甦得比較快。[7] 由此可見，金本位制確實是經濟衰退的主因。

1933 年，新當選的小羅斯福總統（Franklin Roosevelt）推出一系列的新政策，試圖結束大蕭條，其中有兩項政策特別重要：第一，羅斯福打破了美元與黃金之間的連結，結束了美國的通貨緊縮，讓經濟得以展開初步的復甦，直到 1937 年才因太早緊縮貨幣與財政而導致新一波的經濟衰退。[*] 第二，羅斯福宣布銀行業「放假」（亦即停業整頓），關閉所有的銀行，並誓言只重新開放那些有償付能力的銀行。這個「放假」決定，加上國會建立聯邦存款保險制度（以免小存戶因銀行倒閉而蒙受損失），一舉終結了銀行業的恐慌。

傅利曼與許瓦茲在《美國貨幣史》中，強調貨幣與物價暴跌是如何造成大蕭條的。我加入聯邦準備理事會不久，曾受邀到傅利曼的九十大壽派對上發表賀詞。講到最後，我為聯準會在災難中扮演的角色致歉：「我想對傅利曼與許瓦茲說：關於大蕭條，你們說的對，是我們搞砸了，實在非常抱歉。但多虧你們的提點，我們不會再犯。」[8]

把大蕭條完全歸咎於聯準會雖然有點誇張，但這個成立不久、經驗不足的央行確實表現欠佳。1920 年代，為了使股市投機降溫，聯準會提高利率，結果導致 1929 年的股災及最初的全球經濟衰退。由於聯準會致力維持金本位制，無法對 1930 年代初期的嚴重通縮做出充分的因應。此

---

* 國際金本位制的遺跡存留至 1970 年代，但 1933 年後，金本位制基本上對聯準會的政策已毫無限制。

外，結束恐慌一直是聯準會的成立動機之一，但聯準會在阻止銀行恐慌潮方面，卻做得太少。* 聯準會無法維持貨幣或金融穩定，導致大蕭條在聯準會的干預下，比沒有干預還要嚴重。

理論架構有缺陷（包括對金本位制的堅持超出了可行的範圍），是聯準會與其他政策制定者未能避免大蕭條的關鍵原因。但傅利曼與許瓦茲強調，聯準會在 1930 年代危機期間的表現之所以比較被動，是因為架構分散又缺乏有力的領導（頗具影響力的紐約聯邦準備銀行總裁班傑明‧史特朗〔Benjamin Strong〕是聯邦準備系統的實際領導人，他於 1928 年因肺結核過世）。國會為了解決這個缺點，便針對央行的組織架構進行改革。在 1935 年的《銀行法》（Banking Act）中，國會增加了中央聯邦準備理事會的權力，削弱了地區性準備銀行的自主權，創造出沿用至今的聯準會基本決策架構。

這些改革也把財政部長及金融管理局局長（國立特許銀行的監管者）從聯邦準備理事會中除名，藉此增強聯準會對行政部門的獨立性。此外，還有一個重要的象徵性舉措：把聯邦準備理事會從財政部的舊址遷至華府憲法大道上的宏偉新總部（這是公共事業振興署的專案），面向國家廣場。這座建築後來以 1934 年至 1948 年擔任聯準會主席的馬瑞納‧艾克斯（Marriner Eccles）的名字命名。艾克斯在起草 1935 年《銀行法》方面貢獻良多，他遞補了史特朗過世後所留下的領導空缺。艾克斯與聯準會多位前主席不同，他認為政府有必要採取強而有力的行動，才能對抗大蕭條。

---

* 關於聯準會未能阻止 1930 年代銀行恐慌潮的原因，世人爭論不休。當時的銀行大多規模很小，業務單一，很快就破產了，因此它們缺乏向聯準會借款的抵押品。其他的銀行大多不是聯邦準備系統的成員，因此沒有資格獲得聯準會的貸款。不過，多數史家認為，聯準會理當採取更多的措施來穩定銀行體系，但聯準會卻未付諸實行。

他的概念（其中一些概念比凱因斯理論更早提出）為羅斯福的新政奠定了基礎。

1941 至 1945 年的大規模戰爭，把美國經濟推向充分就業、甚至更高的水準，大蕭條才終於消失。在戰爭期間及戰爭結束後，聯準會應財政部的要求，把利率維持在低檔，以降低政府為戰爭融資的成本。戰後，面對朝鮮半島上的新敵對行動，哈利‧杜魯門（Harry Truman）總統向聯準會施壓，要求聯準會持續維持低利率，但聯準會的領導者擔心極低利率會刺激通膨（戰時配給政策的結束刺激了民眾對消費品的需求，早已使通膨飆升）。我們將在第 1 章看到聯準會抗拒總統的施壓。1951 年 3 月，財政部與聯準會同意，聯準會將逐步取消釘住利率的政策，讓聯準會自由運用貨幣政策來推動總體經濟目標，包括穩定通膨。這項歷史性的協議稱為〈1951 年財政部－聯邦準備協定〉（Treasury-Fed Accord of 1951），為現代的貨幣政策奠定了基礎。

▌ 聯邦準備系統的架構

聯邦準備系統現今的架構，大致上反映了 1913 年創立時及 1935 年改革時國會所做的選擇。

聯邦準備系統成立之初，是由位於華府的理事會及十二家準備銀行所組成。理事會的七名成員由總統提名，並經參議院批准，任期十四年且任期交錯。理事會主席與副主席——2010 年監管改革通過以來，又增加一名負責銀行監管的副主席——也是由總統提名，並經參議院批准，任期四年。與內閣部長不同的是，根據法律，總統不得因政策分歧而開除理事會成員，只能因瀆職或國會彈劾才可解僱。

嚴格來講，十二家準備銀行雖有公共目的，卻算是私人機構，這反映

了聯準會成立時所做的妥協。每家準備銀行都有一個董事會，成員來自當地的銀行家、企業家、社區領袖。這些董事會幫忙監督這些地區性準備銀行的營運，重要的是，董事（2010 年起排除銀行家）也負責挑選總裁，但需要得到華府聯邦準備理事會的批准。

　　如今，聯邦準備理事會掌握了聯邦準備系統的大部分決策權，這反映了 1935 年的改革，以及一個事實：理事會成員是由總統任命的，不像準備銀行的總裁不是總統任命的。重要的是，聯邦準備理事會負責「最後貸款人」政策，它設定**貼現率**（聯準會放款給銀行的利率），並決定是否引用聯準會的緊急放貸權力。理事會也為聯準會監管的銀行與銀行控股公司（擁有銀行、可能還有其他金融事業的公司）制定了資本要求等規則。*地區性準備銀行的人員負責對銀行做實際的監督，以確保該地區的銀行遵守理事會制定的規則。

　　聯準會制定政策的原則，有一個非常重要的例外：**貨幣政策**（包括設定短期利率，以及為了影響整體金融狀況及經濟穩健的其他措施）。根據法律，貨幣政策是由一個更大的組織制定的，名為「聯邦公開市場委員會」（Federal Open Market Committee， 簡 稱 FOMC 或 the Committee）。FOMC 的會議由十九位政策制定者（在沒有空缺的情況下）──七位理事會成員及十二位準備銀行的總裁──以及理事會與每家準備銀行的工作人員出席。按照慣例，FOMC 每年都會請理事會的主席擔任會議主席。FOMC 每年聚集在華府艾克斯大樓的會議室裡，圍著一張巨大的紅木與黑色花崗岩桌開會八次。會議主席也可以召開臨時會議，從前是透過電話，

---

*　一家銀行的資本大致上等於其資產與負債的差額，又等於股東權益。資本可以吸收貸款與其他投資的損失，而不致引發破產，因此擁有大量資本的銀行，倒閉風險較小。

現在則用視訊開會。

FOMC 的投票規則錯綜複雜。出席的十九位理事會成員及總裁中，僅十二人可以在任何會議上投票。七名理事會成員及紐約聯邦準備銀行的總裁（傳統上，居此位者也擔任 FOMC 會議的副主席）每次開會都可以投票。剩下的四票則是每年由其他十一位準備銀行的總裁輪流投票。這種複雜的設計讓地區性準備銀行的總裁有發言權，但政府任命的理事會成員仍擁有多數權（視理事會的空缺而定）。在聯準會的術語中，參加 FOMC 會議的十九位政策制定者稱為**參與者**（participant），而投票者稱為**成員**（member）。

聯準會主席擔任 FOMC 會議主席時，在貨幣政策上雖然只有一票的表決權，但他有權設定議程及建議政策行動。再加上 FOMC 的決策傳統是追求共識，使得主席在與會的同儕中，擁有特別大的影響力。理事會副主席與紐約準備銀行總裁通常也很有影響力，並與主席密切合作。

當然，聯準會的目標、架構與權力最終還是由政府與國會透過立法來確定。國會監督聯準會貨幣政策的依據，正式寫在 1977 年的《聯邦準備改革法》（*Federal Reserve Reform Act*）中，亦即所謂的**雙重目標**（注：dual mandate，又譯雙重使命）：國會要求 FOMC 追求就業最大化及穩定物價這兩個經濟目標。雖然聯準會的貨幣政策目標已寫入法律，但聯準會的政策制定者要負責管理利率與其他政策工具，以達成這些目標。費希爾宣揚的區別在於，聯準會沒有**目標獨立性**（它的目標是由總統與國會透過立法設定的），但它確實擁有我所謂的**政策獨立性**（它可以酌情運用政策工具，以最好的方式來達成法定目標），至少原則上是如此。[9] 聯準會架構的各方面，使它短期不受政治壓力的影響，比內閣部門更獨立運作，更關注長期的結果。這些架構上的特色包括：理事的任期長且相

互交錯；總統不能因政策分歧而開除理事；準備銀行的總裁不是政治任命；聯準會可以靠其持有的證券報酬來支應營運成本，而不是依賴國會撥款。

▋ 聯準會的資產負債表與貨幣政策

聯準會跟任一家銀行一樣，也有一張資產負債表，裡頭有資產與負債。*它有兩項主要的負債：通貨（現金，又稱聯邦準備券〔Federal Reserve notes〕）與銀行準備金。目前流通中的美國現金數量驚人，2021 年約為 2 兆 1 千 5 百億美元，相當於每個美國人手握 6,000 美元以上的現金（當然，很少美國人持有那麼多現金，許多美元為海外持有，通常是為了因應通膨或當地貨幣的不穩定）。

銀行準備金是商業銀行在聯準會的存款（銀行放在自家金庫的現金也算是準備金）。銀行不再像過去那樣必須持有準備金來滿足監管規定，但它們還是覺得持有準備金很實用。例如，如果舊金山的一家銀行需要匯款給紐約的一家銀行，它可以指示聯準會把準備金從自家的帳戶轉到紐約那家銀行的帳戶，輕鬆完成匯款。銀行準備金很安全，流動性也高，可以迅速兌換成現金以滿足存戶的需求。

想要額外準備金的銀行，可以從另一家銀行借入，通常是隔夜貸款。銀行間拆借準備金的利率，稱為**聯邦資金利率**（federal funds rate，簡稱 funds rate 或 fed funds rate）。雖然名為聯邦資金利率，但它是由市場決定的。不過，聯邦資金利率是貨幣政策制定者的關鍵利率。在現代歷史的多

---

* 更確切來說，每家地區性聯邦準備銀行都有自己的資產負債表，這是以前留下的遺跡，從前每家準備銀行都擔任該區銀行的獨立最後貸款人。這些地區性準備銀行的資產負債表合起來，就是聯邦準備系統的整體資產負債表。

數時間裡，FOMC 透過影響聯邦資金利率來實施貨幣政策，雖然有時貼現率也用來表示貨幣政策的改變。

在資產負債表的資產方面，聯準會主要是持有不同期限的美國國庫券（聯邦政府公債），以及房貸抵押擔保證券（把大量個人抵押貸款捆綁在一起的證券）。聯準會持有的房貸抵押擔保證券（MBS）是由**政府資助企業**（government-sponsored enterprises，簡稱 GSE）發行的。政府資助企業（有房利美〔Fannie Mae〕、Freddie Mac〔房地美〕、吉利美〔Ginnie Mae〕等俗稱的組織）由聯邦政府創立，旨在促進信貸流入房市。政府資助企業所發行的所有證券目前都由政府擔保，聯準會可以購買及持有這些證券。此外，聯準會發放的任何貸款（比如以最後貸款人的身分提供給一家銀行的貸款）都算是資產。

聯準會的資產負債表通常會帶來可觀的收入。資產方面，聯準會從持有的證券收取利息。負債方面，它為銀行準備金支付利息，但不為通貨付息。它使用部分收入來支付自己的營運費用，但把多數收入匯到國庫，幫政府減少預算赤字。

重要的是，聯準會運用資產負債表來實施貨幣政策的決定。假設實現 FOMC 的經濟目標需要提高利率；FOMC 做出這個決定後，就會提高聯邦資金利率的目標水準（或最近的目標區間）。

近年來，聯準會藉由改變兩種管理利率來影響聯邦資金利率，包括它為銀行存在聯準會的準備金所支付的利率。不過，在現代歷史的多數時間裡，聯準會是藉由創造銀行準備金的短缺來提高聯邦資金利率。因為銀行準備金短缺會促使銀行自己抬高聯邦資金利率。聯準會為了減少銀行準備金的供給，會透過紐約聯邦準備銀行的公開市場部門，使用一批指定的私人金融公司作為代理人（稱為**主要公債交易商**〔primary dealers〕），把公

債賣給私人投資者。投資者付錢買進這些證券後，銀行體系裡的準備金會出現等額下降。（你可以把這些證券的購買者想像成開支票給聯準會。為了結算這些支票，購買者的銀行必須提領準備金）。可用的準備金一減少，銀行相互拆借準備金的利率（價格）自然會上升，正如FOMC所願。同理，為了降低聯邦資金利率（借入準備金的價格），公開市場部門會在公開市場上買入美國公債，增加銀行體系中準備金的供給。其他貨幣政策的形式，包括量化寬鬆的大規模證券購買，也是運用聯準會資產負債表的變化。

由於金融市場緊密相連，聯準會改變聯邦資金利率的能力，使它能夠更廣泛地影響金融局勢。寬鬆的金融環境會促進借貸與支出，因此促進經濟活動。為了讓金融環境更加熱絡，FOMC會降低聯邦資金利率的目標，而進一步影響其他的金融變數。例如，較低的聯邦資金利率通常會使房貸及公司債的利率降低（有助於買房及資本投資）、股價上揚（增加財富而促進支出）、美元貶值（使美國商品變得更便宜，有利出口）。為了緊縮金融環境，FOMC會提高聯邦資金利率的目標，逆轉寬鬆政策的效果。

本書主題

誠如鮑爾領導的聯準會對新冠疫情的反應所示，自 1951 年的「財政部－聯邦準備協定」讓央行自由追求總體經濟目標以來，聯準會的工具、政策架構、溝通方式都澈底改變了。貫穿本書的主要論點在於，這些變化大多不是經濟理論或聯準會正式權力改變的結果，而是三個廣泛經濟發展的結果。這三個發展綜合起來，塑造了央行如何看待其目標與限制。

第一個發展是**通膨行為的持續改變，尤其是通膨與就業的關係**。自

1950 年代以來，美國的貨幣政策一直深受經濟學家與政策制定者如何看待「通膨與勞力市場之間的關係」所影響。1960 年代與 1970 年代的政策制定者都誤判了這種關係，沒有考慮到經濟學家所謂的「通膨心理」有破壞穩定的效果。這雙重錯誤導致物價快速上漲長達 15 年，亦即所謂的大通膨。

1980 年代與 1990 年代，在伏克爾與葛林斯潘的領導下，聯準會恢復了對抗通膨的信譽。這為聯準會帶來了重要的效益，而控制通膨也成為那段期間聯準會政策策略的核心。然而，誠如我們即將看到的，隨後那幾年，通膨的行為出現了重大的變化，包括通膨與失業率之間的關係明顯消退。2000 年後，貨幣政策的制定者也意識到，通膨不僅可能太高，也可能太低，過猶不及。這些變化促成新的政策策略與操作手法，包括 2020 年 8 月鮑爾領導的聯準會所提出的新架構。接著，2021 年，新冠疫情之後，儘管就業人數仍遠低於新冠疫情前的水準，重新開放帶來各種短缺與瓶頸，引發了通膨急遽上升。為什麼通膨的行為（包括通膨與就業的關係）會隨著時間的推移而改變呢？這對現在與未來的貨幣政策與經濟有什麼影響？

第二個發展是**利率的正常水準長期下降**。由於通膨較低（這是部分原因），即使貨幣政策並未對經濟增加刺激，利率的一般水準仍比過去低很多。重點在於，這壓縮了聯準會與其他央行在經濟低迷時期利用降息來刺激經濟的空間。2007–2009 年的全球金融危機，以及 2020 年的新冠疫情導致經濟停擺，聯邦資金利率降至零，但經濟仍需要更多的刺激。當短期利率持續維持在接近零的水準時，聯準會與其他央行要如何拉抬經濟？哪些工具已經使用了？它們的效果如何？未來可能使用哪些新工具？財政政策（亦即政府支出與稅收）在穩定經濟方面應該發揮什麼作用？

第三個、也是最後一個長期發展，是**系統性金融不穩定的風險增加**。聯準會的成立是為了協助維持金融體系的穩定，避免那些危及經濟的恐慌與崩盤。在大蕭條期間，聯準會並未做到這點。從二戰到 2007–2009 年全球金融危機期間，美國的金融穩定面臨週期性、但最終有限的威脅。然而，全球金融危機顯示，嚴重的金融不穩定並非史上罕見的現象，也不只會在新興市場發生。就連最先進的國家及最先進的金融體系，也有可能發生這種事情，並造成可怕的破壞。2007–2009 年的危機迫使聯準會在我擔任主席期間，開發新的工具來對抗金融不穩定；2020 年 3 月新冠疫情的危機期間，聯準會又進一步擴大因應危機的工具組。不穩定的增加也推動了重大的監管改革，以及對金融體系更嚴密的監督。這些措施足夠嗎？我們還能做些什麼？貨幣政策應該考慮金融穩定風險嗎？如果需要，應該考慮到什麼程度？

這三個因素主要是經濟因素，但若要了解聯準會的政策選擇，也得關注政治與社會環境。影響聯準會決策最重要的政治因素之一，是聯準會享有的獨立程度。我們已經看到，聯準會架構的設計，比如長期的理事任期及預算自主權，促進了它的政策獨立性。另一方面，國會可以隨時改變聯準會的架構與權力，而聯準會的民主正當性使它必須因應那些透過立法與行政部門表達的民意。央行獨立運作的現代理由是什麼？央行應該在什麼時候與財政部或其他政府部門合作？貨幣與財政政策應該更協調嗎？在追求更廣泛的社會目標方面（比如縮小貧富差距或減緩氣候變遷），聯準會應該發揮作用嗎？

這裡提出的關鍵問題無法概略給出答案，只能在了解這些問題發生，以及知曉聯準會政策制定的歷史背景下回答。本書的 PART 1 至 PART 3 探討聯準會政策的演變，看聯準會從戰後早期到現在如何因應不斷改變的經

濟與政治環境。PART 4 是前瞻性的，借鑑前述的經驗教訓來思考當前的爭議，以及美國的貨幣政策與金融穩定政策的未來前景。

PART 1

二十一世紀之前：通膨的起伏

第 1 章
大通膨

　　「大」（great）這個字眼通常有正面的意涵，但在經濟學中不見得如此。例如 1930 年代的大蕭條（Great Depression）與 2007–2009 年的大衰退（Great Recession）期間，失業率飆升，收入大減。美國的大通膨從 1960 年代中期持續到 1980 年代中期，造成的經濟衝擊比大蕭條和大衰退這兩「大」時期還小。然而，那個年代卻破壞了美國人對經濟與政府的信心。那個年代的著名象徵是輸油管線，以及傑拉德・福特（Gerald Ford）總統那些出了名無效的「立即打擊通膨」（Whip Inflation Now，簡稱 WIN）小徽章（注：福特政府於 1974 年推出的抗通膨運動，鼓勵民眾成為「抗通膨戰士」與「節能尖兵」，參加者可獲得 WIN 字樣的小徽章，但效果不彰）。對聯準會來說，那個年代的運作有好有壞。聯準會面臨政治壓力，而且世人對於貨幣政策該扮演的角色，看法不斷改變。面對 1960 年代末期與 1970 年代不斷加劇的通膨，聯準會的反應既遲緩又不夠充分。不過，聯準會在伏克爾的領導下，於 1980 年代開始積極對抗通膨，並成功把通膨壓了下來。那場勝利的代價高昂，但幫助民眾恢復了對於經濟政策制定的信心，並為二十年來強勁的經濟表現奠定了基礎。

就像童年的創傷塑造成人的性格一樣，大通膨在美國及世界各地都塑造了未來幾年貨幣政策的理論與實務。重點在於，各國央行把那段期間的教訓納入政策架構中，把焦點放在控制通膨以及管理通膨預期上。即使後來通膨下降了，那個架構依然有很大的影響力。大通膨的經歷顯示政治壓力如何扭曲貨幣政策；也讓許多人相信，貨幣政策的制定者應該盡可能根據客觀的分析及經濟的長期利益，獨立做出決定。

大通膨：概述

　　1960 年代以前，除了戰時及隨後的復員期間以外，通膨在美國很少是個問題。大家的記憶中，美國領土上最嚴重的通膨發生在獨立戰爭期間（各殖民地發行自己的通貨），以及南北戰爭期間南方邦聯的貨幣暴跌之後；但這兩起事件都不涉及聯邦政府發行的貨幣。大蕭條期間，大家擔心的是通縮（物價迅速下跌），而不是通膨。通膨在二戰尾聲曾短暫飆升，韓戰開始時又再度飛漲。但從 1950 年代初期到 1960 年代中期，通膨基本上處於停滯的狀態。1952 年至 1965 年間，消費者物價指數（CPI，衡量一籃子消費品成本的指標）平均每年僅上漲約 1.3%。

　　這種情況在 1966 年左右開始改變，當時消費物價意外上漲了 3.5%。此後，通膨加速上揚，開啟了長達十五年既高又多變的通膨。從 1965 年底到 1981 年底，通膨率平均每年超過 7%，並在 1979 年與 1980 年平均達到近 13% 的顛峰。美國人既沒遇過如此嚴重的持續通膨，也不喜歡這樣。到了 1970 年代末期，民調常常顯示，高通膨是民眾最大的經濟擔憂，大家開始對政府的經濟政策愈來愈沒信心。

　　為什麼 1965 年後通膨會漲那麼多？當時的經濟學說似乎說明了上漲

的原因，至少一開始是如此。1958年，紐西蘭人菲利浦（A.W. Phillips）發表了一篇論文，闡述這個關鍵概念。菲利浦的職涯大多在倫敦政經學院度過，他使用英國近一個世紀的資料來研究平均薪資成長與勞力市場閒置數量（以失業率衡量）之間的關係。菲利浦發現，低失業率往往伴隨著更快的薪資成長。這種實證關係後來稱為菲利浦曲線（Phillips curve）。[1]

菲利浦曲線掌握了一個很直覺的概念：當勞力需求高於勞力供給時——也就是說，雇主難以吸引及留住勞工的時候——勞工應該可以要求更高的薪資。此外，誠如許多經濟學家迅速指出的，同樣的基本概念也應該可以套用在商品與服務的價格上。[2]如果市場上各種需求普遍強勁，以至於企業供不應求，企業將有更大的漲價空間。（如今經濟學家把二者區分為薪資菲利浦曲線與物價菲利浦曲線。薪資菲利浦曲線就像菲利浦的原始論文那樣，描述薪資成長與失業率之間的關係。物價菲利浦曲線則是說明消費物價通膨與失業率之間，或者，消費物價通膨與衡量經濟閒置的其他指標之間的關係。）基本上，菲利浦曲線的邏輯，就是當私部門與公部門的總需求持久超過經濟產能時，通膨應該會加速上揚。

這種直截了當的見解可以描述1960年代末期的狀況，當時整個經濟體對商品與服務的需求迅速成長。需求成長的主要驅動力是**財政政策**、聯邦政府的稅收與支出政策。大眾對經濟的不滿助了約翰・甘迺迪（John F. Kennedy）一臂之力，使他在1960年的總統大選中以些微的差距勝選。經濟才剛從1957至1958年的衰退中緩慢復甦，1960年展開競選活動時，經濟又再次短暫陷入衰退，使得當年後續幾個月直到1961年的失業率節節上升。甘迺迪曾允諾選民，他將「讓美國再次前進」。[3]為了履行承諾，他在政府中任命了新一代的顧問，這些顧問秉持著凱因斯1930年代著作的精神，主張積極管理經濟以促進就業。在甘迺迪政府中任職的經濟學名

人包括未來的諾貝爾獎得主詹姆斯・托賓（James Tobin）、肯尼斯・阿羅（Kenneth Arrow）與羅伯特・索洛（Robert Solow）。明尼蘇達大學備受敬重的經濟學家沃爾特・海勒（Walter Heller）則以總統經濟顧問委員會（Council of Economic Advisers，簡稱 CEA）主席的身分，領導這個經濟團隊。

凱因斯主張積極運用財政政策來解決失業問題。新上任的甘迺迪總統根據顧問的建議，提出一項廣泛的減稅計劃來刺激消費與企業支出。甘迺迪在提案還來不及立法之前就遭到暗殺，但繼任的林登・詹森（Lyndon B. Johnson）總統於 1964 年通過了減稅計劃。

一般認為，減稅計劃是成功的。計劃有效降低了失業率，原本失業率在 1961 年的年中（甘迺迪任期之初）曾達到 7.1% 的高峰，到了 1965 年底已降至 4.0%。* 從總體經濟政策的角度來看，這時其實可以鬆手了，不需要再刺激經濟，但是對於政府來說，外交政策與社會目標優先於經濟穩定。在詹森的領導下，財政政策又進一步刺激經濟，來因應越戰支出的增加，以及總統那個雄心勃勃的「大社會」計劃（Great Society）所產生的新支出：一種軍事與經濟並重的政策。部署在越南的美軍從 1964 年的 23,000 人，增至 1965 年的 184,000 千人，到了 1968 年已逾 50 幾萬人。[4] 與此同時，詹森於 1964 年 1 月宣布「抗貧計劃」（War on Poverty），並在 1965 年推出聯邦醫療保險（Medicare）與聯邦醫療補助（Medicaid），承諾政府會為退休與低收入的美國人支付醫療費用。許多大社會計劃最終將帶來重要的效益，包括大幅降低 65 歲以上的貧困率，但也導致政府的支

---

* 凱因斯主義者（無論是關注減稅需求面效應的需求派，還是相信較低的邊際稅率會激發更多經濟活動的供給派）都聲稱這次減稅計劃的成功是他們的功勞。由於減稅之後，通膨上升隨之而來，這是需求強勁的跡象，凱因斯主義者可能說得有理。

出進一步增加。

隨著經濟升溫，失業率下降（1968–1969 年，失業率降至 3.5% 左右），薪資與物價開始加速上漲，這與簡單的菲利浦曲線所預測的差不多。醫療照護就是一例：聯邦醫療保險與聯邦醫療補助的出現，推動了民眾對醫療服務的需求，醫療價格的成長率從 1965 年約 4%，躍升至 1966 年約 9%，主要是醫生費用的增加。[5] 與此同時，1965 年至 1968 年間，名目國防開支增加了 44%，導致軍事承包商增加生產與就業。如果以更高的稅收（降低私營部門的購買力）來支應部分增加的支出，整體經濟的通膨影響可能比較小。但民眾普遍反戰，詹森不願大幅增稅，以免進一步削弱大眾的支持。（不過，1968 年，總統確實批准了對個人所得與企業所得徵收為期一年 10% 的附加稅，但也許因為大家覺得這純粹是暫時的措施，那項增稅計劃幾乎沒有減緩私人支出）。

增稅或削減開支等財政政策，並不是為過熱的經濟降溫的唯一工具，貨幣政策也可以做到。在 1960 年代，緊縮的貨幣政策（提高利率）所減少的房屋興建、資本投資、其他私營部門的支出，可能足以彌補聯邦支出的擴張。然而，基於後面很快就會探討的原因，那個年代聯準會推出的緊縮貨幣政策，在力道與持續性方面都不足以抵銷日益加劇的通膨力量。

1968 年，詹森的繼任者理查·尼克森（Richard Nixon）總統也意識到通膨問題日益嚴重，但他和前任一樣，希望避免緊縮財政或貨幣政策的政治代價，尤其是在 1970 年經濟陷入小衰退之後。幾年後，經濟學家雷·費爾（Ray Fair）記錄了經濟成長對總統大選結果的強大影響，但尼克森憑直覺就領略到這種關聯，根本不必參考計量經濟學模型。[6]

有沒有什麼辦法可以因應不斷上升的通膨，又不讓經濟減緩呢？尼克森眼看著 1972 年的大選即將到來，他起初百般不願，但最終還是於 1970

年利用國會賦予的權力，批准了對薪資與物價的直接控制。該計劃於 1971 年 8 月 15 日開始實施，凍結薪資與物價 90 天，後來稱為第一階段。凍結結束後，薪資與物價制定者的規則不斷演變。該計劃的第二階段一直持續到 1973 年 1 月，把多數的薪資成長限制在 5.5%，並規定多數的物價上漲必須向價格委員會（Price Commission）證明上漲有正當理由。第三階段原本是要作為「控制價格」與「自願限制價格」之間的過渡階段，但由於食品與燃料價格急遽上漲，再次推高通膨，政府於 1973 年 6 月下令第二次凍結，為期 60 天。第二次凍結之後是第四階段，選擇性放寬了一些價格。1974 年 4 月，薪資與物價管制終於結束。[7]

　　一開始這些控制頗得人心，民眾認為，這是政府終於開始對通膨採取有力行動的跡象。但最終還是證明，這是一次代價高昂的失敗。在市場經濟中，薪資與物價提供關鍵的資訊，協調勞工、生產者、消費者的決策。例如，一項大宗商品的相對價格較高，會刺激生產增加，也鼓勵消費者減少消費那種商品。價格控制抹煞了這種協調機制，可能會造成強大的破壞。尼克森實施價格控制之後，消費品和生產的關鍵原物料出現短缺。例如，農民困於飼料價格上漲（由世界市場設定，不受控制）、但牛肉與禽肉的零售價格無法調漲之間，只好屠宰禽畜，而不是賠本飼養。與此同時，超市的貨架空空如也。逃避控制變得愈來愈普遍，企業開始想辦法規避限制或遊說破例。

　　此外，這些控制措施對於壓制通膨也沒有持久的效果。1971 年與 1972 年，通膨率略有下降，但隨著控制措施的解除，通膨率再次上升。這些控制的作用，就好像為了因應引擎過熱，而直接關掉溫度計的顯示，絲毫沒有降溫的效果。這些控制若要發揮效用，必須伴隨降低整體需求的措施，例如減少政府支出或緊縮貨幣政策。例如，戰時的物價控制往往伴

隨著配給（購買某些商品需要配給券）及降低消費購買力的措施（增稅、銷售戰爭債券）。戰時，愛國主義激勵下的服從可能也有幫助。但由於1972年的競選活動已經開始，政府並未採取任何行動來限制總需求。反之，在大選前夕，財政與貨幣政策都是擴張性的，焦點都放在降低失業率上。

不過，尼克森的策略在一個方面奏效了：他以壓倒性的優勢連任。但隨著1970年代持續推進，通膨變得愈來愈嚴重。除了前述的控制措施結束，導致通膨反彈躍升以外，還有兩個關鍵的事態發展把通膨率推得更高：油價與人類心理。

1973年10月，為了因應以色列與鄰國之間的贖罪日戰爭（Yom Kippur War），阿拉伯產油國家實施石油禁運。1972年到1975年，油價上漲了四倍多。[8] 進口油價上漲，導致汽油與供暖燃料的價格上漲。而油價上漲也推高了商品與服務的價格，商品與服務的生產都需要大量的能源。例如，計程車與卡車運輸服務都多了附加費，以彌補額外的燃料成本。

石油禁運期間，薪資與物價的一些控制仍在。1973年11月，政府針對一些石油相關價格實施額外的控制。可想而知，價格上限導致供給短缺，其中也包括出名的天然氣管線（後來這些管線與迪斯可舞廳及水門事件都成了那個時代的象徵）。1974年，許多駕駛人只能根據車牌的尾數，在一個月中的單日或雙日加油。在加油站等著加油的駕駛人，有時還會因為不耐煩而爆發肢體衝突。儘管1970年代中期全球經濟成長顯著減緩，抑制了需求，但接下來那幾年，全球油價仍居高不下。1978年，伊朗革命爆發，伊朗沙阿（注：Shah，波斯語的古代君主頭銜）遭到推翻，石油供給再次受創，導致油價上漲一倍多，通膨再次飆升。

與此同時，更令人擔憂的是，一種新的通膨心理已然形成。1950年

代與 1960 年代初期的通膨很低，民眾做日常決策之際，可以放心忽略通膨。但隨著通膨節節高漲，加上政府遏制通膨的措施顯然不夠、甚至效果適得其反，大家開始把波動大又高的通膨視為新常態。勞工在協商薪資時，開始要求貼補通膨，這些要求通常是非正式的，但某些情況下是透過自動指數機制來調節——亦即生活費調整（cost-of-living adjustments，簡稱 COLA），這種機制在 1970 年代激增。雇主幾乎沒有抵抗加薪的動機，而是把上漲的成本轉嫁給消費者。在這種自我強化的循環中，較高的通膨預期為通膨帶來新的動力，而通膨上升又進一步證實了那些預期。「工資物價螺旋膨脹」（wage-price spiral）一詞成了日常語彙。

不穩定的通膨預期也強化了油價衝擊的效果。油價或其他關鍵大宗商品的價格若是一次性上漲，只會暫時推高通膨。然而，如果最初的通膨增加導致大家推斷通膨將持續走高，這種預期可能會自我應驗，因為勞工與企業會開始把價格持續上漲的預期納入薪資與價格的要求。這種型態在 1970 年代相當明顯。

預期通膨快速成長是一個問題，但更糟糕的或許是通膨的不確定性。如果通膨穩定又可預測的話，至少原則上，適應 8% 的通膨率可能不是那麼困難。個別公司設定的薪資與價格可以在考慮 8% 的整體漲幅後，進行平順的調整；利率也可以包含 8% 的溢價，以補償投資者與放款者預期的投資購買力損失。

實務上，比較平穩的通膨可能使民眾較為無感，尤其是較長期來看，例如為退休做準備時。但無論如何，通膨高檔之際往往也**不**穩定，波動大又難以預測——大通膨時期就是如此。1970 年代有一段時間，CPI 通膨率從 1972 年的 3.4%，大漲至 1974 年的 12.3%，又在 1976 年大跌至 4.9%，並於 1978 年回升至 9.0%。難以預測的通膨會帶來混亂與經濟風險。大家

對未來薪資或儲蓄的購買力感到不確定。低收入家庭受創的程度特別嚴重，因為他們若有任何積蓄，大多是以現金持有或存在支票帳戶中，比較無法避免物價變化的衝擊。高通膨帶來的經濟不安全感與不確定性，有助於解釋 1970 年代末期為什麼那麼多人認為通膨是破壞性極大的問題。

油價衝擊與不穩定的通膨預期結合起來，效果非常強大。通膨率似乎愈來愈失控，1979 年達到 13.3%，1980 年達到 12.5%。連同 1974 年的 12.3%，這三次是 1946 年以來的通膨高峰。

圖 1.1 1950–1990 年的通膨

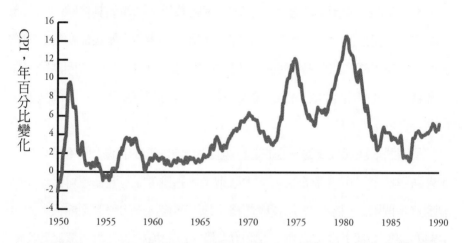

1950 年代與 1960 年代的初期，通膨穩定。1960 年代末期，通膨上揚。1970 年代通膨居高不下。1980 年代才終於受到控制。資料來源：美國勞動統計局與聯邦儲備經濟數據（FRED）。

菲利浦曲線的演變

1970 年代的通膨，會讓只熟悉 1958 年原始菲利浦曲線的經濟學家感

到困惑，因為該曲線預期，高通膨只會搭配極低的失業率。然而，平均而言，1970 年代的失業率並沒有特別低。事實上，在 1973–1975 年經濟嚴重衰退之後，失業率升至 9%。高通膨加上經濟成長停滯，形成了令人痛苦的組合，稱為**停滯性通膨**（stagflation）。到了 1970 年代中期，眾人原本理解的菲利浦曲線似乎已崩解——至少當時大家是這麼想的。

然而，重要的是，那個時期的經濟學家證明，菲利浦曲線的理論核心其實可以保留下來，並透過兩項明智的修正，把通膨理論重新塑造成接近現代形式的理論。

首先，原始菲利浦曲線背後往往隱含的前提，在於通膨與失業率的多數變化，反映了整個經濟體對商品與服務的**需求**有所改變。需求的增加（例如越戰和大社會計劃的政府支出增加）應該會增加就業，提高薪資與物價，就像對馬鈴薯的需求增加，應該會提高馬鈴薯業的產量、價格、就業一樣。如果需求變化是經濟波動的主因，那麼較高的通膨應該會伴隨著低失業率，一如原始菲利浦曲線的預測。

不過，有時經濟是受到供給衝擊，而不是需求衝擊，1973–74 年與1979 年油價大漲就是典型的例子。1970 年代油價不斷攀升，增加了許多商品與服務的生產與運輸成本，因此加劇了通膨。就像馬鈴薯疫病會導致馬鈴薯業的產量與就業的減少、並提高馬鈴薯的價格一樣，總體經濟的供給衝擊會造成停滯性通膨，使通膨與失業率都提高。所以，若想用菲利浦曲線來解釋這些資料，就必須區分供給衝擊引發的通膨與需求衝擊引發的通膨。經濟學家想出了做這種區分的方法。

一種粗略的區分方式，是把焦點放在**核心通膨**（core inflation），這是一種不含能源與食物價格的通膨指標（因為那兩種價格的波動較大，特別容易受到供給干擾的影響）。由於核心通膨排除了造成供給衝擊的幾個重

要來源，就顯示需求增減如何影響通膨率而言，它是個更好的指標。1970 年代的核心通膨顯示，即使供給衝擊變得更明顯，通膨仍持續跟著需求反應。例如，在 1969–70 年、1973–75 年、1980 年的經濟衰退之後，核心通膨率明顯下降，這表示，即使受到供給因素的影響，但成長較慢及失業率上升依然會減緩物價上漲的速度。

除了增加供給衝擊以外，對原始菲利浦曲線所做的第二個修正在於正視通膨預期的作用。日後榮獲諾貝爾獎的傅利曼與埃德蒙・費爾普斯（Edmund Phelps）各自在 1960 年代做了充滿先見之明的預測。他們在 1960 年代就料到，1970 年代盛行的自我強化通膨心理可能會發生。1967 年 12 月，傅利曼向美國經濟學會發表主席演說時就曾預測，如果通膨預期上升，傳統菲利浦曲線所描述的通膨與失業率關係將變得不穩定。如果實際通膨一直居高不下，通膨預期必然會上升。[9] 傅利曼認為，如果民眾預期通膨會上升，他們會根據通膨上漲的比例，要求增加薪資與物價的漲幅，以維持購買力。因此，家庭與企業預期的通膨率每增加 1%，久而久之會使實際的通膨也增加 1%。1968 年，費爾普斯在一篇論文中也提出類似的觀點。[10] 1970 年代證明了傅利曼—費爾普斯理論（Friedman-Phelps theory）的關聯性。

什麼因素會導致民眾的通膨預期改變呢？關於通膨預期的決定因素以及央行如何影響這些預期，這類爭論至少從 1960 年代開始（或甚至更早）就一直是貨幣政策的分析與實務的核心。然而，大家都覺得世人會從經驗中記取教訓，這也難怪 1960 年代末期與 1970 年代初期政府無法控制通膨，粉碎了大家對通膨維持在低檔的預期。此外，更高的通膨預期又進一步推高了實際的通膨，形成惡性循環。事實證明，把通膨與通膨預期重新穩定在合理的低水準是一大挑戰。

菲利浦曲線根據 1970 年代的經驗，以及傅利曼、費爾普斯和其他人的見解修改後，如今仍是經濟學家思考通膨的核心。總之，現代版的菲利浦曲線提出三大主張：[11]

一、當供給增加不夠支應需求增加時，經濟擴張最終將導致薪資與物價上漲。這是 1958 年原始的菲利浦曲線與菲利浦論文之後的研究所傳達的訊息。

二、供給衝擊會造成停滯性通膨，導致通膨上升，但至少在一段時間內會降低產出與就業。1970 年代油價衝擊後的經驗就是如此。

三、在失業率與供給衝擊的效應維持不變下，家庭與企業的通膨預期增加，最終會使實際通膨等比例的增加。於是，通膨上升又進一步證明更高的通膨預期是合理的，可能會形成惡性循環。

菲利浦曲線的更新版為美國的大通膨提供了一個不錯的解釋。財政政策（減稅、戰爭支出、社會支出）在甘迺迪與詹森總統執政期間寬鬆了太久，導致經濟過熱，並開始出現通膨問題。尼克森總統持續刺激需求，希望透過直接控制薪資與物價來降低通膨，但勞而無功。尼克森的價格控制導致短缺及資源配置不當，而且控制解除後，通膨再度回升。全球油價上漲與其他不利的供給衝擊，進一步破壞了菲利浦曲線的權衡取捨關係，把經濟推進停滯性通膨。此外，通膨心理日益根深柢固，造成通膨與通膨預期愈來愈高的惡性循環。

儘管現代版的菲利浦曲線有助於解釋大通膨，但問題仍在：聯準會到哪裡去了？為什麼聯準會放任通膨失控？而且通膨失控後，為什麼聯準會不採取更多措施來阻止通膨循環？簡短的回答是，政治亂象以及對通膨流程的錯誤看法，導致聯準會的領導人在關鍵時刻不敢採取一些痛苦的措施，把通膨控制下來。

馬丁、詹森，以及大通膨的開始

1960 年代與 1970 年代的聯準會主席，就像當今的主席一樣，對聯準會的政策有很大的影響力。在涵蓋大通膨開始與顛峰的二十七年間，只有兩個人領導聯準會：小威廉・麥切斯尼・馬丁與亞瑟・伯恩斯（Arthur Burns）。馬丁在 1951 年至 1970 年間擔任主席，伯恩斯的任期則是 1970 年至 1978 年。要了解聯準會為何無法遏制大通膨，我們必須了解塑造這兩人決策的概念與政治力量。

馬丁是史上任期最長的聯準會主席，歷任五位總統。他與聯準會有些淵源，他的父親老馬丁（William McChesney Martin Sr.）協助起草了創立聯準會的法律，後來擔任聖路易聯邦準備銀行的總裁。馬丁讀耶魯大學時，攻讀的是英語與拉丁語，原本認真考慮成為長老教會的牧師——他不抽菸，滴酒不沾，也不賭博。但他也承襲了父親對商業與金融的興趣，畢業後就為父親工作，在聖路易聯邦準備銀行擔任銀行檢查員。[12] 隨後，他的職涯包括從事金融與公職。1938 年，31 歲的馬丁成為紐約證券交易所的總裁，致力恢復民眾對股市的信心。後來他擔任進出口銀行的行長與財政部的助理部長。

在財政部期間，由於財政部長約翰・史奈德（John Snyder）因白內障手術住院，他成為 1951 年「財政部—聯邦準備協定」的主要談判代表。自 1942 年以來，應財政部的要求，聯準會設定了短期與長期利率的上限，以降低政府償還戰爭債務的成本。戰時管制與配給制度結束後，通膨曾短暫暴增。不過，在接下來的幾年裡，聯準會愈來愈擔心，把利率維持在低檔會過度刺激經濟，所以想要結束壓制利率的做法。

然而，隨著韓戰升溫，總統與財政部都反對聯準會提議的政策調整。

於是，一場引人注目的公開鬥爭隨之而來。有一回，杜魯門總統還把整個FOMC叫到白宮訓斥了一頓。那次會議後，杜魯門發表了一份聲明，聲稱FOMC已同意繼續釘住利率；然而，FOMC根本沒有同意那樣做。曾任聯準會主席、當時擔任理事會成員的艾克斯向媒體透露了一個相反的聲明。由於聯準會堅持不妥協，加上國會或媒體幾乎都不支持，政府只好讓步。[13] 隨後聯準會與財政部達成協定，允許聯準會逐步取消釘住利率的政策，讓它可以為了經濟穩定（包括控制通膨）所需，自由設定利率。[*14]

該協定暗示著聯準會角色的變化，且呼應了當時日益壯大的政治與智識共識——當時大家普遍認為，政府政策應該積極尋求穩定經濟（包括通膨），而不是把經濟盛衰視為自然且無可避免的。這番共識反映出眾人對戰後新一波的蕭條感到擔憂，以及凱因斯思想的影響。立法上，1946年的《就業法》（*Employment Act*）便反映了這個觀點。它要求聯邦政府使用一切可行的手段，來「盡量提升就業、生產、購買力」。事實上，國會希望爭取聯準會的支持，以追求更強大、更穩定的經濟——此舉可能在聯準會與財政部起爭執時，賦予聯準會更多的籌碼。[15] 從聯準會的角度來看，該協定是一個轉捩點，讓它更有動力去爭取更大的貨幣政策獨立性，亦即自由制定政策來推進廣泛的經濟目標，而不是滿足財政部的融資需求。

該協定達成後不久，杜魯門任命馬丁接替即將卸任的聯準會主席托瑪斯・麥凱布（Thomas McCabe）。麥凱布辭職的原因是——在財政部與聯準會不時爆發激烈的爭端後——他認為自己無法再與政府合作。杜魯門看上馬丁先前在財政部任職的經驗，希望他維持寬鬆的貨幣政策，以達成總

---

* 雙方發表的簡短聲明其實非常含糊，只提到財政部與聯準會「在債務管理與貨幣政策方面已達成協定……以確保政府需求獲得充分的融資，同時盡量減少公共債務的貨幣化」。聯準會把最後一句話解讀成，它不再有義務釘住美國公債的利率。

統在聯準會的政治目的。但事實證明，馬丁的性格直言無諱，就算聽從白宮的指示行事能保住聯準會剛到手的政策自由，他也不願接受這樣的條件。（後來杜魯門與馬丁偶遇時，杜魯門只說了兩個字：「叛徒。」）[16] 1980年代擔任聯準會主席的伏克爾也不是容易動搖的人，他後來寫道，馬丁「雖然言行舉止客氣，性格謙遜，但就政策及捍衛聯準會的獨立性方面而論，他有高傲不屈的氣骨。」[17] 那身氣骨將會受到考驗。

馬丁並沒有強烈認同特定的經濟學派，他的基本理念很簡單：貨幣政策應該與景氣循環背道而馳，以因應衰退及無法持久的經濟榮景，避免過度的通膨。[18] 實務上指的是在通膨可能變成問題之前，在擴張時期提高利率，並在經濟衰退或成長變慢時，降低利率。他曾提出一個著名的比喻，把聯準會比喻成行為監督人，「在派對真正開始升溫時，把大酒缽移走」。[19] 馬丁認為，低通膨有助於健全的經濟發展（至少較長期看來是如此），而非與成長和就業成權衡取捨的關係。1957年他曾說過：「物價穩定對持久的成長至關重要。」[20]

在管理貨幣政策以促進經濟穩定與低通膨方面，馬丁幫忙建立了現代央行的典範，而不是像早年的聯準會那樣維持美元的黃金價值，打擊投機過度的行為，或協助政府債務的融資。經濟史家克莉絲蒂娜．羅默（Christina Romer）與大衛．羅默（David Romer）認為，馬丁在1950年代採用的貨幣政策（亦即逆著景氣循環來做，必要時搶先紓解通膨壓力）與1980年代和1990年代的政策較為類似，而非1960年代末期或1970年代的政策。[21] 1952年當選的德懷特．艾森豪（Dwight Eisenhower）總統也認為維持低通膨很重要，他並未抵制那十年間馬丁為了打擊通膨而提高利率的政策（移走大酒缽），這點無疑也有一些幫助。

在甘迺迪執政期間，政治與政策環境有了明顯的變化，甘迺迪遇刺、

詹森上任後更是如此。1960 年以前，1946 年的《就業法》認為，政府有責任達到「就業最大化」，那主要是一種抱負。反之，甘迺迪政府，尤其是白宮的經濟顧問委員會（根據《就業法》成立的單位）則試圖藉由量化定義「就業最大化」來落實那項責任。為就業最大化（更常見的說法是「充分就業」）賦予一個數字，等於是為經濟政策提供一個明確的目標，成為衡量政策成敗的基準。[22]

然而，當時就像現在一樣，定義充分就業其實比較像一門藝術，而非科學。1962 年，頗具影響力又為甘迺迪與詹森提供建議的經濟學家亞瑟‧奧肯（Arthur Okun）運用菲利浦曲線的理論，把充分就業定義為「在沒有通膨壓力下」可實現的最高就業水準。[23] 由於 1950 年代沒有高通膨，失業率經常處於或低於 4%（經濟衰退期間除外），所以經濟顧問委員會（Council of Economic Advisers，簡稱 CEA）的經濟學家估計，實務上，充分就業相當於 4% 左右的失業率。後來的政策制定者與經濟學家都普遍接受這個估計值。*

甘迺迪就職後不久，實際的失業率就超過 7%，並在 1962 年底維持在 5.5% 左右，由此可見勞力市場有些閒置的勞力。換句話說，大家覺得美國有**產出缺口**（output gap），亦即實際產出未達充分就業的產出，兩者之間的落差就是產出缺口。奧肯估計，失業率每上升 1%，產出就會減少約 3%，這條經驗法則後來稱為**奧肯法則**（Okun's Law）。[24] 經濟顧問委員會認為，消除產出缺口應該是政策的核心目標；只要失業率接近 4%，就可以在不造成通膨壓力的情況下，實現這個目標。

---

* 字面上來看，大家可能以為充分就業的失業率是零，但經濟學家認為，就算勞力市場處於最熱絡的狀態，總會有一些人沒有就業，因為勞工會跳槽，在換工作之間的空檔休息或從事其他活動（例如重返校園），或缺乏應徵某些職缺的技能。

奧肯定義的充分就業以及代表充分就業的失業率，仍是當代總體經濟學中的重要概念。如今，經濟學家常把有穩定通膨的最低失業率稱為自然失業率（natural rate of unemployment）——有時縮寫為 u*，發音為 u-star。「自然失業率」一詞有點誤導，因為它暗示 u* 是不變的。事實上，u* 可能隨著時間的推移而改變。例如，由於勞力的人口組成或經濟架構變了，自然失業率也會跟著變動。降低 u*（比如透過提升技能或配對雇主與勞工的政策）可為勞力市場帶來更好的結果。儘管如此，大家已經普遍採用「自然失業率」這個詞。

雖然自然失業率的概念自 1960 年代以來沒有太大的變化，但經驗顯示，實務上，u* 的估計值可能相當不確定。這表示制定政策時，使用這些估計值要非常小心。這種不確定性與我們講述的主題有關，因為儘管 CEA 估計 1960 年代與 1970 年代的自然失業率約為 4%、大家也普遍接納這個概念，但後來證實，在「沒有通膨壓力下」（套用奧肯的說法）可維持的失業率，其實遠高於當時的 4%——這個事實後來造成了深遠的影響。國會預算局（Congressional Budget Office，簡稱 CBO）對潛在產出與對應的自然失業率做了回溯估計，如今估算出 1960 年代的 u* 其實在 5.5% 左右，1970 年代在 6% 左右。* 如果基於後見之明所做的現代估計是正確的，那麼 1960 年代和 1970 年代的產出缺口不僅遠小於決策者當時所想的，而且缺口往往是負的，也就是說，實際產出其實遠高於經濟的持久潛力。至少，我們可以明顯看出，那個時期的政策制定者對他們的 u* 估計

---

* CBO 的資料顯示，1960 年代末期與 1970 年代的 u* 比 1950 年代高，反映了勞力人口架構的變化及經濟架構的變化。那些變化增加了配對失業勞工與就業機會的時間。參見 Brauer（2007）。Orphanides（2003）認為，1970 年代的政策制定者沒有及時發現那十年的生產力成長已減緩，因此高估了經濟的潛在產出。

過於自信，即使通膨上升，他們仍然堅持那個估計。[25]

當時的凱因斯學派一致認為，財政政策應該帶頭來穩定經濟。這個觀點獲得一項事實的佐證：大規模的戰時支出確實終結了大蕭條。甘迺迪政府根據當時凱因斯學派的共識，把焦點放在減稅上（一種財政措施），而不是貨幣政策上，以助於縮小當時大家眼中的產出缺口。然而，當時的政府假定聯準會將支持政府刺激經濟成長的做法，而且這個假定還獲得許多國會議員的支持。從 1961 年開始，一個名為 Quadriad 的小組開始定期開會，小組成員包括聯準會主席、財政部長、白宮預算主任、CEA 主席，有時也包括總統。[26] 小組會議的目的是協調經濟政策，白宮把它詮釋成讓聯準會參與其中。甘迺迪總統與詹森總統還任命了支持擴張主義觀點的人士擔任聯準會的理事，這些舉動又進一步限制了馬丁的行動。

馬丁對新凱因斯學派的理論抱持懷疑的態度，他認為它對政策的實務效果過於樂觀，但 1960 年代初期的通膨仍算溫和。不過，1965 年 5 月，就在甘迺迪與詹森推行減稅政策以及軍隊日益投入越戰之後，馬丁公開表示，他對「持久的赤字與寬鬆貨幣」可能帶來的通膨後果感到擔憂。[27] 1965 年 12 月，失業率處於 4% 的關鍵水準（亦即就算是根據白宮的估計，也達到了充分就業，），馬丁以四比三的投票結果獲得理事會的支持，公開採取早一步壓制通膨的行動：宣布把聯準會的貼現率提高 50 個基點。* 就像 1950 年代一樣，馬丁認為他的職責是移走大酒缽。

詹森總統對此反應激烈，聯準會做出決定後，他把馬丁召來他位於德州的度假屋，訓了他一頓。據報導，詹森說：「馬丁，我的人馬在越南賣

---

* 1965 年那一整年，聯準會讓聯邦資金利率上升，但是當時聯準會並不會公開宣布聯邦資金利率的目標改變（只會公開宣布貼現率改變）。因此，貼現率常用來示意貨幣政策立場的變動。

命，你卻不幫我印需要的鈔票。」[28] 國會的民主黨議員也對聯準會進一步施壓，他們認為聯準會的緊縮貨幣政策將減緩就業創造。事實上，一些議員認為，4% 的失業率應該視為政策制定者可接受的上限，而不是下限。

馬丁尋求妥協，與詹森的 CEA 協商。[29] 他認為，經濟正處於通膨危險區。馬丁表示，如果國會與政府緊縮財政政策，讓過熱的經濟降溫，限制通膨壓力，聯準會可能就不需要祭出限制性的貨幣政策。CEA 的成員接納了馬丁的觀點，他們也認同，如果收緊政策有其必要，應該要由財政政策帶頭來做比較好。然而，總統並不願意支持增稅或削減支出的立法。

因此，聯準會在 1966 年繼續升息，並運用它身為監管者的影響力，對銀行施壓，要求銀行收緊放貸標準。結果比馬丁預期的更戲劇性，經濟幾乎是立即降溫了——尤其是對利率與信貸供給特別敏感的房市。眼看著更大範圍的衰退可能發生，聯準會和白宮的警鐘響了。由於 CEA 保證詹森會要求國會增稅以幫忙降低通膨風險，馬丁才終於收手，反轉聯準會稍早的緊縮政策。不過，詹森認為增稅有如政治自殺，並未履行承諾。

1967 年，成長恐慌減弱，通膨擔憂加劇，導致聯準會與白宮之間再次展開懦夫賽局（注：賽局理論的一個概念。在賽局模型中，兩名車手沿著一條直線，面向彼此驅車而行。兩車相撞之前，先轉向的一方為「懦夫」，另一方則勝出。這個模型的邏輯是「不要命的最大」，因為如果雙方放任兩車相撞，最終是兩敗俱傷。所以，誰能堅持直行到最後、逼迫對方先轉彎，誰就是贏家。）。秋季，馬丁領導的聯準會又開始緊縮貨幣政策，白宮則再次同意採取增稅措施。1968 年的政治環境——這年馬丁·路德·金恩（Martin Luther King）博士與聯邦參議員羅伯特·甘迺迪（注：Robert F. Kennedy，曾任美國司法部長，約翰·甘迺迪總統之弟）相繼遭到暗殺；激烈的抗議與內亂爆發；適逢總統大選——都不利於

國會妥協。儘管如此，隨著眾人對通膨與美元穩定性的擔憂加劇，詹森總統在 6 月簽署了一項法案，其中包括臨時徵收 10% 的所得附加稅。聯準會以為附加稅將使經濟降溫，所以再次暫停了緊縮行動，在 8 月降低了貼現率。

後來證明這是一次誤判。儘管附加稅使政府預算暫時出現盈餘，但它對總體需求的壓抑程度遠遠低於聯準會或 CEA 的預期。一般大眾與企業大多知道增稅是暫時的，所以用儲蓄來支付增稅並維持支出。到了 1968 年底，失業率已降至 3.4%，通膨率進一步上升。聯準會再次逆轉自己的立場，回頭採取緊縮政策，但馬丁在聯準會的時代即將結束。1970 年 1 月，隨著任期接近尾聲，馬丁把其他理事召來理事會的圖書館，對他們說：「我做得很失敗。」[30] 1969 年的通膨率略低於 6%。

馬丁真的失敗了嗎？大通膨確實是從他任內開始的，部分原因在於聯準會預期財政政策可以更有效壓低通膨，所以聯準會的立場前後不一，太慢升息。然而，整體而言，馬丁其實是逼不得已的共犯。他在巨大的政治壓力下，盡可能阻止經濟過度擴張。1960 年代後半期的通膨主因，其實在於採取軍事與經濟並重的財政政策，加上眾人對於自然失業率與凱因斯派的新政策調整經濟的效果抱持過於樂觀的態度（一如馬丁最初的擔憂）。

1970 年代則是另外一回事了。在馬丁的繼任者伯恩斯的領導下，聯準會在維持政策獨立性上的努力相當有限，加上理論與政治因素，促成了長達 10 年既高又波動的通膨。

第 2 章

伯恩斯與伏克爾

1969 年 11 月，尼克森總統任命伯恩斯接替馬丁擔任聯準會主席，並於 1970 年 2 月起生效。伯恩斯生於 1904 年（原姓氏是 Burnseig），幼時隨雙親從加利西亞（奧屬波蘭）移民到美國。*伯恩斯原本是哥倫比亞大學的教授，後來的聯準會主席葛林斯潘是他的學生。他衣冠楚楚，抽煙斗，裡裡外外都可以看出他是位傑出的學院派經濟學家。身為年輕學者，他曾與哥大的導師衛斯理‧密契爾（Wesley C. Mitchell）一起發表過一些景氣盛衰的實證分析，他們的研究是該領域中的先驅，也最具影響力。如今大家依然使用的領先經濟指標，以及用來判斷經濟衰退始末時間的原則，就是源自伯恩斯與密契爾的景氣循環研究。伯恩斯也曾擔任美國經濟學會的主席，並領導國家經濟研究局，該局目前在研究廣泛的經濟主題方面，仍是頂尖的研究中心。

然而，伯恩斯並非象牙塔的學者，他曾在許多企業擔任董事，是艾森豪總統信賴的顧問，領導經濟顧問委員會。他為自己長期沉浸在經濟資料

---

* 我的祖父母約拿斯與麗娜‧柏南克（Jonas and Lina Bernanke）也是在那個地區出生，並於 1921 年移民到美國。

中所磨練出來的預測能力感到自豪。事實上，由於他在擔任艾森豪的顧問期間預測準確，當時擔任副總統的尼克森也跟著對他青眼有加。而且，伯恩斯就像馬丁一樣，經常提醒大家過高的通膨可能會造成傷害。他特別關注通膨對企業信心的影響，認為企業的信心是驅動景氣循環的動力。[1]不過，儘管伯恩斯有專業資格，也常表示他厭惡通膨，但事實證明，他擔任聯準會主席時，並不願意緊縮貨幣政策來控制通膨。

伯恩斯與「央行的苦惱」

伯恩斯上任不久，便明顯展現出他的作風。當時的經濟正逐漸減緩──1970 年發生一次小衰退，部分原因在於馬丁在前一年緊縮了貨幣政策──但通膨仍是一大擔憂，物價在一年中上漲了 5.6%。伯恩斯以短期成長為重，他利用放鬆貨幣政策來因應當時的情況。伯恩斯剛執掌聯準會時，聯邦資金利率為 9%，到 1972 年的秋季已降至約 5%。較低的利率有助於經濟復甦（失業率從 1971 年年中約 6% 的高峰，下降到 1973 年末的不到 5%），但對於壓制通膨效果不彰（尼克森取消薪資與物價管制後，通膨就增加了）。為什麼伯恩斯會接受這種取捨呢？

政治當然是部分原因。他和前任主席馬丁一樣，遭到總統的施壓（此時為尼克森）。1969 年，尼克森首次任命伯恩斯擔任聯準會主席，並於 1973 年再次任命。伯恩斯曾在 1968 年總統大選期間擔任尼克森的經濟顧問，並在大選後成為白宮裡的重要人物。尼克森任命伯恩斯接掌聯準會後，便大剌剌地利用他們的關係來做政治上對自己有利之事。1970 年經濟衰退期間，失業率上升，總統希望經濟能在邁入 1972 年大選之際保持強勁。白宮的錄音檔顯示，尼克森訴諸伯恩斯的個人與政黨忠誠，促使他

在大選前維持寬鬆的貨幣政策，財政部長喬治・舒茲（George Shultz）也強化了這個訊息。

據我所知，沒有確鑿的證據顯示伯恩斯同意了尼克森的要求，但貨幣政策與財政政策確實在大選之前放鬆了。伯恩斯在日記裡坦承尼克森的施壓行為，他寫道：「我相信，總統為了連任，會不惜一切代價。總統及他那群怯懦的幕僚對聯準會的騷擾將持續下去，甚至可能加劇。」他還強調自己的獨立性：「幸好，我仍是總統最好的朋友，雖然我不再確定他是否完全知道這點。但只要我堅定立場，我將做出對經濟最有利的事情，那也是對總統最有利的。」儘管如此，錄音確實顯示，伯恩斯在聯準會做出決定之前，先打了電話給總統，並與他商議政策考量，這樣的舉動如今看來極不恰當。[2] 伯恩斯的日記也顯示，他的行為比較像政府成員（例如在白宮會議上策劃政治策略，討論與聯準會職責無關的政策計劃），而非獨立的央行首長。[3]

儘管如此，尼克森的陰謀並無法完全解釋伯恩斯為何不願解決通膨問題，尤其是 1974 年尼克森辭職後，伯恩斯依然裹足不前。經濟史家羅伯・黑澤（Robert Hetzel）等人認為，即使沒有受到尼克森的影響，伯恩斯對通膨起因的看法，以及他認為貨幣政策該扮演的適當角色，可能使他偏向採取比較被動的方式。[4]

當時許多奉守凱因斯主義的人認為，美國經濟變得更容易出現通膨，原因與貨幣政策無關。儘管伯恩斯並不覺得自己是凱因斯學派，但他認同那個觀點。伯恩斯認為，這種更容易發生通膨的趨勢，反映了大企業與工會愈來愈有能力避免自己受到市場力量的影響，他們運用這種能力來隨意推高物價與薪資。政府致力維持充分就業的承諾（伯恩斯也支持這點）減少了景氣衰退時的痛苦，而又進一步強化了大企業與工會的力量。

伯恩斯認為，通膨主要是由「成本推動」的力量造成的（例如企業與工會提高物價與薪資的力量），而不是由「需求拉動」的壓力驅動的（例如政府與消費支出增加），所以他覺得貨幣政策這種主要透過減緩需求成長來運作的方式，是一種代價高昂且效率低下的打通膨手段。他認為，若要光靠貨幣政策來打擊通膨，唯一的辦法是引發一場嚴重的衰退，讓強大的薪資與物價制定者別無選擇，只能讓步。在那樣的過程中，許多勞工將失去工作，缺乏市場力量的小企業將受到特別嚴重的打擊。此外，伯恩斯相信，限制性貨幣政策的效果並不會均衡分布，而是給經濟的某些部門帶來特別大的負擔。例如，緊縮銀根將打壓對利率特別敏感的建築業與房地產業，但對消費支出或大企業的資本投資來說，影響就小得多。

通膨的成本推動理論使伯恩斯相信，與其緊縮貨幣政策或緊縮財政政策，不如由政府實施控制措施，直接限制工會與企業提高薪資與物價的能力，代價比較小。因此，他是強力鼓吹控制薪資與物價（當時稱為「收入政策」）的早期支持者。[5] 事實上，倘若沒有伯恩斯的建議與鼓勵，尼克森不太可能實施那些控制措施。所以，尼克森雖然影響了伯恩斯，伯恩斯也影響了尼克森。伯恩斯也反對控制薪資與物價必須與限制總體支出搭配的概念，他覺得應該分工處理：控制價格將約束薪資與物價制定者的行為，讓貨幣政策與財政政策去推動成長與就業。重要的是，伯恩斯那套通膨的成本推動理論也解釋了，為什麼他明明看到通膨持續上升，卻不認為經濟運作已超越潛力，也不覺得財政政策已過於擴張。

1973 年的油價衝擊與隨之而來的通膨飆升，亦加強了伯恩斯的觀點（他認為通膨主要是由非貨幣因素引起的）。畢竟，油價上漲看來主要是地緣政治與全球經濟局勢的結果，而不是貨幣寬鬆或美國國內經濟過熱的結果。面對新一波的通膨漲勢，伯恩斯首選的因應對策是重新實施全面的

薪資與物價控制。然而，前面幾輪的價格控制並沒有辦法結束通膨，所以價格控制措施在多數美國人的心中已失去可信度。聯準會為了遏制通膨上升，在 1973 年確實啟動了一連串的升息，但當經濟陷入衰退，聯準會又把利率降回來。事實證明，這種「走走停停」的模式（通膨飆升時緊縮政策，但失業率開始上升就立即轉為寬鬆政策）不僅無效，還會使通膨與通膨預期逐漸升高。

伯恩斯知道，1970 年代的停滯性通膨令人不滿。他也明白，通膨的代價高昂，會破壞穩定，但失業也有同樣的效果。他認為，單靠貨幣政策來充分控制通膨所衍生的高失業率，是大眾所無法容忍的，他也覺得聯準會沒有立場做那樣的決定。那肯定是伯恩斯從國會得到的訊息。1976 年，即使聯準會正在寬鬆貨幣政策，經濟正在復甦，但明尼蘇達州的民主黨參議員休伯特‧韓福瑞（Hubert Humphrey）與其盟友仍抱怨，央行在促進就業方面做得不夠。韓福瑞主張為政府設定明確的就業目標（包括必要時提供政府就業保障），他也主張讓總統在決定貨幣政策方面扮演更重要的角色。韓福瑞的提案並未通過，但他與加州民主黨的眾議員奧古斯塔‧霍金斯（Augustus Hawkins）仍持續推動立法。

這種持續的立法辯論衍生出一個重要的結果：《聯邦準備法》的修正案於 1977 年通過，該修正案要求聯準會管理貨幣政策，以追求「穩定物價、就業最大化、適度的長期利率」。由於穩定物價與就業最大化通常會促成適度的長期利率，眾人往往覺得第三個目標是多餘的。從此以後，聯準會的領導人常常把聯準會的雙重目標掛在嘴邊：促進物價穩定及就業最大化。雙重目標本身就是一種妥協，民主黨人（1970 年代在參眾兩院都占多數席位）主張應更重視就業，共和黨人則認為穩定物價也一樣重要。

菲利浦曲線的背後邏輯，透露出貨幣政策的制定者有時必須在通膨與

失業率之間做出取捨。1977 年的法律並沒有具體說明政策決策中該如何權衡這兩個目標。幾十年來，大家借用外交語言，把較重視就業目標的聯準會政策制定者稱為**鴿派**，把較關注通膨的政策制定者稱為**鷹派**。當然，這些定義並非固定不變，政策制定者有時會根據經濟狀況，從鷹派轉向鴿派，之後再回歸鷹派。

　　儘管參議員韓福瑞於 1978 年 1 月過世，國會仍針對他的提案爭論不休。同年稍晚，國會通過了《充分就業與平衡成長法》（*Full Employment and Balanced Growth Act*），亦即眾所周知的《韓福瑞－霍金斯法》（*Humphrey-Hawkins Act*），由吉米・卡特（Jimmy Carter）總統簽署。這部 1978 年的法律（適用於整個政府，而不單只是聯準會）為就業設定了雄心勃勃的目標，包括年滿二十歲的成人失業率不該超過 3%──這比甘迺迪時代的 CEA 為充分就業率所設定的 4% 標準還低。該法也設定了通膨目標，包括在十年內把通膨降至零，但仍以就業目標為優先考量。[6] 該法也要求聯準會向國會提交半年一次的貨幣政策報告，描述聯準會在實現央行的法定目標方面有何進展。* 伯恩斯當然知道《韓福瑞－霍金斯法》的量化目標不可行，至少在合理的時間範圍內不可行，但他很可能體認到，該法及前一年批准的雙重目標確認了一件事：國會不會容忍將造成失業率大增的打通膨手段。

　　簡而言之，在大通膨期間，伯恩斯的動機很複雜。他受到政治的影響，可能是狹義上屈服於尼克森總統的施壓，當然也可能是廣義上，他認為美國不會容忍造成高失業率的貨幣政策。但伯恩斯的政策也反映了他自己對通膨起因的看法。他與前任主席馬丁不同（就這方面而論，也與繼任

---

* 　伴隨著這份報告，聯準會主席對參眾兩院監督委員會的證詞仍稱為韓福瑞－霍金斯證詞。

者伏克爾不同），他認為通膨主要不是貨幣力量造成的，因此以緊縮貨幣政策來打通膨不僅間接、代價高昂，基本上也無效。伯恩斯領導的聯準會實施走走停停的政策，在貨幣緊縮與寬鬆之間持續交替切換，結果既沒有壓低通膨，也沒有實現持久的低失業率。反之，通膨持續攀升。

1979 年，在離開聯準會不久，伯恩斯發表了一場演講，標題為〈央行的苦惱〉，內容自責與自衛參半。[7] 他坦承，未能控制通膨心理，大幅加劇了通膨：「如今，商人、農民、銀行家、工會領袖、工廠工人、家庭主婦普遍預期，無論經濟盛衰，未來通膨都會持續下去。一旦這種心理在一國普及，央行犯錯導致通膨加劇的效應可能會持續好幾年。」他也坦承，就如何在不引發通膨壓力下壓低失業率一事而言，聯準會的政策制定者和許多人都過於樂觀。伯恩斯回顧過往時認為，我們如今所說的自然失業率 u*，其實不是他那個時代一般人所說的 4%（或更低），而是比較接近 5.5% 到 6%——這個數字與當前對那個時期的估計是一致的。他坦承，原則上，央行官員原本可以限制貨幣供給的成長，「不遲不疾」阻止通膨，儘管那些方法會給金融市場和經濟帶來「壓力」。

那麼，伯恩斯領導的聯準會為什麼不那樣做呢？伯恩斯說：「聯準會困於那些正在轉變美國生活與文化的理念與政治潮流中，所以才沒那麼做。」簡而言之，伯恩斯認為，政府提出充分就業的承諾，這個社會契約使得聯準會在政治上不可能逕自採取行動去打擊通膨，讓大家承受漫長的痛苦。打擊通膨的行動需要等待新的政治共識形成（那需要一般大眾日益相信，通膨是美國最大的經濟挑戰，才會促成那樣的共識），以及聯準會出現新的觀點與領導人物。那日，在觀眾席聽伯恩斯演講的聽眾中，有一個人將提出這樣的新觀點，他就是伏克爾。

伏克爾：堅持不懈下的勝利

　　伏克爾的職涯就像馬丁一樣，跨越了公共與私營部門。伏克爾在紐澤西州出生成長，父親是提內克市（Teaneck）的行政官。他在普林斯頓大學讀經濟系，畢業論文批評聯準會在二戰後允許通膨短暫飆升的作為，預示了他後來的政策觀點。1952 年至 1957 年，他的第一份工作是在紐約聯邦準備銀行擔任經濟學家。之後，他在私營部門與公共部門之間來回切換工作崗位，曾在大通銀行（Chase Manhattan Bank）做到副總裁，也曾在美國財政部任職。1969 年至 1974 年，伏克爾在財政部擔任國際事務的副部長，當時尼克森政府決定切斷美元與黃金之間剩餘的正式連結，他也參與了那個決策過程。*

　　1975 年 8 月，在伯恩斯的支持下，伏克爾被任命為紐約聯邦準備銀行的總裁，這個職位讓他在 FOMC 擁有投票權，而且依照慣例，他成了 FOMC 會議的副主席。紐約聯邦準備銀行的總裁可說是 FOMC 的第二把交椅，影響力僅次於聯準會主席，也是聯準會在華爾街的耳目，負責監管紐約地區的大型銀行，並吸收來自關鍵金融市場與機構參與者的情報。伏克爾在金融圈與財政部的經歷，為他加入 FOMC 的角色做好了準備。他在 FOMC 的席位使他在一段艱困的時期，面臨貨幣政策的辯論。加入 FOMC 四年來，伏克爾坐在主席旁邊，默然看著通膨一步步惡化。他主張

---

* 那次行動稱為「關閉黃金窗口」（closing of the gold window），是二戰後布列敦森林制度（Bretton Woods system）解體的最後一步，該制度確立了美元與其他主要貨幣之間的固定匯率。有些人把 1970 年代部分或全部的通膨歸因於美國放棄了與黃金的象徵性連結，但這其實是倒因為果。由於其他貨幣綁住美元，美國的通膨導致官方匯率與自由市場體系理當設定的匯率彼此脫節。因此，美國的通膨導致布列敦森林制度的崩解與黃金窗口的關閉，而不是顛倒過來。

採取緊縮政策，卻受限於 FOMC 的傳統而無能為力：做最終的政策決定時，FOMC 副主席的投票需與主席一致。

1978 年 3 月，伯恩斯的第二任期結束，卡特總統任命前航太高層威廉‧米勒（G. William Miller）領導聯準會。伏克爾也在這個職位的候選名單上，但沒有被選上。[8] 米勒與伯恩斯一樣，不願解決通膨問題。不管怎麼看，他都是聯準會主席的可疑人選。他既不是貨幣專家，文化上也與共識導向的聯準會格格不入。他不能像以前在商業界命令員工那樣，對 FOMC 的成員發號施令（他甚至無法禁止大家在會議室裡抽菸。他把會議室的菸灰缸移走後，理事會裡幾個菸癮大的人士便開始帶自己的菸灰缸去開會）。米勒在聯準會任職僅僅十七個月，就在內閣改組之際，被卡特總統提名為財政部長。後來，聯準會裡流傳，米勒的轉調是不適任的聯準會主席經過短暫的試用期後，被「明升暗降」的結果。然而，伏克爾告訴一位採訪者，卡特認為財政部長的職位比較重要，他把那次調任視為升官。[9] 無論如何，那次人事異動預示著聯準會政策的重大轉變。

當時通膨率正攀升到更高的水準，隨著米勒轉調至財政部，卡特需要盡快找到繼任人選。卡特在幾位經濟顧問（不是政治顧問）的建議下與伏克爾會面。伏克爾告訴總統，現在迫切需要緊縮貨幣政策來打擊通膨。[10] 那場面試米勒也在場，伏克爾指著米勒說：「我會祭出比那個傢伙更緊縮的政策。」伏克爾在自傳中寫道，他本來以為那樣講應該不會被選上。但翌日早晨，他還躺在床上，就接到總統的來電，請他擔任聯準會主席。[11]

卡特任命伏克爾的決定彷彿是命中注定。總統想必明白，伏克爾可能會大舉打擊通膨，因為伏克爾早就告訴他了。總統想必也知道，緊縮貨幣政策（升息）很可能會導致失業率上升與經濟成長減緩，而且即使通膨回落，政治成本也可能很高。事實上，這正是後來發生的事。經濟疲軟使得

卡特 1980 年競選連任注定會失敗。副總統華特·孟岱爾（Walter Mondale）回憶道，伏克爾的政策「最終確實掃除了通膨，但也把我們掃出了白宮。」[12] 那麼，為什麼卡特會選擇鷹派的伏克爾？為什麼卡特的立場會出現一百八十度的大轉變，不僅與尼克森完全相反，也與當初他選擇米勒的方式相反？

為了經濟利益，即使不見得是為了卡特個人的政治命運，伏克爾或是像伏克爾這樣的人是一個合乎邏輯的選擇。聯準會已經失去了打擊通膨的可信度，新主席所面臨的挑戰就是恢復可信度。可信度——亦即履行承諾的聲譽——對一般政策制定來說相當重要，在日常生活中也一樣。但可信度在打擊通膨方面特別重要，畢竟那涉及到大眾心理的作用。1979 年，通膨率高達兩位數，任何新上任的主席都會說通膨非降不可，但市場參與者、商界領袖、消費者會相信這種說法嗎？如果不相信，那麼通膨預期將居高不下，使得打擊通膨變得更加困難且代價高昂。不過，如果這位新主席以立場強硬及厭惡通膨著稱，大家更有可能相信打擊通膨將持續下去，通膨預期（以及通膨本身）會因此更快下降。無庸置疑，以鷹派著稱的伏克爾——更遑論他那高達 200 公分的威武身軀及低沉沙啞的嗓音——在打擊通膨方面會比一位顯然沒那麼鷹派的繼任者更加可信。[13]

這樣解釋有點微妙，其實我們也不清楚卡特是不是這樣想的。我們只知道他是在倉促的決定下，選擇了伏克爾。他與伏克爾接洽之前，幾位知名的銀行高層都婉拒了他的面談。卡特不太了解伏克爾，甚至不確定他屬於哪個政黨（他和卡特一樣是民主黨人）。卡特可能在尚未充分考慮後果的情況下，做了他總統任期內最重要的決定之一。財政部的米勒反對這項任命，孟岱爾回憶道，他對此感到惴惴不安。但另一方面，總統肯定明白，美國正處於經濟與金融危機的邊緣，華爾街殷殷企盼一位以立場強硬

及政治獨立著稱的人來接掌聯準會，伏克爾正是不二人選。

伏克爾很清楚他身為主席該做什麼。1980 年 2 月，他第一次以主席的身分出席半年一次的國會聽證會時，就在證詞中闡述了他的理念。[14] 那是一種與伯恩斯截然不同的做法。伏克爾說道：「過去，在祭出經濟穩定政策的關鍵時刻，我們在乎的往往是經濟活動或其他目標在短期內走弱的可能性，而不是關注我們的行動對未來通膨的影響。」他繼續抨擊以往走走停停的政策：「結果是，財政與貨幣政策往往過早或過度刺激，或限制不足，導致如今的長期通膨問題……政策的總體目標必須打破這種不當的模式，這是我們把因應通膨提升為國家優先要務的原因。政策若要成功，就得始終如一，朝著這個目標邁進。若是因為擔心經濟衰退或其他因素而猶豫不決、推三宕四，那麼，嚴重的風險就會隨之而來。」始終如一與堅持不懈後來成了伏克爾的最佳寫照。*

伏克爾雖然傾向鷹派，但他特地花了一些時間來設定政策的新方向，以及說服 FOMC 的同仁。有些同仁對他的做法有所疑慮，許多人認為他擔任主席初期的舉措有些猶豫不決。1979 年，他與財政部長米勒一同前往南斯拉夫參加國際貨幣基金組織（IMF）的秋季會議，之後他便堅定了他的決心。伏克爾在那裡聽到許多歐洲人表示，他們很擔心通膨對美元（全球準備貨幣）穩定性的影響。他也出席了伯恩斯在 IMF 會議上發表的〈央行的苦惱〉演講。伏克爾覺得那場演講聽起來像是絕望的忠告，彷彿是在承認，考慮到經濟與政治現實，聯準會在對抗通膨方面實在無能為

---

* 威廉・希爾博（William Silber）所著的伏克爾傳記副標題為「堅持不懈的勝利」（編注：全名為 Wolcker: The Triumph of Persistence）。伏克爾的自傳名為《堅持》（編注：全名為 *Keeping At It: The Quest for Sound Money and Good Government*，中文書名《主席先生：聯準會前主席保羅・伏克爾回憶錄》，早安財經出版）。兩書的命名皆恰如其分。

力。新主席不接受這樣的結論，他一返美便決心採取行動。[15]

新方法

1979 年 10 月 6 日，FOMC 在華盛頓舉行了一場罕見（且未宣布）的週六會議，伏克爾與同仁在會中採取了一項關鍵措施。伏克爾早在週四的理事會會議上就開始商議，並在週五與 FOMC 全體成員開電話會議繼續討論。那個週末教宗若望保祿二世（Pope John Paul II the Great）將造訪華盛頓，有助於分散媒體對聯準會動態的關注。

表面上，他們的討論涉及貨幣政策施行的技術問題──但僅止於表面。伏克爾上任時，與二戰以來聯準會大多時候的情況一樣，聯準會的關鍵貨幣政策工具是它影響短期利率的能力──主要是聯邦資金利率，亦即銀行間隔夜拆借的利率。當時，聯準會是藉由改變銀行體系中的準備金數量來管理那個利率：想要升息時，就會造成準備金短缺；想要降息時，就會造成準備金過剩。因此，實際上，伏克爾召集那場決定性的會議時，實施貨幣政策的標準方法是為貨幣價格（亦即聯邦資金利率）設定一個目標，那個目標是實現想要的經濟結果所需要達到的水準。接著，聯準會再根據需要調整貨幣供給（更精確來說是銀行準備金，這是貨幣供給的重要決定因素），以達到目標利率。

在 10 月 6 日的會議上，伏克爾提議顛覆標準的做法，委員會也對此表示支持。伏克爾沒有選擇目標利率，再根據需要調整銀行準備金與貨幣供給來達成該利率，而是建議把貨幣量的成長設為目標，並讓聯邦資金利率根據需要自由調整，以符合貨幣成長目標。據傳，這項轉變背後的基本原理是傅利曼及其追隨者所信奉的**貨幣主義**（monetarism）。貨幣主義主

張，貨幣成長與通膨密切相關。如果貨幣成長與通膨確實像貨幣主義者認為的那樣緊密相連，那麼把貨幣成長當成政策的焦點，應該可比傳統做法（鎖定利率目標）更精確地控制通膨。在柴契爾政府時期，類似的概念在英國也有很大的影響力，當時的英國也在對抗通膨與經濟停滯。

更諷刺的是，新策略有一個可能的優點：把焦點放在貨幣成長上，可能有助於聯準會轉移那些對短期利率行為的政治批評，因為短期利率很快就會飆升至20%。尤其，新策略打破了小幅調整政策利率的傳統做法，畢竟事實證明，那種做法不足以遏制通膨。誠如資深的聯準會理事亨利・華利奇（Henry Wallich）所言：「我認為支持準備策略的主要論點，在於它讓我們採取比其他方法更強大的行動⋯⋯在新策略中，利率變動幾乎成為更積極追求貨幣總量的副效果。」[16]

不過，最終而言，伏克爾的實驗對於改善貨幣主義的聲譽並沒有多大的幫助。儘管貨幣供給的成長與通膨之間長期來說有點關係（至少某些情況下是如此），但短期內這種關聯可能相當不穩定且難以預測，FOMC在採用新方法後，一下子就意識到這點。事實證明，連定義貨幣供給都很困難。原則上，貨幣供給應包括一般交易可用的任何資產，例如支存帳戶的餘額與貨幣。然而，實務上，某些類型的資產比其他類型的資產更便於交易。替代性的支付形式該如何計入貨幣供給中，又該以多少權重來計算？這段期間正在進行的金融鬆綁（逐步取消銀行存款的利率上限，允許銀行提供新類型的存款帳戶）使貨幣供給的衡量變得更加複雜。由於這些實務上的困難，FOMC在實施新政策僅僅三年後，便於1982年10月放棄貨幣主義的架構，回歸採用目標利率的傳統方法。

雖然轉向貨幣主義的做法未能長久持續下去，但1979年10月6日的那場會議依舊意義重大，因為那等於公開宣布聯準會已經改弦易轍，目的

是向華爾街與全美國表示，聯準會決心打敗通膨。FOMC 藉由修改策略，在一次緊急會議上告訴全世界，現狀不能再繼續下去了──這是伏克爾想要發出的訊號。

為了強調 FOMC 那個決定的重要性，伏克爾在 FOMC 會議後召開了一場罕見的記者會（對當時的聯準會主席來說，這相當罕見）。更不尋常的是，記者會還在週六晚間舉行。除了貨幣政策的實施流程有變以外，伏克爾也宣布，理事會把貼現率調高了整整 100 個基點，至 12%。此外，理事會與 FOMC 的其他成員一致支持新政策。顯然，有些事情已經改變了。

伏克爾大打通膨

雖然發出這些戲劇性的訊號，但聯準會內外對伏克爾大打通膨的支持卻時大時小，就連伏克爾本人也常對此行動心存疑慮，但他還是堅持下來了，時不時頂住強烈的反對意見，並成功降低了通膨。通膨率從 1979 年與 1980 年的 13% 左右，降至 1982 年的 4% 左右，並在伏克爾任職聯準會的其餘時間，皆穩定在那個水準。因此，在短短幾年內，聯準會大致上扭轉了十五年來累積的通膨上升趨勢。

打敗通膨是一項特別的成就，效益持久，但伴隨而來的代價也非常沉重。1980 年經濟短暫衰退並短暫反彈後，1981 年和 1982 年經濟大跌，失業率在 1982 年 11 月和 12 月達到令人痛苦的 10.8% 高峰。傳統的菲利浦曲線預測，通膨大降將伴隨著失業率大升。如今，這種傳統曲線以更強勁的態勢捲土重來。

1980 年第一次發生的衰退比較短，那與一次考慮欠周的信貸管制實驗有關。[17] 1980 年 3 月，聯準會應卡特政府的要求並經總統授權，對銀行

和其他貸款人實施信貸管制（伏克爾最初反對這項政策，但後來同意合作）。聯準會要求銀行把每年的貸款成長率維持在 7% 至 9% 之間，而且銀行要是貸放某些類型的貸款還得受罰。該計劃的目的是限制整體貸款的成長，尤其是車貸與房貸以外的消費貸款。這種理論認為，如果信貸可以從所謂「非生產性的用途」移走，或許可以用一種對經濟破壞較小的方式來減少支出與通膨。不過，這個計劃只提供大略的指引，銀行與大眾都搞不清楚哪些類型的貸款可做、哪些不可做，結果導致大家不願以任何形式借款，支出減緩的幅度比預期的還大。當經濟陷入衰退，政府與聯準會便迅速放棄了這個策略，經濟才得以復甦。

1981 年 7 月正式開始的第二次經濟衰退更為嚴重，美國國家經濟研究局指出，高利率無疑是造成這次衰退的主因。高利率有部分是政府增加借款的結果（以彌補隆納・雷根〔Ronald Reagan〕總統執政期間的赤字累積），但主要還是伏克爾緊縮貨幣政策所造成的。例如，那年秋季，30 年期房貸的利率超過 18%，重創房地產業。伯恩斯預測，抑制通膨會對經濟與金融造成很大的壓力，這個預測並沒有錯。不幸中的大幸是，1982 年 10 月，聯準會放棄以貨幣為目標的制度並略微寬鬆政策後，強勁的復甦隨之而來，並持續到 1980 年代結束。1983 年實質 GDP（經通膨調整）成長近 8%，失業率從 1982 年 12 月的 10.8%，降到一年後的 8.3%。雷根總統是這些發展的受益者之一，他在 1984 年輕鬆連任。到了 1987 年伏克爾任期結束時，失業率已降至約 6%。

儘管大眾確實希望政府對通膨採取一些措施，但高失業率與高利率的組合是不可免的政治毒藥。伏克爾不得不面對充滿爭執的國會聽證會以及彈劾威脅。常批評聯準會的德州民主黨議員亨利・岡薩雷斯（Henry Gonzalez）老是揚言要彈劾他。農民把牽引機開上華府的憲法大道，聚集

在聯準會總部外頭抗議高利率。房屋建商把建築用的木板寄到聯準會，上面印著懇求聯準會主席開恩的字樣。我擔任主席時，有些木板仍裝飾著我的辦公室；它們是聯準會歷史上某個關鍵時期留下來的紀念，也提醒著我們控制高通膨的代價。

在關鍵時刻，總統通常是支持伏克爾的，這點幫助很大。卡特總統只公開批評過伏克爾的政策一次，就在他 1980 年競選連任最激烈的時候。[18] 雷根總統的支持則比較反覆無常。儘管雷根很少公開批評聯準會，但伏克爾與政府高官發生了衝突。伏克爾在回憶錄中提到，1984 年夏天在白宮舉行的一次會議中，雷根的幕僚長詹姆斯·貝克（James Baker）當著總統的面，告訴伏克爾不要在總統大選前升息。伏克爾決心避免類似尼克森與伯恩斯的那種局面，沒回應就離席了。[19] 當雷根任命的理事在 1986 年 2 月的一次理事會會議上，投票否決伏克爾對降低貼現率的反對意見時，伏克爾差點辭職，直到當日稍晚，理事會重新考慮那次投票決定後，他才打消了辭職的念頭。[20] 儘管如此，雷根大致上認同，控制通膨對健全的經濟而言至關重要。伏克爾說，雷根曾向他解釋，「他在伊利諾州就讀一所小型學院時，一位教授讓他牢記了通膨的危險」。[21] 最後，伏克爾的任期即將結束，雷根並未乘機換人，而是在 1983 年再次任命伏克爾擔任聯準會主席。參議院以八十四票贊成、十六票反對的結果批准了伏克爾的任命，由此可見他們對伏克爾本人以及他打擊通膨的信心。

除了高利率與失業率飆升以外，伏克爾打擊通膨還有其他重大的副作用。美國的高利率吸引了外國投資者的資金，推動美元的匯價大幅上升。即使美國的利率下降，美元依舊非常強勁。這使得進口商品變得更便宜（有助於抑制通膨），但也導致一些美國出口商被迫退出外國市場。伏克爾早期在財政部任職時，需要因應疲軟的美元，而他擔任聯準會主席後，

卻必須管理強勢的美元。伏克爾與財政部長貝克一起參加了遏制美元升值的國際會議。1985 年，美國與法國、德國、英國、日本達成協議後（亦即《廣場協議》〔Plaza Accord〕，以召開協議的紐約廣場飯店命名〕，聯準會與財政部協調在公開市場上拋售美元，以壓低美元對其他貨幣的匯率。

高利率與美國經濟低迷也加劇了全球的金融壓力。石油出口國在 1970 年代從高油價賺取了巨額利潤，其中一些資金最終流入了美國各大銀行，這些銀行又把這些資金借給拉丁美洲的新興國家，這個流程稱為「回收石油美元」。許多人希望這個流程可以幫墨西哥之類的國家開發自己的石油儲量。然而，強勢的美元與美國的高利率使這些以美元計價的貸款難以償還，而美國經濟的疲軟，以及石油和其他大宗商品價格下跌，也減少了拉丁美洲債務國的收入。結果釀成一場國際債務危機。

1982 年 8 月，墨西哥耗盡了國際準備金（官方持有的美元），眼看著它的銀行貸款就要違約了。墨西哥與其他陷入困境的拉丁美洲國家的債務，占了美國主要銀行資本的一大部分，因此這些國家可能違約也威脅到美國的金融穩定。伏克爾敦促銀行向墨西哥提供額外的信貸，直到墨西哥能夠從國際貨幣基金組織（IMF）借款為止。IMF 是在二戰後成立的機構，目的是提供這類的貸款。伏克爾軟硬兼施，一邊對銀行施壓，一邊與銀行家合作尋找解決方案，巧妙地管理危機，也為他自己鞏固了身為卓越央行首長的聲譽。另一方面，國會批評人士也立即指出，1975 年至 1979 年伏克爾擔任紐約聯邦準備銀行總裁期間，就是負責監督這些提供拉丁美洲貸款的銀行。伏克爾辯稱，當時聯準會的法律權力有限，無法對銀行的放貸決定做事後評估，也無法要求銀行持有更多的資本因應可能的損失。

拉丁美洲危機爆發後，又出現更多的金融問題，這一次是發生在美國國內。1984 年，資本不足與集中放貸（對象包括開發中國家，以及投機

性的國內石油與天然氣專案）幾乎拖垮了伊利諾大陸銀行（Continental Illinois）。按資產計算，伊利諾大陸銀行是美國第七大銀行，也是美國最大的商業與工業貸款機構。該銀行遭存戶擠兌後，得到了美國政府的紓困——由聯邦存款保險公司（Federal Deposit Insurance Corporation，簡稱 FDIC）挹注資金，甚至保護了沒有保險的債權人。聯準會向該銀行提供貼現窗口貸款（discount-window loan），並在搶救行動中與 FDIC 及其他監管機構密切合作。[22] 這個事件衍生出「大到不能倒」一詞，用來描述那些破產就可能危及金融系統穩定的金融機構。[23]

美國的儲貸業（Savings and Loan，簡稱 S&L）是大通膨以及伏克爾的聯準會因應政策下的另一個金融受害者。儲貸業使用有聯邦保險的短期存款來為長期抵押貸款提供資金。1930 年代的聯邦法律對儲貸業與銀行的存款付息設了上限，目的是防止存款機構競相以高利率吸引存戶，破壞市場。聯準會對抗通膨導致短期利率飆升時，存戶紛紛領出存款，轉往他處尋求更高的報酬。1980 年的立法逐步取消了對存款的付息管制，允許儲貸業者支付更高的利息來留住存戶。但這些存款利率超過了儲貸銀行帳面上那些舊有抵押貸款的利息收入（那些舊貸款是在利率低很多時貸放的）。[24] 與此同時，聯準會政策造成的較高利率抑制了對新抵押貸款的需求。許多儲貸機構其實已經無力償債了。

1982 年，為了給這些機構更多喘息空間，國會通過了一項立法，讓儲貸業者投資風險更高、報酬更高的資產。但是，對於那些瀕臨破產的儲貸業者而言，它們幾乎沒有謹慎投資的動機。許多業者投入非常冒險、甚至欺詐的方式，以期一舉翻身，很多業者都失敗了。由於它們的存款有政府保險，它們的損失（總計約 1,240 億美元）都轉嫁給納稅人。說到貨幣政策與金融穩定之間的關係，相關的討論往往以為寬鬆的貨幣與低利率會

破壞金融穩定，伏克爾時代則顯示，緊縮的貨幣與高利率也可能產生破壞的副作用。

伏克爾與聯準會的信譽

　　儘管卡特總統任命伏克爾的動機一開始不是很明確，但一個看似合理的理由在於，伏克爾身為通膨鷹派的聲譽可能對於恢復聯準會的信譽有所幫助。這種觀點認為，如果民眾更相信聯準會將堅持打通膨，大家可能就會降低通膨預期，如此一來就可以讓通膨更快速下降，使就業與產出付出的代價減少。伏克爾與 FOMC 的其他成員當然明白這點：值得注意的是，伏克爾刻意策劃了那次戲劇性的會議，並在 1979 年 10 月改變政策程序，示意聯準會策略的決定性轉變，希望藉此強化聯準會的公信力，打破大眾的通膨心理。

　　如今回顧過往，伏克爾真的有「信譽紅利」幫他減少打擊通膨的成本嗎？證據好壞參半。一方面，1980 年後，通膨率確實迅速下降，通膨預期也顯著降低了，至少從家庭與專業預測者的調查來看，確是如此。例如，密西根大學針對消費者的調查發現，未來一年的通膨預期從 1980 年約 10%，降到 1982 年不到 3%。伏克爾打擊通膨所造成的產出代價也低於一些經濟學家的預測。例如，1978 年，奧肯使用標準的菲利浦曲線模型估計，以緊縮貨幣政策來控制通膨，將導致像大蕭條那樣嚴重的經濟低迷。然而，伏克爾領導下的實際產出損失，比預測還要低得多。[25]

　　不過，1980 年代以及（尤其是）1981–82 年經濟衰退期間的產出與就業損失都不算小。1982 年失業率創下的高峰，直到 2020 年疫情期間才被超越。此外，即使通膨下降，長期利率有段時間仍然居高不下。例如，

1987 年的抵押貸款利率仍高於 10%。顯然，投資者對於通膨是否真的壓下來了，仍抱著懷疑的態度，他們依然擔心通膨再次上漲而降低其債券與貸款的購買力。因此，他們要求，持有那些資產需要額外的補償。

整體而言，伏克爾控制通膨的承諾似乎不完全可信，至少在他打擊通膨初期是如此。有些人原本寄望不付出重大代價就能結束通膨，他們的希望因此破滅。然而，這些成本必須與未來的可觀效益相比。在伏克爾任期結束後的幾十年裡，通膨與通膨預期一直維持在低檔又穩定的水準，可見聯準會反通膨的公信力已經恢復了。這種公信力不僅使通膨的掌控變得更容易，也增加了聯準會因應產出與就業下降的餘裕，不必擔心貨幣政策的暫時寬鬆可能會破壞通膨預期。最終，伏克爾成功壓下通膨，奠定了數十年的強勁穩定成長 —— 經濟學家把那段期間稱為大平穩（Great Moderation）。或許這段期間帶給我們更廣泛的啟示是，在貨幣政策的制定中，信譽是寶貴的資產，但信譽主要得透過行動與結果掙得，不能只是口頭說說。

1990 年 9 月，也就是伏克爾離開聯準會三年後，他在華盛頓發表演講。這場演講跟十年前伯恩斯那場名為〈央行的苦惱〉的演講屬同一系列，只不過伏克爾把他的演講標題訂為〈央行的勝利？〉（注意標題裡的問號）。[26] 與伯恩斯不同的是，伏克爾能說，在降低通膨並安度隨之而來的金融與經濟考驗後，「央行如今的聲譽格外良好」。不出所料，他強調，良好的經濟表現需要低通膨，以及在通膨形成一股勢力並融入預期之前「趁早因應通膨很重要」。他也強調，靈活又獨立的央行更適合控制通膨。談到通膨時，他自創了一個詞，他稱央行是掌控通膨的「獨家專門戶」（the only game in town）。

伏克爾的演講充分歸納了央行人士、經濟學家、甚至當時的政治家從

大通膨中記取的教訓。首先，適度的通膨是穩健經濟的重要基石。第二，央行只要有足夠的公信力，並堅持不懈對抗通膨心理，讓通膨預期固定在較低的水準，就可以把通膨維持在低檔。第三，央行若要有公信力，做貨幣政策的決定時，就要有合理的獨立性，不受短期政治壓力左右——伏克爾在卡特與雷根的支持下所享有的獨立性，是前幾任主席所沒有的。伏克爾的繼任者葛林斯潘採用這些原則，把控制通膨及維持反通膨的公信力（兩者都是伏克爾費盡千辛萬苦才掙得的），變成其貨幣策略的核心。

離開聯準會後，伏克爾繼續從事公務，例如他主持了一個委員會，協助大屠殺受害者從瑞士銀行追回資產。他的觀點影響了 2007–2009 年全球金融危機後的金融改革，包括採用所謂的伏克爾法則（Volcker rule），目的是為了防止銀行用政府擔保的存款來投機。2019 年，伏克爾與世長辭，享耆壽 92 歲。

第 3 章
葛林斯潘與 90 年代的榮景

　　1987 年 8 月，雷根總統任命葛林斯潘為聯準會主席。他將任職十八年半，只比馬丁的紀錄少四個月。

　　1926 年，葛林斯潘生於紐約市的華盛頓高地（Washington Height）。二戰期間，他高中畢業便進入茱莉亞音樂學院（Julliard）學習單簧管。他曾短暫當過爵士樂演奏家，與知名的薩克斯風手史坦‧蓋茲（Stan Getz）等名人一起演奏。不過，即使是當時，他也顯露出對金錢與金融的偏好，他會幫樂團的成員報稅。

　　離開樂團後，他前往紐約大學就讀，取得經濟學士與碩士學位。畢業後，他擔任商業分析師，也申請進入哥倫比亞大學的博士班，師從伯恩斯。隨著工作量持續增加，他只好退學；但二十多年過後，他在 51 歲那年向紐約大學提交了一份彙整自己多年來撰寫的文章合輯作為博士論文，因此取得了經濟學博士學位。他的商業顧問生涯中，大部分的時間是在湯森－葛林斯潘公司（Townsend-Greenspan）擔任總裁兼執行長。那段期間，他學到許多與美國經濟有關的細膩知識，而且那些知識往往相當獨特，別具一格。身為共和黨人與赤字鷹派人士，葛林斯潘在 1970 年代中

期擔任福特總統的經濟顧問委員會主席。年輕的時候，他一直是自由意志主義（注：libertarian，指的是右派自由主義）哲學家兼《阿特拉斯聳聳肩》（注：*Atlas Shrugged*，早安財經出版）作者艾茵・蘭德（Ayn Rand）的信徒——所以當雷根提名他進入聯準會時，曾引起自由主義派（注：liberal，指左派自由主義）的恐慌。不過，身為主席，葛林斯潘證明了自己既實事求是，政治手腕也相當高明。他是華府社交場合上的常客，能與兩黨的總統及議員培養密切的關係。各界常探問他對央行職權外的政策議題有何看法，他願意參與一系列議題，尤其是財政政策——這有時為聯準會帶來政治風險。不過，葛林斯潘巧妙地克服了那些風險，在他的任內，聯準會的聲譽與政策獨立性都達到了新高。

身為聯準會主席，葛林斯潘面臨兩個主要的政策挑戰。首先是鞏固伏克爾打通膨的成果，同時維持強勁的經濟成長。這方面他做得非常成功。1990 年，通膨率曾短暫上升，主因是油價暫時飆升，但隨後便維持在較低又穩定的水準。在葛林斯潘漫長的任期內，通膨率平均約為 3%。令人佩服的是，與 1960 年代相比，即使經濟快速成長，通膨率仍維持在較低的水準，實際產出在 1990 年代以 3.3% 的年成長率穩健成長。1960 年代經濟政策的制定者曾渴望把景氣循環平順下來，在控制通膨的同時，也緩和從衰退到繁榮再回落的波動。葛林斯潘憑著他對經濟資料的了解，達到前人未竟之大成。他策劃了一場艱難的經濟「軟著陸」，開發出一種管理總體經濟風險的新思維，並以十年的時間管理貨幣政策。那十年間，架構與技術的變化使多數與通膨有關的公認看法都變得不合時宜，需要汰換。1990 年代長達十年的經濟擴張，是美國史上第二長的牛市，僅次於全球金融危機後 2009-2020 年的擴張。

葛林斯潘的第二個政策挑戰，是在金融市場變得更複雜、連結更緊

密、更國際化的時候，確保金融穩定。1990 年代，墨西哥、東南亞以及俄羅斯的局勢發展，引發了一連串的外國金融危機。每一場危機葛林斯潘都積極參與，與財政部及國際貨幣基金組織密切合作，同時制定貨幣政策，避免美國經濟連帶受損。1990 年代美國股市似乎只往一個方向發展：上漲──這帶來了一些特別棘手的問題。就這方面來說，一些評論家對葛林斯潘提出不少批評。塞巴斯蒂安・馬拉比（Sebastian Mallaby）在一本內容豐富又引起廣泛共鳴的傳記《葛林斯潘傳》（The Man Who Knew: The Life and Times of Alan Greenspan）中，批評葛林斯潘暗中只選擇消費品與服務價格的通膨率為目標，對資產價格（尤其是股價）的關注不足。[1] 馬拉比認為，經濟穩定需要貨幣政策「逆風而行」，以避免資產市場過度波動，就像馬丁以來的聯準會主席皆逆著通膨漲勢行動一樣。

當然，維持金融穩定是各國央行的核心要務。然而，限制系統性金融風險的傳統工具是法規、對金融機構與市場的監督，以及在危機發生時由最後貸款人提供流動性。設定貨幣政策時，除了追求物價穩定及就業最大化，金融穩定是否也應納入考量，仍是一個既棘手又有爭議的問題。葛林斯潘是經驗豐富的市場觀察家，至少在一開始，他很願意接納馬拉比那種觀點。在任內，他多次眼見股價可能出現泡沫，便運用貨幣行動與言辭，逆著景氣操作。但是，當他無法同時避免市場過度擴張又促進良好的經濟表現時，他日益失望，於是隨著時間的推移，他愈來愈關注消費價格的通膨與就業。

如今，回顧過往，葛林斯潘也承認，他對於金融穩定的風險確實有盲點──但並不是因為他不夠關注資產價值，而是因為他過於相信市場力量會約束金融機構與市場的冒險行為。這個缺陷最終將對世界以及葛林斯潘身為央行首長的聲譽產生重大的影響。

黑色星期一與 1990–91 年的經濟衰退

葛林斯潘加入聯準會不久，就開始接受股市的嚴苛考驗。1987 年 10 月，美國股價直直落，最終在 10 月 19 日上演最大跌幅，道瓊工業指數單日暴跌 23%，史稱「黑色星期一」。股市崩盤是全球性的，從日本到英國再到墨西哥都出現重挫。儘管大家對經濟的擔憂已經延燒了好幾個月，但崩盤並沒有明確的導火線。有些觀察人士將這種史無前例的下跌速度歸咎於早年的電腦化交易，尤其是每當價格一下跌就啟動賣出指令的「投資組合保險」（portfolio insurance）程式——這是導致不穩定愈來愈嚴重的原因。股市跌幅之大雖讓葛林斯潘頗為震驚，但早在股市崩盤的幾個月前，他已經覺得股市漲太高了。[2]

接下來那幾年，交易員提出所謂「葛林斯潘賣權」（Greenspan put）一詞，意思是至少在某些時候，聯準會會降息來保護股市的投資者，而不是為了穩定整體經濟。（這個詞有點半開玩笑的意味，賣權指的是投資者以預先確定的價格出售股票或其他資產的一種選擇權，目的是為了防止價格下跌。）聯準會因應 1987 年股市崩盤的方式，並未佐證這個賣權的概念。當時葛林斯潘領導的聯準會並沒有試圖扭轉股市下跌的趨勢，也沒有把目標股價訂在特定的水準，而是把重點放在緩和危機對金融系統與經濟的衝擊上。

為了控制後果，葛林斯潘與團隊依循央行的標準對策。首先，聯準會秉持當初創立的宗旨，隨時準備充當最後貸款人，以確保金融機構的擠兌不會導致危機加劇。葛林斯潘本著這個精神，在股市崩盤的翌日早上，批准了一個簡短又有效的聲明：「聯準會本著身為國家央行的重責大任，今已確認準備作為流動性的來源，支持經濟與金融體系。」葛林斯潘在回憶

錄中寫道，他認為該聲明「就像蓋茲堡演說（注：Gettysburg Address，美國總統林肯最著名的演說，也是美國史上引用最多的政治性演說，內容是哀悼在蓋茲堡之役中陣亡的將士）一樣簡明扼要……雖然可能沒那麼激勵人心」。[3] 實際上，該聲明確認聯準會已準備好透過貼現窗口來貸放現金（以貸款與證券作為抵押品），幫銀行履行短期義務，進而防止短期流動性不足（沒有足夠的現金來滿足債權人的要求）演變成更危險的銀行違約與破產。

因應傳統危機對策的第二招是**道德勸說**（這是官方施壓的委婉說法），即說服關鍵的金融參與者齊心合力，而非干戈相向。1987 年，葛林斯潘把大部分的責任委託給態度強硬的紐約聯邦準備銀行總裁蓋瑞·科里根（Gerry Corrigan）。科里根是聯準會的資深人士，也是伏克爾的前特助。他向公司施壓，要求它們在市場動盪下，繼續以平常的條件與客戶交易並向客戶放貸。聯準會的因應措施有助避免股市的低迷蔓延到金融體系的其他部分。在股市崩盤期間，拋售股票的投資者蒙受了損失，但沒有一家主要的金融機構違約，也沒有任何交易所關閉（連暫時關閉都沒有），金融市場沒多久就恢復正常運行。

聯準會預期經濟可能減緩，所以在崩盤後的那幾個月裡，把聯邦資金利率溫和地下調了 0.75%。但經濟其實不需要太多的助力，1988 年初，FOMC 就開始逆轉降息。隨著經濟持續迅速成長，道瓊指數在兩天內就收復了一半以上的跌幅，並在兩年內超越了危機前創下的高峰。葛林斯潘回憶道：「如今，那次市場崩盤已成了遙遠的記憶，大家不再關注，因為它對整體經濟沒有明顯的持久影響，但我們當時並未料到事態會這樣發展……令我驚訝的是，危機的影響竟然微乎其微。」[4] 葛林斯潘的結論是，股市下跌幾乎沒有對經濟造成什麼損害，因為除了聯準會迅速及令人放心

的反應之外，多數股票的持有並不是舉債融資。因此，股價下跌並未迫使股票的投資者違約，或在市場上拋售其他的金融資產。[5] 事實證明，到了 1988 年春季，FOMC 不再需要因應經濟減緩，而是開始擔心通膨壓力增加。除了逆轉危機後的降息，FOMC 還啟動了一連串的額外升息，在接下來的一年裡，把聯邦資金利率提高了約 3%。

儘管 1987 年的崩盤沒讓經濟受損，但葛林斯潘的任期代表著美國經濟衰退的根源開始轉變。從 1950 年代到 1980 年代，經濟衰退往往是在聯準會緊縮貨幣政策之後發生的，而聯準會緊縮貨幣政策的原因是通膨過高。最明顯的例子是 1981 年至 1982 年伏克爾打擊通膨後出現的嚴重衰退。不過，1970 年的衰退和 1973–75 年的嚴重衰退，有部分也是貨幣政策的制定者試圖壓制通膨的結果，儘管最終聯準會並未採取足夠的措施來永久壓低通膨。反之，自 1990 年以來，隨著通膨控管得當，金融動盪逐漸變成導致經濟衰退的重要原因。金融部門的規模與複雜性增加、金融市場的全球化、金融創新與法規鬆綁等等，無論它們有什麼效益，都增加了金融不穩定的風險以及經濟後果。

1990 年 7 月開始的溫和衰退持續了八個月，可以說是一個過渡性的例子，其原因既包括貨幣緊縮，也包括金融壓力。聯準會在 1988 年春季採取預防性的緊縮措施使經濟降了溫；銀行貸款的減少（後來稱為信貸緊縮）加劇了經濟的下滑。信貸緊縮是 1980 年代商業房地產貸款大起大落的結果，這又進一步反映了多種因素，包括房地產稅制的變化。[6] 1980 年代後期，當銀行持有房地產的損失開始侵蝕其資本時，銀行放貸的意願與能力都降低了。1980 年代中期至 90 年代中期，約半數的儲貸機構在儲貸危機的最後階段消失了，又再進一步減少信貸供給。信貸緊縮在新英格蘭地區特別嚴重，那裡的銀行都深陷高風險的房地產貸款中。[7]

值得讚許的是，聯準會預見了經濟衰退，於 1989 年 2 月隨著就業成長減緩而結束了緊縮政策，並在 6 月啟動一連串的降息。聯邦資金利率從 1989 年的將近 10%，逐漸調降到 1992 年 9 月的 3%。儘管經濟衰退的時間很短，但由於勞力市場依然低迷，持續的降息似乎有其必要。失業率在 1990 年的上半年平均為 5.3%，1992 年 6 月達到 7.8% 的高峰，1993 年年中，亦即經濟衰退結束兩年多後，失業率維持在 7.0%。（當經濟活動停止緊縮並開始再次成長時，衰退就算正式結束了，不見得要等到失業率開始下降或經濟狀況恢復正常才算。）在後來的景氣循環中，經濟衰退後出現的「失業型復甦」（jobless recovery）成了大家熟悉的模式。*

1991 年 7 月，老布希（George H. W. Bush）總統提名葛林斯潘連任四年。[8] 這個決定並不單純。儘管聯準會在 1987 年的股市崩盤後表現良好，但當時聯準會的行動大多是由科里根與紐約聯邦準備銀行主導的。而且，葛林斯潘在 1988 年大選前升息，激怒了當時的總統候選人布希。即使布希公開警告聯準會不要採取那種可能會減緩經濟成長的行動，聯準會依舊升息了。[9] 布希上任後，聯準會在 1989 年轉為降息，這項舉措雖有緩解、但並未能阻止 1990–91 年的經濟衰退或隨後的失業型復甦。

後來，聯準會與政府之間又發生更多的衝突。1990 年 3 月，《洛杉磯時報》（Los Angeles Times）引用一位匿名消息人士的說法，表示葛林斯潘不會連任，因為他太慢降息，把總統「氣瘋了」。[10] 1991 年 1 月，布希在國情咨文演講中一反常態，呼籲降息：「我確實認為悲觀的情緒太多了。穩健的銀行現在應該發放穩健的貸款，利率應該降低。」這席話贏得了掌聲。[11]

---

* 製造業的就業比例下降可能有助於解釋就業復甦減緩的原因。從前，工廠閒置時遭到解僱的工人，可以在需求恢復時一下子就召回來。如今，工廠閒置所造成的臨時裁員在失業率波動中所占的比例較小。

葛林斯潘也在貨幣政策以外的議題上堅持自己的主張。1991年，財政部提議創立一個統一的聯邦銀行機構，那個新機構將會剝奪聯準會監管銀行的大部分權力。葛林斯潘成功抵制了那項提案，他的抵制有充分的理由。實質上，聯準會監管銀行的能力有助於金融穩定，並充當最後貸款人。銀行監管者所提供的資訊可幫助聯準會更了解經濟。從官僚的角度來看，失去銀行監管權對葛林斯潘與聯準會來說都會是一場災難。監管轄區內的銀行是地區性準備銀行的主要職能，如果葛林斯潘想在其他事務（包括貨幣政策）上得到準備銀行總裁的支持，他就得捍衛那項職能（以及相關的工作）。葛林斯潘的成功遊說阻斷了財政部的計劃。

有時候，葛林斯潘也會抽離貨幣政策，在財政政策的相關辯論中扮演突出的角色，支持削減赤字。早在加入聯準會之前，葛林斯潘就對財政議題很感興趣。他曾在1981年擔任某個委員會的主席，該委員會建議改革，以改善社會福利計劃的長期財務狀況。然而，就聯準會的主席而言，介入財政政策可能有政治風險（畢竟這是國會與政府的領域），尤其是被視為配合某一政黨的時候。

然而，葛林斯潘顯然認為，只要是為了他認為有必要的政策，冒那樣的風險也值得。他與白宮的內部人士密切合作，起草了削減赤字的立法，並公開主張聯邦政府應該緊縮開支。葛林斯潘的一項舉動令人想起1960年代馬丁與詹森的顧問所做的協商：他似乎也願意以更低的利率，來回報那些確實消減赤字的政客。1990年9月30日，布希總統打破了他著名的「聽好了，不加稅」承諾，宣布一項赤字削減計劃。隨後，10月2日，葛林斯潘說服FOMC的同仁（當時有多達四票的反對票）授權讓他宣布，在國會通過赤字削減計劃後，最多兩次降息一碼。接著，國會批准了預算協議，葛林斯潘把聯邦資金利率調降一碼。[12] 以今天的角度來看，葛林斯

潘參與財政事務不僅看起來像政治越界，也像分析錯誤，因為最近的經驗與學術研究都顯示，在美國這種先進國家中，適度的政府赤字所造成的經濟風險很低。[13]

那麼，為什麼布希會讓葛林斯潘連任呢？葛林斯潘顯然做得很稱職，在華爾街與國會都有很多支持者。他八面玲瓏，對兩黨的政治人物百般殷勤，獲得參議院的批准連任可謂輕而易舉。在不確定的時期，聯準會的連續性有助於支持信心。與此同時，在關鍵時刻，布希的顧問都希望主席繼續支持共和黨的政策。

白宮原本冀望，讓葛林斯潘留任，會對布希競選連任有利，結果並非如此。1992 年，聯準會確實繼續降息，但速度慢了一點，失業率仍居高不下，超過 7%。面對比爾‧柯林頓（Bill Clinton）的競選主題「笨蛋！問題在經濟！」，布希在當年三人角逐總統大位的選戰中落敗（第三位候選人是獨立參選的羅斯‧佩羅〔Ross Perot〕）。1998 年，布希接受英國電視記者大衛‧佛洛斯特（David Frost）的訪問時，把罪怪在葛林斯潘頭上：「我認為，如果利率降得更低，我就會連任總統……我再度任命他為主席，他卻讓我失望了。」[14]

民主黨的總統當選並未改變葛林斯潘的運作風格。他一下子就與柯林頓建立了個人關係，並再次推動赤字削減。葛林斯潘公開支持柯林頓的緊縮開支計劃，不僅在國會作證時給予柯林頓正面的評價，還有個較具象徵性的認可：1993 年，柯林頓在國情咨文演講中宣布削減赤字的承諾之際，葛林斯潘就坐在總統夫人希拉蕊‧柯林頓（Hillary Clinton）與副總統夫人蒂珀‧高爾（Tipper Gore）之間。

葛林斯潘在貨幣政策之外的嘗試，尤其是在財政議題上的嘗試，招致國會、甚至聯準會同仁的批評。但他認為，他參與的問題很重要，值得冒

那些反彈的風險。雖然他很清楚自己常給他人戒心重重及乏味刻板的印象，但他對自己的政治手腕充滿信心。最終，葛林斯潘與柯林頓的密切關係對聯準會及他自己都有助益。一如多數總統，柯林頓比較喜歡偏鴿派的政策，希望自己任命的理事可以推動葛林斯潘，朝鴿派的方向發展。不過，柯林頓意識到聯準會主席在華府的影響力日益月滋，後來他連續兩度任命，讓共和黨人葛林斯潘連任主席。

1994–96 年的軟著陸

壓下兩位數的通膨，需要伏克爾那樣的毅力與勇氣，但也許不太需要巧妙的運作，也不必講求理論上的精確。與前任主席相比，葛林斯潘的任務在政治上比較容易，但在技術上比較困難：他必須在不破壞經濟成長的前提下，把通膨導向持久的低檔。他確實做到了。在 1994 至 1996 年間，葛林斯潘幫美國經濟導向**軟著陸**，意指聯準會的緊縮政策足以抑制通膨，但不至於導致經濟衰退。

軟著陸的概念與菲利浦曲線的推理密切相關。根據原始的菲利浦曲線，當經濟陷入衰退時，勞力與產品市場都有明顯的閒置，通膨壓力應該很低。這時，聯準會通常會寬鬆貨幣政策，讓閒置的勞力與資本重新投入使用。但是，在需求旺盛、經濟不斷擴張的情況下，薪資與物價往往上漲得更快。為了避免過高的通膨，聯準會必須在恰當的時機，以恰當的幅度，結束寬鬆的貨幣政策。太多或太快的緊縮政策可能會導致經濟復甦提早中斷。反之，太少或太慢的緊縮可能會導致通膨反彈，這麼一來，可能又得再度祭出緊縮政策，導致更多的失業。對政策制定者來說，時機剛好、幅度也適當的因應措施可以先幫助經濟復甦，然後放慢經濟成長的速

度，讓經濟能夠穩定成長，實現充分就業以及低又穩定的通膨。原則上，軟著陸看似直截了當，但要預測、甚至準確衡量當前的經濟非常困難，再加上貨幣政策變化的影響，以及自然失業率等關鍵參數的不確定性，使得軟著陸實際做起來相當棘手。

葛林斯潘策劃軟著陸的機會，出現在 1990–91 年經濟衰退後的長期復甦期間。由於復甦一開始並未帶來大幅的就業成長，聯準會延遲了緊縮政策。但是，到了 1994 年初，採取行動的理由愈來愈充分。1994 年 2 月 4 日，FOMC 召開會議之際，失業率已從 7.8% 降至 6.6%，而且隨著經濟成長加快，失業率正明顯下滑。聯邦資金利率處於比較低的水準 3%，扣除通膨以後，實質利率約為零。地區性準備銀行的總裁為自己的轄區傳達了物價壓力愈來愈大的心聲，但測量的通膨率最近一直穩定在 2.5% 到 3% 之間。聯準會應該採取行動嗎？

對於 FOMC 的多數參與者來說，答案是肯定的。許多 FOMC 的參與者希望把聯邦資金利率提高兩碼。葛林斯潘也認同，聯準會需要在通膨加速以前，搶先一步壓制通膨；他也擔心通膨預期有愈來愈高的跡象。然而，他又怕太突然的行動會衝擊金融市場，所以他讓 FOMC 同意比較溫和的升息：只升一碼。[15] 葛林斯潘還為此發表了一份新聞稿，宣布這項決定。這在當時是個不太尋常的舉動。由於那是五年來的首次升息，他希望確保市場了解聯準會的用意。

為什麼在通膨仍低、失業率仍高的時候就開始升息呢？幾週後，葛林斯潘在國會作證時，說明了 FOMC 的理由：「貨幣政策對通膨的影響有明顯的滯後效應。或許一年或更長的時間以後，過度刺激的政策立場才會在物價指數中顯現出來。因此，如果聯準會等到通膨實際惡化後才採取對策，那會等太久。到時候，溫和的修正措施已經不夠了……需要改用更強

大的措施，那將會對近期的經濟活動造成衝擊，無可避免。」對於葛林斯潘來說，最後一點很重要。他認為，提早壓制通膨並不是反成長，而是可以避免日後不得不採取更極端的緊縮措施。他說，透過儘早行動，聯準會希望「預先阻止未來不穩定的通膨壓力增加，藉此維持及保護正在進行的經濟擴張」。[16] 這種「在實際通膨出現以前，先緊縮貨幣政策」的概念，呼應了 1950 年代馬丁主張的「移走大酒缽」。後來，大家把這招稱為**先發制人**（pre-emptive strike）。

1994 年 2 月的升息只是新一波緊縮週期的開始。到了 1995 年 2 月，考慮到通膨壓力，FOMC 把聯邦資金利率提高了一倍，從 3% 提高到 6%。這個政策似乎一如預期減緩了經濟成長，但也產生了副作用。債市對於這項政策轉變產生了劇烈的反應。長期利率隨著聯邦資金利率的上升以及未來可能進一步升息的預期而上漲。10 年期公債殖利率在 1993 年底還不到 6%，到了 1994 年底已飆升到近 8%。由於債券價格與殖利率成反比，債券持有人——包括銀行、保險公司、退休基金——在這起後來稱為 1994 年「債市大屠殺」（bond massacre）的事件中，蒙受了巨大的損失。* 加州橘郡（Orange County）是受害者之一，它因債券相關的衍生性商品合約而損失慘重，最終宣告破產。

聯準會的緊縮政策也產生了政治影響。1993 年，新上任的柯林頓總統批准了葛林斯潘支持的削減預算赤字計劃，部分原因在於他的經濟顧問與葛林斯潘都承諾，穩定聯邦財政前景可以強化債券投資者的信心，並降低長期利率。該計劃宣布後，長期利率確實下降了。但聯準會的行動及隨

---

* 若要了解債券殖利率與價格的走勢為何相反，可思考一種每年支付 1 美元、交易價 10 美元的債券。這種債券的年殖利率是 10%（= \$1/\$10）。然而，如果該債券的供給減少，導致投資者把其價格推高至 20 美元，其殖利率將降至 5%（\$1/\$20）。

之而來的債市大屠殺又使長期利率回升。民主黨的政治人物對此表達不滿。馬里蘭州的參議員保羅・薩班斯（Paul Sarbanes）把聯準會比喻成「飛來突襲農舍的轟炸機」。[17] 然而，葛林斯潘與財政部長羅伯・魯賓（Robert Rubin）說服柯林頓相信，批評聯準會將產生適得其反的效果：他們認為，葛林斯潘的政策目的是控制通膨；長遠來看，儘管債券的殖利率短期上升了，但較低的通膨將使利率下降（事實上，長期利率在 1995 年及後續幾年確實下降了）；反之，萬一市場認為總統試圖阻撓聯準會避免通膨持續下去的努力，長期利率最終可能會進一步上升，而不是下降。於是，柯林頓開創了一個重要的先例，不公開對葛林斯潘施壓或批評葛林斯潘——這為聯準會的政策獨立性設下了新標準。小布希（George W. Bush）與巴拉克・歐巴馬（Barack Obama）總統後來也依循他的做法。

1995 年 2 月，當聯邦資金利率達到 6%，葛林斯潘判斷經濟緊縮已經足夠了，並在當月稍後的國會證詞中暗示，不太可能進一步升息。後來在 1995 年 7 月與 12 月的降息中，FOMC 把聯邦資金利率降至 5.5%。經濟反應良好，失業率持續逐步下降，通膨率穩定在 3% 以下。看來軟著陸已經實現，經濟將持續擴張。葛林斯潘在回憶錄中寫道，完成這項艱難的壯舉是他身為聯準會主席最自豪的時刻。強勁的經濟幫助柯林頓順利連任，總統對聯準會的忍讓因此有了回報。

墨西哥披索危機

1982 年，伏克爾升息之舉在墨西哥與其他拉丁美洲債務國引發了一場金融危機。1994 年，葛林斯潘的緊縮政策同樣給墨西哥帶來壓力，使墨西哥再次跟 1982 年一樣，陷入違約邊緣。然而，與上回的不同之處在

於，1994年的墨西哥危機反映了過去十年國際金融體系的重大變化。1982年，墨西哥與其他拉丁美洲國家的債權人是美國的大型銀行，因此債務危機可能演變成美國銀行體系的危機。然而，1994年，墨西哥的借款不是銀行貸款（顯然銀行從1982年的危機中記取了教訓），而是出售給世界各地債權人的債券。重要的是，許多墨西哥債券其實是以美元計價（就像新興市場國家在海外出售的多數債券一樣），這個設計的目的是為了讓債權人免受披索兌美元匯率變化的風險。然而，匯率風險並未消失。反之，如果披索貶值，墨西哥政府所要承擔的風險，就是被迫用更昂貴的美元來償還債務。此外，這種美元計價的墨西哥債務（稱為tesobonos）大多是短期債務，表示投資人就像把錢存在問題銀行的存戶一樣，只要對銀行失去信心，就有可能擠兌。

1994年，墨西哥與美國簽署了《北美自由貿易協定》（*North American Free Trade Agreement*），並在幾年前做了對市場有利的改革，包括提高墨西哥央行的獨立性，並為它設定了一個正式的通膨目標。大家對改革後的墨西哥前景非常樂觀，這種樂觀吸引了外國資金前來。

但信心有可能相當脆弱。聯準會緊縮貨幣政策後，美元升值，提高了墨西哥償債的實際成本。此外，1994年墨西哥受到嚴重的政治衝擊，包括恰帕斯州（Chiapas）發生叛亂、一名總統候選人遭到暗殺。為了因應政治壓力，政府在選前寬鬆貨幣政策與財政政策。這些政策的目的是為了在短期內強化經濟，但也令人懷疑該國對改革的長期承諾，尤其是控制政府預算赤字與通膨的承諾。這一連串的事件刺激投資外流，迫使墨西哥央行動用手上有限的美元準備金來支撐披索的價值。*到了12月，墨西哥央行

---

* 投資外流，包括拋售披索計價的資產（如股票），使得外匯市場充斥著披索。為了支持披索的幣值，墨西哥央行動用美元準備金買下那些過剩的披索。

已經沒有足夠的準備金來維持披索的固定匯率，迫使新總統不得不突然宣布披索貶值。外國投資者擔心墨西哥無力償還用美元計價的債務，便開始以更快的速度撤出資金。這時，墨西哥要是得不到援助，過不了多久就會拖欠國際債務。

如果葛林斯潘還是早年的自由意志主義者，他也許會接受簡單的自由市場解方，放任墨西哥違約，避免紓困的**道德風險**：如果墨西哥及其債權人認為，美國政府總是會避免他們承受犯錯的後果，他們會更加有恃無恐，去承擔過度的風險。然而，身為聯準會主席，葛林斯潘擔心，墨西哥倒帳可能會導致投資者對其他新興市場的經濟體失去信心，而引發更多的擠兌，危及國際金融體系。此外，由於墨西哥是美國的一大貿易夥伴，墨西哥的經濟崩解可能也會拖累美國的經濟成長。最後一個吸引葛林斯潘身為央行首長的論點是，就像一家原本穩健的銀行面臨存戶擠兌一樣，墨西哥的問題主要在於暫時缺乏流動性，而非根本的破產。整體而言，讓美國充當墨西哥的國際最後貸款人，以避免墨西哥倒帳及隨之衍生的損失，是合理的。只要確保墨西哥及其投資者在這個過程中付出代價，至少可以稍微緩解前述的道德風險問題。

葛林斯潘、財政部長魯賓、財政副部長賴瑞・薩默斯（Larry Summers）一致認為，防止墨西哥違約符合美國的最佳利益，於是他們一起說服了柯林頓總統。然而，他們無法說服國會撥出必要的資金，來做這種民意可能會反對的援外行動。於是，三人組想出了另一種解決方案。在葛林斯潘的支持下，財政部動用外匯安定基金（Exchange Stabilization Fund），為救助墨西哥的各種計劃提供資金。該基金是國會在大蕭條期間設立的，目的是讓財政部有能力在需要時買賣美元，以穩定美元在外匯市場上的價值。然而，由於任何危機都有可能對美元產生影響，實務上該基

金的運用相當靈活。國際貨幣基金組織和設在瑞士的國際清算銀行（Bank for International Settlements，一個幫忙協調各國央行活動的多邊機構）也加入這場為墨西哥紓困的計劃。紓困金額總計高達 500 億美元，其中 200 億美元來自美國。

墨西哥最終全額償還了援助，並被要求在國際貨幣基金組織的監督下做經濟改革，以及緊縮貨幣政策與財政政策。儘管避免了倒帳，但墨西哥還是在 1995 年陷入嚴重的衰退。遺憾的是，從道德風險的角度來看，墨西哥的債券投資者因此受惠，美元計價債券的持有者基本上都獲得了補償；其他外國投資者（包括墨西哥股市及披索計價債券的投資者）則蒙受了巨大的損失。

葛林斯潘在援助墨西哥行動中所扮演的角色，提升了他身為金融協調者與政策制定者的聲譽，他的影響力已超出設定利率的範圍。這次事件的更大意義在於，它將成為 1990 年代後期幾起金融危機的原型。

「含糊其辭」：葛林斯潘的溝通之道

央行首長歷來都是一群行事隱祕的人。全世界最早出現的那些央行一開始都是私人機構（包括擁有三百年歷史的英格蘭銀行），它們的總裁保有專業銀行家應有的謹慎與保密特質。後來，隨著時間的推移，央行承擔的角色愈來愈公開。但多年來，一般普遍認為，為了維持政策的靈活性，以及為了盡量提高任何聲明的市場影響力，央行首長應該保持神祕感，讓人覺得央行知道的比他們透露的還多。1921–1944 年間，性格古怪的蒙塔古·諾曼（Montagu Norman）擔任英國央行的總裁。據傳，他的個人座右銘是「絕不解釋，絕不辯解」。[18] 每次有人要求他到國會作證，他總是把

那種要求視為冒昧之舉，予以回絕。

放眼國際，央行的保密性在 1980 年代和 1990 年代開始轉趨過時。1990 年是關鍵的分水嶺，當時的紐西蘭準備銀行（曾在 1980 年代與兩位數的通膨對抗）與政府合作，宣布了 0% 至 2% 的正式通膨目標。許多先進國家與新興國家的央行紛紛仿效紐西蘭央行的做法。[19] 除了設定官方目標，還推出了透明運作計劃（包括公布其他資訊，像是央行的經濟預測與分析）。

之所以會有這種新的開放度，背後有兩個理由。第一，如果金融市場的參與者更了解政策制定者的想法，貨幣政策的效果會更好。畢竟，貨幣政策主要是透過影響市場報酬與資產價格來發揮效用。更了解政策委員會的目標與策略，應該有助於金融市場更充分反映政策制定者的意圖。第二，一般認為，大通膨至少有部分是源於政治對貨幣政策的影響，所以大通膨之後，聯準會與其他央行變得更加獨立，比較不受短期政治壓力左右。然而，如果非民選的官員可以自由做出重要的貨幣政策，他們也應該要解釋決策背後的邏輯。這種問責性只能靠公開透明的運作方式來實現。

全球央行一步步朝著更透明的模式發展，葛林斯潘算是其中的過渡人物。他比較老派，重視靈活性與不可預測性，守口如瓶，而且就像他上任不久後開玩笑說的：「我已經學會了含糊其辭。」[20] 他確實很擅長一招：無話不談，但就是不講重點。同時，他也知道，溝通政策往往是必要的，有時甚至很有效。因此，儘管在透明度方面，聯準往往落後其他央行一大截（尤其葛林斯潘一直很反對設定正式的通膨目標），但聯準會在他的領導下採取了重要的措施，許多措施皆涉及 FOMC 決策聲明的演變。

現代的聯準會觀察人士會分析 FOMC 會後聲明的每個措辭或語氣的變化。他們要是看到 1994 年 2 月以前，貨幣政策立場的變化並不會在開

會當天例常宣布，可能會很訝異。*（以前聯準會也不在會後立即做出改變，FOMC 會讓聯準會主席決定具體的實施時間。）從前，財經記者會詢問那些追蹤短期市場利率走勢的華爾街分析師，並請他們針對政策是否有變發表意見。有時財經記者會引用分析師的話說，聯準會的政策行動已經發生了，但實際上根本沒有。

不過，1994 年 2 月那場啟動軟著陸的升息很特別。那是 1992 年 9 月以來首次的政策調整，也是 1989 年以來首次緊縮。葛林斯潘想確保市場非常清楚看到這個變化，所以特別在 FOMC 會議後正式宣布。[21] 與此同時，葛林斯潘還是保留了他所重視的靈活性，採取循序漸進的方式。會後聲明出自葛林斯潘本人，而不是整個 FOMC，FOMC 沒有機會編輯或批准其聲明的內容。葛林斯潘的措辭模糊，只說預期「短期貨幣市場的利率將小幅上調」，沒有給出具體的數字。而且，葛林斯潘對 FOMC 說，今後不會在每次開會後都發表聲明，尤其是沒有採取行動的會議之後。儘管如此，1994 年 2 月的聲明仍是一項影響深遠的創新。

除了想強調政策方向的改變，葛林斯潘之所以提高透明度還有另一個動機：國會施壓。眾議院銀行、住房與城市事務委員會（House Committee on Banking, Housing, and Urban Affairs）的主席岡薩雷斯領導國會要求 FOMC 揭露更多的政策審議已好一段時間。為此，1993 年 3 月，FOMC 同意公布每次的會議記錄，但公布時間要等到下次會議之後，也就是會延遲約七週的時間。[22] 岡薩雷斯對此很不滿意，他安排了一項法案的聽證

---

* 理事會改變貼現率時是個例外。由於想要透過貼現窗口借款的銀行必須知道利率，聯準會只能宣布這個消息。貼現率的變動往往伴隨著聯邦資金利率的改變，因此成為改變貨幣政策的訊號，就像伏克爾領導的聯準會在 1979 年 10 月的關鍵會議上宣布改變貼現率一樣。貼現率的變化是一個強烈的訊號，因此有時稱為「敲鑼打鼓」。

會，要求FOMC在會後六十天內公布每次會議的完整文字記錄與錄影帶。他邀請FOMC全員一同出席作證（共十九人，包括理事會的成員與準備銀行的總裁）。在1993年10月19日那場特別的聽證會上，五名理事會成員與十名準備銀行的總裁加入葛林斯潘的行列，FOMC的其他參與者也提出聲明。

葛林斯潘在那場聽證會上透露，FOMC的會議已錄影存檔多年，並轉錄成文字檔，好讓幕僚製作會議記錄。葛林斯潘這番話使那場聽證會變得更加特別。那些錄影帶通常會定期刪除，但未經編輯的文字記錄仍在，可追溯到十七年前。多數FOMC的參與者並不知道這些文字記錄的存在，葛林斯潘在回憶錄中寫道，他自己也是在準備證詞時才知道有這些文字記錄。但聯準會顯然處於防禦狀態，不願公開記錄。後來，在最終的妥協中，FOMC同意公布所有會議的全部記錄，內容僅約略編輯過，但公布的時間延遲五年（放在理事會的網站上）。當然，這些素材對歷史學家來說很有價值，也讓政策制定者負起一些責任，只是延遲公布的時間很長。不過，FOMC決定公布文字記錄後，會議上的交換意見與自發討論也因此減少。

上述的經歷可能讓葛林斯潘相信，聯準會的透明度不是他能自己決定的；讓外界窺視聯準會的幕後情況可能既符合政策目的，也符合政治目的。1994年2月以後，FOMC的會後聲明開始演變：雖然只是偶爾公開，而且通常只在採取行動後才發表。隨著時間的推移，FOMC開始為聯邦資金利率的目標變化提供更明確的資訊：首先是關於它與貼現率的關係，接著是（1995年7月）關於聯邦資金利率的目標。隨著時間的推移，聲明也針對政策行動的理由提供更多的資訊。事實上，1994年8月的聲明包含了如今所謂的前瞻性指引（forward guidance）。葛林斯潘先是在會中指

出，貼現率將提高 0.5%，這將「完全體現」在市場利率上。接著，在會後發表的聲明中，他指出，「這些行動至少在一段時間內是足夠的」，藉此暗示升息行動將暫停。（然而，事後證明這個指引是錯的，因為 FOMC 在 11 月又再度升息三碼。）

在 1990 年代剩下的時間裡，有兩個議題一直醞釀著。第一個議題是，除了向市場通報當前的行動，FOMC 是否要針對未來可能的政策方向，提供系統性的指引。FOMC 已經在指令中指示紐約聯邦準備銀行可能的利率走向（紐約聯邦準備銀行的公開市場部門是負責執行貨幣政策的單位。它會根據需要來買賣公債，以管理銀行準備金的供給與聯邦資金利率）。這種指引稱為政策「傾向」（bias），可能是向上（意指利率可能上升）、向下或中性的。顯然，這種傾向對市場參與者而言可能是重要資訊，但只在會議結束約七週後才跟著會議記錄公布。到了那個時候，這些資訊早就過時了。經過多次討論，1998 年 12 月，FOMC 同意把這種傾向的重大修改也放入會後聲明中。

這種「傾向」本身也跟著演變。2000 年 2 月，FOMC 改用與經濟「風險平衡」這個概念有關的措辭。如果經濟看起來正在走弱，聲明會說，風險「主要集中在可能會導致經濟疲軟的情況」；如果經濟看起來可能過熱，那麼風險「主要集中在可能導致通膨壓力提高的情況」。風險平衡公式隱含了菲利浦曲線的思維，也就是說，通膨與經濟成長之間的關係是一種取捨。比方說，如果經濟活動太冷、但同時通膨又太熱（就像 1970 年代的停滯性通膨），那就很難用風險平衡的語言來描述。

第二個訊息議題在於，這份聲明究竟代表誰？早期的聲明來自葛林斯潘本人，FOMC 並沒有參與。但沒多久眾人便明顯看出，那些聲明會塑造市場對未來利率的預期，所以聲明本身就是一種政策。久而久之，葛林斯

潘面臨了讓 FOMC 來主導聲明的壓力。1995 年初，里奇蒙聯邦準備銀行的總裁阿爾‧布羅杜斯（Al Broaddus）建議幕僚準備替代的聲明（或許內文中帶有不同的傾向），並建議 FOMC 以正式投票的方式來決定聲明中的措辭。葛林斯潘認同那些傾向也是政策的一個要素，但他認為在會議期間編輯聲明不切實際，後來那件事就不了了之。有一段時間，葛林斯潘或他的副手唐‧科恩（Don Kohn）只在會議的最尾聲才宣讀聲明，也就是在 FOMC 投票決定政策行動後才開始宣讀。

隨著聲明影響政策預期的效果日益明顯，葛林斯潘改變了立場。1999 年 5 月，FOMC 首次宣布改變其傾向（轉向緊縮），但沒有改變利率。市場反應強烈，彷彿 FOMC 是宣布升息，而不單只是宣布升息的可能性而已。在 1999 年 12 月的會議上，葛林斯潘發放替代性的聲明讓大家審議。從 2000 年 2 月的會議開始，FOMC 委員會的投票包括核准聲明與政策行動。

2002 年 3 月，FOMC 又進一步邁向透明化，開始立即公布政策行動與聲明的投票結果，包括反對意見。雖然在會議聲明中記錄反對意見，有部分可能是基於法律上的考量（《資訊自由法》〔Freedom of Information Act〕似乎迫使他們迅速公布投票結果），但在會議聲明中表達異議的機會，將變成政策行動的反對者為其觀點爭取更多關注的工具。

儘管 1994 年以來聯準會已有不少改變，但截至 2002 年，與許多國家的央行相比，葛林斯潘領導下的聯準會透明度依然有限。不過，經濟與政策環境的變化沒多久也促成了溝通的變化。

晉升大師

1994 年至 1996 年的軟著陸使經濟擴張延長至第六個年頭。聯準會能

否維持此番榮景——穩健的成長、低失業率、穩定的通膨？它確實辦到了，當代的觀察人士也認為葛林斯潘厥功甚偉。2000 年，以揭穿水門事件聞名的《華盛頓郵報》（*Washington Post*）記者鮑勃・伍德華（Bob Woodward）出版了一本書，描寫葛林斯潘領導的聯準會，書名為《大師》（*Maestro: Greenspan's Fed and the American Boom*）。[23] 這個稱號因此留了下來，顯示葛林斯潘已然晉升到搖滾明星般的地位。葛林斯潘確實把軟著陸以後的時期處理得很好，但實情比那種造神般的描述複雜得多。

1996 年年中，聯準會面臨了類似 1994 年的景況。經濟正在穩步成長（上半年約 3%），失業率為 5.5%（略低於幕僚對自然失業率的估計）。根據一般菲利浦曲線的邏輯，通膨很快就會變成問題。按照 1994 年葛林斯潘支持的先發制人策略，聯準會應該盡快開始升息。FOMC 的幾位成員也支持這個策略。

然而，葛林斯潘並沒有那麼確定，他想謹慎行事。打從 1994 年來他就知道，在利率持平或下降一段時間後啟動一連串的升息可能會衝擊市場，尤其是債市。此外，1996 年的情況與兩年前不同。首先，1996 年的貨幣環境顯然不是那麼寬鬆。聯邦資金利率為 5.5%，在當時是相對正常的水準，而不是 1994 年的 3%。更重要的是，截至 1996 年年中，幾乎沒有通膨的跡象。以核心消費物價指數衡量，通膨率穩定在 2.7%。聯邦準備銀行的總裁在 7 月的會議上報告，他們坊間的商務聯繫對象表示，若這時提高售價，業績一定會受損。薪資上漲似乎也很溫和，只有零星的跡象顯示薪資上漲較快。趁通膨還沒出現先打為快是一回事，但看到影子就開槍又是另一回事了。

由於沒有明顯的通膨壓力，FOMC 有理由採取謹慎的做法，但這也帶出一個問題：既然經濟強勁、失業率下降，為什麼通膨沒有像標準菲利浦

曲線暗示的那樣變高呢？

　　葛林斯潘針對這種現象（儘管經濟不斷擴張，勞力市場趨緊，但薪資與物價僅小幅上漲），提出一種觀點：技術變革的步調加快了。1990 年代末期，網路革命引發新經濟的相關討論，葛林斯潘也開始轉變觀點。[*]他認為，新經濟的生產力提升（亦即任一資本與勞力組合所創造的產出增加）從兩個方面減緩了通膨。第一，技術變革（比如工廠使用機器人或辦公室使用先進軟體）使員工覺得自己更容易遭到取代，飯碗不保。根據葛林斯潘「勞工就業不安全感」之假說，儘管失業率較低，但技術變革使得勞工要求加薪的意願降低。第二，生產力提高有助於抵銷薪資上漲對生產成本的影響，這又進一步緩解了通膨壓力。因此，葛林斯潘推論，儘管經濟強勁，但技術與生產力的迅速提升有助於遏制通膨，所以減少了聯準會先發制人採取行動的必要性。

　　聯準會中那些有影響力的專業人士並不認同葛林斯潘這兩個觀點，至少一開始是如此。在葛林斯潘關注「勞工就業不安全感」之前，聯準會的人士早在 1995 年 9 月的 FOMC 會議上就提過這個假說。那次的會議上，研究部的主管麥可・普雷爾（Mike Prell）告訴 FOMC，研究部的同仁使用民調資料及失業風險的衡量指標來探索這個假說，但得不到任何有說服力的結果。不過，坊間傳聞與媒體報導還是讓 FOMC 內部許多人士接受了葛林斯潘的觀點（勞力市場的權力平衡已轉移）。[24] 所以，1996 年夏天，FOMC 按兵不動，維持利率不變。

---

[*]　當時我參加了一場葛林斯潘的演講，他在演講中稱讚美國 GDP 的實際權重比過去小。一開始我聽不太懂，但後來明白了，他是在比較製造業為主的舊經濟與網路新經濟，前者有大量的物質產出，後者的價值則體現在軟體或先進設計等輕巧或無重量的形式上。葛林斯潘並不認為權重型的衡量方法完全是一種比喻。聯準會的幕僚需要估計不同行業的生產權重。

誠如葛林斯潘所言，1996 年 7 月至 9 月間的會議資料很「模糊」。勞力市場進一步緊俏，失業率降至 5.1%。隨著一些指標顯示薪資成長加快，勞工的不安全感明顯減輕了。不過，消費物價通膨仍然維持在低檔。

葛林斯潘仍對升息猶豫不決，他回到假說的第二點：即使薪資小幅成長，生產力提高會避免薪資成長轉化為通膨。這方面葛林斯潘又再次與聯準會的幕僚意見相左，而幕僚有官方資料可以佐證。根據當時可獲得的資料，1996 年第二季每小時工作的產出（這是衡量生產力的簡單指標）只比去年同期增加 0.9%，這不是特別明顯的增幅，而且比 1994 年聯準會開始升息時還低。然而，葛林斯潘（連同 FOMC 的許多成員）再次受到坊間傳聞的影響（商務聯繫對象都說效率提升了），指示聯準會的幕僚進一步深入研究。他認為，現有資料可能低估了生產力的實際成長，原因有二：首先，即使薪資上漲了，但企業的利潤一直很高，表示效率的提升壓低了成本。其次，製造業的生產力成長（製造業的生產力最容易衡量）一直很強勁，而服務業的生產力成長（葛林斯潘認為不太好衡量）似乎低得離譜。*

FOMC 裡有一部分的人一直在推動緊縮貨幣政策，但葛林斯潘的論點及個人影響力說服了他們暫緩行動，以獲得更多的資訊。FOMC 沒有在 1996 年 9 月啟動一連串的升息，而是在當年剩下的時間都維持利率不變。事實證明，經濟確實持續蓬勃發展，而且通膨毫無回升。葛林斯潘的預測是正確的，幕僚與偏鷹派的 FOMC 成員是錯的。

不過，緊縮的貨幣政策雖然延遲啟動，最終並沒有延遲很久。到了

---

* 衡量生產力需要精確衡量產出。製造業可能比服務業更容易取得產出的資料。例如，衡量一家鋼鐵廠生產多少噸的鋼材，比判斷一家銀行生產的金融服務量來得容易。

1997年初，儘管經濟幾乎沒有明顯的變化，但葛林斯潘的觀點開始轉變。在1997年2月的會議上，他宣布，他認為採取行動的時間即將到來。「我們正逐漸接近行動點，3月可能是合適的時機，除非有非常明確的證據顯示擴張正顯著放緩，否則我們非採取行動不可。」[25] FOMC確實在3月升息了，但後來因為另一場國際金融危機衝擊經濟（這次發生在亞洲），FOMC暫時停止了升息。

葛林斯潘在1996年與1997年的表現，是否證明他在伍德華的書中、以及其他地方所獲得的讚揚名符其實？很多方面確實如此。最重要的是，經濟效果良好，穩健的成長與低通膨都持續不斷。毫無疑問，這段期間的成就證明了葛林斯潘的長才，包括他管理FOMC的技巧，以及過人的洞察力。他可以看到一般經濟資料以外的東西，對生產力的洞見尤其令人佩服。後來修正後的資料顯示，1996年與1997年的生產力成長確實明顯高於最初衡量的水準，一如葛林斯潘的預測。[26]

不過，在其他方面，葛林斯潘的分析就沒那麼準確了。他提出的「勞工就業不安全感」假說，事後證明並不成立（薪資一開始上漲，他就放棄了這個假說）。後來的研究顯示，多數勞工認為這個時期的失業風險低於正常水準，而非更高；1990年代的實際就業安全感比前10年高。[27] 此外，葛林斯潘以先見之明指出的生產力提升，可能只能解釋通膨率沒有回升的部分原因。當時頗負盛名的經濟學家兼聯邦準備的理事艾倫·布蘭德（Alan Blinder）與珍妮特·葉倫（Janet Yellen）後來合寫了一本關於聯準會及1990年代經濟的書，書中淡化了生產力成長在抑制通膨方面的作用。[28] 他們認為，如今回頭來看，那段時間的通膨之所以出奇微弱，主要可歸因於其他的短期因素，包括美元走強、油價下跌、以及衡量通膨的方法改變。

如今，許多證據也顯示，大約那個時候，通膨的基本行為正朝著有利的方向改變。儘管當時對自然失業率的估計值並不精確，但從 1980 年到 1990 年代中期，自然失業率似乎降了約 1%。[29] 在 1999 年的一篇論文中，勞力經濟學家賴瑞‧卡茲（Larry Katz）與艾倫‧克魯格（Alan Krueger）把這種明顯的下降歸因於幾個因素。首先，隨著嬰兒潮世代的老化，勞力變得比 1980 年更有經驗、學歷更好。學歷較好的勞工通常來說失業較少。第二，勞力市場架構的變化（例如臨時工這個行業的出現）為失業者提供了就業的替代方式。[30] 較低的自然失業率使經濟能達到更高的成長及較低的失業率，又不至於增加通膨壓力。

抑制通膨壓力的另一個關鍵因素，在於聯準會打擊通膨的公信力恢復了（主要是在伏克爾任內，但葛林斯潘任內仍持續）。隨著家庭與企業對聯準會穩定物價的承諾更有信心，通膨預期上升恐帶動薪資與物價急轉直上的擔憂已不復存在。因此，通膨上升的壓力（源自需求快速成長或供給衝擊）可能只會對物價漲幅有短暫的影響，而不像 1970 年代那樣持久。葛林斯潘把他對通膨的預測，與他對生產力的先見之明掛鉤在一起，而不是與其他因素掛鉤，可能是運氣好。不過，誠如美國大聯盟的球隊總經理布蘭奇‧瑞基（注：Branch Rickey，曾突破種族藩籬，簽下史上第一位非裔球員，改寫黑白球員分隔的棒球政策）常掛在嘴邊的：運氣好往往是審慎規劃的結果。[31]

葛林斯潘對生產力的洞見，僅讓聯準會延後啟動緊縮政策約六個月——或許不足以產生重大的影響。而且，1997 年 3 月聯準會緊縮貨幣政策之際，（我們現在知道）生產力其實正在加速成長。也許那段期間的功績有過度渲染之虞，不過，葛林斯潘的聲譽進一步提升了，使他不僅在聯準會、而是在更廣泛的經濟政策方面，都擁有更大的影響力。

亞洲金融風暴：管理風險

1990 年代末期，在葛林斯潘高明的政策管理下，美國經濟表現良好，直到海外的金融壓力撲面而來。這次金融危機的震央位於東南亞，尤其是印尼、南韓、馬來西亞、菲律賓與泰國。幾十年來，這些國家穩健成長，收入迅速增加，投資率高，資產價格不斷攀升。尋求報酬的外資大量湧入這幾個國家，並不令人意外。[32]

然而，1997 年 7 月爆發了出乎意料的發展。泰國政府耗盡了外匯存底，被迫讓泰銖貶值。後續幾個月，其他東南亞國家的貨幣也跟著泰銖下跌。就像 1994 年墨西哥披索貶值一樣，投資者見狀迅速改變立場，把資金撤出亞洲這些開發中國家。這場亞洲金融風暴所引發的恐慌衝擊了全球市場，受影響的國家經濟明顯減緩或衰退。

導致這些國家的經濟一夕之間逆轉的原因為何？一如既往，這是政治與經濟因素結合在一起的結果；如今回顧過往，更容易看出其中的脆弱性。首先，當地許多銀行管理不善又監管不當，它們把大部分的外資引進了東亞。而且，當時的景氣相當熱絡，銀行承擔了過度的風險。政治人物常把資金導向某些享有特權的公司——亦即所謂的裙帶資本主義。因此，即使東亞整體的經濟前景看似強勁，但從海外流入的大部分資金都投資不當。

資金流入的形式也很重要。亞洲本土銀行非常依賴短期融資，這種融資比長期融資便宜，也比較容易取得，但更容易發生擠兌。就像墨西哥一樣，當地銀行發行以美元計價的證券，從國外借入資金，同時以本國貨幣放款。只要美元與當地貨幣之間的匯率維持不變，這種貨幣錯配（currency mismatch）不一定是個問題——東亞各國的政府也如此承諾。然

而，一旦外國投資者開始撤出資金，美元準備金有限的政府就會發現，維持匯率穩定根本不可能。亞洲貨幣大貶，嚴重損害了當地銀行的獲利與資本，因為這些銀行對當地企業的放款及其他資產的價值（主要以當地貨幣計價），不如其負債的價值（以美元計價）。在惡性循環中，銀行倒閉的威脅又會導致外國投資者進一步撤出美元，以及本國貨幣進一步貶值。

葛林斯潘與聯準會冷靜沉著地關注局勢的發展，至少一開始是如此。1997 年，美國的經濟看起來很穩健。事實上，3 月 FOMC 把聯邦資金利率上調一碼時，就曾提及需求強勁及日益變大的通膨風險。那次升息，以及未來可能會繼續升息的跡象，吸引資金流入美國，並使美元走強──這可能是幾個月後亞洲爆發金融危機的原因之一。不過，有一段時間，亞洲的金融波動似乎與美國沒什麼關聯。當美國股價終於對亞洲的動盪做出反應時──最明顯的是 10 月 27 日下跌 7%──葛林斯潘的看法依然相當樂觀。他指出，亞洲的問題幫忙限制了新出現的通膨風險，為他認為過熱的股市降溫，算是幫 FOMC 做了一些緊縮任務。[33]

與三年前的墨西哥危機一樣，葛林斯潘與聯準會、財政部長魯賓及其副手薩默斯密切合作。一如既往，在面臨國際債務危機之際，他們得說服放款者合作，而不是撤出資金；他們也得說服債務國與 IMF 達成協議。IMF 將為陷入困境的國家提供貸款，條件是這些國家必須實施改革。由於 IMF 的許多要求都會讓債務國承受巨大的短期痛苦，以期獲得長期的效益（比如削減政府的預算赤字或緊縮貨幣政策），債務國與 IMF 的協議往往氣氛緊繃。

1997 年 11 月，一個特別棘手的時刻出現了，眾人這才發現，南韓的美元準備金遠比大家普遍認為的還要少。當時，南韓已是一個頗具經濟影響力的國家，也是美國主要的貿易夥伴。大家擔心，韓圜失控大貶後，南

韓許多以美元計價的債務將會違約——那會進一步導致銀行倒閉（美國銀行是主要的債權人），並導致其他國家的股市崩盤，散播恐慌。南韓國對美國也有重要的戰略意義，畢竟南韓與北韓接壤，而且有大量的美國駐軍。IMF 與美國財政部及聯準會合作，以 550 億美元的救助計劃化解了危機（財政部與聯準會說服美國的銀行延長對南韓的短期貸款）。《時代》（*Times*）雜誌的封面刊登了薩默斯、魯賓與葛林斯潘的照片，標題是「拯救世界的團隊」。那份封面把葛林斯潘擺在中間，魯賓與薩默斯則在他的兩側，充分展現葛林斯潘與柯林頓政府所培養的密切關係，以及他在國內貨幣政策以外的諸多議題中所扮演的核心要角。

儘管亞洲危機爆發，1998 年的上半年，美國的經濟依舊相當強勁。但是到了 8 月，俄羅斯出乎意料爆發債務違約，反映了全球經濟減緩以及油價跌至每桶 11 美元的低位（石油是俄羅斯的主要出口品）。這回違約的導火線是 IMF 因俄羅斯不接受改革條件，而停止放款給俄羅斯。俄羅斯的違約震驚了全球市場，甚至撼動了葛林斯潘的信心，他原本認為外國的金融動盪不會威脅到美國經濟。

葛林斯潘在加州大學柏克萊分校演講時對聽眾說，俄羅斯違約促使「聯準會徹底重新思考」。[34] 他說：「在一個壓力大增的世界裡，美國不可能自成一片繁榮的綠洲而不受影響。」換句話說，聯準會為了履行國內的任務，就必須考慮到世界其他地區的發展，尤其是那種可以瞬間從一國傳至另一國的金融發展。這與葛林斯潘在亞洲金融風暴初期所呈現的態度截然不同，當時他對亞洲的狀況較為淡漠。

在美國，大型避險基金長期資本管理公司（Long-Term Capital Management，簡稱 LTCM）成為俄羅斯金融危機後備受矚目的受害者。該公司於 1994 年由所羅門兄弟（Salomon Brothers）的知名債券交易員約

翰‧梅韋瑟（John Meriwether）創立，董事會的成員包括兩位榮獲諾貝爾獎的經濟學家麥倫‧舒爾茲（Myron Scholes）與羅伯‧默頓（Robert Merton）。曾在葛林斯潘手下擔任聯準會副主席的大衛‧穆林斯（David Mullins）也是該公司的主要人物。LTCM 運用複雜的量化策略，獲利豐厚。它的槓桿率也很高，1997 年底，每 1 美元的資本相對約 30 美元的債務。[35] 該公司的操作策略是利用特定資產的價格暫時偏離正常水準的情況。它認為，隨著時間的推移，這些價差會因為更正常的關係出現而消失。然而，俄羅斯出乎意料的違約破壞了這個策略：違約導致市場波動加劇，價格朝著意想不到的方向移動，LTCM 因此蒙受巨額損失。這家資本薄弱的公司顯然不太可能生存下去。

由於 LTCM 從多數華爾街的大公司借了大量資金，聯準會開始擔心，要是 LTCM 破產，可能會嚴重擾亂市場。尤其，萬一它被迫以超低價拋售資產，衝擊會更大。於是，葛林斯潘同意想辦法尋找解決之道。1998 年 9 月 23 日，華爾街十六家大公司的高層抵達紐約聯邦準備銀行開會，紐約聯邦準備銀行的總裁威廉‧麥唐諾（William McDonough）也出席了。聯準會本身只提供會議場所（據聯準會內部流傳，也提供了三明治與咖啡）。在麥唐諾的推動下，十六家公司中有十四家同意向 LTCM 挹注 36 億美元的資金，避免它立即崩解，讓它能夠以更有條理的方式結束營運。（拒絕參與的兩家公司之一是貝爾斯登〔Bear Stearn〕，LTCM 是它的客戶，貝爾斯登的保證金追繳通知觸發了這場危機。然而，十年後，這間公司本身也需要政府的援助。）2000 年，LTCM 終於完成了清算。

當時，大家批評聯準會的干預會製造道德風險（因為那樣做將鼓勵其他公司冒險），就像政府因干預墨西哥與亞洲危機而受到批評一樣。在幾年後的訪談中，葛林斯潘提到，他對於聯準會的介入感到有些不安。[36] 不

過，儘管這類援助鮮少獲得大眾接納，但那次對 LTCM 的援助看來相當既合理又正當。首先，那是基於政策制定者的判斷。當時政策制訂者判斷，LTCM 的崩解將對更廣泛的金融體系構成嚴重的風險，最終將為經濟帶來風險。反之，1990 年聯準會判斷，金融體系足以因應投資銀行德崇證券（Drexel Burnham Lambert）的倒閉，所以決定在該銀行倒閉時不出手干預。再者，干預所帶來的道德風險可能微乎其微。用來避免 LTCM 崩解的所有資金都是來自債權人，沒有一筆來自公共部門。LTCM 的擁有者最終失去了大部分的投資，聲譽受損──幾乎沒有人會想模仿他們，重蹈覆轍。一種比較合理的批評是，這種救援是臨時的，製造了市場不確定性，並引發眾人對公平性的疑慮。在這方面，LTCM 就像美國政府從前（與日後）所做的金融救援一樣：面對這種倒閉可能會嚴重衝擊金融體系的個案，政府缺乏一套明確的法律架構來處理這種重大的案子。

在 LTCM 危機爆發前夕與延燒期間，葛林斯潘愈來愈擔心亞洲危機與俄羅斯危機（已蔓延到拉丁美洲）對美國經濟的複合影響。1998 年 9 月 21 日，在 FOMC 的電話會議上，他表示：「經濟一直有挺住，但如今出現了明顯的惡化跡象。」[37] 於是，1998 年秋，FOMC 連續三次降息一碼。最後一次降息是在 11 月，那次降息之後，FOMC 在聲明中明顯示意，雖然金融市場持續波動，但它已經做得夠多了。後來，FOMC 一直按兵不動，直到 1999 年 6 月，它判斷金融狀況變得更加穩定、可以放心取消 1998 年的部分寬鬆政策後，才開始升息。

葛林斯潘在 1998 年的三次降息，代表著貨幣策略的微妙轉變：不僅考慮到經濟最有可能出現的狀況，也顧及各種可能出現的情況。1998 年 9 月當下的最佳預測情境亞洲危機的餘波將減緩美國的經濟成長。在 1998 年 10 月的一次電話會議中，葛林斯潘告訴 FOMC：「這種金融環境從出現

到最終消退，完全不影響經濟的機率可說是微乎其微。」[38] 寬鬆政策的目的，當然是為了改善經濟最有可能的軌跡，但葛林斯潘同時也從機率的角度來思考政策。為了說服大家同意第一次降息，他說，未來經濟減緩不是一定會發生，而是有可能發生。他說：「可以想見，我們最終可能不會把這次降息視為一連串行動中的第一步，而是把它視為買個保險，以防萬一。」[39] 換句話說，提議的降息幅度可能比最有可能的預測情境略高；而那些額外的寬鬆幅度，是為了機率較小、但後果更嚴重的情境做的。

1998 年的「保險降息」（預防性降息）很符合葛林斯潘後來自己描述的風險管理風格。FOMC 難免會對各種相關的風險感到不確定，這種風險管理方式試圖把 FOMC 對風險的不確定性也納入考量。實務上，葛林斯潘的風險管理策略就是在必要時調整政策，以因應最令人擔憂、但發生機率較小的經濟風險，目的是在風險沒發生時，收回政策保險。葛林斯潘後來回顧亞洲危機及其餘波時，認為亞洲危機是他採用這種方法的起源。他在回憶錄中寫道，聯準會對亞洲與俄羅斯危機發展的反應，「反映出我們的做法逐漸偏離正規的政策制定方式。我們不是把所有的精力都放在單一的最佳預測上，而是根據一系列可能的情況來制定因應對策。」[40] 葛林斯潘不是第一位把風險平衡納入政策分析的聯準會主席，但自他上任以來，政策制定者在思考經濟的最佳預測有沒有可能是錯的，以及政策如何為其他可能的情境做最佳準備方面，都變得更加明確。

非理性繁榮：葛林斯潘與股市

1987 年的股市崩盤是葛林斯潘身任主席的第一次考驗。聯準會反應迅速，縮限了股市崩盤對整體經濟的影響。1990 年代，股市仍是經濟發

展的中心。

經濟年復一年成長，加上通膨持續維持在低檔，使得股價在那十年間翻至原來的三倍多。當時，對於股市上漲是否預示著麻煩將近，經濟學家意見不一。與芝加哥大學最相關的效率市場理論認為，「股市可能被高估或低估」的觀點是錯的。它主張，股票與其他金融資產的價格彙集了數百萬名投資者的觀點，適切地反映了經濟的所有可用資訊，即便那些資訊必然是不完整的。根據這個理論，股市蓬勃其實是一種理性的反映，反映出更樂觀的經濟局勢、較低的利率（這讓股票比債券更有吸引力）或其他基本面的因素。如果市場是有效率的，即使市場偶爾會出錯，但政策制定者不該試圖取代市場的判斷。

儘管葛林斯潘以前是自由意志主義派，對市場有堅定的信念，但他不是效率市場理論的基本教義派。在 FOMC 的會議上，他經常針對股市價值的適當性發表看法。此外，至少在他加入聯準會的最初幾年，他覺得應該運用貨幣政策來對抗他覺得不合理的市場情緒波動，理由是那些波動或無可避免的逆轉可能會危及經濟。

葛林斯潘決定在 1994 年 2 月開始緊縮政策就是關鍵的一例（最後總計升了 300 個基點）。升息的主要目標是先發制人，搶先壓制通膨，引導經濟走向軟著陸，但葛林斯潘同時也考慮到股市。他在 2 月 4 日的會議上對 FOMC 說：「我認為，既然我們即將升息，讓市場抱著升息的預期可能很有幫助，因為那會抑制股市中的投機行為……如果我們有能力讓市場一直戰戰兢兢、預期我們隨時有可能升息，就可以防止市場過熱。」[41] 兩週後，在一次電話會議中，葛林斯潘認為先前的做法成功了：「回顧先前的行動，我發現我們發揮的影響力遠比預期的還大。我覺得我們打消了一些新興的股市投機。」他也提到，債券方面，「我們也戳破了泡沫。」[42]

不過，葛林斯潘的勝利宣言其實言之過早。究竟是這次升息戳破了無法持續的債券泡沫，還是因為債券交易員對經濟基本面與政策前景的看法有所改變，我們還是無從知曉。無論如何，如果真的有債券泡沫，它也不是溫和地消逝，而是劇烈地爆破——造成一場債市「大屠殺」，波及金融的穩定性。此外，一旦政策緊縮結束，債券殖利率的漲勢將逆轉。至於股市，1994 年道瓊工業指數只上漲 2%，呼應了政策緊縮的抑制效果，以及政策緊縮所造成的長期利率急遽上揚。但股市成長減緩是暫時的。1995 年，隨著政策適度寬鬆，股市又再次飆升，漲幅超過 33%。貨幣政策看似成功引導了通膨與成長，但事實證明，在管理長期債券殖利率與股價的反覆無常方面，貨幣政策其實並不是那麼精確的工具。

　　葛林斯潘在 1996 年展現的大師手法則是另一種不同的市場策略。他延遲啟動緊縮政策，理由是更強勁的生產力成長會減輕通膨壓力。邏輯上而論，更強勁的生產力成長也讓股市強勁上漲顯得合理。但贊成提前升息的 FOMC 成員認為，當時不僅有通膨風險，股價可能也超過基本面的價值了，所以應該升息。葛林斯潘認為，太早升息來冷卻市場會導致經濟發展沒必要地減緩，於是他採用另一招來限制股市上漲：勸說。他真有辦法靠勸說的方式讓股價下跌嗎？

　　1996 年 12 月，葛林斯潘與理事會聽取了兩位知名金融經濟學家羅伯・席勒（Robert Shiller，未來的諾貝爾獎得主）與約翰・坎貝爾（John Campbell）的簡報。他們認為，股價與股息的比率過高，顯示股市已嚴重高估。[43] 此後不久，在保守派智庫美國企業研究院（American Enterprise Institute）的一次演講中，葛林斯潘公開表達他對市場的擔憂，他問道：「我們如何知道非理性繁榮何時過度拉抬了資產價值，導致資產價值很容易受到意外長期緊縮的影響，就像過去十年的日本那樣？」他對聽眾說，

對央行官員而言，資產泡沫只有在可能破壞經濟時才重要，但儘管如此，「我們不該低估資產市場和經濟相互作用的複雜性，也不該以此自滿。」[44]翌日早上，道瓊工業指數在開盤 30 分鐘之內就下跌了 2% 以上，或許是因為交易員認為葛林斯潘那席話是在暗示即將升息。但影響很短暫，不久後市場又恢復了漲勢。

事後看來，葛林斯潘發表那場演說時，股價可能並未嚴重高估。一些傳統指標（例如股票風險溢酬，亦即股票與安全的政府公債之間的預期報酬差額）皆處於正常的歷史範圍內。事實上，如果你在 1996 年底（亦即葛林斯潘擔心「非理性繁榮」時）買入一籃子有代表性的股票，並在 2002 年底賣出（股市在網路泡沫後觸底的時間點），你仍然可享有 32% 的名目總收益（包含股息的再投資）。[45] 只有在接近 1990 年代尾端，隨著網路榮景的到來，泡沫行為的跡象才變得更明顯。[46]

葛林斯潘還做了另一個壓抑股市的舉動。FOMC 在 1997 年 3 月的升息，代表葛林斯潘展現大師手法的結束。那次升息的主要目的是為了預防任何通膨壓力。但葛林斯潘後來寫道，那年 3 月之所以祭出緊縮政策，是因為他擔心「股市泡沫可能導致通膨不穩定」。[47] 他回憶道，在 1997 年 2 月的會議上，他「告訴 FOMC，我們可能需要升息以遏制牛市」。但無論是升息，還是隨後的亞洲與俄羅斯危機，都沒有對股價造成太大的影響。

接下來的三年，股市日益受到網路熱潮的推動，持續上漲。1999 年 3 月 29 日，道瓊指數首次收在 10,000 點以上。誠如葛林斯潘在回憶錄中所撰：「股市盛況在年末達到顛峰……股票投資人大多春風滿面，財運亨通，而且理由充分。這給聯準會帶來一個有趣的問題：你如何區分令人興奮又健康的經濟榮景，以及不光彩的人性所驅動的過度投機股市泡沫？我向眾議院銀行委員會冷冷地指出，這個問題其實比表面看上去還要複雜，

因為兩者其實是可以並存的。」[48]

　　葛林斯潘不僅不認同金融市場是有效率且理性的，1990 年代他對於股票估值是否合理也有強烈的看法。他採取好幾項措施來減緩他認為無法持久的成長，包括升息與勸說。然而，他頂多只算暫時做得很好而已。隨著時間的經過，他對於自己是否有能力區分「好」的與「壞」的股市上漲，或是否有能力預測股價對聯準會干預的反應，變得愈來愈沒信心。無論那些干預的理論依據為何，種種的不確定性在實務上造成了很多的困難。

　　儘管一些地區性準備銀行的總裁對市場憂心忡忡，但 FOMC 在 1999 年初並未升息。不過，由於擔心通膨上升，聯準會確實在當年稍後開始明顯緊縮貨幣政策。諷刺的是，由於那不是緊縮政策的明訂目標，升息無疑導致股價從 2000 年春季開始急遽下滑。

PART 2

全球金融危機與大衰退

第 4 章
新世紀，新挑戰

隨著千禧年的到來，聯準會的官員（以及各界人士）擔心，電腦可能無法適應 2000 年（Y2K）日期的改變，而導致數位化的新全球經濟陷入混亂。結果只是虛驚一場。無論是因為準備完善還是運氣好，總之 Y2K 來了又走，幾乎沒出現任何異狀。

但 2000 年確實預示著重大的改變：經濟似乎失去了 1990 年代的活力；此外，與二戰後的多數時間明顯不同的是，通膨太低與超低利率逐漸變成央行官員的主要擔憂。當全球金融危機把經濟推入嚴重衰退時，低利率對貨幣政策的限制變得更加明顯。這場危機至少是 1930 年代以來最嚴重的一次，或許也是有史以來最嚴重的風暴。

網路泡沫與 2001 年的經濟衰退

真正的千禧年衝擊發生在股市。在 1990 年代的多數時間裡，葛林斯潘與 FOMC 的許多成員都在擔心「非理性繁榮」。這段期間，市場經歷了幾次國際金融危機，先發制人的貨幣政策打擊了通膨，葛林斯潘採取了勸

說策略。但如今回顧過往，這十年大部分的時間裡——十年持續的成長、低通膨、較低利率——股價可能不像葛林斯潘與一些 FOMC 同仁擔心的那麼不理性。當時的經濟很強勁，通膨率低，而且，1990 年代頻繁發生的國際金融危機令人擔憂，美國股市反而可望獲得比海外投資更穩定的報酬。

在那十年的最後幾年，比較明顯的投機熱潮慢慢才出現。網路正在創造一種「新經濟」的願景，有時連葛林斯潘本人也為之著迷。似乎每家網路公司都很紅，無論其根本的商業主張有多麼脆弱或虛無縹緲。許多人放棄正職，以家用電腦買賣股票做日沖交易。有一陣子，股票似乎隨便買都能賺錢。誠如金融泡沫心理學的專家席勒所言，流行敘事（popular narratives）在市場與一般經濟中特別吃香，能發揮強大的效果。[1] 泡沫最明顯的跡象在於，當每個人都相信價格將持續大幅上漲、看不到漲勢的盡頭時，那肯定就是泡沫了。科技股為主的納斯達克指數在 1997 年年底至 2000 年年初之間翻了三倍。

誠如葛林斯潘所言，股市繁榮可以同時是理性與非理性的。1990 年代末期，世人對網路經濟潛力的熱中並沒有錯，只是早了一些。如今科技公司是經濟中規模最大、最有活力的事業，網路與其他新技術在許多行業都留下明顯的影響，從零售業到通訊業、再到金融業，無一不受新技術的洗禮。然而，正如 1920 年代的繁榮也是由世人對「新經濟」的預期所推動的那樣（例如汽車、無線電等新技術），市場都過度反應了。到了世紀之交，大家已經可以明顯看出，許多網路公司即使將來有獲利，那也是很久以後的事了，短期內看不到獲利跡象。2000 年 3 月，《巴倫周刊》（Barron's）的封面文章警告，許多網路公司的營收遠低於他們樂觀的預測，現金已經快燒光了。[2] 與此同時，由於擔心繁榮的經濟會引發通膨，

聯準會已經開始升息。1999 年的下半年，聯準會把俄羅斯違約後連降三碼的「保險」（預防性降息）收了回來，並在 2000 年的上半年連續升息三次，使利率達到 6.5%。那是近十年來聯邦資金利率的最高水準。

此外，世人看待網路公司的前景也有所轉變，1999–2000 年的貨幣緊縮有助觸發了過去十年政策操作與葛林斯潘勸說從未達到的效果：市場出現了明確的轉折。納斯達克指數在 2000 年 3 月創下高點後，到年底已下跌 47%，並於 2002 年 10 月觸底，比高點少了 72%。整體股市的跌幅較小，但也難以倖免。例如，上述兩年半的時間裡，S&P 500 指數（反映美國五百大企業的價值）下跌了將近一半。

1987 年 10 月的股市崩盤顯示，只要崩盤沒有伴隨著高槓桿及信貸市場中斷，即使股市大跌，經濟可能只會受到輕微的影響。整體而言，那次的經驗在 2001 年再度獲得證實。即使股價大跌，加上 911 恐怖襲擊事件帶來非比尋常的衝擊，2001 年 3 月至 11 月，美國經濟僅經歷八個月的溫和衰退。* 隨著股價漲幅消失及市場情緒低落，消費支出終於降溫了。[3] 科技業的投資大幅下降，矽谷辦公大樓與光纖網路安裝等輔助活動的投資也大幅減少。

FOMC 迅速逆轉先前的緊縮政策還是有所幫助。2001 年 1 月 3 日的電話會議後，FOMC 一開始先在兩次會議之間削減兩碼（從 6.5% 降至 6%），隨後又進一步降息，在 911 恐攻之前降至 3%，接著到 2001 年底降至 1%。經濟在 2001 年第三季收縮（涵蓋恐怖襲擊），之後恢復成長，所以泡沫破滅的直接經濟影響相當有限。但有些事情已經改變了，21 世紀初的全國情緒感覺與 1990 年代的樂觀情緒截然不同。儘管 2001 年的衰退

---

* 當時我是學者，在負責判定經濟衰退的國家經濟研究局景氣循環認定委員會任職。

不是特別嚴重，持續的時間也不長，但復甦的過程很緩慢，就像之前從1990-91年的衰退中復甦一樣。

有些情緒的改變反映了911事件，整起事件震驚了全國，許多人相信日後可能會有更多的攻擊，中東地區說不定會爆發全面的戰爭。這些攻擊以前所未有的方式考驗聯準會，聯準會則勇於面對挑戰。911恐攻當天，聯準會的副主席羅傑‧弗格森（Roger Ferguson）是聯邦準備理事會唯一身在華府的成員。他從辦公室的窗戶就可以看到五角大廈遭受攻擊，冒出滾滾濃煙。他與理事會及紐約聯邦準備銀行（距離世貿中心僅幾個街區）的工作人員合作，協助使美國的金融體系恢復運轉。[4]（9月11日那天，葛林斯潘與紐約聯邦準備銀行的總裁麥唐諾正從一場在瑞士的會議趕回來。）弗格森的第一步是發表一份聲明，那份聲明令人回想起1987年聯準會在崩盤後的聲明：「聯準會正開放運作，貼現窗口可滿足流動性的需求。」儘管世貿中心死傷慘重，基礎設施遭到廣泛的破壞（包括電信網路），但在聯準會的幫助下，多數關鍵的金融營運仍持續進行。股市不到一週就重新開盤了。

除了股市下跌和新的恐怖主義威脅影響諸多產業以外（從航空旅行到保險），還有幾個因素增加了2000年代初期的不確定性，打壓了商業信心。這些因素包括一系列的企業醜聞（安隆〔Enron〕、世界通訊〔WorldCom〕、安達信〔Arthur Andersen〕）；《沙賓法案》（Sarbanes-Oxley Law，因應上述企業醜聞而生，目的是加強對上市公司的會計與審計要求）；以及美國入侵伊拉克愈來愈大的可能性（美國後來確實在2003年3月入侵伊拉克。在2003年3月的聲明中，FOMC罕見地承認，有鑑於地緣政治的不確定性，它無法有效描述經濟風險的平衡。）在不確定性很高、成長又緩慢的氛圍下，企業投資並不熱絡。令人格外擔憂的是，即使

產出恢復成長，就業市場依舊疲軟。「失業型復甦」一詞再度流行了起來。失業率持續上升，從 2001 年 11 月衰退結束時的 5.5%，升至 2003 年 6 月的 6.3%。

財政政策可以提振低迷的經濟，葛林斯潘一如他在老布希及柯林頓任內所做的那樣，參與了新任總統小布希的政策。1990 年代，強勁的經濟成長與股市的資本利得提高了稅收，並創造出罕見的聯邦預算盈餘。聯準會的工作人員甚至考慮，如果盈餘持續下去，聯邦政府還清了債務，聯準會要如何實施貨幣政策（畢竟還清政府債務後，聯準會將無法再以慣用的方式透過買賣公債來調整銀行準備金，進而調整利率）。競選期間，布希曾承諾減稅 1 兆 6,000 億美元。儘管葛林斯潘在財政方面是保守派，但考量到預算盈餘的前景，他也偏向支持該計劃。葛林斯潘在國會作證時閃爍其詞，一如既往，他對聯邦政府的長期財政前景心存顧慮，於是他提議在減稅法案中增加「觸發因素」。也就是說，萬一財政盈餘縮減太多，就取消減稅措施。但整體上他的措辭是正面的，因此眾人把他的言論解讀成無條件支持布希的減稅計劃，多年來許多民主黨人對此感到不滿。[*] 2001 年 6 月，布希簽署了那項為期 10 年共 1 兆 3,500 億美元的減稅法案。

事實證明，預期的聯邦預算盈餘只是曇花一現。經濟衰退、股價下跌（減少了資本利得稅的收入）與減稅措施的共同作用，把預算推回了赤字。葛林斯潘反對布希下一次的減稅計劃（10 年內減稅 3,500 億美元），但該計劃仍於 2003 年通過了。不過，他與政府依然維持密切的關係。2003 年 4 月，距離葛林斯潘的任期屆滿還有一年多，但布希已經表示，他會再次讓葛林斯潘連任第五個任期。

---

[*] 我擔任聯準會主席的早期，參議院民主黨的領袖哈利·瑞德（Harry Reid）曾警告我不要插手財政政策，當時他就提到葛林斯潘對布希減稅政策的支持。

葛林斯潘主要的關注焦點當然是貨幣政策，但緩慢的復甦與 2001 年後的整體發展引發了新的擔憂。許多經濟學家與投資者開始擔心，就算經濟再次開始成長，但利率與通膨仍維持在出乎意料的低檔，這可能會成為新常態的一部分，而不是暫時的反常。為了對抗經濟衰退，聯準會在 2001 年迅速降息；後來又為了因應緩慢的復甦及不斷下降的通膨，更進一步降低了聯邦資金利率，在 2003 年降至 1%。此外，1990 年代似乎處於休眠狀態的菲利浦曲線，看似出現復甦的跡象，這次菲利浦曲線的走向是向下：勞力市場的持續疲軟減緩了物價與薪資的成長。

基於技術原因，當時的聯準會監測通膨沒那麼著重消費物價指數，而是關注替代的衡量指標：個人消費支出（personal consumption expenditures，簡稱 PCE）的價格指數。* 到了 2003 年年中，核心 PCE 通膨（不包括食品與能源價格）約為 1%。理事會的幕僚推測，翌年的核心 PCE 通膨將進一步下降；而且根據幕僚的模型，完全通貨緊縮（物價下滑）的機率是 25%。對成長於 1970 年代與 1980 年代的央行官員而言（當時的政策制定者基本上都是在那兩個年代成長），極低利率與低通膨的組合讓他們頓時不知所措。通膨是令馬丁、伯恩斯、伏克爾等央行首長頭痛的根源，通膨真的有可能太低嗎？答案將在未來幾年後揭曉：是的，通膨太低也是問題。

---

* PCE 價格指數由經濟分析局編制，作為計算 GDP 的一部分。改換這種指標的原因之一，在於 PCE 通膨比較方便顧及消費者購買的商品與服務組合持續改變，而 CPI 則是假設主要商品與服務類別的支出比例是固定的（權重只做定期調整）。從歷史數據來看，PCE 指數衡量的通膨率通常比 CPI 通膨率低零點幾個百分點，但兩者通常會緊密地一起移動。

利率與通膨長期下降

短期內，央行對利率有很大的控制力，尤其是聯邦資金利率等短期利率。然而，更長期來說，其他架構性的經濟因素決定了利率的整體水準或「正常」水準。根據 19 世紀末瑞典經濟學家努特·維克塞爾（Knut Wicksell）的想法，經濟學家把自然利率（neutral rate of interest）定義為經濟處於充分就業且通膨穩定時的利率，簡寫為 R*（發音為 R-star）。[*][5] 與自然失業率 u* 一樣，自然利率會隨著時間的推移變動。事實上，自 1980 年代初期以來，儘管聯準會已經經歷了多次緊縮寬鬆及升降息，但利率的整體趨勢仍持續下降，無論在美國還是其他已開發國家都是如此。例如，如圖 4.1 所示，10 年期美國公債殖利率在伏克爾任期的早期達到 15% 以上的高峰，但此後就穩定下降，並在 2020 年疫情爆發前降至不到 2%。無論是經濟衰退還是經濟擴張，長期看來，利率是持續下降的。由此可見，如今的自然利率比幾十年前低很多。

為什麼過去 40 年間 R* 平均下降那麼多，還有為什麼它很重要呢？伏克爾與葛林斯潘成功打擊通膨是自然利率下降的一大原因。誠如 20 世紀初的經濟學家爾文·費雪（Irving Fisher）所言，存戶關心的是投資報酬的購買力，而不是他們收到的美元數量。[6] 為了維持報酬的購買力，概略來說，他們會要求，預期通膨每增加 1%，利息就要增加 1%──這種經驗法則稱為**費雪原理**（Fisher principle）。根據費雪原理，過去 40 年通膨率下降──1975 年至 1980 年的核心 PCE 通膨率平均接近 7%，2015 年至 2020

---

[*] 我用大寫 R* 來代表市場或名目的自然利率。實質的自然利率（亦即名目的自然利率減去通膨）通常用小寫 r* 表示。在本書中，我通常會以 R* 來代表短期自然利率，但短期與長期自然利率往往緊密地一起移動。

圖 4.1　10 年期美國公債殖利率，1980–2021 年

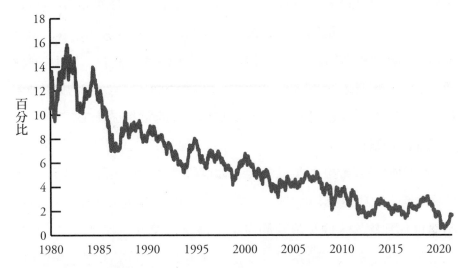

即使聯準會為了實現總體經濟目標而調升或調降聯邦資金利率，但 1980 年代初以來，市場利率的長期趨勢一直是下降的。

資料來源：聖路易聯邦準備銀行聯邦儲備經濟數據資料庫。

年則略高於 1.5%——可以解釋自由利率下降趨勢的一大部分。

　　然而，通膨下降只是部分原因，因為過去四十年間，利率的降幅超過了通膨的降幅。換句話說，美國公債與其他投資的實質利率（即利率減去通膨率）也下降了，而且許多情況下降幅度很大。[*7] 那麼，究竟還發生了什麼事呢？

　　有兩個相關且互補的論點，試圖解釋實質利率的長期下降。經濟學家

---

*　根據 2003 年聯準會經濟學家湯瑪斯・勞巴赫（Thomas Laubach）與約翰・威廉斯（John Williams，現任紐約聯邦準備銀行的總裁）開發的一種方法，美國的實際自然利率從 1985 年的 3.5% 以上，降到今天只剩不到 0.5%；2007–2009 年金融危機期間的降幅特別大。這兩位作者隨後在 2017 年與凱薩琳・霍爾斯頓（Kathryn Holston）共同發表了一篇論文，研究其他已開發國家，也發現類似的結果。

薩默斯（上一章曾提過薩默斯在對抗 1990 年代國際金融危機中的角色，後來他在柯林頓總統任內擔任財政部長）推廣所謂**長期停滯**（secular stagnation）假說。[8] 這個詞由知名的哈佛經濟學家阿爾文‧漢森（Alvin Hansen）於 1938 年所創。[9] 漢森擔心，就算大蕭條結束了，人口成長減緩、技術創新減緩等因素還是會導致經濟停滯不前。當然，他的擔憂並未發生，大蕭條與二戰之後的經濟皆蓬勃發展，但薩默斯從漢森的觀點中看到了新的相關性。

　　薩默斯把漢森的假說加以更新。在薩默斯的假說中，現代美國的經濟持續受到一些因素拖累，包括人口老化使勞力成長減緩，重大的技術進步不像以往那麼多，成長最快的產業不需要那麼多的實質資本（想想 Facebook 對設備與建築的需求，不像 1950 年代的通用汽車那麼多）。根據薩默斯版的長期停滯假說，這些因素結合起來，導致大家對新資本財的需求疲軟，以及整體經濟的成長減緩。成長緩慢與生產性資本投資的機會有限，又進一步抑制了世人對資金的需求，降低了自然利率。重要的是，長期停滯代表近幾十年來經濟之所以復甦緩慢，主要不是一次性因素造成的（例如科技泡沫破裂、911 恐攻事件或企業醜聞）。反之，成長緩慢與低利率是基本面的力量造成的，這些力量可能會持續存在。

　　有沒有什麼方法可以解決長期停滯呢？公共政策可以影響人口架構與生產力成長的趨勢，但往往需要很長的時間才會看到效果。原則上，公共投資（例如建設新的高速公路、機場、橋梁）可以取代滯後的私人投資。薩默斯極力主張採取積極的財政政策來抵銷長期停滯。事實上，世界各地的財政赤字都很大，而且已經持續好一段時間了，甚至早在新冠疫情導致財政赤字急速膨脹之前，就已經非常龐大。然而，薩默斯與盧卡斯‧雷切爾（ ukasz Rachel）的共同研究發現，如果沒有這些持久的財政赤字，

實質的自然利率說不定會更低，甚至很有可能是負值。[10]

第二種為實質利率下降提出的補充解釋，是一種名為**全球儲蓄過剩**（global savings glut）的假設。我擔任聯準會的理事時，曾在 2005 年的一場演講中提出這個概念。[11] 這個概念基本上是說，以二戰後多數時間所盛行的實質利率來看，如今的全球儲蓄遠遠超過全球對新資本投資的需求——新資本投資與政府赤字是儲蓄的主要用途。由於儲蓄的供給超過大家對可投資資金的需求，儲蓄的報酬率比過去來得低。這些額外的儲蓄來自何處？在 2005 年的演講中，我把焦點指向中國與其他快速成長的東亞國家（那些國家的人民有高儲蓄的傾向），以及沙烏地阿拉伯等高收入產油國的儲蓄。最近，全球儲蓄的最大來源地包括歐洲，尤其是德國。

然而，更根本的是，全球儲蓄的成長是由全球收入成長與人口架構推動的。近幾十年來，世界各地數十億人的收入大幅增加，使他們更有能力累積財富。與此同時，新興國家與多數先進國家的人民壽命變長，預期的退休時間也變長了，導致世人需要存更多的錢。隨著儲蓄能力與儲蓄需求大增，加上勞動年齡的人口與生產力的緩慢成長限制了投資機會，於是實質報酬率（亦即經通膨調整）下降了，不僅美國如此，而是全球皆然。

長期停滯假說與全球儲蓄過剩假說強調的重點有些不同。長期停滯的論點集中在美國（至少在一開始）；而全球儲蓄過剩的論點則是把焦點放在儲蓄與投資流動的世界性，以及全球資本市場的日益整合（有助於儲蓄與投資的流動）。長期經濟停滯強調大家對可投資資金（為企業資本的形成或政府赤字提供資金）的需求；而全球儲蓄過剩假說則比較關注資金的供給。然而，這兩種觀點是相輔相成的。兩者都認為，基於多種人口、經濟、技術的原因，全球儲蓄的供給已日益超越這些資金的需求。這種失衡持續壓低實質利率，即使在經濟充分就業、貨幣政策沒有擴張的情況下也

是如此。

　　也有人提出其他理論來解釋 R* 的長期下降。一些經濟學家認為，近幾十年來，全球長期缺乏安全資產（亦即在經濟危機期間仍能保值的證券）。[12] 安全資產的普遍短缺，有助於解釋為什麼美國公債等證券的殖利率降得那麼多（經濟不確定期間，美國公債的需求往往特別大）。* 最近也有人提到，貧富不均加劇有助於解釋自然利率的下降，因為富人往往把更多的收入存起來。[13]（然而，雖然美國與一些先進國家的貧富不均加劇，但近幾十年來，全球貧富不均的程度並未增加。）經濟學家對於自然利率長期下降的原因莫衷一是，但自然利率在過去 40 年間大幅下降是無庸置疑的。

　　為什麼自然利率 R* 的長期下降是很個重要的問題？這對存戶與投資者來說顯然茲事體大，因為他們獲得的報酬變少了。另一方面，在其他條件不變的情況下，借款人（包括政府、買屋者、公司債的發行者）則因利率較低而受惠。

　　自然利率較低對聯準會（以及其他央行）也是個很重要的問題，因為它可能會限制貨幣政策的範圍。在 1980 年代及 1990 年代，只要降低聯邦資金利率，就可以達成大幅的貨幣寬鬆。在全球金融危機之前，遇到典型的衰退時，聯準會可以把聯邦資金利率下調 5% 或 6% 來刺激經濟。然而，當自然利率（亦即充分就業時的一般利率）已經很低（比如只有 2% 或 3%），萬一又遇到經濟衰退來襲，貨幣政策制定者的降息空間就更小，刺激經濟成長的力量也就減弱了。

　　貨幣政策的制定者願意（或能夠）設定的短期政策利率下限，我們稱

---

* 根據這個理論，新冠疫情期間的聯邦赤字增加了公債的供應，應該有助於紓解安全資產的短缺，久而久之就會推高公債的殖利率。

為**有效下限**（注：effective lower bound，也譯為「利率下界」或「有效利率底限」）。2007–2009 年的金融危機之前，多數國家把有效下限設為零，或略大於零，因為政策制定者擔心零利率將會干擾金融體系的運作。* 危機之後，一些央行下調了它們對利率下限的估計，把政策利率設為零，甚至是略小於零的負值（央行想要執行負的政策利率，可以要求銀行為其存在央行的準備金支付費用）。關鍵在於，當自然利率很低時，政策利率的有效下限（通常接近零）限制了央行運用傳統降息的空間。

由於有效下限的存在，貨幣政策可能無法提供足夠的刺激，這種可能性已經夠令人擔憂了，但惡性循環會使問題更加惡化。如果有效下限阻止貨幣政策提供足夠的刺激，那麼久而久之，失業率將高於貨幣政策制定者的預期，而通膨（由於疲軟加劇）也將低於貨幣政策制定者的預期。通膨下降，透過費雪原理發揮作用，往往會降低自然利率。但自然利率下降會進一步縮小貨幣政策刺激經濟的空間，形成惡性循環。大家把這種情況稱為**日本陷阱**（Japan trap），因為它描述日本近幾十年來的經歷：通膨率與利率一直徘徊在零附近，貨幣政策的效果有限。

2003 年的通貨緊縮恐慌

2001 年經濟衰退後的低利率及不斷下降的通膨，使美國落入日本陷阱的可能性增加了。由於擺脫極低通膨或通縮相當困難，FOMC 的多數成員認為，美國應不惜一切代價避免那種情況。誠如葛林斯潘後來所寫的，到了 2003 年年中，通貨緊縮已成為 FOMC 討論的「首要議題」。[14]

---

* 例如，銀行與貨幣市場共同基金向一般散戶（儲蓄者與投資者）承諾至少零的報酬，如果銀行與貨幣市場共同基金的短期投資也是零報酬，它們就很難盈利。

如何避免美國持續陷在低通膨與低利率的情況呢？2003年，在聯邦資金利率已經極低的情況下，問題變成：除了進一步降息以外，還有其他工具可以提振疲軟的經濟嗎？經濟學家研究了可能的替代方案，那些方案往往與日本長期對抗通貨緊縮有關。[15] 1999年10月，聯準會在佛蒙特州的胡士托（Woodstock）召開了一場關於有效下限政策的研究會議。當時我仍是教授，也出席了那場會議。2002年11月，我剛加入聯準會擔任理事不久，就發表了一場演講，題目是〈通貨緊縮──確保「它」不會在這裡發生〉，內容是討論替代性的貨幣工具。後來，我也與聯準會的幕僚一起發表了該主題的研究。[16] 然而，在2003年以前，FOMC從未系統化地研究過，萬一經濟需要貨幣政策的刺激，但進一步降息又不可行或不可取時，FOMC該如何因應。

葛林斯潘要求聯準會的幕僚向FOMC提出因應有效下限的選項。幾年後，當有效下限所造成的問題不再是假設，而是真的可能發生時，幕僚的廣泛研究就派上用場了。他們研究的某幾個選項（例如購買大量的美國公債以壓低較長期的利率）在2003年看起來很奇特，似乎既沒必要也不可取（不過，這並未阻止債市臆測那樣的大量購買可能發生）。所以FOMC當時並沒有採用那些選項，而是選擇靠公開溝通來達成目標。

為什麼要溝通？光是談論政策有什麼助益？葛林斯潘的會後聲明顯示，市場不僅會對當前的政策行動做出反應，也會對FOMC暗示的未來政策做出反應。那些會後聲明的演變為我們指出了方向。聯準會最直接控制的利率（聯邦資金利率）本身並不是那麼重要，它只適用於期限非常短（隔夜或週末）及比較小的市場（銀行間的準備金拆借）。聯邦資金利率的改變，主要是透過它對其他資產價格和殖利率（包括抵押貸款利率、公司債利率等較長期的利率）的作用來影響經濟。

聯邦資金利率之所以與那些更重要的利率有關，部分原因在於較長期利率取決於市場對未來短期利率的預期。例如，如果投資者開始相信聯準會將把短期利率維持在更高的水準，那麼長期利率通常也會上升。如果長期利率沒有上升，投資者會投資短期證券，等到期時再繼續投資短期證券，因為這樣做比持有長期債券賺得更多。同理，如果投資者開始相信聯準會打算把短期利率維持在低檔一陣子，那麼長期利率也會下滑。簡而言之，FOMC塑造市場對未來聯邦資金利率的預期，或許能夠影響當前的較長期利率（較長期的利率對經濟的影響最大）。同理，市場對聯邦資金利率的預期也會影響其他重要資產的價格（例如股價與美元匯率），每一種價格都會影響經濟。

儘管聯準會主席與FOMC的其他參與者以多種方式來傳達政策意圖，但這時FOMC的會後聲明最能反映FOMC的集體觀點，而且又受到市場的密切關注。所以，FOMC決定好好利用這個事實。在2003年5月的會議上，FOMC首次表示，它擔心通膨可能降得太低。委員會的聲明包括（確實有點詰屈聱牙）：「通膨過度大跌的可能性雖小，但還是超過通膨從已經很低的水準回升的可能性。」如果政策制定者擔心通膨率降得太低，表示政策將保持寬鬆。事實上，6月FOMC就是這樣做，它把聯邦資金利率下調至1%，是1958年以來的最低水準。

然而，這次暗示還不夠強烈。8月開會時，市場已經不理會聯準會發出的微妙訊息，並開始預期不久之後就會開始緊縮貨幣政策。於是，FOMC的成員再次把焦點放在如何讓市場對聯邦資金利率的預期更貼近FOMC的預期。葛林斯潘建議，在聲明中針對未來的政策走向加入更明確的指引，FOMC也贊同他的建議。8月的會後聲明重申，FOMC擔心「通膨從已經很低的水準過度大跌」，但隨後又補充，「在這種情況下，

FOMC 認為政策寬鬆可以維持相當長的時間。」

2003 年 5 月與 8 月的措辭改變，在幾個方面很重要。從 5 月開始，聯準會提到通膨出現「過度」下跌，這與聯準會過去幾十年的政策形成了鮮明的對比。在過去的幾十年裡，聯準會一直覺得低通膨或持續下降的通膨是可取的。事實上，聯準會已經公開承認，它有一個通膨目標，而且那個目標大於零，雖然它還不願給出一個明確的數字。此外，根據 5 月的聲明，低通膨可能是 FOMC「在可預見的未來最主要的擔憂」。

8 月的聲明也解釋 FOMC 打算如何因應「過度」的通膨下滑：它打算在「相當長的時間」內維持寬鬆政策。這番措辭不是非常具體，但它確實顯示，市場預期近期會緊縮政策是沒有根據的。這次的訊息既清晰又響亮，市場終於聽到了。在接下來的幾週裡，長期利率大幅下滑。葛林斯潘在 12 月的會議上說：「我們想傳達政策寬鬆的訊息，顯然已經奏效。」[17] 2003 年 8 月的聲明，就是如今我們稱為**前瞻性指引**的例子，也就是貨幣政策的制定者針對可能的政策走向，向外界溝通。用前瞻性指引來管理政策預期、進而影響更廣泛的金融狀況，會變得愈來愈重要，尤其是在聯邦資金利率接近有效下限的情況。

FOMC 後來一直留著「相當長的一段時間」這段措辭，直到 2004 年 1 月才溫和地轉向，聲明它「會慢慢取消寬鬆政策」。FOMC 藉由這種方式告訴世人，它現在有意緊縮政策，但態度謹慎。在經歷了一段時間的強勁成長及勞力市場改善後（失業率穩定下滑了約一年），2004 年 6 月聯準會開始啟動緊縮政策——升息，並搭配這樣的前瞻性指引：預計寬鬆政策將「可能以緩慢的速度」收回。後續的升息確實很緩慢，每次升息都不超過一碼。但截至 2006 年 6 月，聯準會連續升息了十七次。當升息結束時，聯邦資金利率的目標回到了以前看起來很正常的水準 5.25%，失業率降至

不到 5%，核心通膨率接近 2%。至少從這些指標看來，聯準會的政策似乎是成功的。

2005 年 8 月，聯準會在懷俄明州的傑克森霍爾（Jackson Hole）舉行年度會議。自 1982 年以來，年度會議皆由堪薩斯城聯邦準備銀行主辦，地點位於雄偉壯麗的大蒂頓國家公園（Grand Tetons），一如既往吸引了世界各地的央行、媒體、學術界的傑出人士來參加。當時葛林斯潘的主席任期已近尾聲，他在會中備受讚揚，他的前副主席兼偶爾的批評者布蘭德稱讚他是「名符其實有史以來最卓越的央行首長」。[18]

房市泡沫

儘管葛林斯潘獲得盛讚，但當時危機正在醞釀。1990 年代末期以來，房價一直快速上漲。在葛林斯潘任期接近尾聲時，房價漲得特別迅速；2004 年與 2005 年的漲幅都超過 13%。[19] 此外，房貸標準不斷降低，最終造成巨大的房價泡沫，為經濟大蕭條以來最嚴重的金融危機提供了導火線。

泡沫是怎麼來的？有些人認為，寬鬆的貨幣政策刺激了房價，但相關證據很少，支持那種說法的經濟學家也不多。* [20] 30 年期的房貸利率和其他利率一樣，自 1980 年代以來一直緩慢下降，但在 2004 年與 2005 年，房貸利率維持在 6% 左右（經通膨調整後為 4% 至 5%）──這種利率水

---

* 2017 年，全球市場倡議（Initiative on Global Markets）訪問美國與歐洲的經濟專家，問他們認為導致 2008 年全球金融危機的主要因素，並提供十二種選項。調查顯示，有缺陷的金融法規與監管排第一，其次是低估了新金融工具與不良抵押貸款的風險。寬鬆的貨幣政策排倒數第二位。

準與之前或之後的房價漲幅無關。一項回顧型的研究發現，實質利率的變化（不完全是貨幣政策造成的）只能解釋 1996 年至 2006 年間約五分之一的房價上漲。[21] 另一項研究證實，低利率確實容易推高房價，但兩者之間的歷史關係與利率變動是一致的，對 21 世紀初的泡沫頂多只有些許的貢獻。[22] 此外，房價急遽上漲幾乎同時也在其他國家發生（例如英國），那些國家的貨幣政策比美國更為嚴格。[23]

如果不是利率或貨幣政策造成的，那會是什麼原因呢？多數關於泡沫起源的研究都把焦點放在三個因素上：大眾心理；金融創新降低了謹慎放貸的動機；對放貸實務與冒險行為的監管不力。

大眾心理支撐著一種普遍日益樂觀的情緒：把住房當成投資。1990 年代末期與 2000 年代初期，房價快速上漲（尤其是在幾個大城市），讓許多人相信房價會持續上漲，無可避免。社交互動（「我姊夫炒房賺翻了！」）及媒體報導更是強化了這個信念。席勒的流行敘事理論似乎很符合這種情況。[24] 所謂的「流行敘事」指的是塑造大家對經濟事件的看法並在大眾意識中「爆紅」的簡單故事。席勒指出，美國的房價從 1998 年左右開始加速上漲，他把這種房市榮景歸因於過度樂觀的想法，而同樣的想法也促成了股市中的科技泡沫。

金融創新，加上全球儲蓄過剩以及世人認為安全資產短缺，也助長了房市泡沫。2000 年代初期，全球存戶（包括當時日益融入全球貿易與資本市場、且儲蓄率又高的中國）都爭先恐後尋找報酬適度且看起來相當安全、流動性高的投資標的。隨著儲蓄過剩的形成，這類資產的供給日益短缺。尤其，當聯邦政府轉向減少赤字、甚至追求盈餘時，更是限制了大家最愛的安全資產——美國公債——的供給。

為了滿足世人對（想像的）安全資產的強大需求，華爾街的金融工程

師把各種抵押貸款（以及其他類型的私人信貸）打包成複雜的證券來出售。由於世人以為，把許多不同的信貸資產結合起來，可透過多角化來降低證券的整體風險；再加上這種組成的證券又可分割成風險較高與風險較低的部分，於是，這種流程創造出貌似安全的新資產，可以賣給全球的投資者。金融業者對組成這些信貸擔保證券的原料（亦即信貸）有強大的需求，這又進一步鼓勵抵押貸款的創始機構大幅降低貸款標準，以創造出更多的貸款。畢竟，萬一抵押貸款出問題，倒楣的不是貸款創始機構，而是那些信貸擔保證券的最終購買者。寬鬆的信貸標準又進一步推升住房的有效需求，助長了泡沫。

最後一個原因是，監管機構未能阻止噱頭及欺騙性的抵押貸款激增。有些情況下，抵押貸款機構允許借款人每個月只還很少的錢，以至於本金餘額隨著時間的經過不減反增。監管機構也沒有堅持要求抵押貸款機構取得足夠的證明文件，以確保借款人的信譽。於是，所謂的「忍者」貸款（NINJA loan—no income, no job, no assets）出現了，亦即借給無收入、無職業、無資產者的貸款，放款人只驗證借款人的信用評級。

監管失敗的原因有好幾個，不單只是監管機構運作鬆散及缺乏想像力而已。最重要的是，由於歷史與政治因素，美國的金融監管設計得很糟，沒有充分反映現代金融體系不斷演變的本質。監管架構不僅有很大的落差（例如，許多非銀行的貸款機構與貸款的投資者受到的監管非常有限），也有重疊（多個監管機構相互衝突，有時還會爭奪「客戶」）。2007 年 3 月，專做次貸的全國金融公司（Countrywide）藉由改變旗下存款機構的章程，改變了其主要的監管機構：本來由聯準會監管，變成由財政部的儲蓄機構管理局（Office of Thrift Supervision）監管；它預期儲蓄機構管理局的監管會比較寬鬆。[25] 監管落差在傳統的銀行體系之外特別嚴重，降低了監

管機構追蹤及因應抵押貸款趨勢的能力。例如，2005 年，只有約 20% 的次貸（向信用記錄較差的借款人發放的抵押貸款）是由聯邦直接監管的貸款機構發放的，約 50% 的次貸是由州監管機構特許及監管的機構發放的。州監管機構的資源及監管效果有很大的差異。*26

同樣重要的是，在危機爆發之前，政治風向偏向放寬抵押貸款的標準，而不是轉趨嚴格。弱勢團體以及傳統上被排擠在房市之外的族群，好不容易才因貸款條件放寬而擁有住房。許多立法者與監管機構不希望自己被視為阻礙他們擁有住房的障礙。如果為了讓低收入者擁有住房，需要非傳統的貸款機制來通融那些較差的信用記錄，當時的普遍看法是，承擔這種風險可能是值得的。†遺憾的是，抵押貸款危機降臨時，受創最大的正是這些財務狀況不佳的購屋者。

我雖然主張大眾心理、華爾街的金融創新、有缺陷的監管體系等因素促成了美國的房市泡沫，但我並不想幫聯準會開脫責任，且在 2002 年 8 月之後，我個人也難辭其咎。聯準會或其他監管機構理當減緩或逆轉房市與房貸市場持續累積的風險，但支離破碎的金融監管——尤其是沒有任何機構負責整個金融系統的安穩——以及政治界對於擴大民眾擁有住房的支持，阻礙了聯準會或其他監管機構的任何努力。不過，如今回顧過往，至少我們可以找出聯準會與其他監管機構理當採取的措施。例如，葛林斯潘

---

* 其他 30% 的次貸是由銀行控股公司旗下的非銀行貸款機構發放的，這些公司由聯準會監管。不過，1999 年的《金融服務業現代化法》（Gramm-Leach-Bliley Act，亦即後來所謂的「聯準會輕度監理模式」〔Fed lite〕條款）規定，聯準會身為控股公司的監管者，應把控股公司旗下各業務別的子公司的監理，授權給該業務的主管機關（通常是州的層級）。

† 當時的監管機構與政界人士明確區分了次級貸款與掠奪性貸款。次級貸款的目的是為了幫助信用評分較低的人擁有住房，所以是可取的；掠奪性貸款則涉及不公平或欺騙性的做法，目的是誘騙那些比較單純的借款人，所以應該加以禁止。

與其他機構的首長應該要更積極利用其威權，指出監管體系日益增加的風險或缺陷。這可能不會帶來明顯的改變——例如多年來，葛林斯潘一直積極批評聯邦抵押貸款機構（房利美與房地美）資本不足及高風險的做法，但基本上沒有效果——勸說至少會提高國會與大眾的意識。聯準會也可以迫使銀行持有更多的資本來吸收損失，並更妥善衡量及管理它承擔的風險。聯準會理當更善加利用自身的權威來取締那些「不公平或欺騙性」的放貸行為，也應該更常利用權力來審查銀行控股公司旗下的非銀行公司，並且更有系統地評估金融系統的風險。[27]

　　葛林斯潘是否應該即時意識到，聯準會需要採取更嚴厲的監管措施？由於那段期間我也在聯準會任職，我並未預見這個危機，所以我很難針對這個問題做出判斷。無論如何，我相信葛林斯潘的盲點**不在於**忽視了可能的風險。在他擔任主席的最後幾年，他曾對房市的「小泡沫」（雖然他認為小泡沫主要只出現在某些地區）和金融市場冒險行為的普遍增加表示擔憂。[28] 雖然葛林斯潘以前是自由意志派，但他原則上並不反對金融監管。他的錯誤在於，他過於相信市場的力量（包括銀行高管與董事會的自身利益）會限制不良貸款與過度冒險的行為。此外，他對於政府的金檢人員在多數情況下是否有能力對銀行的決策做有效的事後評估，感到悲觀。他認金檢單位雖然立意良善，但國際銀行數以千計的高薪專業員工遠遠超過了金檢單位的人數與能力。因此，如今回顧起來，他甚至在聯準會有權介入干預的部分金融體系，都過於被動。葛林斯潘自己也承認這點。在 2008 年 10 月的國會證詞中，他說，市場力量與銀行家的自身利益，並未更有效地防止那些導致金融危機的不良貸款，這點令他「難以置信」。[29]

　　在危機發生前的那個時代，許多經濟學家與政策制定者都有葛林斯潘這種思維上的「缺陷」（這是他自己的形容）。1980 年代與 1990 年代是許

多產業大幅放鬆管制的時期，因為政策制定者愈來愈願意接受自由市場的論點。尤其，世人普遍認為，儲貸危機有部分是儲貸機構的存款利率與放款活動受到過度監管所造成的。儲貸危機促成了金融管制鬆綁與創新，又進一步創造出更大的冒險空間。不過，這場危機帶來的更大教訓可能是，聯準會主席與其他領導人應該更小心看待傳統觀點。我和其他人一樣，批評伯恩斯在 1970 年代放任通膨失控，但伯恩斯的貨幣政策符合當時許多經濟學家與政治人物的觀點。反之，伏克爾一心一意打擊通膨時，他是獨排眾議，特立獨行的。央行需要聽取各種觀點，這是央行的思維需要透明化並開放與外界交流的另一個理由。

無論房市泡沫的來源為何，一旦泡沫形成，貨幣政策的制定者就面臨一個棘手的抉擇。如果房價上漲如一般人（包括葛林斯潘）所想的那樣無法持久，那麼問題該如何因應。趁早（比如 2002 年或 2003 年）大幅緊縮貨幣政策來減緩房價上漲似乎是不可能的。由於短期的當務之急是支持疲弱的經濟復甦及避免通縮，在 2001 年經濟衰退後的那幾年，應該要採取寬鬆政策，而非緊縮政策。此外，在 2002 年或 2003 年，認為房價出現無法持久的泡沫，並非大家普遍接受的觀點。

FOMC 的解決方案是，利率維持在低檔的時間較短（從 2003 年年中到 2004 年年中，聯邦資金利率維持在最低點 1% 僅一年左右）；復甦跡象一旦確立，就啟動緩慢但持久的緊縮政策。如果房市泡沫因此持續縮小，或許整體經濟可以滑向軟著陸。這種做法在 2006 年與 2007 年初看似很有希望成功，因為即使房價下跌且次貸款違約率上升，經濟仍持續成長。然而，那個策略並未充分意識到，十年來不良貸款所造成的金融脆弱性有多嚴重。

第 5 章
全球金融危機

　　締造傳奇的葛林斯潘卸任後，2006 年 2 月，我接任聯準會主席，扛起這項艱鉅的任務。2002 年加入聯準會擔任理事之前，我在學術界任職了二十多年，從 1979 年在史丹佛大學商學院任教開始，接著 1985 年搬到普林斯頓，我與妻子安娜在那裡養大了兩個孩子。研究員兼教師的職涯讓我收穫滿滿，我主要研究貨幣政策、金融市場，以及經濟史。我對大蕭條的研究，支持了一個逐漸形成的共識：1930 年代的經濟崩解，是國際金本位制失靈及有關當局未能遏制全球金融危機所造成的。[1]

　　2002 年初，我應邀與美國總統小布希面試聯準會理事的職位。那似乎是一個把我從研究與寫作中學到的東西付諸實踐的理想機會。我接受了總統的提名，參議院也毫無爭議，批准我擔任理事，於是我從 2002 年 8 月開啟了制定政策的生涯。我覺得聯準會的環境充滿了啟發與學院氣息（我以前指導的一些研究生就在聯準會任職）。2003 年，我參與了通縮風險的相關辯論，支持降息以及使用前瞻性指引。我也公開談論了一些對我來說很重要的議題，包括主張聯準會應該導入一個數字通膨目標，以便進一步邁向更有效、更透明的政策制定。

2005 年 6 月，我轉往白宮待了七個月，擔任布希總統的經濟顧問委員會主席。領導委員會是一項有趣、但壓力很大的工作。我與同仁必須針對多元議題迅速培養專業知識（從醫療保健到移民）。卡崔娜颶風襲擊紐奧良時，我們致力解決許多問題，像是如何改變石油運輸路線，供應災區。我常向總統與副總裁彙報經濟情況，培養個人關係，後來證實，那在日後的金融危機期間相當實用。

我與總統的既有關係無疑是布希提名我接替葛林斯潘的一個重要原因。參議院再次毫無異議，批准我接任。我承諾延續大師的政策，而我的目標，至少在一開始，是履行這個承諾。我與 FOMC 合作，延續 2004 年葛林斯潘時期開始的長期連續升息做法（每次升息一碼），直到 2006 年 6月才停止。到那時，經濟似乎終於從 2001 年的衰退與隨之而來的失業型復甦中完全恢復過來了。從 2006 年秋季到 2007 年春季，失業率在 4.5%左右小幅波動。隨著核心通膨率的微幅上升消除了大家對通縮的擔憂，另一次的軟著陸似乎達成了。

我還在適應聯準會主席這個新職位時，最大的不確定因素是房市與房貸市場。聯準會政策利率持續上升，可能是導致房價從 2006 年夏季（亦即我擔任主席後不久）開始下跌的原因之一。當時儘管 FOMC 緊縮了貨幣政策，但抵押貸款利率出乎意料幾乎沒有上升。[2] 誠如麥可·路易士（Michael Lewis）的著作《大賣空》（*The Big Short: Inside The Doomsday Machine*，早安財經出版）及隨後翻拍的電影所做的戲劇化描述，當時已經有一些金融市場的參與者對房市與房貸熱潮愈來愈懷疑，而新開發、與次貸價值掛鉤的衍生性金融商品使這些懷疑者更容易監控及做空次貸市場。[3] 總之，FOMC 當時也密切關注房市與房貸的發展。我們特別擔心低收入房貸戶的拖欠率不斷上升，以及相關的法拍屋增加。

如果房價持續以溫和的速度下跌，而且次貸（通常在抵押貸款與信貸中的占比較小）的拖欠率與違約率的上升沒有影響到更廣泛的金融市場，我們預期會出現一個比較良性的結果——事實證明，那是個很重要的「如果」。2007年3月，我在國會作證時說，根據我們目前為止看到的情況，次貸問題「可能控制得住」。[4] 那既是一種預測，也是一種期望的表達，但在當時那似乎是相當合理的評估。我認為，儘管FOMC中有些鷹派人士反對，2006年年中停止升息讓我們避開了過度緊縮。如果通膨如預期般溫和，緊縮政策的結束應該會為經濟帶來必要的喘息空間，以吸收房市降溫的影響。事實上，儘管房價持續下跌，經濟仍持續穩定擴張，在2007年剩下的三季裡，年成長率約為2.5%。

我們對經濟謹慎樂觀的態度，並不表示我們打算忽視房市與房貸熱潮的發展。在公開論壇上，我主張採用一種目標制的做法：銀行和其他貸款機構在主管機關的鼓勵下，應該清理房貸市場上已經明顯出現的問題。我主張，在許多情況下，銀行和其他貸款機構最好與借款人重新協商，降低每月的還款額，讓借款人繼續住在自己的房子裡，而不是法拍欠款人的房子。修改貸款顯然對借款人有利，但我認為貸款機構與整體經濟也會因此受惠，因為遭到法拍的房屋往往淪為空屋，遭到閒置，日益貶值，同時也壓低附近的房價。

聯準會鼓勵其監管的銀行，配合布希任內的財政部長漢克·鮑爾森（Hank Paulson）及住房與城市發展部長阿方索·傑克遜（Alphonso Jackson）提出的自願貸款修改計劃。聯邦準備銀行也籌辦在地的活動，促進貸款的修改。但那項計劃的效益很有限，銀行家表面上講得很好聽，但是對於重新協商那些問題房貸是否有利可圖，依舊感到懷疑。他們尤其擔心，那樣做可能會鼓勵一些沒有違約的借款人「技巧性違約」——刻意不

還款以期獲得更好的貸款條件。此外，許多房貸被包裝成複雜的證券，在未獲得世界各地投資者的許可下，也不能合法重新協商貸款條件。而房貸服務機構（亦即負責執行房貸修改的公司或銀行部門）對於處理激增的修改或拖欠個案更是毫無準備——這個問題將阻礙隨後清理房貸爛攤子的所有努力。

金融大恐慌

因此，聯準會在 2006 年和 2007 年採取雙管齊下的方式：運用貨幣政策維持經濟的穩健，同時部署監管工具（包括道德勸說）來因應日益惡化的房貸狀況。然而，2007 年的夏季，我們已經看到次貸問題威脅到更廣泛金融體系的早期證據。

2007 年 8 月，法國巴黎銀行（BNP Paribas）出乎意料宣布，它那三支持有美國次貸證券的基金停止投資者贖回。該行指出，在目前的市場條件下，它無法再衡量那些證券的價值。換句話說，2007 年的夏季，投資者已經開始對次貸證券非常不信任，以至於他們不願以任何價格購買那些證券。許多人把那番聲明視為警鐘，世界各地掀起了一波恐慌性賣壓。

為什麼投資者突然變得如此害怕？在房價只漲不跌的那幾年間，借貸雙方都認為次貸的風險較低。理由是如果借款人無法按月還款，他們可以賣掉房子，還清房貸（貸款機構並未虧損），而且賣屋還可享有資本利得，所以是雙贏的局面。而當房價開始下跌，這招就失效了。房價下滑時，無力還款的次貸借款人面臨違約以及遭到驅逐的命運，而貸款機構與投資者所持有的房貸可能證明一文不值。

儘管如此，當時美國未償還的房貸中，僅不到 8% 是可調整利率的次

貸——這個類別受聯準會 2004 年至 2006 年的升息影響最大。[5] 事實上，2007 年年初，聯準會的幕僚計算，假如所有的次貸（同時包括可調整利率與固定利率的房貸，占所有房貸的 13%）都馬上違約的話，那給貸款機構與投資者帶來的總損失，小於全球股市單日重挫的損失。其他的抵押貸款在 2007 年大多仍表現良好，包括向信用良好的借款人發放的優級房貸（prime mortgages），以及向信用中等的借款人發放的次優級房貸（Alt-A mortgages）。此外，銀行的財務狀況看似良好，在過去兩年半內，只有一家由聯邦政府擔保的銀行倒閉，而且銀行在吸收存款與其他短期資金方面，幾乎沒有什麼困難。* 至少以當時的監管標準來看，銀行的資本水準是足夠的，似乎有能力吸收預期的房貸損失。

綜合以上考量，我在 3 月發表了「可能控制得住」的評論，但那些考量有如自欺欺人。雖然次貸的實際與預期損失本身並不是特別大，但事實證明，次貸危機有強大的破壞力，因為它引發了一場老派的金融恐慌——雖然是以一種陌生的形式展開。恐慌始於次貸，但最終迅速發展成世人對幾乎各種形式的信貸都失去了信心，幾乎拖垮了金融體系以及整體經濟。

身為經濟史學家，我對金融恐慌算是有所了解，這種恐慌可以追溯到幾百年前，甚至幾千年前（羅馬皇帝提貝里烏斯〔Tiberius〕曾在西元 33 年藉由提供無息貸款，阻止了一場危機）。[6] 恐慌的發展大多依循一套類似的順序，通常發生在銀行或其他的金融機構大幅擴大投機性貸款或投資之後（主要是靠舉債，尤其是發行短期債券來融資）。借貸雙方的樂觀情緒助長了信貸榮景，所以有一段時間，一切會發展得很順利，甚至可能出現舊規則不再適用於「新時代」之類的說法。有時這種樂觀證明是合理

---

* 在那兩年半的期間，僅有一家銀行倒閉。相較之下，1984 年至 1992 年儲貸危機及信貸緊縮期間，每年有上百家存款機構倒閉。

的，但有時某些投資的壞消息（可能是真的，雖然虛假傳言也會引發恐慌）會突然改變投資者的態度。一看事態不妙，能提早抽身離開的人都先逃了。那些向金融機構提供短期資金的人最容易抽身，他們可以輕易提領資金，而且幾乎不會蒙受損失。就像眾所皆知的寓言故事常講的，在擁擠的劇院裡，當有人大喊「失火了！」（無論真假），搶先離開劇院最符合每個人的個人利益，即使大家井然有序地離場最符合集體利益。

重要金融機構的短期債務遭到擠兌時，會導致它們無法為自己的投資提供資金。那些投資的期限往往比較長，流動性較差，不容易以全額價值快速出售。如果那些放款機構無法彌補失去的資金，它們可能別無選擇，只能賤價拋售資產（不分好壞資產）。這種普遍的拋售潮——**跳樓大拍賣**——導致資產價格暴跌，把金融機構推向破產的境界，並放大恐慌。不用說，沒有人會在恐慌時期發放新的貸款——當舊的貸款可以用極低價購買時，何必發放新的貸款？缺乏新信貸、資產價格下跌、信心暴跌等因素拖累了整體經濟。

前面提過，整個 19 世紀的破壞性金融恐慌促使美國國會了創立聯準會，作為最後貸款人；一波又一波的銀行倒閉潮大幅加劇了大蕭條。但2007 年夏季的金融恐慌，彷彿古老的歷史重演，至少在美國是如此。*
1933 年，美國國會設立了聯邦存款保險制度，此舉大致上終結了一般存戶對銀行的擠兌。他們知道，就算銀行倒了，他們也會獲得保障。在設立存款保險及其他新政改革後約七十年間——金融史學家蓋瑞·戈頓（Gary

---

* 1990 年代發生在墨西哥、東南亞與俄羅斯的危機本質上是恐慌，由投資者撤出短期資金而促成——但許多經濟學家把這些事件歸因於這些國家是新興市場國家，金融體系不發達，監管不足。同理，1980 年代與 1990 年代日本與北歐國家的危機也常被解釋為是這些國家特有的因素所致。

Gorton）把這段時間稱作美國金融的「安靜期」（quiet period）──經歷了無數次的金融動盪，包括外國的金融危機以及儲貸業的崩解，但沒有出現嚴重威脅到整體經濟的重大恐慌與國內危機。[7]然而，在這段漫長的時間裡，複雜的新脆弱性不斷形成，為規模空前的全球金融危機種下了禍根。其中最重要的是影子銀行、批發融資，以及證券化的快速成長。

▌影子銀行與批發融資

影子銀行指的是美國在傳統的商銀體系之外，另外發展出來的一群非銀行金融機構與市場。它們一起提供許多類似銀行的服務，包括企業與家庭貸款，以及為投資者創造短期流動資產。在危機爆發之前的那幾年，影子銀行體系是由多種監管寬鬆的公司所組成，例如主要放款給家庭的抵押貸款公司與消費金融公司，以及主要在證券市場內營運的投資銀行和避險基金等機構。影子銀行體系的另一個關鍵成員是**貨幣市場共同基金**，它們是投資比較安全的短期資產，承諾在股東需要時提供流動性，因此是銀行存款的近似替代品。影子銀行與傳統銀行體系相互競爭，也與傳統銀行體系相輔相成。例如，大銀行往往擁有影子銀行公司（例如貸款經紀商或券商），或贊助影子銀行的活動（例如多種表外投資工具）。

所有的信貸提供者都需要資金來源，影子銀行也不例外。只有商銀與儲貸業可以吸收聯邦政府保險的存款，因此影子銀行往往依賴各種無保險的短期融資──統稱為**批發融資**（wholesale funding），以便與**零售融資**（retail funding，比如商銀中的個人存款）有所區別。批發融資的重要例子包括商業本票（commercial paper）以及附買回交易（repurchase agreements，簡稱 repos）。

商業本票是一種非常古老的商業融資形式，它是一種短期債務，非金

融公司傳統上用它來為庫存或其他的短期需求融資。歷史上來看，商業本票通常沒有擔保——表示它是借款公司的一般義務，沒有具體的抵押品作為擔保；萬一借款人破產，就會蒙受損失。然而，在金融危機爆發的前幾年，一些金融機構開始改變商業本票的用途，用它來為所謂的**特殊目的公司**（special-purpose vehicles，簡稱 SPV）融資。SPV 是只為了持有各種貸款與證券而設立的法律架構，它在法律上與創立它的銀行或其他金融機構是分開的，它成為在影子銀行體系中持有資產以及為資產融資的重要方法。根據管理 SPV 的規定，萬一發生違約，資助那個 SPV 成立的人，對設立該 SPV 的機構沒有追討權，只能獲得該 SPV 的部分資產。因此，為了資助 SPV 而發行的商業本票稱為**資產擔保商業本票**（asset-backed commercial paper，簡稱 ABCP）。資產擔保商業本票反映了 SPV 的成長。在危機爆發之前，資產擔保商業本票迅速激增，截至 2007 年的夏季達到約 1 兆 2,000 億美元。[8]

附買回交易是第二種主要的批發融資方式，它其實是短期（通常是隔夜）的抵押貸款。* 每筆附買回交易都受到特定抵押品的保護，抵押品是借款人提供的金融資產。萬一借款人無法還款，放款者將獲得抵押品，不必經過正式的破產程序。附買回交易的放款機構所要求的抵押品數量，取決於抵押品資產的風險性與可銷售性而定。例如，以每 1 美元（非常安全且流動性高）的美國公債作為抵押品，借款人也許可以獲得 99 美分的貸款；相對地，以每 1 美元的次貸作為抵押品，借款人可能獲得 60 美分

---

* 實務上來說，附買回交易在法律上不是貸款。在典型的附買回交易中，需要資金的機構（如避險基金或經紀自營商）向資金的供給者（例如貨幣市場共同基金）出售一種證券（例如國庫券）。根據合約，證券的賣方在翌日以稍高的價格買回證券，因此叫「附買回交易」。經濟上來講，這種安排相當於隔夜抵押貸款。

的貸款。在這個例子中，公債的**折減率**（haircuts，俗稱剃頭，亦即市值與可借入的差額）是 1%；次貸的折減率是 40%。折減率因市場狀況而異——波動較大時，有風險或流動性差的抵押品只能在大幅折減下，才被放款者所接受。

影子銀行體系利用批發融資以及公司債與股權等較長期的融資來源，來履行標準的銀行職能，例如發放新貸款、持有既有的貸款與證券，以及把貸款與證券打包出售給其他投資者。事實上，金融危機爆發時，影子銀行體系為美國企業與家庭提供的信貸超過了傳統銀行體系。[9]

既然影子銀行無法吸收聯邦擔保的存款，為什麼它會在危機爆發前的幾十年間擴張及蓬勃發展呢？一個重要的優勢在於，在美國的監管之下，那些組成影子銀行體系的機構可以避開許多加諸在傳統商銀上的監管規定，例如最低資本要求及活動限制。寬鬆的監管使得影子銀行變得更加靈活、更加創新（例如提供新產品），但這也代表它們的借款或冒險行為幾乎不受限制。因此，那些風險太大、不適合傳統銀行的投資，往往會轉移到影子銀行體系，如此一來，那些投資就不在銀行主管機關的監管範圍內了。*

此外，即使沒有政府保險，依靠批發融資非但沒有抑制影子銀行體系的成長，反而使它成長得更快。批發融資的提供者（例如貨幣市場共同基金、退休基金、保險公司、企業的財務部）喜歡把資金投入批發市場，因為這麼做可能會獲得較高的報酬，而且交易成本又比較低。政府的保險只

---

* 多數影子銀行即便受到聯邦監管，也是由美國證券交易委員會（Securities and Exchange Commission，簡稱 SEC）監管。歷史上，SEC 的作用是避免投資者受到錯誤資訊或詐欺的影響，以及確保市場的完整性（例如藉由防止內線交易），而不是負責監督那些公司的槓桿或冒險行為。相較之下，銀行監管機構（包括聯準會）比較關注公司的「安全與穩健」，例如，要求銀行持有的資本必須與其承擔的風險相稱。

針對每個存款帳戶，提供一個不太高的保險上限。相對來說，許多批發融資（例如附買回交易）是由特定抵押品全額擔保。批發資金的提供者就算把錢借給倒閉的影子銀行（比如投資銀行或避險基金），也不會賠錢。萬一他們拿不回投資的資金，還可以獲得抵押品。事實上，許多商業銀行除了吸收零售存款，也開始依賴批發融資。2006 年底，也就是危機爆發的前夕，美國政府擔保的銀行存款總額為 4 兆 1,000 億美元，而金融機構無保險的批發融資總額為 5 兆 6,000 億美元。批發融資的使用讓金融公司得以擴大貸款與投資，但也使它們更容易受到擠兌的影響。[10]

簡而言之，影子銀行體系快速發展，整體運作與任何銀行體系都很相似──從投資者吸引短期資金，把這些資金貸放給家庭與企業，然後再把這些貸款賣給投資者，或是放在自己的投資組合中。許多影子銀行也在金融市場中積極避險或投機。由於不受傳統銀行監管制度的管轄（包括聯準會與其他銀行主管機關的監督），影子銀行體系享有廣泛的運作空間，包括可以承擔更大的風險，以及持有較少的資本。關鍵在於，影子銀行在開發及行銷新奇的貸款方面扮演著要角，那些新奇的貸款助長了金融危機。金融危機爆發後，影子銀行體系承受的損失與財務困境特別大。理論上，身為影子銀行也有其劣勢，主要是無法吸收有保險的存款，也無法從聯準會的貼現窗口獲得短期貸款。在正常情況下，聯準會貼現窗口的貸款只提供給傳統的商銀。然而，當金融危機威脅到整個體系時，影子銀行終究還是受到政府安全網的保護。

▌ 證券化

證券化（securitization）是把不同類型的貸款打包成複雜的證券，概念上雖與影子銀行不同，但實務上密切相關，因為它跟影子銀行一樣，是

一種傳統銀行以外的替代選項。我們已經看到，財務工程證券的發展如何降低貸款標準，助長房市泡沫。這種做法的快速成長加劇了金融恐慌，造成進一步的傷害，我們在此更深入探討。

貸款業本身就說明了證券化的動機。從前，貸款大致上是一種零售業務。在地銀行或儲貸業者的放款人員本身就認識許多潛在的借款人，或至少對每個申請貸款者都做了仔細的調查。貸款一旦批准，資金來自銀行吸收的存款，銀行把貸款留在自己的帳簿上。這種體系有一些明確的優勢：它善用放款人員對當地的了解，而且銀行持有自己做的貸款，並承擔任何放款的損失，所以銀行有動力仔細審查潛在的借款人。

這個體系也有缺點。貸款流程可能相當緩慢、缺乏效率，並受制於放款人員的個人偏見。缺乏多元化也是一個問題，因為地方的銀行很容易受到當地房價下跌的影響。此外，銀行的放款能力往往取決於吸收存款的能力。例如，1980 年代儲貸機構看到存款外流時，它們發放新貸款的能力就變弱了。

多年來，技術變革與金融創新解決了傳統貸款的一些弱點。電腦化的信用記錄及標準化的信用評分使貸款變得更有效率、更有競爭力，主觀性變小了。有技術優勢與規模經濟的國家貸款機構取代了許多地方銀行。[*]重要的是，銀行與其他貸款機構不再受到吸收的存款量所限。它們可以把貸款出售給第三方，包括房利美與房地美等政府資助企業。[†]這些第三方

---

[*] 1994 年的《黎可－尼爾銀行跨州經營與設行效率法》（Riegle-Neal Act）允許商業銀行跨州開設分行，為建立真正的全國性銀行敞開了大門。

[†] 房利美（Fannie Mae）與房地美（Freddie Mac）分別是「聯邦國民抵押貸款協會」（Federal National Mortgage Association）與「聯邦住宅抵押貸款公司」（Federal Home Loan Mortgage Corporation）的俗稱。儘管它們都是政府資助企業，握有國會立法規定的特殊權利與責任，但這兩家公司在金融危機之前都是公開上市公司。為了建立全國抵押貸款市場，政府資助企業協助創造了證券化的實務。

再把貸款打包起來（亦即證券化），並將這些新創的證券放在自己的帳上，或賣給全球的投資者。證券化使這些貸款機構（即使是無法吸收存款或無法取得批發融資的店面放款業者）可以從世界各地獲得龐大的存款來源。

貸款的借款人與放款人都喜歡這個新系統，投資者也是如此。那些新創的貸款擔保證券可以透過設計來降低風險——例如合併美國不同地區的貸款，以避免受到某區房價下跌的影響。這些證券也可以切分成幾個部分來銷售，稱為**分券**（tranches），每個分券分開出售，至少原則上可以讓投資者挑選喜歡的風險程度。隨著證券化日益熱門，證券中包含的資產組合開始擴大，涵蓋許多類型的私人與公共信貸，而不是只有抵押貸款而已——資產組合與融資組合變得愈來愈複雜。那些分券往往會再彙集起來，重新證券化變成另一層複雜的證券。投資銀行等影子銀行常帶頭創造及行銷這些所謂的**資產擔保證券**（asset-backed securities，簡稱 ABS），並把它們放在自己的投資組合中。

理論上，這些證券的設計是為了配合不同投資者的風險與流動性偏好而生，但最終證券化的資產變得既複雜又不透明，連資深老練的投資者也無法可靠地評估其價值，而是依賴穆迪（Moody's）與標準普爾（Standard and Poor's）等信評機構來為每種證券及其分券做評級。然而，依賴評級機構也有問題，由於證券的發行者付費給這些評級機構以取得評級，因此有潛在的利益衝突。而且，如今回顧起來，這些評級機構太輕信金融工程師把不良信貸加工成優質證券的能力。儘管有這些缺陷，由於全球儲蓄不斷成長，為標準化、流動性高、報酬也高的資產創造出龐大的需求。證券化正好滿足了這種需求——至少當時大家是這樣想的。證券化的後果之一，就是美國次貸變成一種全球資產，由多元的投資者所持有，除了美國

的投資者，還有德國儲蓄銀行和日本退休基金等單位也來投資。

▋ 恐慌階段

2007 年的夏秋兩季，聯準會與其他監管機關面臨了一個難題：為什麼問題貸款明明數量不多，卻對金融體系造成如此大的破壞？答案是，次貸與其他高風險的信貸產品，因證券化以及再證券化成了資產擔保證券，而放大了它們的破壞力。當次貸開始出問題時，那些複雜的資產擔保證券投資者該怎麼辦？理想情況下，他們會評估那些證券所涵蓋的資產究竟有多少基本價值，並接受它們現在的價值下跌了。但由於那些證券過於複雜，基本價值難以判斷，加上評級機構也已失去信譽；當下最簡單的選擇，就是在市場上拋售那些證券——不止拋售次貸，也拋售證券牽扯到的其他信貸工具，於是釀成所有的私人信貸資產都遭到跳樓大拍賣。從信用卡債到汽車貸款，全跟著次貸一起遭到賤賣。

批發融資的提供者甚至更不願意相信證券化資產還有價值，就像聯邦存款保險公司出現以前的銀行存戶搶著去那些做了不良貸款的銀行擠兌一樣，那些提供短期資金給影子銀行體系的投資者也驚慌失措，紛紛抽離那些持有證券化信貸的特殊目的公司、投資銀行與其他機構。例如，未償還的資產擔保商業本票在法國巴黎銀行宣布基金止贖後，開始大幅減少，因為資金提供者在續簽貸款方面變得愈來愈猶豫不決。2007 年 8 月至 2008 年 8 月期間，未償還的資產擔保商業本票縮減了三分之一，壓縮了它們資助的特殊目的公司。[11]

值得注意的是，即使是附買回交易的資金提供者——別忘了這是完全抵押而且期限通常很短的貸款——也在 2007 年 8 月以後出現恐慌跡象。誠如經濟學家蓋瑞・戈頓（Gary Gorton）與安德魯・梅特里克（Andrew

Metrick）所記錄的，附買回交易市場的擠兌，不一定是投資者完全不願再做附買回交易了[12]，而是資金提供者要求更多的抵押品（更大的折減率）來擔保貸款。例如，如果危機爆發前，以每 1 美元的某證券作為抵押品，足以獲得 95 美分的信貸，但隨著附買回交易的擠兌惡化，銀行可能只為同樣的抵押品提供 70 美分的資金。隨著折減率愈來愈大，加上某些類型的資產已經無法充當抵押品，附買回交易市場上愈來愈難獲得充足的資金。

恐慌一旦開始，就會蔓延到證券化資產之外，為大型金融機構帶來壓力。這些機構在自己的投資組合中直接面臨次貸及資產擔保證券的損失，它們也間接面臨自己與監管機構沒有充分意識到的曝險。例如，一家銀行可能不僅直接持有次貸，也可能擁有相關的衍生性商品，那些衍生性商品的價值以複雜的方式牽連著貸款的價值。前面提過，一些機構為了持有貸款和其他資產而出資成立的特殊目的公司，法律上兩者是各自獨立的。但提供資金的機構仍有可能間接受到特殊目的公司的影響，例如，根據預先設定的承諾來彌補損失的資金，或是為了機構聲譽，而去支持特殊目的公司或彌補投資者的損失。資產價值縮減，隨之而來的是尋找足夠資金的難度增加，迫使各大金融機構（尤其是受困的投資銀行）在市場上拋售風險較高、流動性較差的資產。由於這時大家連表現不錯的貸款都不願持有（比如車貸與信用卡貸款），信貸相關資產的價格暴跌，把許多金融機構推向瀕臨破產的深淵。

隨著政策制定者的應對以及投資者一再評估風險，恐慌的情緒起伏不定。2008 年 3 月，為了避免投資銀行貝爾斯登倒閉，聯準會與財政部聯手安排大型商銀摩根大通（JPMorgan Chase）收購貝爾斯登。這個行動似乎暫時平息了恐慌，經濟與市場在接下來的幾個月出現了改善的跡象。但

好景不長，2008 年 9 月，這場醞釀已久的危機終於大爆發。9 月伊始，政府就接管了房利美與房地美這兩家規模龐大的政府資助企業，這兩家公司持有或擔保的數兆美元抵押貸款出現虧損，其中包括它們收購的次貸或其他劣質貸款所擔保的證券。接著來到關鍵性的 9 月 14 日這週。投資銀行雷曼兄弟（Lehman Brothers）宣布破產，聯準會運用自身的緊急貸款權，拯救了同樣被抵押貸款拖垮的全球最大保險公司 AIG。美國銀行（Bank of America）收購了投資銀行美林（Merrill Lynch），避免了另一起可能的破產。這時，貨幣市場共同基金也開始遭到擠兌，這種基金雖然沒有保險，但從前大家普遍認為它們是安全的。這些打擊以及後來更多接踵而來的衝擊讓投資者相信，除了美國公債以外，沒有別的避風港了。恐慌轉趨白熱化，金融體系瀕臨崩解。

整體來說，這場危機依循著經典的金融恐慌常見的順序：高風險貸款的累積；接著投資者對這些貸款的穩健性失去信心；短期資金的提供者擠兌貸款機構；貸款機構被迫賤賣問題資產，導致資產價格暴跌；貸款人與借款人的破產延續了急轉直下的趨勢。但全球金融體系的複雜性與不透明性，至少在一開始，掩蓋了 2007–2009 年的危機與以往金融恐慌之間的相似之處。聯準會與其他地方的監管機構都低估了批發融資擠兌的可能性，因為他們認為，那些融資大多有抵押，可以讓投資者放心。但批發融資的提供者並不急著拿那些抵押品來抵償債款，因為他們也不確定能不能在混亂又動盪的市場中迅速出售那些抵押資產變現，他們只想把自己的資金拿回來。

關鍵在於，從聯準會政策制定者的角度來看，恐慌的衝擊遠遠超出了華爾街。由於無法獲得信貸，資產價格暴跌，驚慌失措的企業與家庭紛紛停止支出，盡可能囤積現金。經濟崩解的規模與速度令人震驚。2006 年

開始的房價與建築業下挫，固然使經濟發展減緩了一些，但陷入困境的貸款戶面臨愈來愈大的壓力，為了避免違約及房屋遭到法拍，他們也努力削減其他支出。國家經濟研究局認為，這次經濟衰退始於 2007 年 12 月，亦即法國巴黎銀行做出決定性聲明的四個月後。但 2008 年 9 月以及隨後那幾個月的恐慌升級，代表經濟衰退進入了新的階段。

這裡只舉一項關鍵指標為例，美國的就業人數於 2006 年與 2007 年年初是成長的；從 2007 年 8 月次貸危機的最初震盪到 2008 年 3 月貝爾斯登的紓困，就業人數大致上還算穩定；接下來，直到雷曼兄弟倒閉，雖然整段期間房價下跌、房貸市場惡化，就業人數呈現溫和地下滑。但 2008 年 9 月以後就不同了。2008 年的最後四個月，隨著金融體系陷入恐慌的最嚴重階段，240 萬個工作消失了；2009 年上半年，又有 380 萬個工作消失。2008 年 8 月至 12 月，經通膨調整過的消費者支出按年率計算下降了 4.2%，企業資本投資的降幅更大。金融危機的加劇迫使銀行、家庭、企業開始緊縮，世人因為擔心金融崩解而不敢行動，這也使得隨後出現的大衰退變得相當嚴重。[13]

聯準會的因應之道：最後貸款人

聯準會採取了兩種概念上不一樣、但實務上有時重疊的做法來因應金融危機。第一，從 2007 年的夏季開始，聯準會充當最後貸款人兼危機戰士，努力穩定金融體系，恢復信貸的正常流動。第二，聯準會試圖以貨幣政策來緩衝危機對經濟的衝擊 —— 先是降息，接著是透過日益創新的政策。

聯準會試圖平息恐慌及恢復金融穩定的方式（亦即第一種方式），在

當時無論是規模上或範圍上都是前所未有的——這反映了席捲整個金融體系的危機有多嚴重，以及現代金融的規模、複雜性與全球互聯性。不過，根本上，一百五十年前的央行人士應該也看得懂我們的策略。1873 年，英國記者兼經濟學家沃特・巴治荷（Walter Bagehot）在其精簡的著作《朗伯德街：貨幣市場描述》（注：Lombard Street: A Description of the Money Market，朗伯德街為倫敦市的著名街道，自中世紀以來即為銀行和保險業中心，在 19 世紀、20 世紀前半葉一度是大英帝國乃至全世界最具影響力的銀行、保險公司、商號總部的聚集地）中，為面臨恐慌的央行開了一帖經典的處方。[14] 為了結束恐慌，巴治荷建議央行儘早以「懲罰性利率」，為那些有良好抵押品且有償付能力的公司無限提供貸款，這個原則如今稱為**巴治荷原則**（Bagehot's dictum）。* 1987 年 10 月股市崩盤後，葛林斯潘領導的聯準會曾在一份簡短的聲明中，提及聯準會身為最後貸款人的角色。該聲明明確表示，聯準會願意向流動性不足的銀行提供短期貸款。911 恐攻後，聯準會的副主席弗格森也發過類似的聲明。在法國巴黎銀行發布基金止贖公告後，我們本著巴治荷的精神，開始想辦法讓聯準會變成金融公司與市場的最後貸款人，提供流動性以彌補失去的資金，避免業者被迫賤賣資產而導致不穩定。更廣泛來說，我們動用了一切可用的權力，並與立法者、金融高層及其他人合作，努力恢復世人對金融體系的信心。[15]

聯準會自成立以來，充當最後貸款人的基本工具就是貼現窗口。聯準

---

* 巴治荷主張銀行以較高的（懲罰性）利率放貸，以保護其黃金準備—這並非 2007–2009 年的考量因素。不過，我們確實依循這個建議，常把貸款利率設在高於正常（非危機）利率的水準，這樣做可鼓勵金融公司與市場在情況恢復平靜時，回頭採用私人融資來源。

會透過這個窗口向銀行提供短期資金，並接受銀行以貸款和其他資產作為抵押。雖然法國巴黎銀行宣布基金止贖之後，聯準會大幅放寬了貼現窗口的貸款條件，並鼓勵銀行借款，但沒多久我們就發現這樣做還不夠。在危機爆發前的那幾年，由於需要流動性的銀行有很多替代的選項，加上聯準會的貸款人員向來不贊成銀行經常透過貼現窗口借款，所以貼現窗口早已停用。＊銀行開始擔心，透過貼現窗口借款——萬一公開的話——可能會讓外界以為它們陷入財務困境。這種貼現窗口的**汙名化**導致銀行就算迫切需要現金，也不願透過貼現窗口借款。

我們消除這個汙名化障礙的第一步，是說服幾家大銀行在貼現窗口借款，藉此為其他銀行樹立榜樣。然而，這番好意卻失敗了，因為問題銀行雖然用了貼現窗口，卻刻意公開表示，它們真的不需要那筆錢，說它們借錢完全是象徵性的。後來，我們乾脆設立一個新的機制，才終於解決了汙名化的問題：定期競標融通機制（Term Auction Facility）。這個機制是在定期拍賣中分配貼現窗口信貸，由銀行競標來決定聯準會貸款的利率。由於拍賣方式使這種信貸的成本很低，而且信貸的發放有兩天的延遲（這表示參與競標的銀行不是馬上需要現金），定期拍賣機制並未承襲貼現窗口的汙名，銀行可以放心使用。

除了汙名化，貼現窗口還有另一個大缺點。由於聯準會成立時，銀行

＊　聯邦準備銀行貼現窗口的人員之所以不鼓勵銀行經常利用窗口借款，是因為 2003 年以前，貼現率一直低於市場水準（低於聯邦資金利率），他們不希望銀行把這個窗口當成例常的廉價資金來源。因此，銀行若想從貼現窗口借款，就得證明它無法在市場上借款。1960 年代中期，貼現率降至聯邦資金利率以下，因為根據聯準會人員的說法，對 FOMC 來說，提高聯邦資金利率來緊縮貨幣政策，在政治上比提高貼現率來得容易。1994 年以前，提高聯邦資金利率不必公開宣布；提高貼現率則必須向銀行宣布才行。2003 年 1 月起，在貸款流程受到審查後，主要貼現率（這是為財務狀況良好的銀行設定的）提升到聯邦資金利率之上，聯準會與其他的銀行監管機構開始鼓勵銀行在必要時使用貼現窗口。

是金融業的主體，所以金融機構中只有銀行依法有資格使用貼現窗口。但2007–2009 年的危機集中在影子銀行體系，根據定義，影子銀行體系只包括非銀行機構。為了控制恐慌，聯準會需要充當這些更廣泛的公司與市場的最後貸款人。為了做到這點，聯準會援引《聯邦準備法》第 13（3）條。該條款允許聯準會在正常的信貸管道受阻下——亦即「非正常的緊急情況」下——對銀行體系之外的金融單位放貸。自大蕭條以來，聯準會從未做過第 13（3）條所指的貸款，但 2008 年開始，聯準會積極運用這項條款，向影子銀行（如投資銀行）放貸，支援批發融資市場，並提供流動性，幫政府防止那些攸關金融體系的大公司倒閉。

由於金融市場是國際化的，而且海外投資者普遍持有包含美國資產的證券化商品，再加上一些國家也歷經房市盛衰，這場金融危機是全球性的。歐洲央行、英國央行等主要央行也效法聯準會，成為最後貸款人，為其轄區內的金融機構提供歐元或英鎊。然而，外國央行無法輕易為當地的金融機構提供美元——美元是全球準備貨幣，許多國際銀行業務都會用到。國際間美元短缺，迫使外國銀行在美國市場購買美元，進一步增加了美國公司可用資金的壓力。為了解決這個問題，聯準會與十四家外國央行達成協議，亦即所謂的「美元換匯協定」（currency swap lines），其中包括四個主要新興市場國家的央行。*在這些安排下，我們拿美元與那些央行夥伴暫時交換外幣。那些外國央行可以把換來的美元借給自己轄區的金融機構，以緩解全球美元市場的壓力。事實上，聯準會等於是透過美元換匯協定來擔任全球的最後貸款人，雖然我們的動機是捍衛美元與我國經濟的

---

* 美元換匯協定屬於聯準會的正常權力範圍（自 1994 年《北美自由貿易協定》生效以來，美國與加拿大及墨西哥之間一直有小額的換匯協定），無須動用第 13（3）條的權力。

穩定。在顛峰期，美元換匯協定的金額高達數千億美元。不過，美國納稅人從未承擔風險。貸款給外國機構的所有信用風險，都是由外國的央行承擔。

傳統的最後貸款人機制，是為了因應擠兌，以及確保金融機構有足夠的流動性，避免它們為了繼續營運而被迫賤賣資產。但這場危機導致關鍵的信貸市場與金融機構崩解——那樣的局勢發展，以及因此衍生的經濟風險，促使聯準會直接向非金融企業放貸，並採取行動支援更廣泛的信貸流動——也就是說，聯準會也成了**非金融借款者的最後貸款人**。例如，當商業本票市場凍結，連評級高的公司也無法獲得短期融資時，聯準會設立了商業本票融資機制（Commercial Paper Funding Facility），向這些公司提供短期貸款。聯準會也透過另一項名為「定期資產擔保證券貸款機制」（Term Asset-Backed Securities Loan Facility，簡稱 TALF）的計劃，貸款給買信貸擔保證券的投資者，幫忙恢復關鍵信貸市場的流動性。這兩項計劃都需要動用第 13（3）條的權力。

許多研究探索了聯準會在危機期間推出的貸款計劃，它們的結論大多是，這些計劃有效地將現金導向需要的地方，幫忙穩定了目標市場，或者至少避免損失擴大。[16] 然而，聯準會的貸款並未結束這場危機。如今回頭來看，雖然聯準會這些計劃的規模與範圍都是前所未有的，但它們顯然推出得不夠早，規模也不夠大，無法完全防止資金短缺及資產賤賣。在法國巴黎銀行宣布基金止贖之前，聯準會對風險的理解不足，又不希望被視為反應過度或救助那些目光短淺的投資者，也對於動用鮮少使用的緊急貸款權猶豫不決（緊急貸款權在法律上只限用於極端條件。危機爆發之初，那些條件並不明顯）。這些原因導致聯準會沒有在危機剛爆發的那幾個月，及時採取夠強大的行動。即使聯準會提供了足夠的資金，一些機構接受貸

款的速度也很慢，因為他們擔心那樣做等於坦承自己陷入金融困境——又是汙名化的問題。一些問題資產的持有者（例如特殊目的公司）甚至無法使用聯準會的擴大機制。整體來看，聯準會的貸款彌補了大部分消失的資金，而非全部的資金；只減緩了恐慌，而非結束恐慌。

此外，最後貸款這個機制若要發揮功效，借款人必須要有償付能力。如果它們沒有償付能力（亦即資產價值低於負債價值），那麼央行的貸款只能延緩它們倒閉，無法防止它們倒閉（事實上，法律要求接受聯準會貸款的公司必須有足夠的抵押品才能獲得貸款）。對於投資者突然不愛抵押貸款與資產擔保證券，政策制定者也無能為力。所以，那些握有大量不良抵押貸款與其他風險資產、且資本緩衝又少的金融公司，很快就陷入破產邊緣或直接破產。

隨著流動性不足逐漸演變成無力償債，聯準會與財政部、聯邦存款保險公司、國會、金融業合作，試圖恢復世人的信心。聯準會的工具包括道德勸導、監管權，以及某些情況下動用第 13（3）條的權力。就像拉丁美洲債務危機期間伏克爾領導的聯準會，或 1987 年股市崩盤期間葛林斯潘領導的聯準會一樣，我們的目標是協助相關的單位一起合作，避免集體災難。

由於大型金融公司緊密相連，擁有廣泛的客戶、債權人與交易對手，我們很早就意識到，萬一大型公司失控倒閉，將會放大不確定性與恐慌。這種擔憂正是促使聯準會與財政部在 2008 年 3 月協調摩根大通收購貝爾斯登的原因。即使貝爾斯登以最優質的公債與政府資助企業發行的證券作為擔保，投資者仍拒絕向貝爾斯登提供短期融資（附買回交易），貝爾斯登因此陷入破產邊緣。為了說服摩根大通的執行長傑米・戴蒙（Jaime Dimon）接受這筆交易，聯準會做了一個有爭議的舉動：答應為一個總值

約 300 億美元的高風險投資組合（由貝爾斯登所持有的貸款與證券組成）提供資金，因此承擔了潛在損失。聯準會判斷，那些資產最終將有足夠的價值，可償還聯準會的貸款——後來，事實也確實是如此（甚至還有獲利）。摩根大通同意承擔貝爾斯登那個投資組合的第一筆損失（最高 10 億美元），此舉讓聯準會在那筆不尋常的交易中獲得了進一步的保障。2008 年夏季，財政部遊說國會讓它獲得接管房利美與房地美的權力時，聯準會也給予支持。財政部原本希望不必動用到這種權力，卻不得不在 9 月動用。為了維持房貸市場的運轉，房利美與房地美獲准持續營運，但受到政府的嚴格控制。

然而，聯準會與財政部及其他監管機構的特別救援行動，在雷曼兄弟身上卻失效了。雷曼兄弟的極端冒險行為，使它面臨嚴重的虧損。它是像貝爾斯登那樣的投資銀行，只是規模更大。它也遭到資金擠兌，客戶與交易對手都迅速抽離資金，導致它幾乎馬上破產。面對雷曼兄弟的緊急狀態，財政部與聯準會的策略跟之前處理貝爾斯登一樣，準備安排一家更強大的公司來收購雷曼兄弟，擔保其債務，並穩定其事業。紐約聯邦準備銀行為此召開了一次重大會議，找來兩個潛在買家——美國銀行與英國的巴克萊銀行（Barclays）——以及其他華爾街大公司的領導者。財政部長鮑爾森與紐約聯邦準備銀行的總裁提姆·蓋特納（Tim Geithner）主持了這次會議。在場的華爾街專家仔細審查雷曼兄弟的資產負債表後，判斷它已無力償債，除非有償債能力的公司收購，否則它已經毫無存續能力。美國銀行最終拒絕在缺乏政府大量注資下收購雷曼，當時財政部並無權注資。與此同時，英國的監管機構擔心自己可能要為雷曼兄弟的不良資產負責，因此禁止巴克萊銀行收購雷曼兄弟。

雷曼兄弟即使有聯準會的貸款，也無法自立。在找不到任何救助者為

其債務提供擔保的情況下，雷曼兄弟於 2008 年 9 月 15 日宣布破產。然而，翌日，聯準會與財政部卻能夠拯救全球最大的保險公司 AIG。AIG 因錯押次貸，必須支付大量的款項。與雷曼不同的是，根據我們當時的判斷，AIG 看起來還有存續能力，且它有足夠的擔保品（它以旗下有盈利的保險子公司作擔保），所以可從聯準會獲得夠大的貸款來償還眼前的債務。

雷曼破產後，恐慌加劇，許多金融市場幾乎完全停止運轉。儘管雷曼兄弟的規模只有最大商銀的三分之一左右，但它與其他金融機構的許多緊密連結很快便昭然若揭。重要的是，著名的貨幣市場共同基金「準備首檔基金」（Reserve Primary Fund，美國歷史最悠久的貨幣市場基金）因持有雷曼兄弟的商業本票而虧損，表示它無法再履行讓投資者等額贖回的承諾。套句華爾街的行話，就是這支基金「每單位淨值跌破 1 美元」（broke the buck）。投資人擔心其他基金可能也會步上同樣的後塵，於是掀起了一波貨幣基金的贖回潮。由於貨幣市場共同基金的許多投資者是一般美國人，這股贖回潮讓一般民眾意識到危機的嚴重性。財政部迅速採取行動，動用外匯安定基金（亦即 1994 年曾用來貸款給墨西哥的那個基因）建立了一個保險計劃（類似 FDIC 的存款保險），以保護貨幣基金的投資者。聯準會也透過一項刺激銀行購買貨幣基金資產的計劃，間接向貨幣基金提供流動性。政府的因應對策止住了贖回潮，但在此之前，市場信心已經受到重創。更確切來說，是批發融資市場遭受重創（貨幣基金是批發融資市場中相當重要的一部分）。

雷曼兄弟倒閉後，恐慌的情緒急遽惡化——這個事實帶出了兩個問題。[17] 第一，雷曼兄弟本來救得起來嗎？第二，如果某種程度上有可能救得起來，那麼拯救雷曼兄弟最終可以避免 2008 年秋季的危機加速惡化

嗎？我認為，這兩個問題的答案都是否定的。

在那個九月的週末，所有審查雷曼兄弟帳本的專家都證實，雷曼兄弟已嚴重失去償債能力——而且那還是在不當會計手法曝光之前（可見雷曼兄弟的狀況比任何人所想的更糟）。因此，聯準會無法為雷曼兄弟提供履行債務的現金，雷曼兄弟也沒有足夠的抵押品以取得貸款。即使雷曼兄弟只是瀕臨破產，根據當時所有的證據，如果沒有一家更強大的公司收購它、並為其債務提供擔保，它的事業根本無法存續下去。金融公司，尤其是像雷曼那樣高槓桿又不透明的公司，如果得不到業務往來單位的信任，就不可能盈利。在雷曼兄弟倒閉前的那幾天，那些平常放款給雷曼的機構都拒絕提供隔夜融資，就算雷曼提出最好的擔保品（包括美國公債）也借不到錢。與此同時，客戶從雷曼的託管帳戶中撤出自己的資產，債權人（例如衍生性金融交易的對手）希望儘快收回欠款。由於資金提供者、客戶、交易對手都對雷曼不太信任，即使聯準會的貸款能讓它延緩倒閉一段時間，但雷曼終究無法以獨立公司的形式長期營運下去。此外，當時聯準會與財政部都沒有權力向雷曼兄弟提供新資金，也沒有任何私人投資者願意那樣做（雖然政府努力說服他們注資）。拯救雷曼兄弟的唯一可能選項（就像之前 3 月拯救貝爾斯登那樣），就是由一家或多家有償付能力的金融公司收購雷曼兄弟。但事實證明，那是不可能的。

至於拯救雷曼兄弟（如果可行的話）是否可以阻止恐慌？ 2008 年 9 月中旬，不僅雷曼兄弟，許多公司都瀕臨倒閉，房利美與房地美剛被政府接管。在我們為雷曼進行協商的期間，AIG 的倒閉風險變得愈來愈明顯。在雷曼倒閉的隔天，我們就出手拯救 AIG 了。那一週，只有美國銀行收購美林（但後來又試圖逆轉收購），避免了美林的倒閉。過不了多久，其他大型金融公司也需要政府出面干預，包括摩根士丹利（Morgan

Stanley）、高盛（Goldman Sachs）、美聯銀行（Wachovia）、華盛頓互惠銀行（Washington Mutual）、花旗銀行（Citibank），然後是美國銀行本身。這些公司都因為持有抵押貸款和其他形式的私人信貸而損失慘重。在這種情況下，光靠聯準會是不可能恢復穩定的。最後貸款人只能幫助那些暫時缺乏流動性、但根本上還有償付能力的公司。當時需要的是美國政府做出重大的財政承諾：對金融體系進行資本重組。後來美國政府確實這樣做了。

然而，國會原本並不同意這種政治上令人反感的行動，直到後來國會確信真的沒有可行的替代方案後才勉強通過。*事實上，雷曼破產後出現了混亂局面，但 7,000 億美元的資本重組法案——亦即後來所謂的「問題資產紓困計劃」（Troubled Asset Relief Program，簡稱 TARP）——第一次送審時，依然遭到國會否決。我們面臨兩難的局面：只要沒有證據顯示干預的緊迫性，國會就不會採取行動。如果當初聯準會與財政部以某種方式拯救了雷曼兄弟（大概是安排一家更強大的公司來收購雷曼），那就要等到另一家規模更大、關係更緊密相連的公司倒閉，TARP 才有可能出現。由於為華爾街紓困的計劃普遍不得人心，國會延遲通過法案在政治上是可以理解的，但經濟上的代價非常高昂。不過，一些主要國家的政治制度比美國靈活。例如，英國在戈登・布朗（Gordon Brown）首相的領導下積極採取行動，確保那些陷入困境的英國金融公司不會在混亂中倒閉，雖然其中有幾家得靠政府支援。

雷曼兄弟 9 月倒閉後，經濟與金融狀況急遽惡化，國會終於採取強大的措施來對抗危機。最重要的是，財政部長鮑爾森提出 7,000 億美元的

---

* 那一年夏天，我與財政部長鮑爾森曾討論國會為這類突發事件提供資金的可能性，但有人告訴我們，就算真有可能達成，取得這種權力也是一段非常麻煩又漫長的過程。

TARP 法案，並在第二次送審時，終於獲得國會批准。最初，TARP 被設定成向銀行購買問題資產的基金，但大家一下子就發現，這種方法太複雜、耗時太長了。而且，由於系統中的問題資產太多，這項計劃可能不夠力。因此鮑爾森改變了該計劃的方向，變成直接向美國的銀行與其他金融機構注資。這麼做有助於恢復金融系統的償付能力，後來也證實為控制恐慌的關鍵。TARP 的資金也用來紓困汽車公司，以及救濟那些「溺水」的屋主（亦即房價低於他必須償還的房貸）。

聯準會的因應之道：貨幣政策

聯準會努力穩定金融體系時，也試著運用貨幣政策來抵銷危機對經濟的衝擊。[18] 最初，為了更清楚地向國會與大眾解釋聯準會的行動，我們試圖在概念上區分對抗危機的政策（例如身為最後貸款人的活動）及一般貨幣政策。但實務上，貨幣政策與對抗危機的工具之間，分界往往很模糊。貨幣寬鬆政策是透過降低融資成本來直接幫助市場，也透過促進經濟前景來間接幫助市場；對抗危機的措施則是靠改善信貸供應、提高資產價格、提振信心等方法來幫助經濟。

2007 年夏季，危機的初步跡象出現以後，聯準會把焦點放在安撫市場的措施，例如緊急貸款計劃、與外國央行做美元換匯協定。起初，儘管面臨金融壓力，經濟仍維持不錯的成長，所以大幅降息似乎沒有必要。此外，由於勞力市場比較吃緊，加上能源價格快速上漲，我們無法完全忽視通膨壓力。然而，由於金融波動持續不斷，FOMC 的成員愈來愈擔心金融波動對更廣泛經濟的影響，所以 2007 年底，FOMC 把聯邦資金利率下調了 100 個基點，至 4.25%。

儘管聯準會已經採取對策，但 2008 年初的金融與經濟狀況都惡化了。2008 年的頭三週，股市下跌了約 10%，經濟感覺愈來愈不穩定。聯準會擔心，銀行與其他金融機構不願放貸，正抵銷了降息的效益。此外，聯準會也擔心，金融體系與經濟之間可能正在形成一種惡性循環：不斷惡化的金融狀況減緩經濟成長，而不斷惡化的經濟前景又進一步拖累市場情緒。FOMC 擔心局勢可能失控，遂在 1 月的金恩紀念日（Martin Luther King Jr. Day）召開一次臨時會議（電話會議），並在我的敦促下，把聯邦資金利率下調三碼。一週後，在 1 月的例會上，我提議再降息兩碼，FOMC 也批准了。後來，FOMC 又進一步降息。即使 3 月的貝爾斯登收購案多多少少安撫了市場，但 FOMC 還是在 3 月底及 4 月分別降息三碼與兩碼，使聯邦資金利率降至 2%。這時，世界上的其他主要央行也在降息，雖然聯準會的反應是最快的。

　　此後，聯準會開始靜觀其變，整個春天與夏天都沒有採取進一步的行動。在出手拯救貝爾斯登之後，金融狀況出現了一些改善，經濟似乎比大家擔心的還要好。2008 年 8 月，FOMC 會議上的幕僚簡報顯示，當年上半年經濟成長的速度接近 2%。通膨再次回升也引發大家的擔憂。油價飆升（當年 6 月，每桶石油的價格來到 135 美元的歷史新高）使當年夏天的整體通膨率直升到接近 4%，核心通膨指標則超過 2%。我們預期這些通膨壓力最終會消退，但我們在會後聲明中坦承，我們對通膨前景也不是很確定。

　　約莫這個時候，我們開始遇到控制聯邦資金利率的問題。聯準會依循傳統做法，藉由改變銀行準備金的供給來間接管理聯邦資金利率。然而，身為最後貸款人，我們一直向金融體系挹注數千億美元。隨著借款人把貸款資金存入銀行，銀行又把那些資金存入它們在聯準會的帳戶，於是銀行

準備金膨脹了。由於準備金很多，聯邦資金利率（亦即銀行間拆借準備金的利率）常低於 FOMC 設定的政策目標 2%。簡而言之，聯準會身為最後貸款人所提供的流動性，正在干擾聯準會實施貨幣政策的能力。

為了重新控制政策利率，我們出售美國公債，並採取其他措施來吸收一些額外的準備金，這個過程稱為沖銷（sterilization）。更重要的是，國會給了我們一種新的工具。[19] 兩年前，國會通過一項法案，賦予聯準會為銀行的準備金支付利息的能力。這項權力原定於 2011 年 10 月生效，但是我們遊說成功，把生效日期提前至 2008 年 10 月。為準備金付息，等於是提供聯準會一種新的方法，為聯邦資金利率設定下限。我們認為，銀行之間的拆借利率，應該不會低於它們把準備金放在聯準會所賺取的利率。因此，藉由改變準備金的利率，我們應該也可以控制聯邦資金利率。長遠來看，為準備金付息將變成一種必要的工具，但從 2008 年末開始，如何避免聯邦資金利率下跌，很快就成了毫無意義的問題。

聯準會雖然可以和財政部及其他機構密切合作、控制恐慌，但在這種局勢迅速演變成前所未見的情況下，管理貨幣政策完全是聯準會的責任——這與聯準會的政策獨立性相符。如今回顧那段時期，我們最初低估了恐慌加劇對經濟的衝擊，部分原因在於，指引我們分析的預測模型並沒有充分考慮到信貸市場普遍崩解的可能性。[20] 在 2008 年 9 月的 FOMC 會議上（亦即雷曼破產隔天），聯準會的幕僚仍預計，當年的剩餘時間經濟將勉強維持一點成長。再加上我們當時把焦點放在援救 AIG，又無法確定最新事件對經濟的衝擊，所以那次會議我們並沒有下調目標利率。如今回頭來看，那顯然是個錯誤。但隨著幾週的過去，信貸市場持續惡化，顯然市場需要更多的寬鬆政策。

雖然我們最關心的是美國經濟的發展軌跡，但我們也密切注意全球的

事態發展。金融壓力最大的是美國與西歐。但由於這兩個地區在金融與經濟方面至關重要，這場危機的效應迅速蔓延到拉丁美洲與亞洲，包括日本與中國。我經常與世界各地的央行首長通電話，也在國際會議上與他們交談。2008年10月，為了向市場展示世界各國的央行正在合作，我主張聯準會、英國央行、歐洲央行（ECB）、其他的主要央行同時宣布聯合降息。那年夏季，由於油價大漲使通膨暫時升到歐洲央行的目標之上，所以歐洲央行不智地升息了。如果世界各國的央行可以聯合降息，也可以為歐洲央行逆轉那次升息的舉動提供掩護。我與英國央行的總裁莫文‧金恩（Mervyn King）和歐洲央行的總裁尚－克勞德‧特里謝（Jean-Claude Trichet）討論後，我們採取了這項史無前例的行動。

同時降息真正實施起來非常複雜。每個貨幣政策委員會各自位於不同的時區，有不同的開會時間，它們必須達成共識，還要避免消息走漏。最後，10月8日的上午七點，在紐約與華盛頓，聯準會、歐洲央行、英國央行、加拿大央行、瑞士央行、瑞典央行各自宣布降息50個基點。當時日本的利率已接近零，所以日本央行僅能表達強烈的支持。我們沒有與中國人民銀行商量，但它那天早上也降息了。

儘管聯合降息在流程方面進行得很順利，但事實證明，這招並不是特別有效。這項消息一宣布，市場馬上大幅上漲，但當天收盤是下跌的。或許市場參與者認為那項行動還不夠，又或者，他們從這個不尋常的舉動推斷，市場前景比他們擔心的還糟。我們從這次事件中記取了教訓：任何政策行動的背景與溝通，可能與行動本身一樣重要。

10月的降息使聯邦資金利率達到1.5%，但我們並沒有看到太多的證據顯示貨幣寬鬆政策對經濟有幫助。聯準會的經濟學家現在預測，經濟衰退將持續到2009年年中。事實證明，他們預測的時機很準，但聯準會的

幕僚及 FOMC 都沒意識到經濟低迷會有多嚴重。我們現在知道，美國經濟在 2008 年第四季以 8.5% 的年率急遽萎縮，在 2009 年第一季以較慢、但依然嚴重的 4.6% 年率萎縮。與此同時，通膨率迅速下降，反映了油價的大跌及消費者與企業需求的遽減。

在 10 月底的 FOMC 會議上（亦即聯合降息三週後），FOMC 一致投票決定，把聯邦資金利率再下調 50 個基點，變成 1%，與 2003 年的低點持平。跟 2003 年一樣，聯邦資金利率正朝著有效下限下降，這使我們幾乎無法再使用傳統的貨幣政策策略來對抗依然失控的危機。對於是否進一步下調聯邦資金利率，FOMC 仍意見分歧。有些參與者擔心，更低的利率可能會破壞穩定（例如增加貨幣市場基金的風險，因為它的報酬太低，可能導致「每單位淨值跌破 1 美元」，引發新一波的贖回潮）。但按兵不動也不可行，因為經濟受創日益嚴重，愈來愈多人失業及失去住房。隨著經濟前景變得更加黯淡，我們顯然需要發揮創意。

第6章
從 QE1 到 QE2

雷曼兄弟破產後，事態迅速發展，隨之而來的金融混亂導致經濟瀕臨崩解。聯準會透過各種貸款計劃與美元換匯協議，為金融體系挹注了大量的流動性。FOMC 繼續實施 2007 年開始的一連串降息。TARP 法案的通過啟動了程序，幫助搖搖墜墜的美國金融體系進行資本重組。然而，由於這次危機的規模很大，加上經濟已然受創，這時顯然需要更多的支援，才能恢復穩定及確保復甦。因此，2008 年年底開始，聯準會開始改用實驗性的貨幣政策新工具。

我擔任普林斯頓大學經濟系系主任期間，一直以一種審慎、追求共識的風格來領導該系，後來我也試著把那種方式帶進聯準會。但隨著市場陷入混亂，所有經濟指標都日益惡化，這種做法不再盛行，至少有一段時間是如此。2008 年 11 月 25 日，正值 FOMC 定期召開常會的空檔，聯準會在我的指示下，未經 FOMC 的正式批准，宣布了一項新工具：大規模購入較長期的證券，這裡的證券指的是政府擔保的房貸抵押擔保證券，或稱 MBS。在接下來的幾年裡，這個工具將以各種形式成為我們貨幣策略的核心。在聯準會內部，我們稱之 LSAPs，亦即「大規模資產購買」（large-scale asset purchases）的簡稱；其他人則稱之 QE，亦即「量化寬鬆」（quantitative easing）的簡稱。

這個新計劃的直接目標，是穩定迅速惡化的房市與房貸市場。在雷曼破產前的一週半，政府資助企業（GSE）房利美與房地美已由聯邦政府接管。投資這兩家公司證券的人（包括投資這兩家公司發行的數兆美元 MBS）長期以來一直認為，就算那些證券沒有任何正式的擔保，當這兩家公司陷入困境，美國政府還是會保護它們。隨著財政部接管這兩家公司，如今它們確實得到了政府的完全擔保——從隱性擔保變成顯性擔保。但這些 GSE 的惡化程度以及政府出乎意料的干預，震撼了許多購買 GSE 發行證券的傳統買家，尤其是外國政府。這些 GSE 證券的持有者不確定這兩家公司的未來，擔心他們的投資不如所想的那樣穩當。於是，他們在市場上拋售 GSE 發行的 MBS，導致那些證券的價格下跌，推高了它們的殖利率，新房貸的利率也隨之上升，恐怕將扼殺當時已經奄奄一息的房市。

我希望聯準會大規模收購 GSE 證券（我們承諾在未來幾季購買 5,000 億美元的 MBS 及 1,000 億美元 GSE 發行的其他債券），可以支持投資者對貸款的需求，為緊縮的市場增添流動性，並發出更強烈的訊號，彰顯政府有意保護 GSE 及整個房貸市場的承諾。如今，聯準會不止充當金融與非金融公司的最後貸款人，也充當 MBS 的**最後買家**，遠遠超越了巴治荷原則。

這個計劃後來達成了目標，協助平息了動盪的抵押貸款市場，並為「聯準會購買證券可寬鬆更廣泛的金融局勢」提供了早期的證據。儘管這個計劃宣布後，還要等一段時間才開始購買證券，但計劃的宣布本身就產生了強大的效應。在發布新聞稿的幾分鐘內，房利美與房地美的 MBS 殖

利率與較長期公債的殖利率之間的利差，就大幅下降了 0.65%。這個利差是個敏感指標，用來衡量投資者對 GSE 證券的風險觀感。12 月，30 年期房貸利率又下降了約 1%，可望讓搖搖欲墜的房市與 MBS 的散戶及機構投資者鬆一口氣。這個結果促使我在 12 月 1 日德州奧斯汀的演講中表示，FOMC 可以考慮更廣泛地運用「購買證券」這招，把它當作一種政策工具，包括購買公債。[1]

雖然宣布購買 MBS 的計劃產生了預期的效果，但也引發了一個重要的問題：這該由誰來決定？當初我以主席的身分批准了 GSE 證券的購買，而不是 FOMC 批准的。我曾在一連串的電話會議中與許多 FOMC 的成員討論過這個計劃，但沒有依照慣例做擴大的討論、追求共識並取得正式的批准。當時我認定那是緊急狀況，所以依循了 FOMC 的另一項規定：允許主席根據會議間際期間的經濟或金融發展情況，獨立下令購買證券，目的是為銀行體系增加準備金，以及調整聯邦資金利率。然而，即使那麼做符合法律條文，我獨自決定大規模購買抵押貸款證券，也超出了 FOMC 的規定所考慮的範圍。於是，我的決定反而開創了一種先例，未來也許就這麼成了美國貨幣政策的一個關鍵新面向。

後來我聽取了幾位準備銀行的總裁表達不滿，得知他們擔心的並不是購買計劃的本質（他們大多對此感到放心），甚至不是法律條文，而是流程與合理性。FOMC 評估政策選項時日益發現，隨著聯邦資金利率接近有效下限，其他措施（包括大規模購買證券）很可能成為貨幣政策不可或缺的一部分。果真如此的話，那麼 FOMC 身為貨幣政策的官方監督單位，應該有權掌控這些政策的施行。於是，我要求 FOMC 在購買任何房貸抵押擔保證券之前正式批准這項計劃。FOMC 確實在 2008 年 12 月的會議上批准了。在 2009 年 1 月的會議上，我提到，此後我將遵守這樣的原則：

對於某項行動是否屬於貨幣政策有任何疑慮時，我會與FOMC充分討論。

利率達有效下限時的貨幣政策

　　儘管GSE證券購買計劃出現了一點小插曲，但在2008年12月的會議上，我們都很清楚當下所處的情況。聯準會的幕僚上調了失業率預測，他們預計到2009年底，失業率將超過8%。這個數字看似悲觀，但事實證明，這個預測還是太樂觀了。他們分析了FOMC以往因應經濟衰退的方式，並據此推測FOMC的聯邦資金利率目標將很快降至零，並維持至2013年（亦即再維持五年）──由此可見，他們預期的經濟衰退有多嚴重。

　　所有人都認為，儘管聯邦資金利率現在已接近有效下限，限制了傳統降息的空間，但我們仍需提供更多的刺激。聯準會的幕僚為會議編寫／更新了21份與非標準政策選項有關的備忘錄。這些備忘錄大多都以2003年通縮恐慌時的聯準會內部研究為基礎，它們仔細檢討了各種替代策略的潛在成本與效益。會議結束時，FOMC達成了幾項共識：第一，把聯邦資金利率目標從1%下調至0%至0.25%的範圍。第二，FOMC支持我於11月宣布的GSE證券購買計劃之後，進一步表示，它隨時準備「在條件許可下」擴大購買的規模。第三，呼應12月1日我在德州奧斯汀的演講，FOMC表示它也在「評估購買較長期公債的潛在效益」，藉此強烈暗示未來的行動。最後，FOMC表示，它預計聯邦資金利率目前這個接近零的目標區間，將「持續一段時間」。

　　從經濟前景來看，把聯邦資金利率的目標下調至接近零的水準是合理的。但這也等於承認，我們的緊急放貸──藉由向系統挹注大量的銀行準備金──已經迫使聯邦資金利率接近零。我們曾預期，為銀行的準備金付

息，可以幫我們把聯邦資金利率維持在目標水準，但是到目前為止並沒有做到。原則上，銀行從準備金賺取利息的能力，理當為聯邦資金利率設定下限，因為沒有誘因促使它們以低於聯準會付息的水準向其他的銀行放貸。但是，至少在一開始，那個利率下限就證明漏洞百出，聯邦資金利率常降到遠低於準備金的利率。問題在於，聯準會為準備金付息的權力，把聯邦資金市場上為數不多的非銀行參與者排除在外，其中最重要的是政府資助企業，因此它們有動機以較低的利率借出額外的現金。*

因此，我們在12月下調目標利率，只是證實了我們在市場上已經看到的情況。同理，我們本來為聯邦資金利率設定了某個目標數字，後來改成設定目標區間，也是在承認我們很難密切掌控利率。對聯邦資金利率恢復更密切的控制，將是以後的任務。但在2008年底，經濟需要接近零的政策利率。

除了降息以外，2008年12月的會議上所採取的措施也預示著，當短期利率已經低到無法再低時，FOMC寬鬆政策的主要方法有兩種：前瞻性指引以及大規模的證券購買。

葛林斯潘時期的FOMC已經用過前瞻性的利率指引，而且整體上效果很好。當時為了因應2003年的通縮恐慌，聯準會宣布利率將維持在低檔「相當長的一段時間」，藉此塑造市場預期。其他的央行甚至做得更多。日本央行從1990年代中期以來就一直在對抗通縮，比其他的央行更早面對利率下限的問題，它開創了「零利率政策」（zero-interest-rate

---

* 原則上，銀行理當有動機為我們解決這個問題：以略低於聯邦資金利率的利率從政府資助企業借款，然後把取得的資金存入聯準會，以獲得準備金利率（設定在聯邦資金利率目標區間的上限），這樣就可以賺取利差。但是，在當時混亂的金融局勢下，銀行沒有興趣利用有限的資產負債表空間，來賺取這個活動所帶來的微薄報酬。

policy，簡稱 ZIRP）。具體來說，1999 年 4 月，日本央行承諾把短期利率維持在零，直到「通縮擔憂解除」為止。把前瞻性利率指引與經濟狀況連結在一起（以日本為例，是與通膨連結在一起），是聯準會後來採取的一項創新措施。*

　　2008 年末，我們還沒準備好做出零利率或接近零利率的長期承諾，但我們擔心，一些市場預測認為，未來幾季聯邦資金利率將會上升。在內部，FOMC 多數參與者的看法與聯準會幕僚的悲觀預測一致，他們認為利率可能在更長的時間內維持在很低的水準。我們同意在聲明中使用「持續一段時間」這樣的措辭，以期說服市場相信，我們不急著開始緊縮政策。

　　然而，12 月的會後聲明中，最重要的措辭，就是 FOMC 正式把大規模的證券購買視為一種政策工具。那將如何運作，那些購買將如何幫 FOMC 達成目標呢？

　　理論上，這個流程很直截了當。如果紐約準備銀行按照 FOMC 的命令，從交易商購買價值 10 億美元的公債，聯準會的資產就會增加 10 億美元。為了支付購買的證券，聯準會將貸記賣家的銀行帳戶，支付的款項最終會顯示為商業銀行存在聯準會的準備金。由於銀行準備金是聯準會的負債，聯準會資產負債表的負債部分也會增加 10 億美元，這將使聯準會的淨值維持不變，但資產負債表的兩側都增加 10 億美元。簡而言之，聯準會的計劃是從私營部門購買長期證券，並在商業銀行建立等額的準備金來支付這些交易。順道一提，雖然大家有時會把央行的資產購買稱為「印

---

* 　然而，2000 年 8 月，日本央行不顧通縮仍然存在以及先前的承諾，上調了政策利率。事後看來，大家普遍認為那是一項錯誤。日本經濟隨後又陷入衰退。或許更糟的是，由於它未能履行承諾，公信力因此受損，也損害了它未來使用前瞻性指引的能力。

鈔」，但這種購買其實對流通中的貨幣數量沒有直接影響。*

　　雖然這個機制很清楚，而且紐約聯邦準備銀行在公開市場買賣證券方面也有長期的經驗，但我們對於這些大規模購買將如何影響金融市場與經濟，依然意見分歧。一些 FOMC 的參與者認為，擴大銀行準備金是這些購買的主要好處，里奇蒙聯邦準備銀行的總裁傑夫・萊克（Jeff Lacker）就是這麼想的。銀行之間用來結算彼此債務的銀行準備金，被算在最狹義的一國貨幣供給指標中（亦即所謂的貨幣基數）。如果銀行選擇出借準備金，讓多餘的流動性進入貨幣流通，廣義的貨幣供給指標最終可能也會增加。這一派的 FOMC 參與者根據貨幣主義的思想（伏克爾也受貨幣主義的影響），認為貨幣供給擴張終將直接導致更高的產出與通膨。

　　事實上，貨幣主義派的觀點，有助於界定最近央行大規模購買資產的一個例子：日本。2001 年，在短期利率接近零、全國處於溫和通縮的情況下，日本央行開始購買多種金融資產，以期刺激經濟。而且，它主要在根據這樣做對銀行準備金的影響，來衡量及評估這個計劃的成效。由於它的重點是增加貨幣數量（包括銀行準備金），日本銀行把這項計劃稱為「量化寬鬆」——這個名稱後來被套用在其他央行的購買計劃上，包括聯準會的計劃。

　　然而，包括我在內的多數 FOMC 成員，都對日本這種以準備金為焦點的量化寬鬆抱持懷疑的態度。在 12 月的會議上，我曾說：「我覺得那樣做的效果很差。」[2] 這種以準備金為焦點的量化寬鬆若要發揮功效，銀行就得把大量的新準備金貸放出去，為那些有利可圖的專案及新的支出提供資金。但經濟不景氣時，放貸的風險很高，銀行幾乎沒有增加放貸的誘

---

* 　流通中的貨幣是由大眾的選擇決定的，而不是由聯準會的政策決定的。例如，當民眾從支存帳戶提款出來買聖誕禮物時，流通中的貨幣數量就會自動增加。

因，寧可把準備金存在聯準會。FOMC 的多數成員認為，單靠擴大準備金來刺激經濟，就像俗話說的「推繩子」一樣，使不上力。簡而言之，儘管購買證券會增加銀行準備金，但除非銀行把那些準備金拿去運用，否則準備金的增加並不會自動轉化為貸款與經濟活動的成長。因此，聯準會的證券購買計劃透過準備金這個管道所產生的效果可能微乎其微。[3]

這種邏輯並無法阻止一些外部人士的批評，他們警告，聯準會大規模購買資產所導致的銀行準備金大幅擴張，可能會引發惡性通膨、美元暴跌以及其他災難。這種批評源自一種極端形式的貨幣主義理論。該理論認為，貨幣存量與物價水準不僅像某些 FOMC 成員說的那樣息息相關，而且長遠來看，二者還會完全成比例變動。根據這種觀點，銀行準備金增加10 倍（比方說），最終必然會轉變成廣義的貨幣供給（例如包括支票帳戶與儲蓄存款）的類似增長，進而轉化為商品與服務價格的成長。由於量化寬鬆政策將使銀行準備金加倍增加，極端貨幣主義者預測，通膨將會失控。

貨幣主義的創始者傅利曼於 2006 年過世，享耆壽 94 歲；如果他還在世，應該會否認這些論點（事實上，他曾支持日本的量化寬鬆）。傅利曼曾在著作中提到，許多因素影響貨幣供給與物價之間的關係。他特別指出，當利率很低、貸款機會很少時，也許銀行乾脆握有大部分的多餘準備金，就可抵銷創造準備金對廣義貨幣供給及通膨的大部分影響。2009 年 1 月，我在倫敦經濟學院的演講中解釋了這個推理。[4] 我運用菲利浦曲線的邏輯指出，在一個充斥著失業勞工與閒置資本的經濟體中，如果沒有重大的供給衝擊，通膨壓力不太可能很大。其實我大可補充提到，自伏克爾就任聯準會主席以來的三十年，聯準會累積了很大的可信度，穩定了通膨預期，終結了通膨上升演變成 1970 年代那種薪資與物價急轉直上的趨勢。

但是，批評聯準會資產購買將引發惡性通膨或導致美元「貶值」的指責依然存在，尤其來自政治右派。然而，事實證明，量化寬鬆時期，通膨整體上是過低的、而非過高，正如 FOMC 多數成員及幕僚所預期的那樣。

如果聯準會的證券購買不會透過銀行準備金的增加來影響經濟，那我們要如何創造想要的刺激效果呢？ FOMC 多數人的看法是，有效下限限制了短期利率，但沒有限制較長期的利率，較長期利率在 2008 年底仍遠高於零。（10 年期公債的殖利率在 10 月底高達 4%，年底時仍約有 2.25%。）可以想像，購買長期公債可以壓低這些證券的殖利率，有助刺激經濟。當我們把這些較長期的公債從市場上買走時，退休基金、保險公司等特別偏好較長期公債的投資者將會搶著購買剩餘的供給，因此推高價格並壓低殖利率。就像我們購買大量的房貸抵押擔保證券可以降低抵押貸款的利率一樣，我們推論，購買及持有長期公債也可以壓低長期的公債利率。

我們的最終目標是影響私營部門的決策，他們的決策通常不是直接看美國公債的殖利率。但我們預期，美國公債市場的殖利率降低，將導致其他投資的殖利率也降低（例如房貸與商業抵押貸款、公司債的殖利率）。世人把美國公債殖利率當作其他市場殖利率的基準，而那些把較長期公債賣給聯準會的投資者，可能會把那些資金拿去買其他類型的較長期資產，從而壓低那些資產的殖利率。私營部門的長期利率降低，應該會刺激企業投資，也會刺激消費者買新車與住房。長期利率降低也會推高股票等其他金融資產的價格，削弱美元，更廣泛地寬鬆金融狀況。如果說一般貨幣政策的目的是改變短期利率，以間接影響較長期利率與其他資產的價格，那麼這種新方法的目標則是直接影響較長期利率（較長期利率尚未受到有效下限的限制）。從這個角度來看，這種貨幣政策的替代方法其實不是那麼

激進的改變。

由於日本央行把它那套以準備金為焦點的資產購買計劃稱為「量化寬鬆」（QE），我把聯準會的做法稱為「信用寬鬆」（credit easing），以區別我們的做法。這個用語反映了我們強調降低家庭與企業支付的較長期利率。但是，信用寬鬆一詞就像聯準會內部所用的 LSAPs 那樣，始終沒有在外界流行開來，大家還是稱之量化寬鬆。

整體上，我們對日本的做法抱持著懷疑的態度，但日本的量化寬鬆計劃還是有一個面向特別具啟發性。2004 年，我與兩位聯準會的經濟學家文森‧萊因哈特（Vincent Reinhart）與布萊恩‧薩克（Brian Sack）在合撰的論文中寫過這點，聯準會的幕僚簡報也曾提過：2001 年，日本央行開始實施量化寬鬆後，似乎讓市場更加相信，日本央行將在很長一段時間內把短期政策利率維持在零。[5] 換句話說，採用量化寬鬆這種比較新奇又戲劇性的措施，是日本央行發出更廣泛政策意圖的**訊號**。藉由傳達政策制定者維持政策寬鬆的承諾，日本的量化寬鬆似乎真的變成一種前瞻性指引，至少在一段時間內是如此。遺憾的是，日本央行的官員有時會自打嘴巴，自己懷疑量化寬鬆的效果，或暗示量化寬鬆和其他特別措施的實施會盡量縮短。這帶給了我們的一個啟示：央行如何討論新的政策工具非常重要。

關於量化寬鬆如何運作，我們可以提出一套支持的理論，但還有很多事情是我們不知道的。我們其實不知道我們需要購買多大規模的債券，才能讓長期利率下降某個幅度。聯準會的幕僚估計，購買 500 億美元的公債（略低於當時大眾持有公債的 1%），將使較長期利率降低 0.02% 至 0.10%。這種大範圍的估計值主要來自研究（包括我與萊因哈特及薩克合撰的論文），這些研究觀察當財政部改變不同期限公債的相對供給時，公債利率會如何變化。一個引人注目的例子是：2001 年 10 月，財政部宣布

將停止發行 30 年期公債後，既有的 30 年期公債的殖利率下降，因為投資者搶著購買突然減少的供給。

那次經驗與其他類似的經驗顯示，我們的基本方法是合理的，但它的威力有多大，卻很難準確衡量。我們的購買規模將超過財政部平常所做的發行變化，而且又發生在動盪很大的市場中，那可能會對大家示意我們未來的意圖。後來，我們的主要結論是，為了對金融狀況與經濟產生明顯的影響，我們的購買量必須很大。同樣重要的是，財政部不能趁利率較低，增加發行新的長期債券，因為那樣將會抵銷我們購買長期公債的效果。（財政部長蓋特納後來向我保證，財政部將按照此前宣布的發行計劃行事，後來確實如此。）

我們不僅不確定購買的效果，也不確定可能產生的副作用。聯準會的購買會不會排擠私人買家，從而損害、而不是幫助美國公債及房貸抵押擔保證券市場的運轉？（為了避免這種情況，我們限制了每種債券的購買比例。）暴增的流動性（反映在銀行準備金的擴充）會不會導致金融穩定面臨新的風險？聯準會這樣擴張資產負債表好幾倍以後，萬一利率意外上升，導致那些購入證券的價值低於當初支付的價格，聯準會會因此面臨資本損失嗎？時機成熟時，我們要如何停止購買證券，回到更正常的貨幣程序？我們將在接下來的 FOMC 會議上詳細討論這些問題以及許多相關議題。不過，FOMC 的多數成員並不擔心大規模的證券購買會引發過度的通膨或使美元大貶。反之，我們主要擔心那些購買只產生輕微的效果，不足以抵銷那些排山倒海而來、衝擊美國與全球經濟的壞消息。

QE1 順利施行

歐巴馬於 2009 年 1 月就職，那天華盛頓天寒地凍，我與妻子一同參加了就職典禮。在聯準會，我們繼續與布希總統、財政部長鮑爾森以及他們的團隊在任期最後幾週合作，歐巴馬則是明智地留在幕後。但我們無法借助蓋特納的長才與經驗來應對嚴峻的挑戰，例如拯救花旗銀行與美國銀行等任務。歐巴馬宣布，他將提名蓋特納為財政部長後，蓋特納不得不回避他在紐約聯邦準備銀行的職責。

蓋特納接任財政部長後，也接手管理 TARP 的紓困基金。那些資金在鮑爾森任內已經開始利用，為搖搖欲墜的美國銀行體系進行資本重組。（眾所皆知，鮑爾森在 2008 年的哥倫布日〔注：10 月的第二個星期一〕把九家大型銀行的執行長召集到他的會議室，讓他們同意接受政府總計1,250 億美元的注資。）蓋特納接續鮑爾森的工作，並與聯準會合作，設計了一項重要的創新：由聯準會與其他的銀行監管機構對十九家最大的銀行進行全面的**壓力測試**。從此以後，壓力測試成為美國與海外例常銀行監管的核心。壓力測試的目的是為了估計受測銀行需要多少資本，才能挺過假想的衰退（比美國正在經歷的衰退還要嚴重的情況）以及金融市場的顯著惡化。根據蓋特納的計劃，資本不足以承受最糟的假設情境並繼續放貸的銀行，將有六個月的時間在私人市場上籌集資金。萬一它們無法籌到足夠的資金，就必須以嚴苛的條件接受 TARP 資金。無論結果如何，我們希望壓力測試能證明這些銀行得以存續，並恢復大家對它們的信心。

新政府也迅速制定了支援家庭與企業的財政方案。2009 年 2 月 17 日，歐巴馬上任不到一個月，就簽署了《2009 年美國復甦與再投資法》（*American Recovery and Reinvestment Act of 2009*）。這項 7,870 億美元的計

劃包括減稅（尤其是暫時降低社會保障薪資稅），以及對州政府與地方政府的援助。其餘則分散在聯邦支出計劃中，包括延長失業救濟金與基礎設施投資。後續幾年的其他財政措施也補充了最初的計劃，例如延長薪資稅減免與失業救濟金。[6]

那些銀行與財政措施雖然看似很有前景，但在 2009 年 3 月 18 日 FOMC 開會時，這些措施是否能夠成功，還無法確定。當時距離銀行壓力測試的完成還有兩個月的時間，我們擔心結果看起來要不是過於樂觀、令人難以相信，就是正好相反，顯現它們虧損太大，無法以 TARP 的剩餘資金填補。此外，聯準會裡也有人懷疑，相對於問題的規模，政府的財政計劃是否夠大，實施的速度是否夠快。

因此，FOMC 開會時，危機的轉捩點仍難以捉摸。經濟連續兩季迅速萎縮，失業率超過 8%，而且還在上升，銀行體系的穩定性依然令人非常懷疑，股市在過去 18 個月裡腰斬，跌了一半。據報導，2 月的就業人數減少了 65 萬 1,000 人（後來修正為減少 74 萬 3,000 人）。至於國外的情況，無論是先進國家還是新興國家，都在迅速惡化。

聯準會內部的經濟學家把失業率高峰的預測上調至 9.5%（這個數字比較接近、但仍低於實際的高峰 10%），他們預測，那麼多人失業，核心通膨率將降至接近零的水準。他們估計，在沒有利率下限的假設世界裡，FOMC 必須把聯邦資金利率降至**負** 6.5% 才能重振經濟。[7] 當然，現實世界中，下限確實存在，因此必須以別的方法找到顯著的額外刺激。

3 月那次會議的討論，是我當央行首長任內聽過最慘澹的討論。準備銀行的總裁依序報告轄區的實例，以及他們與轄區內的聯絡人交流的內容。那些內容傳達出一種愈來愈強烈又普遍的恐懼。達拉斯聯邦準備銀行總裁理查・費雪（Richard Fisher）提到，一位連絡人問他想不想聽一些好

消息。費雪說好，那人說：「那你打給別人吧。」那是會議上少數幾次引發笑聲的內容。[8] 芝加哥聯邦準備銀行總裁查理·艾文斯（Charlie Evans）一語道盡了當時 FOMC 的想法：「我覺得我們得做點大事，這很重要。」[9]

FOMC 的多數參與者支持大幅擴大證券購買的規模。這個行動曾被視為激進之舉，但事到如今，更多的證據顯示這些購買可能奏效。一份幕僚備忘錄研究了市場對最近幾起事件的反應，包括 11 月宣布購買抵押貸款證券的計劃、我在 12 月 1 日的演講（我說聯準會將考慮購買美國公債）、FOMC 的 12 月會後聲明（確認了購買美國公債的可能性）、1 月的會後聲明（那份聲明令市場失望，因為沒有宣布新的購買計劃）。那些事件發生時，利率的走勢與規模都變了，因為市場參與者會重新評估新購的可能性與規模。從那些分析可以看出，大型購買計劃可能將大幅降低長期殖利率，從而提振經濟。

這時我們也多了一個新的國際範例作為參考。3 月 5 日，英國央行把政策利率下調至 0.5%，並宣布它將在未來三個月內購買 750 億英鎊（主要是）較長期的英國政府公債（gilts），這個金額約占大眾持有政府公債的 10%。它也承諾將購買較少量的私營部門債務，包括公司債與商業本票。在接下來的兩天裡，10 年期英國公債的殖利率下降了 50 個基點以上，其他債券的殖利率也隨著公債殖利率下降。翌年，英國央行把購買計劃延長了三次。

聯準會的幕僚提出替代的政策選項讓 FOMC 考慮，其中一個選項把焦點放在購買房貸抵押擔保證券，另一個則是購買較長期的公債。FOMC 最後決定兩者都買。除了原先承諾購買 5,000 億美元的房貸抵押擔保證券以外，我們又追加了 7,500 億美元的購買計劃，並把購買 GSE 發行債券的承諾從 1,000 億美元提高至 2,000 億美元，這使我們購買計劃的 GSE 證券

總額達到 1 兆 4,500 億美元。此外，我們也首次表示，未來六個月內，我們會購買最多 3,000 億美元的公債，這把購買資產的承諾總額提高到 1 兆 7,500 億美元。所以，在單次會議上，我們決定把聯準會的資產負債表規模擴大將近一倍。

此外，我們也加強了前瞻性指引。我們說，我們認為聯邦資金利率將處於「極低水準」「很長一段時間」，而不再只是「持續一段時間」。我們也宣布「定期資產擔保證券貸款機制」，目的是改善由家庭與企業貸款擔保的證券市場。在那個階段，我們其實不確定新工具將如何運作，但至少我們覺得，我們正竭力解決問題——誠如會後聲明所述，FOMC 準備使用「所有可用的工具」。那次的 FOMC 投票是一致通過。而且，令人鼓舞的是，市場效應很大。當天 10 年期美國公債殖利率下降了大約 50 個基點，與英國的效應相似。看來購買證券可能還是有效，但這時還言之過早。

接下來的幾個月，情況略有好轉。股市在 3 月觸底，漫長的牛市就此開始。從 3 月的會議到年底，道瓊工業指數的漲幅超過 40%。

我們的量化寬鬆計劃顯示，聯準會並非彈盡援絕。但是，計劃宣布後，長期殖利率一開始先下跌，之後才開始上升。懷疑者說，這表示購買的影響只是暫時的，甚至有適得其反的效果。但誠如 6 月我在電話會議中告訴 FOMC 的，殖利率提高通常會伴隨著較高的股價，信貸市場的狀況也會變好。殖利率之所以變高，比較有可能是在反映世人對全球經濟成長的樂觀情緒增強、通膨預期略有上升，大家把美國公債當作避風港的需求減少了。另一個好跡象是，隨著私營部門的信貸變得更容易獲得，大家對聯準會緊急貸款的需求也減少了。最重要的是，我們在經濟資料中看到了初步的改善跡象，或至少是穩定的跡象。在 4 月的 FOMC 會議上，我們談到市場與經濟的「復甦跡象」（注：green shoots，直譯為綠芽），裡面

提到許多與園藝有關的類比。理事會的國際金融部主任納森·席茲（Nathan Sheets）說：「在復甦跡象（綠芽）方面，我們的預測比較像是一棵小盆栽或一片脆弱的蘆筍園，而不是一棵枝繁葉茂的大樹。」[10]但在接下來的幾個月裡，至少會出現更多的復甦跡象。

銀行壓力測試的結果於 5 月公布，也有助恢復信心。[11]聯邦準備理事會與其他銀行監管機構決定公開詳細的結果，但財政部、甚至聯準會的一些監管人員有些不願。由於公開銀行內部資料是史無前例的做法，他們擔心資料公開後，未來他們會更難分享機密資訊。但我們希望，完全透明化將使市場更相信結果。這其實是一場賭注，因為披露意想不到的缺點可能會進一步侵蝕信心，甚至可能對銀行的短期融資造成新的壓力。幸好，這次賭對了。外部分析師一致認為，壓力測試既嚴格又可信，結果與獨立評估相符。由於經濟與金融狀況有所改善，大型銀行的估計資本需求顯然仍在可控的範圍內，必要時可由 TARP 的剩餘資金支付。事實證明，多數銀行都能在沒有政府的援助下，從私人市場籌集額外的資本。壓力測試的結果顯示，只有一家公司需要 TARP 資金：通用汽車金融服務公司（GMAC）。隨著世人對大規模破產或政府接管的擔憂減輕，銀行體系看來正在轉危為安。2009 年，主要銀行的股價大幅上漲，放款開始復甦。

政府的減稅與開支增加也開始發揮效力。誠如一些經濟學家，包括聯準會的許多人及歐巴馬的經濟顧問委員會（CEA）主席克莉絲蒂娜·羅默所擔心的，政府刺激計劃的規模小於經濟所需。法案通過時，大家還沒充分意識到經濟低迷有多嚴重，國會以赤字擔憂為由，拒絕通過更大的計劃。另一個問題是，幾乎所有的州和地方政府都要遵守平衡預算的規定，經濟衰退使它們的預算面臨嚴重的壓力，因此它們提高了稅收，削減了開支。州與地方政府祭出這種緊縮政策時，表示整體而言，財政刺激的力度

將不如預期。儘管如此，新的貨幣政策、壓力測試的成功，以及聯邦財政計劃結合起來，穩住了搖搖欲墜的金融市場，重新啟動了經濟成長。美國國家經濟研究局最終宣布，2009 年 6 月為經濟衰退的終點。失業率依然居高不下，產出也遠低於潛在水準，但至少經濟再度成長了。

與此同時，隨著金融情況好轉，聯準會緊急貸款計劃的使用減少，只剩涓涓細流，於是我們開始逐步取消這些計劃。緊急貸款的償還，代表聯準會資產負債表上的資產，現在是以我們持有的美國公債與 GSE 證券為主，我們繼續按承諾的時間表買入這些證券，並於 2010 年 3 月結束 QE1 的購買。

2009 年 3 月後的貨幣政策：平靜期

我們於 2008 年 11 月及 2009 年 3 月戲劇性地宣布了後來所謂的 QE1 政策後，便開始履行承諾的購買計劃，把聯邦資金利率維持在 0% 至 0.25% 的範圍內，並繼續預測聯邦資金利率將處於「極低」水準「很長一段時間」。不過，隨著新的財政措施出爐、市場變得更平靜，加上證據顯示銀行體系已走出困境，我們在接下來的一年半並沒有採取新的貨幣措施。FOMC 陷入進退兩難的情境：一方面，經濟已有足夠的改善，似乎沒必要再採取激進（又有爭議）的新政策措施，至少目前看來是如此。但另一方面，經濟前景依然疲弱，因此這時要收回已執行的措施，亦不可行。

當時，大家普遍的共識是先觀望等待，但這個共識中仍有一些意見分歧。FOMC 的一些成員偏鷹派，他們擔心較長期的通膨風險，也擔心新政策的潛在副作用，因此比較想發出未來會緊縮政策的訊號。但另一些成員偏鴿派，他們比較關注高失業率，擔心經濟復甦遇到阻力，因此比較希望

維持寬鬆政策，或者讓政策更加寬鬆。

內部的辯論拖了很久。FOMC 的鷹派人士——以費城準備銀行總裁查爾斯‧普洛瑟（Charles Plosser）、里奇蒙準備銀行總裁傑夫‧萊克、堪薩斯城準備銀行總裁湯馬斯‧霍尼格（Thomas Hoenig）、達拉斯準備銀行總裁理查‧費雪為代表——特別指出，自危機低谷以來，經濟與金融狀況已經有所改善。2009 年 9 月的會議上，聯準會的幕僚大幅上調了對 GDP成長的預測，預計 2009 年下半年的成長率為 2.75%，2010 年的成長率為3.5%。期貨市場交易員也預期，2010 年底，聯邦資金利率將達到 2%，這表示他們認為，過不久就會出現需要緊縮政策的情況。幾位鷹派人士問道，何時可以縮短或消除前瞻性指引中的「很長一段時間」。

FOMC 的鴿派人士——以舊金山聯邦準備銀行總裁珍妮‧葉倫、波士頓聯邦準備銀行總裁艾瑞克‧羅森格倫（Eric Rosengren）、芝加哥聯邦準備銀行總裁艾文斯、理事會成員丹尼爾‧塔魯羅（Daniel Tarullo）等人為代表——則承認經濟已有所改善，但強調經濟依然陷在深淵，失業率（包括愈來愈多的長期失業）預期將維持在異常高的水準。前述那份預測 2010年經濟成長將高於趨勢的內部報告也預測，到當年第四季，失業率只會下降到 9.6%。

鴿派也主張，那份內部報告雖然預測復甦速度太慢，無法讓許多失業人口重返工作崗位，但那也有可能過於樂觀。他們指出，那些預測以過去的經濟復甦為基礎，並不包括這次經歷的金融危機規模。這場危機可能對經濟行為產生揮之不去的影響，進一步拖累經濟成長，包括銀行收緊信貸標準，家庭增加儲蓄以期重建失去的財富及防範新的衝擊。一本頗具影響力的書也支持這種比較悲觀的觀點，由卡門‧萊茵哈特（Carmen Reinhart）與肯尼斯‧羅格夫（Kenneth Rogoff）合著，出版的時機也恰到

好處（注：《這次不一樣》〔*This Time Is Different:Eight Centuries of Financial Folly*〕，大牌出版）。[12] 該書主張，根據歷史案例的研究，金融危機之後的經濟衰退（尤其是與房價暴跌有關的危機）比其他衰退更為嚴重，復甦的速度也更緩慢。

雖然鴿派主張維持寬鬆政策，但在 2009 年或 2010 年初，他們大致上並沒有大力推動新的證券購買或其他新措施。包括我在內的 FOMC 多數成員，對於上述兩種立場依然左右為難。許多問題我們都沒有明確的答案。量化寬鬆之所以有效，主要是因為它幫忙穩定了動盪不安的金融狀況嗎？果真如此的話，既然現在金融狀況變得比較正常、長期利率也已經很低了，購買證券依然有用嗎？此外，由於經濟復甦遇到強勁的阻力（例如信貸緊縮、危機前的蓬勃房市留下供過於求的房子），適度的較低利率對於刺激新的經濟活動與就業會有很大的幫助嗎？

我們不僅無法確定購買新債的效益，也無法確定購買新債的風險。雖然 FOMC 多數人認為，銀行準備金的大幅增加不會引發嚴重的通膨，但其他人（例如媒體、國會、市場）認為那是有可能的。就算通膨擔憂是杞人憂天，積極的貨幣政策鼓舞人心的好處，是否會被這份擔憂抵銷了呢？這種可能性可不是純粹的假設。2009 年，聯準會的幕僚在多次會議上提到，金融市場中有擔心通膨的跡象，包括更多的資金流入那些投資抗通膨證券的共同基金、金價上漲、美元貶值。不斷上升的聯邦預算赤字，似乎也加劇了眾人對通膨的擔憂。市場通膨指標中，沒有一項達到令人不安的水準，有些指標在當年稍晚的時候還逆轉了，但 FOMC 的鷹派人士認為，購買新債會導致信心下滑，這個缺點將大於購買新債的效益。其他人則是提到金融穩定面臨的風險。由於 FOMC 內部普遍對於經濟前景與政策工具感到不確定，即使成員之間有明顯的理念分歧，但大夥兒還是毫無異議

同意，從2009年3月到年底，大致上維持政策不變，只適度微調購買時機。

身為主席，我從旁促成了這樣的共識。我跟 FOMC 的鴿派一樣，不滿意經濟改善的幅度，特別擔心就業市場復甦緩慢，以及那給許多人帶來的困難。我以前針對經濟大蕭條所做的學術研究，凸顯出銀行倒閉造成的傷害。根據那份研究，我認同鴿派的觀點，也就是說，我也認為信貸市場的混亂可能會產生持久的經濟影響。但我也表示，我不確定額外購買證券的效果，也擔心任何副作用可能會超越不確定的效益。因此，我同意先等待。

由於現在我們已經知道資產購買的效益與風險，如今看來，當時的我太膽小了。事實證明，復甦相當緩慢，一直低於我們的預期。其中一些疲軟反映了貨幣政策大多無法掌控的因素，包括危機後那幾年生產力出奇的低迷，以及 2009 年 2 月通過最初的財政計劃以後，政府改採擴張性較低的財政政策。此刻回頭來看，我們原本可以購買更多證券來進一步降低長期利率，在經濟復甦的早期提供更多的幫助。我們的前瞻性指引原本也可以更有力地反駁當時市場的看法（當時市場認為約一年內會開始升息）。

然而，我沒有在 QE1 接近尾聲時，敦促 FOMC 實施新的措施。面對FOMC 成員之間愈來愈大的分歧，我只有努力確保我們保有行動的靈活性。尤其，我想確定，萬一經濟復甦乏力，我們還可以保留增加證券購買這個選項。我也避免發出任何公開訊號，以免外界以為我們打算在短期內緊縮貨幣政策。有點矛盾的是，我試圖維持購買新證券這個選項，但我採用的方法之一，是要求幕僚與FOMC為將來這些新政策的退場做好計劃。

我當然不認為新政策不久後就要退場，多數同仁也不這麼想。但我們啟動大規模證券購買的時候，對於時機成熟時該如何逆轉這些措施只有粗略的想法。為將來的計劃退場預先做好準備，是比較謹慎的做法。事實上，國會議員、市場參與者、媒體和其他人都要我們解釋，我們將來會如

何扭轉這些不尋常的政策。不過,最重要的是,我知道,如果真的有必要再購買更多證券的話,讓 FOMC 的成員對退場計劃有信心,他們更有可能批准額外的購買。

我們知道,最終的退場計劃勢必會帶來挑戰。在某個時間點,緊縮貨幣政策會包括把聯邦資金利率從接近零的水準往上調。但假設聯準會的資產負債表規模依然龐大、銀行體系仍充斥著準備金,那麼使用危機爆發前的升息方法(適度在公開市場上出售證券,以減少準備金數量)就不會奏效。聯準會為銀行準備金付息的權力,似乎可以在比較正常的金融狀況下,為聯邦資金利率設定下限;雖然雷曼倒閉後,這種做法並未發揮那麼大的作用。但在 2009 年與 2010 年初,我們也考慮了升息的其他選擇。其中一種可能是,以創造銀行準備金以外的方式,為購買證券提供部分的資金——這也是後來落實的做法。我們可以從銀行以外的機構投資者(例如貨幣市場共同基金)借入短期資金,來做到這點。這種操作就是所謂的「附賣回交易」(reverse repo)。向非銀行投資者借款,來支應我們持有的部分資產,可以減少銀行準備金的必然累積,讓我們在時機成熟時更容易提高聯邦資金利率。

當然,緊縮政策的一個明顯可行做法是逆轉量化寬鬆,也就是出售我們買來的證券,減少銀行準備金。如果準備金降到歷來比較正常的水準,那就可以回歸危機前的標準做法:以管理銀行準備金的供給來提高聯邦資金利率。然而,包括我在內的多數人都認為這種方式不妥。如果過往的經驗值得參考,最終貨幣政策的緊縮必須比之前的寬鬆更循序漸進、更精確規劃(大家可以想想 2004 年開始的連續多次升息一碼,相較於 2001 年的大幅降息)。我們不確定我們能否藉由出售證券來精確管理政策刺激的結束;也無法預測要是我們宣布出售證券,市場會有什麼反應。

因此，FOMC 的多數成員都同意先延遲證券出售。我們的退場計劃是，先停止新的購買，並採取其他措施減少銀行準備金（這裡指的其他措施不包括出售證券，但包括證券到期時，不更換資產負債表上的證券）。接著，我們會開始提高聯邦資金利率——方法是為超額準備金付息及利用其他工具（例如附賣回交易）。一旦聯邦資金利率明顯大於零，我們就會循序漸進，解除剩餘的量化寬鬆購買，只有必要時才出售證券。[13]

2009 年 8 月，歐巴馬總統告訴我，他將再次任命我擔任聯準會主席，任期四年，從 2010 年 2 月開始。參議院以七十比三十的投票結果通過我的任命，與第一次任命的全數贊成相差甚遠。多數的反對票源自兩個原因：共和黨反對聯準會的激進貨幣政策，兩黨都不喜歡金融危機期間的紓困計劃。歐巴馬總統始終都很支持聯準會及其獨立性。然而，聯準會與國會的關係經常不穩，而且一直相當棘手。

前景的改變

2009 年底與 2010 年初，儘管勞力市場延續既定的失業型復甦模式，持續落後，但經濟復甦出現更多加速的跡象。通膨率低於我們樂見的水準，但是通膨太低或太高的擔憂開始消散了（不過，聯準會外部的批評人士仍持續談論通膨風險）。QE1 一如原訂計劃，逐漸減緩購買，並於 2010年 3 月結束——不過，隨著我們持有的證券持續減少市面上較長期證券的淨供給，我們預期擴大的聯準會資產負債表（當時約為 2 兆 3,000 億美元）將繼續壓低較長期利率，支持經濟成長。由於經濟出現初步好轉的跡象，FOMC 的鷹派人士開始更常談論如何讓市場為退場計劃做好準備。2010年 1 月，堪薩斯城聯邦準備銀行總裁霍尼格提出異議，他認為「很長一段

時間」這個措辭不再恰當。但我比較希望維持政策不變,並追蹤復甦的狀況。

然而,經歷這段比較平靜的時期後,2010 年夏季出現了新的金融波動,主要來自西歐。歐洲的主權債務危機是 2007–2009 年危機的餘震,不僅威脅到歐洲緩慢的復甦,也威脅到美國與全球的復甦。

1999 年,為了推動更重大的政治與經濟整合,歐盟二十八國中的十一國(包括德國、法國、西班牙、義大利,但重要的是,不包括英國)同意採用由新成立的歐洲央行所管理的共同貨幣:歐元。隨著德國馬克、法國法郎、西班牙比塞塔、義大利里拉等國家貨幣的消失,歐元成員國的央行再也不能實施獨立的貨幣政策。它們成為歐元體系的一部分,扮演類似聯準會地區性準備銀行的角色。*採用歐元,連同那些促進資本、商品、勞力自由流動的規則,旨在歐洲創造一個龐大的新自由貿易區,規模媲美美國。有了單一貨幣,跨國做生意變得更容易。對義大利或希臘等曾經通膨太高及貨幣貶值的國家而言,新貨幣還有一個額外的潛在效益:馬上就創造出反通膨的公信力——只要歐洲央行如設計者所期望的那樣,確實致力維持低通膨就好(歐洲央行是效仿德國央行德國聯邦銀行設計的)。此外,除了經濟效益,歐元也可望促進歐洲大陸上的政治合作(畢竟歐洲大陸在上個世紀曾是兩次毀滅性世界大戰的中心)。

然而,2010 年,歐元區仍是一個建設中的計劃,全球金融危機將歐元的脆弱性暴露了出來。[14] 首先,在單一貨幣的框架下,歐元區只能有單一、共同的貨幣政策。當不同國家需要不同程度的貨幣寬鬆或緊縮時,就

---

* 例如,國家央行的總裁,就像美國準備銀行的總裁,負責追蹤各國在地的情況,並加入為歐元區制定貨幣政策的委員會。歐洲各國央行也像美國地區性的準備銀行一樣,保留了一些銀行監管職責。

會產生問題。第二，儘管採用歐元統一了貨幣政策，但財政政策並未統一。每個國家仍保有對自己國家政府預算的控制權。在沒有共同的預算的情況下，歐元區任何集體的財政行動都需要成員國做既複雜又充滿政治色彩的協商。每個成員國都擔心，自己國家的納稅人最終得為其他國家的錯誤或揮霍無度買單。第三，歐洲的銀行體系與銀行監管並沒有整合。他們沒有類似美國聯邦存款保險公司的跨歐元區存款保險制度，也沒有集中的政策與資源來處理陷入困境的銀行──那些銀行仍是國家的責任。這種缺乏協調的情況加劇了歐洲危機，並使因應危機的努力變得更加複雜。

2007–2009 年的危機對歐洲衝擊很大，部分原因在於許多歐洲金融機構跟美國同業一樣，大舉買入相同的問題證券。許多國家有嚴重的銀行問題，因此衍生的產出與就業損失跟美國相當。此外，歐洲的貨幣與財政對策效果也不如美國或英國，這大多得歸咎於德國與那些志同道合的北歐國家所奉行的相對保守原則。或許是因為對 1920 年代可怕的惡性通膨記憶猶新，德國人比較偏好緊縮的政府預算，反對量化寬鬆，他們認為，量化寬鬆是央行為政府提供不當融資。由於擔心大量購買公債會受到法律與政治阻礙，歐洲央行一直拖到 2015 年才啟動美國式的量化寬鬆計劃。各國政府的干預避免了大型金融公司的失控倒閉（歐洲沒有發生類似雷曼兄弟倒閉的事件），但幾家大公司不得不改由政府臨時接管，例如荷蘭銀行（ABN Amro）、德國商業銀行（Commerzbank）以及瑞銀（UBS）。重要的是，缺乏整合的財政與銀行政策──某些情況下，也缺乏政治意願──導致歐元區無法像美國那樣對受損的銀行體系做資本重組，銀行體系變得更加脆弱，容易受到隨後任何危機的影響，放貸能力也變差了。

更糟的是，全球危機爆發之前的那幾年，幾個歐元區國家放任私有及公共債務成長。當全球經濟衰退衝擊歐洲經濟與銀行體系時，那些債務的

規模已經大到無法持續下去的地步。2009年10月，希臘的新任總理喬治·巴本德里歐（George Papandreou）發表了一項令人震驚的聲明，該聲明指出，希臘政府的預算赤字接近國民產出的13%，遠比歐元區成員國可達到的3%上限還高。投資者第一次意識到希臘公債可能違約，甚至希臘可能放棄歐元。萬一希臘違約，投資者會對葡萄牙、西班牙、義大利、愛爾蘭等負債累累的其他國家失去信心嗎？萬一公共與私營部門的違約暴增，歐洲銀行體系會發生什麼狀況？那簡直是一場攸關歐元生死存續的危機。

歐洲領導人還在討論該怎麼因應的時候，歐元區沒有單一財政當局的後果變得顯而易見。援助希臘及其他潛在落難國家的紓困計劃，不僅得夠強大、得以平息市場的擔憂，也必須讓世人覺得，那是由歐盟成員國公平分擔的，否則選民會造反。由法國前財長、未來的歐洲央行總裁克莉絲蒂娜·拉加德（Christine Lagarde）所領導的IMF也參與討論。討論拖沓了好幾個月。2010年5月2日，它們終於宣布對希臘的援助計劃。但世人普遍認為那樣還不夠，於是市場波動加劇，其他陷入困境的歐洲國家的債務利率也是如此。雷曼兄弟破產引發全球恐慌才過一年半，全球金融體系的穩定性再度受到質疑。整個國家違約所造成的影響是否壓得住？當投資者對一個接一個國家失去信心，任性的歐洲人有辦法對一連串的危機做出一致的因應嗎？歐洲才剛安然度過一場金融危機，現在又陷入了另一場危機。

至少在一開始，第二波歐洲危機似乎對美國影響不大。2009年第四季的表現強勁，美國經濟在2010年上半年繼續以FOMC所說的溫和步調復甦。私人支出（家庭消費與企業投資）正在回升。失業率過高，仍接近10%；通膨過低。但2010年初，聯準會的幕僚與FOMC的參與者都持續預測，失業率與通膨將朝著正確的方向邁進。聯準會繼續結束緊急貸款計劃，貨幣政策維持不變，聯邦資金利率的目標仍接近零，但沒有新的購買

證券計劃。

然而，到了 2010 年的夏季，歐洲人仍然未能解決債務危機，風暴開始波及美國市場及商業信心。6 月，FOMC 會議上的一份備忘錄警告，歐洲的金融衝擊可能把美國推入新的衰退。[15] 2010 年 8 月，FOMC 內部注意到就業與生產減緩，因此大幅調降成長預測，也調升失業率預測。此外，我們從剛修訂的資料中得知，衰退的程度比最初估計的還要嚴重，復甦的力道也比最初估計的還要微弱，這對我們來說是一次經驗教訓。由此可見，以不完整的初步資料來制定政策有多困難。隨著前景惡化及下檔風險增加，聯準會的平靜期也即將告一個段落。

新對策：QE2

隨著我們對復甦的前景愈來愈擔憂，FOMC 採取了一項技術性的行動，也是個重要的政策訊號。2010 年 8 月，FOMC 宣布，我們將購買新證券來取代資產負債表上到期（已償還）的證券，以避免任何淨減持，藉此避開任何被動的政策緊縮。我們希望透過這個措施，來凸顯出我們持續刺激經濟的承諾。

不久之後，我發出另一個更為直截了當的訊號。8 月底，在懷俄明州傑克森霍爾舉行的聯準會年會上，我談到「勞力市場極其緩慢的復甦」，並表示，FOMC「準備在必要時，以非常規的措施（亦即量化寬鬆和前瞻性指引），提供額外的貨幣寬鬆」。[16] 2010 年 9 月 FOMC 的會後聲明也呼應了我的措辭，提到它「準備在必要時提供額外的寬鬆政策」。在聯準會的用語中，「準備好」一詞暗示著即將採取行動，除非前景在短期內出現重大的改善。在內部，我一直努力爭取眾人對新證券購買的支持，並相信

FOMC 會支持這些計劃。然而，儘管反對者占少數，但他們提出了嚴重的擔憂——主要是擔心購買沒有效果，將來可能會為通膨或金融穩定帶來風險，或為聯準會帶來政治問題。

儘管如此，採取新行動的理由相當充分。2010 年 11 月 3 日，FOMC 批准了新一輪的購買計劃，市場與媒體稱之 QE2。具體而言，我們提到聯準會會以每個月 750 億美元的速度，購買 6,000 億美元的長期公債，且一直執行到 2011 年 6 月為止，資產負債表的規模將會擴大到 2 兆 9,000 億美元左右。會中只有一張反對票，來自堪薩斯城準備銀行總裁霍尼格。在聯準會達成共識的傳統中，正式的異議是一種強烈反對的聲明。量化寬鬆的其他懷疑者還沒有準備好採取那一步，他們覺得只要自己的觀點在未來的會議上有被納入考量就夠了，還不需要投反對票。

與 QE1 不同的是，市場參與者幾乎完全預料到 QE2 會出現，因此 FOMC 的聲明並未影響市場。反之，效應在幾週與幾個月前就提前發生了，那時 FOMC 發出訊號，加上前景疲軟，已經讓大家覺得，購買新債的可能性從「可能」上升到「近乎肯定」。*事實上，我們對主要公債交易商的定期調查顯示，2010 年 6 月至 11 月間，預期購買新債會出現的交易商，比例從 40% 一路升到接近 100%。他們預期聯邦資金利率首次上調的日期，從 2011 年 6 月調至 2012 年 10 月。這次事件再度證明了央行溝通的力量。

政治反彈

誠如一些鷹派人士的警告，新一輪的量化寬鬆確實引發了政治反彈。

---

* 例如，從我在傑克森霍爾的演講到 QE2 的宣布，道瓊工業指數上漲了 12%。

令我特別不安的是，11 月 17 日，亦即 QE2 宣布兩週後，共和黨的四大國會議員史無前例發出一封信。眾議院的約翰・貝納（John Boehner）與艾瑞克・康特（Eric Cantor）以及參議院的密契・麥康諾（Mitch McConnell）和瓊・凱爾（Jon Kyl）寫道，我們的購買可能會「導致難以控制的長期通膨，也可能產生人為的資產泡沫」。[17] 11 月 15 日，保守派的經濟學家、評論家、資產管理者在《華爾街日報》（Wall Street Journal）上共同發表了一封公開信，提出類似的擔憂，指出我們「應該重新考量並停止」購買。[18] 2011 年，四位共和黨的領袖發表第二封信，呼籲我們「別再對經濟做特別的干預」。[19] 共和黨的印第安那州眾議員麥可・彭斯（Mike Pence，未來的副總統）與田納西州參議員鮑伯・寇爾克（Bob Corker）提出法案，意圖把充分就業從聯準會的雙重目標中移除。那樣做將要求聯準會只關注通膨——即使聯準會只剩單一目標，短期之內可能也不會大幅改變我們的政策，畢竟當時的通膨很低。

外國政府也反彈。新興市場國家的政策制定者擔心，我們購買證券會進一步降低美國的長期利率（一如我們的意圖）。當投資者想尋求更高的報酬，可能會導致過多的資金流入那些國家。而且，藉由削弱美元，降低美國利率可能形同一種有利於美國出口的「貨幣戰爭」（巴西財政部長基多・曼蒂加〔Guido Mantega〕的說法）。[20] 這些論點通常是該國政治人物講給國內民眾聽的說法，忽視了美國經濟走強會提高我們對該國出口的需求、改善全球金融狀況，因此對交易夥伴可能有利。外國的央行首長本著合作的精神，通常不會像財政部長那樣公開發言反對 QE2。但於 10 月 G20 國家央行首長的閉門會議上，我在韓國回答了許多充滿挑戰的問題。[21] 11 月，歐巴馬總統在首爾出席 G20 高峰會之際，也耳聞一些批評聯準會政策的言語，而不得不向懷疑的聽眾解釋，聯準會的運作獨立於政府之外。

自危機爆發以來，反對聯準會的情緒就不斷累積，QE2 所引發的政治反彈是這些累積情緒的一部分。2009 年 7 月的蓋洛普民調中，僅 30% 的受訪者認為聯準會做得很好。聯準會在九個聯邦機構中敬陪末座，甚至落後美國國稅局（40%）與國會（32%）。政治光譜的兩端都很憤怒——右端是 2009 年異軍突起的茶黨，左端是粉色代碼（注：Code Pink，粉色代碼是左派的非政府組織，以基層和平與社會正義運動自居，致力結束美國資助的戰爭與占領，挑戰全球的軍國主義，並主張把資源重新分配到醫療、教育、環保、其他肯定生命的活動上）及後來的占領華爾街運動。許多右派人士認為聯準會的貨幣實驗很危險，會引發通膨；左派與右派的許多人都不肯原諒我們在危機期間，為挽救瀕臨倒閉的華爾街公司所採取的行動。示威者聚集在聯邦準備銀行前面，擾亂證詞，甚至跑來我家。這些抗議活動令人想起伏克爾打擊通膨期間的抗議活動，當時的抗議主要把焦點放在聯準會及其政策上。

聯準會的目標是在不受短期政治壓力的影響下，做出政策決定。我們已經做到了這點，但我們確實擔心反聯準會的浪潮可能衍生長期的後果。2010 年，在財政部長蓋特納、參議院銀行委員會主席克里斯多夫·多德（Christopher Dodd，康乃狄格州民主黨）以及眾議院金融服務委員會主席巴尼·弗蘭克（Barney Frank，麻州民主黨）的領導下，國會與政府把焦點放在金融監管改革上。最終衍生的改革，連同一系列的國際協議，處理了許多（雖然不是全部）導致金融危機的缺點。[22] 後來的《多德－弗蘭克華爾街改革和消費者保護法》（*Dodd-Frank Wall Street Reform and Consumer Protection Act*，簡稱《多德－弗蘭克法》）強化了對銀行的資本與流動性的要求（包括要求定期做壓力測試），提高金融衍生性商品的透明度，建立一個新的消費者保護機構；而且重要的是，有鑑於雷曼與其他公司的經驗，

為那些即將倒閉、並對金融穩定構成嚴重風險的金融公司建立了退場程序。

然而，國會考慮這些改革的同時，聯準會花了很多時間擺脫立法的糾纏。參議員多德特別在意廣泛的民怨，所以提議剝奪聯準會幾乎所有的規範與監管權，只讓聯準會專注在貨幣政策上，他想藉此為他的立法提案建立兩黨共識。國會也認真考慮了左派參議員伯尼‧桑德斯（Bernie Sanders，佛蒙特州民主黨）與右派眾議員榮‧保羅（Ron Paul，肯德基州共和黨）提出的「稽核聯準會」提案，那項提案將使聯準會的日常貨幣政策決定受制於直接的政治監督。桑德斯－保羅稽核聯準會的提案，就像保羅之子、參議員蘭德‧保羅（Rand Paul，肯德基州共和黨）後來提出的提案一樣，與財務稽核沒有任何關係（聯準會的帳目本來就定期受到公開稽核），而是讓美國政府問責署（Government Accountability Office，簡稱GAO）向國會報告每項貨幣政策決定。那為立法者提供一個新工具，讓他們來批評及對 FOMC 施壓。對聯準會而言，早期的金融改革立法簡直是一場噩夢。

我抵制這些提議的主要理由，與 1991 年葛林斯潘反對把銀行監管權整合到一個新機構的立場一樣。聯準會監管銀行體系的權力，對於它身為有效的最後貸款人，以及金融體系與經濟的監控都非常重要。貨幣政策不受短期政治壓力的影響時，對長期的經濟才更有利。

最後，一系列的政治力量扭轉了局面。各區域性準備銀行的總裁是重要因素，因為他們擁有許多地方人脈，加上他們的董事會都是由在地的知名人士組成。由於銀行監管是準備銀行的主要職責之一，這些準備銀行的總裁都有強烈的動機去反抗那些政治力量。此外，財政部長蓋特納、社區銀行、幾位關鍵的共和黨參議員（包括德州的凱‧貝利‧哈奇森〔Kay Bailey Hutchison〕、新罕布夏州的賈德‧葛列格〔Judd Gregg〕）都對我們

的立場表達重要的支持。《多德－弗蘭克法》多多少少限制了聯準會、財政部、聯邦存款保險公司（FEIC）在危機期間用來穩定金融體系的緊急權力。但聯準會保留了規範與監管的權力——除了消費者保護監管權，那項權力轉移給新成立的消費者金融保護局（Consumer Financial Protection Bureau）。此外，聯準會也沒有失去貨幣獨立性，「稽核聯準會」的提案失敗了。我認為這些結果對美國來說是恰當的，但這段插曲鮮明地顯示，聯準會無法忽視政治。

為什麼國會中反聯準會的言論會那麼熱絡呢？我覺得有種說法很有道理，就是莎拉‧賓德（Sarah Binder）與馬克‧史賓德爾（Mark Spindel）提出的「代罪羔羊」理論。[23] 他們認為，國會賦予聯準會一定程度的獨立性，好讓聯準會能夠採取一些必要、但容易招民怨的行動，而國會基於政治原因並不願採取那些行動。這種動態在金融危機期間特別明顯，當時聯準會採取了許多穩定金融體系的行動，協助避免了幾家主要金融機構倒閉。我認為，為了保護金融體系與經濟，那些紓困是必要的，但那些行動極不討喜，那也是可以理解的。大家認為紓困計劃是圖利那些當初參與製造危機的人，同時又讓許多老百姓得不到保護。* 我從私下的談話中得知，許多國會議員認為，紓困計劃令人反感，但為了保護經濟，卻又不得不為。這些心態也呼應了賓德－史賓德爾的論點。不過，在公開場合，許多人附和了民怨，讓聯準會以及布希與歐巴馬政府承擔了政治壓力。

政治上對聯準會貨幣政策的反對，尤其是美國國內的反對，我覺得比

---

* 民怨的一個特殊來源是，大家眼看著大公司獲得政府紓困，但那些公司的執行長都沒有入獄服刑。刑事起訴是司法部（DOJ）的責任，而不是聯準會。司法部基本上認為，它無法成功起訴個人，因為在多數情況下，過度冒險並不違法。它只好把焦點放在對那些採用可疑做法的公司處以巨額罰款。

較難以解釋。實質上，那些反對購買證券的理由都是胡謅的——正如共和黨的國會領導人寫給 FOMC 的公開信所示。例如，購買證券將導致通膨失控或美元暴跌的風險非常低，主流分析或英美量化寬鬆的初步經驗都無法證明這種風險。經濟極度低迷，代表薪資與物價幾乎沒有上漲的壓力。* 事實上，通膨預期的市場指標顯示，投資者被迫實際採取行動時，他們完全預期通膨會維持在低檔，甚至覺得通膨太低。我們注意到低利率可能有促進金融不穩定的風險，但在 2010 年，投資者為經濟穩健所承擔的風險其實太少了，而非太多。

外界對非傳統貨幣措施的反對，並不是基於原則性的擔憂，似乎大多都來自激進的右派黨派偏見——反對民主黨入主白宮後可能改善經濟的政策。金融危機時代的反聯準會言論，後來也蔓延到共和黨總統候選人提名的早期競選活動。德州州長瑞克・裴利（Rick Perry）稱聯準會支持經濟的努力「幾乎是叛國行為」。前眾議院的議長紐特・金瑞契（Newt Gingrich）表示，要是他當選總統，會解除我的職務，還說我是「聯準會史上最會引發通膨、最危險、最大權獨攬的主席」。[24]

政治上的憤怒確實促使我們改變了溝通策略。在危機爆發前的十幾年間，聯準會顯然已經變得更加開放，但溝通主要還是集中在影響金融市場參與者的政策預期上。但隨著聯準會如今成為媒體與政治焦點，我們得向更廣泛的大眾闡述我們的論點。這方面我帶頭採取行動，從 2009 年 3 月上 CBS-TV 的節目《60 分鐘》（*60 Minutes*）開始做起。[25] 當時那種做法對聯準會的主席來說很少見。那次訪問後，我也在其他媒體上露面，參加了公開大會，並於 2012 年春季在喬治華盛頓大學（George Washington

---

* 如果政府的財政正在崩解，那麼在經濟不景氣的情況下，確實可能出現高通膨。但全球對美國政府的公債仍有強大的需求，2010 年美國財政距離崩解還很遙遠。

University）舉辦了一系列的講座，那些講座後來成了一本簡短著作的基礎。[26]

2011 年 4 月，經過了多次討論與規劃，我在 FOMC 的支持下開始每季召開一次 FOMC 的會後記者會。世界上有許多央行經常召開記者會，但聯準會的主席很少召開。這種記者會後來成為聯準會告知大眾及引導市場的主軸。更廣泛來說，事實證明，對更廣大的受眾溝通是一種持久又有助益的策略改變，好處包括讓聯準會更了解其行動對一般美國人的影響，也更了解大眾的觀感。

第 7 章

QE3 與縮減購債恐慌

2011 年 4 月 27 日是我第一次舉行會後記者會。八個月前，我在傑克森霍爾的年會上首度暗示即將推出 QE2。這段期間，金融環境已大幅紓解，股價漲了 25%，可見市場的樂觀情緒日益成長。在 QE2 的前夕，隨著購買新債的可能性上升，較長期美國公債的殖利率下跌，但隨後由於投資者對未來的成長更有信心、也較不擔心通膨下降，美國公債的殖利率開始反彈回升。這種模式與 2009 年推出 QE1 時看到的情景相當類似。

寬鬆的金融環境似乎進一步促進了經濟復甦。失業率從 2010 年 11 月宣布 QE2 時的 9.8%，降至 2011 年 3 月的 9.0%——情況有所好轉，但失業率仍過高。我在記者會上說，我們預期復甦會以溫和的步調持續進行，失業率將緩慢下降。但我也提醒眾人，有些事態發展——尤其是 3 月 11 日衝擊日本的大地震與海嘯——可能會暫時減緩成長（例如使日製零件出口到美國的組裝廠受阻）。通膨最近也上升了，主要是因為全球油價與食品價格上漲。不過，由於核心通膨與通膨預期都很穩定，我們相信事實會證明，整體通膨上升只是暫時的。

結果證實，我們對通膨的預測是正確的，通膨很快就消退了。不過，

2011 年年初雖然出現正面的跡象，2011 年卻再度令人失望。失業率最初下降了一些，但在那年的大部分時間都停滯不動，到 12 月只降到 8.5%。產出成長在 2% 左右波動，可能接近經濟潛在的長期成長速度，但還不夠快。為了使失業率大幅下降，除了讓未充分利用的資源重新投入使用以外，產出成長必須超過、而不止有正常的長期成長率才行。在 FOMC 的會議上，我們討論了經濟顯然無法達到「脫離速度」（escape velocity）的原因（脫離速度指的是自我維持的穩健成長路徑），並把焦點放在公認的「阻力」上──減緩經濟復甦、導致復甦比我們預期更慢的因素。

持續發酵的歐洲危機是最明顯的阻力。面對一個或是多個歐元區國家可能違約或退出歐元區的持續風險，金融市場仍不穩定。此外，太早轉向財政緊縮──優先考慮財政平衡，而不是經濟復甦──進一步減緩了歐洲的成長。美國的財政政策也形成一股阻力。2009 年大規模聯邦刺激計劃的效果正在消退，州與地方政府正在削減開支與員工，因應稅收下降。

2011 年 8 月，美國國會直到最後一刻才同意提高國債上限，對經濟復甦造成了無端的打擊。若不提高國債上限，聯邦政府就無法支付帳單，在某些情況下，甚至無法支付公債的利息。由於聯準會負責處理政府支付的許多款項，包括利息，所以我們模擬演習了如何處理政府違約的問題，雖然我與聯準會的其他人都懇求國會避免這場不必要的災難。美國公債幾近違約這種令人難以想像的局面，加劇了金融市場的不安，也導致標準普爾評級機構下調了美國的信用評級。由於全球經濟減緩，加上財政失職，道瓊工業指數在 7 月底與 10 月初之間下跌了約 16%。

其他阻力似乎是危機本身的後遺症，呼應了萊茵哈特與羅格夫的說法（金融危機之後經濟往往衰退嚴重，復甦緩慢）。[1] 雖然在壓力測試後，銀行體系做了資本重組，但信貸依然緊縮，尤其抵押貸款的借款人很難取得

貸款，因為貸款人與監管機構都實施了更嚴格的標準。較富裕的家庭顧著償還債務與重新累積財富，而非申請新貸款及花錢。較不幸的家庭只能勉強度日。房市泡沫破裂，留下大量賣不出去及法拍的屋子。2011 年，建商僅開工建設約六十萬間新屋。相較之下，2005 年的新屋有兩百多萬間。

這場危機可能也是導致生產力成長出奇疲軟的原因之一，加上嬰兒潮世代退休、移民減少、勞力成長減緩等因素，進一步拖累了經濟成長。一些研究發現，生產力減緩可能始於 2005 年左右，亦即危機來襲之前，而且主要是源自技術進步及其商業應用的正常起伏，而非危機本身。[2] 也許事實真是如此，但直覺上來說，金融危機抑制生產力成長也有道理。這場危機減緩了研發、新創企業的步調、企業對新資本設備的投資，同時也抑制了消費者的需求。這一切應該都會減緩新產品上市，也會減緩企業推出更有效率的新生產方法。

由於經濟前景明顯平淡，國會又沒有任何新的計劃，套用伏克爾打通膨時自創的說法，貨幣政策成了對抗失業的「獨家專門戶」。但短期利率的有效下限仍是個問題。接近零的短期利率、價值數兆美元的證券購買、前瞻性指引等因素，幫助經濟恢復成長，但並未使經濟完全康復。如今又到了嘗試新招的時候了。從 2011 年到 2013 年，我們重新思考政策工具、溝通方法，甚至總體政策架構。這些措施不見得都進展得很順利，2013年的債市「恐慌」就是一例。然而，這些變化最終協助改善了經濟與勞力市場，長遠來看，也為貨幣政策的實施留下持久的印記。

強化前瞻性指引

在葛林斯潘與我擔任主席的時期，FOMC 愈來愈希望把前瞻性指引當

成政策工具。2009 年 3 月，FOMC 宣布 QE1 時，說它預期「聯邦資金利率將處於極低水準很長一段時間」，試圖藉此引導市場預期。兩年多後，那句話依然保留在會後聲明中。

以聯準會的傳統標準來看，那是很強硬的措辭，但效果其實並沒有預期的那麼強大。首先，那個說法很含糊，並沒有具體指出「很長一段時間」是多長，也沒提到什麼情況下會升息。第二，那個指引不是明確的承諾。它只說，FOMC **預期**利率會維持在低檔。事實上，一些批評人士，尤其是我在普林斯頓大學的前同事麥可‧伍德福特（Michael Woodford）指出，「很長一段時間」這種說法可以解讀成 FOMC 只是說它對前景感到悲觀，而不是對未來政策做出任何明確的承諾。[3] 如果這樣解讀，我們的前瞻性指引可能會產生適得其反的效果，畢竟那打擊了家庭與企業的情緒。

我認為，雖然我們的指引不是在表達堅定的承諾，但它確實營造出一種假設：說我們會耐心以待，維持利率接近零一段時間。此外，持續的證券購買與其他溝通（包括演講與國會證詞）強化了我們打算維持寬鬆政策的訊號。不過，我認同伍德福特的說法，FOMC 若是提出更具體、更強而有力的指引，效果會更好。

隨著時間的推移，「很長一段時間」這種指引不夠強大的事實日益明顯。2009 年與 2010 年，即使 FOMC 的幕僚分析──以及許多（雖然不是所有）FOMC 的參與者──已經推斷，聯邦資金利率可能數年內都得維持在接近零的水準，但期貨市場（投資者賭聯邦資金利率走向的市場）仍預期再過幾季就會升息。因此，許多市場的參與者認為，「很長一段時間」並不像 FOMC 的多數成員所希望的那樣長。市場很可能把聯準會早期的政策週期當成參考點，因為以前從寬鬆到緊縮的典型週期比較短。我們得做更多的事情來說服市場相信，我們在好一段時間內不會調高目標利率。

2011 年 8 月 9 日的會議上，我們採取了下一步行動。提及當年目前為止的經濟成長令人失望以後，我們的聲明提供了更明確的前瞻性指引：我們預期「極低的聯邦資金利率**至少會維持到 2013 年年中**」（粗體是我加的），亦即會再維持近兩年的時間。聲明也補充提到，FOMC 正在討論「一系列的政策工具」，表示進一步的政策創新可能很快就會出現。三位準備銀行的總裁對此聲明投了反對票：達拉斯的費雪、費城的普洛瑟、明尼亞波利斯的納拉亞納・科切拉科塔（Narayana Kocherlakota）。他們三人都認為新的貨幣刺激措施沒有必要，希望聲明中的前瞻性指引維持不變。對聯準會的政策決定來說，這三張「反對票」相當多，由此可見大家對這個結果感到相當不安。

普洛瑟和其他幾人也認為，如果我們要對利率做出新的承諾，應該要把它與一組特定的經濟條件綁在一起，而不是綁定一個固定的日期。2011年 8 月 FOMC 的聲明做出了一個**以時間為依據**的承諾，把聯邦資金利率的未來走向與時間表綁在一起。普洛瑟認為，如果我們要做出承諾，那應該要**視情況而定**，具體說明將導致升息的經濟條件。

視情況而定的承諾，至少原則上比較靈活，也對未來的經濟消息比較有反應。普洛瑟與支持其觀點的人擔心，如果經濟改善得比我們預期還快，我們這種以時間為依據的承諾可能會導致我們把聯邦資金利率維持在低檔太久。相較之下，視情況而定的承諾（比方說把升息和失業率綁在一起）可以提供更多的彈性，讓我們更快緊縮貨幣政策。當然，視情況而定的指引也可以在另一個方向發揮作用，萬一經濟出乎意料地惡化，我們可以有效延長承諾的期限。以時間為依據的承諾就沒有這種自我調整的優點了。事實上，2012 年 1 月，為了反映我們對經濟前景持續感到失望，我們同意把承諾延長一年半，「至少到 2014 年年底」。之後在 2012 年 9 月，

又再度延長，「至 2015 年年中」。值得注意的是，後來那兩次承諾都超出了我擔任聯準會主席的可能任期，所以值得慶幸的是，那兩次延期都只有一人投反對票：里奇蒙準備銀行的總裁萊克。

普洛瑟主張的概念很合理，雖然後來證實，他的經濟預測過於樂觀。事實上，FOMC 後來使用「視情況而定」的指引，來傳達短期利率與證券購買的計劃。然而，在 2011 年 8 月，我認為「以時間為依據」的指引是最佳選擇。由於市場的政策預期與聯準會的看法有差異，我們得採取較為激進的措施來引起市場關注。視情況而定的指引比較模稜兩可，有誤解的風險，因為政策制定者永遠無法完全指明引發政策改變的條件。相較之下，日期既簡單又直接。當時，採取直接的方法似乎是最好的選擇。

根據經驗，恰當的指引形式取決於當時的情況。事實上，各國央行仍持續使用這兩種方法（「視情況而定」及「以時間為依據」）。例如，2016 年日本央行承諾，只要有必要「以穩定的方式」把通膨提高到 2% 以上，就會持續實施非常擴張的政策（一種視情況而定的指引）。近年來，歐洲央行曾多次承諾把政策利率維持在低檔，至少持續到某個特定日期（一種以時間為依據的指引）。總之，2011 年 8 月，我們的指引似乎有了效果。利率下降了，我們的調查也發現，因為那次指引，金融市場的參與者預計我們會過好一陣子才升息。[4]

雖然新的指引增加了經濟刺激，但我們並沒有預期光靠它就能改變現狀。接下來幾次的 FOMC 會議，我們密集討論了其他的選擇，包括改變貨幣政策根本架構的可能性。

到期年限延長計劃

2011 年的秋季，我與許多同仁都認為，貨幣政策不僅要做得更多，聯準會也必須找到新方法，以便做得更多。探索各種選擇並達成共識需要時間。然而，當時的經濟亟需儘快得到額外的支持。因此，2011 年 9 月，我們決定在 2012 年 6 月底之前購買 4,000 億美元的較長期（6 年至 30 年）公債，作為臨時措施。

我們預期，這一輪新的證券購買將像前幾輪一樣，增加大家對較長期證券的需求，進而壓低較長期證券的殖利率，並更廣泛地寬鬆金融狀況。但是，我們不是像 QE1 與 QE2 那樣，透過創造新的銀行準備金來提供購買資金，而是出售等量的短期公債（3 年或更短期限）來支付這些購買。因此，購買公債雖然顯著提高了聯準會持有證券的平均到期日，但資產負債表的整體規模並未改變。

這個計劃與我們的觀點是一致的，也就是說，我們的購買主要是藉由減少長期證券的淨供給，來提高其價格及降低殖利率，而不是藉由增加銀行準備金或貨幣供給來改變長期證券的價格與殖利率。我們希望這次購買至少能像前幾次 QE 一樣有效，同時或許能安撫內外部那些擔心銀行準備金增加可能會導致通膨上升或金融不穩定的批評人士。

這種新方法也有缺點。首先，它的規模受限於我們持有的短期證券數量。一旦我們賣光短期證券，就不得不回頭用創造銀行準備金的方式來提供資金。第二，改買更長期的證券，到時候要削減龐大的資產負債表會更加困難，因為我們持有的證券平均需要更長的時間才會到期。不過，這似乎是一種實用的暫時策略。FOMC 的幕僚估計，這將提供有意義的額外刺激，同時也讓 FOMC 有時間討論更全面的策略。

我們稱這項新計劃為「到期年限延長計劃」（Maturity Extension Program，簡稱 MEP）。市場與媒體一如既往，忽略了我們的正式名稱，而是參考 1960 年代聯準會的一項計劃，逕自稱它為扭轉操作（Operation Twist）。最初的扭轉操作是在馬丁任內施行的，聯準會買入較長期的證券，出售較短期的證券，以期「扭轉」殖利率曲線，亦即降低較長期利率（以刺激經濟支出），同時提高較短期利率（目的是保護美元的匯率）。後來，分析人士判斷，以前的扭轉操作效果不大，可能是規模較小、為期又不久的緣故。[5] 相較於 1960 年代的扭轉操作，這次到期年限延長計劃的規模更大，持續時間更長。到期年限延長計劃的目的跟從前的扭轉操作一樣，都是為了降低較長期利率，但我們並未預期較短期利率上升，因為銀行體系中已存在的龐大銀行準備金使短期利率維持在接近零的水準。

增加透明度：通膨目標與經濟預測摘要

我們持續討論，即使利率下限很低，如何讓貨幣政策變得更有效。這些思考促使我們更廣泛地討論政策架構。如果我們想為政策計劃提供有效的指引及連貫的解釋，就應該更具體說明我們的目標、我們的前景，以及我們對適當政策的看法。對我與 FOMC 的多數參與者來說，這表示我們應該讓大家更清楚知道指引我們行動的架構。FOMC 花了很多時間思考各式各樣的可能性。

經過審慎考量後，2012 年 1 月，FOMC 批准了一份貨幣政策原則的聲明，是聯準會有史以來第一次發布這種聲明。聲明中，我們宣布了一個正式的通膨目標——每年 2%，以個人消費支出價格指數來衡量。我們的聲明強調，採用這個目標並不表示我們對促進充分就業不再感興趣，而是

表示，我們將採取一種「平衡的方法」，對國會賦予我們的雙重目標（物價穩定與就業最大化）給予大致相同的重視。

設定通膨目標的概念不是什麼新鮮事。事實上，截至 2012 年，這已經日益變成國際常態。打從 1990 年紐西蘭央行開始做起，許多央行都宣布了通膨目標（有時是目標區間）。在先進國家中，這樣做的央行包括英國央行、歐洲央行、瑞典央行、澳洲央行、加拿大央行。採用通膨目標制的中等收入國家包括巴西、墨西哥、智利、以色列、南非。

為什麼要設定通膨目標？理由並非通膨是（或應該是）貨幣政策的唯一目標。實務上，所有採用通膨目標制的央行都實行「靈活的」通膨目標制。也就是說，只要追求多重目標與達成通膨目標是一致的，它們仍會保留追求多重目標的餘地（例如包括就業、經濟成長等目標）。由於擔心就業及其他目標，沒有一家央行選擇以「零通膨」（亦即物價完全穩定）為目標。降低債券交易員的通膨預期，藉此把平均通膨率的目標設定為零，會轉化為非常低的名目利率。自然利率低，會使貨幣政策的制定者受到下限的阻礙，增加他們無法有效因應經濟衰退的風險。因此，2% 的目標是為了平衡聯準會的雙重目標：通膨要夠低，以維持物價穩定；但通膨也要夠高，好提供降息不至於觸及下限的空間，藉此保有實現充分就業的能力。

從前，還在當學者時，我曾研究過通膨目標制，主要是與哥倫比亞大學的弗雷德里克・米希金（Frederic Mishkin）一起合作，他在金融危機期間曾擔任聯準會的理事。[6] 我認為，通膨目標是更透明、更系統化架構的關鍵要素，可以讓市場與大眾更容易了解及預測政策。誠如我與米希金的研究所示，為了充分獲得通膨目標制的效益，各國央行都不止宣布一個目標，他們也會提供更多與他們的預測、風險評估、預期政策反應有關的資訊；有些情況下，也會提供政策利率的預測。我與米希金認為，這種透明

化可以讓前瞻性指引變得更有效，減少不確定性，因為局外人可以更深入了解推動政策的考慮因素。透明度也可以幫政客與大眾更了解政策決定的理由，有助於支持央行的獨立性，進而紓解民主監督與非民選央行首長之間的緊張關係。

通膨目標制的辯論，與另一個長期存在的辯論有點類似：貨幣政策的制定究竟應該依循**法則**（rules），還是應該視當下的情況，採取**權衡**（discretion）。政策法則的提倡者——例如經濟學家約翰・泰勒（John Taylor）於 1993 年提出的典型法則——認為政策制定者應該根據一個簡單的數值公式來設定短期利率。在泰勒法則中，公式只包括當前的失業率與通膨水準。[7] 政策法則若受到密切關注，確實會使政策變化很容易預測，也可以避免政策制定者偏離既定的規範太遠，例如因應通膨上升的方式已與過去大不相同。但問題在於，嚴格的政策法則沒有留下任何餘地讓人根據法則中未包括的資訊做判斷，所以無法輕易因應特殊狀況，例如 2008 年的金融恐慌或 2020 年的新冠疫情。經濟架構的持續變化（例如失業與通膨的關係，或利率對支出的影響），也為固定法則帶來問題。

相較之下，採取政策權衡時，利率是透過一次又一次的會議決定、利用所有可用的資訊判斷出來的。權衡法比較會考慮到特殊因素或架構性變化，所以重視靈活彈性的政策制定者偏好這種方法。但是，對市場參與者來說，純粹的權衡型政策比較難以了解或預測；面對高風險或未經嘗試的政策時，保障較少；整體的問責性也比較低。此外，權衡法也導致政策制定者無法承諾未來的行動，如此一來，就不能把前瞻性指引當成政策工具來用了。

我與米希金認為，通膨目標制是介於嚴格的政策法則與自由權衡之間的合理妥協，讓政策制定者擁有我們所謂的**受限的權衡**（constrained discretion）。在受限的權衡下，政策制定者可以運用判斷力來考量特殊情況，權衡政策目標。另一方面，他們也受到以下要求的限制：第一，達成通膨目標；第二，公開說明決定。這些要求增強了可預測性與問責性。此外，一個可信的通膨目標制，往往會讓大家把通膨預期穩定在目標附近。1970 年代，伯恩斯曾試圖控制通膨，但由於通膨預期無法穩定下來，導致薪資與物價急轉直上。宣布通膨目標，更重要的是，持續達到通膨目標，有助於避免那種局面。如果通膨目標是可信的，民眾應該會忽略通膨的臨時變化（例如食品與能源價格的衝擊），而不是把它們納入長期預期及設定薪資與物價的行為中。

由於目前的國際趨勢是採通膨目標制，FOMC 討論這個主題並不足為奇。早在 1989 年，克利夫蘭聯邦準備銀行的總裁李・霍斯金斯（Lee Hoskins）就曾提出，通膨目標制可提高 FOMC 決策的連貫性。[8] 葛林斯潘曾多次讓大家在 FOMC 的會議上深入討論這個概念，包括 1995 年舉行的一場辯論會，讓當時身為聯邦準備銀行總裁的葉倫與里奇蒙聯邦準備銀行的總裁布羅杜斯辯論。在那場辯論會中，葉倫反對僅以通膨為目標的政策，但她後來熱切支持有足夠的靈活性、把聯準會的就業目標與通膨目標結合起來的通膨目標制。1996 年 7 月，FOMC 支持以非正式通膨目標 2% 為基礎的政策，葛林斯潘也同意了，但前提是不能公開討論或承諾目標，這個附帶條件消除了設定目標的許多效益。[9]

2003 年，FOMC 承認，通膨既有可能過低，也有可能過高——可見聯準會有一個隱性目標。FOMC 承認通膨過猶不及，又再次掀起通膨目標制的議題。2005 年 2 月，葛林斯潘讓 FOMC 再次廣泛討論通膨目標制，但他依然反對設定正式且公開的目標，於是討論又不了了之。葛林斯潘很重視自由權衡，他擔心通膨目標可能將使貨幣政策的施行綁手綁腳，徒增

煩惱。此外,他也有政治上的顧慮。如果聯準會單方面宣布通膨目標,國會是否會以為它設定貨幣政策目標的特權遭到篡奪,因此縮限聯準會的操作獨立性?

2002 年我獲任聯準會理事時,媒體臆測我與葛林斯潘會因通膨目標制這個議題而發生衝突。我確實公開談過這件事。在一次演講中,我指出,美國媒體彷彿把通膨目標制當成公制系統看待,覺得那是「外來的、難以理解、有點離經叛道」,我繼續推動那個概念。[10] 但葛林斯潘從未公開反對,我們融洽地討論過這個議題好幾次,我從不奢望說服他接受通膨目標制。

2006 年我升任主席後,我只是小心翼翼地朝著設定目標邁進。我依然認為那是正確的做法,但我知道我需要與 FOMC 一起做許多準備工作。擔任主席後,我也更了解葛林斯潘提過的政治議題。有些國家的貨幣政策制度(包括通膨目標)是由政府與央行共同決定的,例如加拿大、英國。在另一些國家,央行會參考預測發布等輔助因素,來決定它認為符合其使命的通膨目標數字,例如歐元區的央行。我認為,聯準會最有能力確定目標及制定架構,來執行國會賦予它的物價穩定使命。但是,與政府及國會協商並獲得支持似乎是明智之舉。

我沒有立即導入一個正式的目標,而是擴大我們提供的經濟與政策前景的相關資訊,這樣做有助於最終採用正式的通膨目標制。1979 年起,FOMC 每年發布兩次經濟預測,作為**提交給國會的貨幣政策報告**(Monetary Policy Report to Congress)的一部分,但那些報告鮮少受到關注。在 2007 年 9 月的會議上,亦即我擔任主席的第二年,FOMC 批准了我提議的計劃:每季發布預測,而不是每半年發布一次。此外,預測的期限變成三年,而不是兩年。預測由 FOMC 的參與者個別做出,而不是由

FOMC 集體做出，由此產生的檔案稱為**經濟預測摘要**（Summary of Economic Projections，簡稱 SEP）。我們提交四個變數的預測：產出成長、失業率、整體通膨、核心通膨，接著就發布出去，沒有標明個別的預測，目的是更明確地顯示 FOMC 如何看待經濟前景的演變。

隨著時間的推移，我們擴大了經濟預測摘要。2009 年 1 月，在「適當的貨幣政策」這個假設下，我們增加了對「長期」的通膨、失業率、經濟成長的預測，長期的定義是大約三到五年。這些長期估計讓眾人得以洞悉 FOMC 的想法。尤其，在適當的貨幣政策下，長期通膨預測間接顯示 FOMC 的有效通膨目標區間。多數的參與者支持把目標設在 2% 左右或稍低一點。失業率的長期預測可以解讀成 FOMC 對自然失業率 u* 的估計。

與此同時，我繼續針對正式採用通膨目標制，向聯準會的內外徵詢意見。FOMC 的多數參與者已經變得樂於接受這種制度，又或者，就像聯準會的理事貝琪・杜克（Betsy Duke）所言，也許他們只是厭倦了在會議上討論這個議題。我見了歐巴馬的顧問，後來也見了歐巴馬本人。他們告訴我，政府並不反對。然而，眾議院金融服務委員會的主席弗蘭克對此忐忑不安。當時，就業與生產正在萎縮，他認為，這時不適合讓人覺得聯準會主要關心的是通膨，即便那是誤解。因此，某種程度上，2009 年 1 月增添了較長期通膨的預測，其實是技術性迴避弗蘭克的反對意見。與直接宣布目標相比，那是個比較低調的做法，但至少含蓄地定義了一個目標範圍。而且，由於我們也提出了失業的長期預測，我相信大家不會覺得聯準會優先考慮通膨，較不重視就業。

2011 年，FOMC 重新審議其架構時，我請最近接替科恩擔任聯準會副主席的葉倫，領導一個小組委員會來研究這個議題。葉倫的小組委員會建議我們正式採用 2% 的通膨目標，但我們也強調兼顧物價穩定與就業最

大化的平衡方法。「平衡方法」這個詞反映了（菲利浦曲線暗示的）現實，也就是說，貨幣政策有時可能面臨通膨與失業目標之間的短期權衡取捨——只不過 2011 年不是如此，當時的高失業率與低通膨都是需要祭出更多刺激措施的理由。在採用平衡的方法下，當兩個目標相衝時，政策制定者會挑選一條折衷之道，既反映兩個目標的重要性，也偏向那個離預期水準最遠的目標。

政策原則帶出了一個顯而易見的問題：為什麼我們不像通膨率那樣，為失業率也設定一個的數字目標？差別在於，長遠來看，貨幣政策是決定通膨率、而不是失業率的主要因素。貨幣政策制定者可為通膨率設定一個目標（除非出現像有效下限這種複雜的情況），並預計至少在幾年內達成目標。值得注意的是，通膨率並沒有一個趨向的「自然」通膨率。長期來看，通膨率會反映貨幣（與財政）政策制定者的行動。

反之，雖然貨幣政策短期內會影響失業率，但長期來看，在健全的經濟中，失業率往往會接近自然失業率，而這主要是由貨幣政策無法控制的因素決定的。這些因素包括人口、勞力技能、企業的需求與策略（例如對自動化的依賴）、勞力市場配對勞資雙方的效率。此外，自然失業率無法直接觀察，也不太可能一直很穩定。因此，我們不能指望貨幣政策的制定者把失業率無限期控制在某個長期目標上。雖然設定固定的失業率目標及達到目標是不可行的，但 FOMC 估計的長期、持久的失業率水準（如季度經濟預測摘要所示），可視為失業率的暫時目標——即使這個目標會受到重大的不確定性與變化所影響。這樣詮釋下，平衡方法的對稱性就變得更加明顯。

2012 年 1 月，我們採用並宣布新的政策原則時，我已經說服弗蘭克了。在金融危機及後續期間，我們培養了互信。更重要的是，他現在了解

我們這種方法的平衡性質。此外，通膨率低於目標，新的政策架構完全呼應弗蘭克所支持的寬鬆貨幣政策。後來，政策原則（包括通膨目標）的宣布進展得很順利，並沒有遭到國會或政府的反對。

經濟預測摘要也持續演變。2012 年 1 月的經濟預測摘要與我們的原則聲明同時發布，那是第一次包含對聯邦資金利率未來走勢的預測（由 FOMC 的參與者各自製作）。聯準會的觀察人士稱那個顯示利率預測的圖為「**點陣圖**」（dot plot）。FOMC 也開始發布一張長條圖，歸納參與者對首度升息年份的預測。

如今大家已經普遍把通膨目標與經濟預測摘要的經濟預測視為聯準會溝通的基本要素。點陣圖一直比較有爭議。一般認為，那張圖彙集了 FOMC 個別參與者的當前觀點，它針對這些參與者想看到政策如何演變，提供了實用的資訊，但比個別演講與訪問所提供的資訊更有系統。在很多情況下，點陣圖為政策的可能走向提供線索（至少根據當前的資訊是如此），市場會跟著點陣圖的重大變化做出反應。例如，我擔任聯準會主席期間，利率預測強化了持續寬鬆的資訊——這與 2009–2010 年的情況形成了鮮明對比，當時市場誤以為聯準會不久就會把利率「正常化」。另一方面，點陣圖彙集了個別參與者對適當政策的看法，那是根據每個人對外部因素的假設（例如油價或財政政策），而不是集體觀點或整個 FOMC 的正式前瞻性指引。* 由於是匿名的，點陣圖預測不會反映出 FOMC 的領導層（尤其是主席）在政策決策中有大影響力一事。因此，每季公布的經濟預測摘要不見得都與 FOMC 會後聲明中的利率指引完全一致。這些差異有

---

* 我們試圖設計由整個 FOMC 所做的經濟與利率預測，就像其他的央行那樣（例如英國央行），但實驗結果讓我們相信，FOMC 的規模太大、太多元、地理位置也太分散，這樣做並不切實際。

可能模糊政策資訊，主席因此不得不在記者會上澄清FOMC的集體意圖。然而，整體來看，通膨目標、經濟預測摘要（包括點陣圖）、記者會，以及使用更明確的前瞻性指引，都顯著提升了貨幣政策的透明度。

QE3：無限制的資產購買

2012 年，美國經濟雖有成長，但復甦的速度依然令人失望，尤其是就業市場——這已然成了一種令人洩氣的老掉牙說法。夏末，我們齊聚傑克森霍爾開年會時，失業率仍有 8.2%，其中約 40% 的失業者已經失業半年或更久了。6 月 FOMC 發布的預測反映出悲觀的情緒日益高漲。他們預期，到 2014 年底，失業率會一直維持在 7% 以上——這是兩年多後的預測數字，亦即經濟復甦起算五年多後的狀況。他們也大幅下調了 2012 年與 2013 年的預期經濟成長。通貨膨脹率預期將維持在我們新訂的目標之下。

聯邦財政政策在危機後的頭幾年提振了經濟，現在卻拖累了經濟成長。聯邦政府正走向「財政懸崖」（fiscal cliff）——2012 年底三個財政最後期限將一起發生。除非國會採取行動，否則聯邦政府將在 12 月 31 日達到舉債上限，布希時代的減稅措施將到期，自動減支機制將會啟動（sequestration，亦即自動啟動政府支出刪減機制）。幸好，國會避免了最糟的結果，但在復甦依然緩慢之際，增稅（包括結束「暫時降低薪資稅2%」）及削減開支將會衝擊經濟。無黨派的國會預算局估計，財政緊縮將對 2013 年的經濟成長造成 1.5% 的衝擊。[11] 由於擔心聯準會的獨立性，我通常會避免葛林斯潘參與財政政策審議的做法，但是當我認為財政政策的方向會危及聯準會達成其授權目標時，我就破例了。2009 年我支持財政

刺激；2012 年我在證詞與演講中，反對我認為適得其反的緊縮政策。在黨派之爭與意識形態日益嚴重的國會裡，我的言論幾乎毫無明顯的影響。

這時，歐洲仍是令人擔憂的問題。2011 年 11 月，馬里奧・德拉吉（Mario Draghi）接替特里謝，出任歐洲央行的總裁。德拉吉之前是義大利央行的總裁，也是頗具影響力的國際監管機構「金融穩定委員會」（Financial Stability Board）的主席。他有麻省理工學院的經濟學博士學位，和我一樣師從費希爾。德拉吉迅速把歐洲央行帶往鴿派方向，逆轉了 2011 年的兩次升息。更重要的是，2012 年 7 月，德拉吉在倫敦的一場演講中承諾「不惜一切代價維護歐元」。那個承諾幫忙平息了義大利、西班牙等國債市急轉直下的危機。[12] 然而，面對德國及其盟友的反對，德拉吉領導的歐洲央行在大規模購買證券方面落後其他主要央行，而且歐盟的財政支持也很有限。債務沉重的政府被迫實行緊縮（預算削減及增稅）；有支出空間的政府通常會選擇不那樣做。結果是，歐洲的經濟依然疲軟，且陷入完全通縮的風險愈來愈大。歐元區的疲軟也蔓延到它的交易夥伴，包括美國。

截至 2012 年年中的經濟前景，為實施更多的貨幣刺激提供了強而有力的理由——前提是我們要有實施貨幣刺激的工具。我們已經把「到期年限延長計劃」的截止日期從 2012 年 6 月移到年底。這表示我們在多出來的六個月裡，每個月得購買 450 億美元的長期公債，資金來自出售剩餘的短期證券，但那樣做似乎還不夠。在宣布延長到期年限延長計劃的同一份聲明中，FOMC 表示，它「準備適時採取進一步的行動」。8 月 31 日，我在傑克森霍爾的年會上重申了那個訊號，我說，疲軟的就業數字是「嚴重的隱憂」，並表示我們將「在必要時提供額外的政策寬鬆，以促進勞力市場狀況的持續改善」。[13]

我做了那樣的預告後，毫無疑問，FOMC 會跟進。9 月，FOMC 批准了新的證券購買計劃，自然而然，計劃被稱為 QE3。為了提供房市更多的幫助，我們首先在延長的到期年限延長計劃下（每月購買 450 億美元的較長期公債），追加購買每月 400 億美元的 GSE 擔保抵押貸款證券，使我們每個月的總購買量達到 850 億美元。在同一次會議上，我們也延長了前瞻性指引，承諾維持低利率「至少到 2015 年年中」，亦即維持到近三年後。12 月，為了取代即將到期的到期年限延長計劃，FOMC 同意繼續每月購買 450 億美元的美國公債（資金來自創造銀行準備金），使得每個月的總購買量維持在 850 億美元（450 億美元的公債與 400 億美元的擔保抵押貸款證券）。以這樣的購買速度（每年近 1 兆美元），QE3 的規模很快就會讓 QE2 相形見絀。

重要的是，QE3 與之前的證券購買計劃有所不同。它是**無限制的**，沒有設定總購買金額或結束日期。FOMC 只說，「如果勞力市場的前景沒有大幅改善」，就會一直買下去，直到出現顯著的改善為止。換句話說，購買的持續時間與規模都不是預先確定的，而是取決於我們對勞力市場的評估。這是一種視情況而定的承諾，而非視時間而定的承諾。我希望，這種無限制的承諾可以秉持德拉吉那種「不惜一切代價」的承諾精神，向大家保證，只要有必要，聯準會一直是大家的靠山，不再有起始點與終止點。

QE3 雖然只有一票反對（來自里奇蒙準備銀行的總裁萊克，他經常反對寬鬆政策），但 QE3 在 FOMC 內部依然有爭議，而且隨著時間的推移，爭議愈來愈大。遺憾的是，這種分歧將使我們的溝通變得更複雜；我們將繼續買證券多久、在什麼條件下結束購買，這種分歧也在 FOMC 的內部及市場上造成不確定性。

FOMC 內部的疑慮與前幾輪量化寬鬆所引發的疑慮相似，但由於 QE3

毫無限制，這種擔憂更加強烈。廣義來說，大家對 QE3 的疑慮可分成兩類：懷疑 QE3 的可能效果，以及擔心潛在的成本與風險。效果方面，專業經濟學家提出的分析顯示，新的證券購買將會壓低長期利率，以加快經濟復甦。一些 FOMC 的參與者對此表示懷疑，他們認為預估的效益大到不切實際。他們正確地指出，即使做了前幾輪的 QE，經濟復甦依然令人失望；而且這種工具尚未獲得充分的檢驗，估計的效果充滿不確定。如果證券購買其實不太有效，那麼無限制承諾繼續購買直到情況好轉，只會導致聯準會的資產負債表膨脹，以後的退場計劃會變得更加複雜，且對就業或經濟成長也沒有多少助益。聯準會的理事傑瑞米·施泰因（Jeremy Stein）說，這簡直就像電影《今天暫時停止》（*Groundhog Day*）裡的情境：繼續購買，結果令人失望，又被迫購買更多……如此無限循環。事實上，懷疑者認為，實施一個無效的計劃，可能比什麼都不做還糟，因為那會削弱大眾的信心，損害聯準會在金融市場中的公信力。

關於成本與風險，FOMC 的一些參與者認為，利率長期維持在低檔可能會導致金融不穩定，即使不是立即造成，也可能在以後出現。例如，持續的低殖利率可能促使投資者去承擔不合理的風險，以獲得更高的報酬（追求高收益），或過度舉債，使他們更容易受到未來衝擊的影響。還有一個擔憂是，萬一長期利率出乎意料地上升，聯準會持有的債券市值可能會大幅下降，導致聯準會的投資組合出現巨額的帳面損失。* 與此相關的是，時機成熟時，我們提高短期利率的計劃，是為銀行存放在聯準會的準備金支付利息。以增加銀行準備金的方式來資助新證券的購買，將會增加我們未來必須付給銀行的總利息，減少我們上繳財政部的盈餘。聖路易聯

---

* 令人稍感安慰的是，根據聯準會的會計程序，任何損失都只有在證券出售時才會正式認列。

邦準備銀行總裁吉姆・布拉德（Jim Bullard）等人指出，投資組合的虧損，加上定期上繳財政部的盈餘減少或停止（資金轉而流向銀行），可能會變成國會批評者攻擊聯準會的把柄。

2012 年 12 月，FOMC 在會議上宣布 Q3 將無限制，會議前的一項內部調查中，FOMC 的參與者指出，金融不穩定以及聯準會的投資組合可能虧損，是他們最擔心的兩個風險。除了削減龐大的資產負債表可能相當困難，其他的擔憂還包括破壞證券市場運作的風險，此外，少數鷹派成員也擔心，接二連三的貨幣刺激可能會在某個時點導致通膨飆升。幾位內部調查的受訪者還提到，「出乎意料」或「未知的」副作用可能會出現，反映了普遍的不確定性。FOMC 的參與者都沒有把這些風險評為「過當」，可見他們大多覺得新債購買的潛在負面影響還可以接受，我認為這是個好消息。

我個人則是愈來愈相信，購買新債對於一個依然亟需刺激的經濟體來說是有幫助的，而且事實可能證明，相較於以前固定規模的購債計劃，無限制的做法可能效果更強、更能激發信心。12 月，我也告訴 FOMC，根據我們目前為止的經驗，對成本與風險的擔憂大多還不大，不足以阻止我們採取行動，雖然我承認我們對貨幣政策與金融穩定之間的關聯，還了解得不太透澈。但誠如葉倫在會議上說的，由於我們對經濟前景感到悲觀，無所作為也會帶來重大的風險。

不過，得知 FOMC 的擔憂後，我認同，我們仍需要更了解大規模購買證券的效果與成本。我們深入了解後所得知的訊息，可能會影響我們對持續購債的看法。因此，儘管我認為現在這個時機很適合嘗試一種無限制、視狀況而定的購債計劃，但我沒有鼓吹 FOMC 把終止購買和特定的指標（例如失業率）綁在一起。為了維持一定的靈活度，我支持 FOMC 不用量化的措辭，而是改用質化的描述，亦即等到勞力市場的前景大幅改

善，才結束 QE3。

我也提議，我們應該說，在決定未來的購買速度時，我們將「適度考慮購買的可能效果與成本」，這項提議獲得了廣泛的贊同。這段措辭是一種免責條款，它沒有把結束購買證券的原因說死，也就是說，結束購買證券不是因為經濟目標完全實現了，而是因為我們判斷該計劃沒有發揮效用或成本過高。我們希望 FOMC 不必援引這種免責條款，因為援引這種條款等於是承認失敗。此外，要判斷計劃的成本開始超過效益並對外界溝通也很困難。不過，這種用語安撫了那些擔心我們陷入《今天暫時停止》情境的 FOMC 參與者。

2012 年 12 月，除了宣布啟動 QE3，重申我們維持低利率的承諾以外，我們也改變了對聯邦資金利率的前瞻性指引。就像 QE3 的購買一樣，我們的利率指引以經濟結果為條件——不過，在這個例子中，我們比較放心採用量化條件（因為我們比較了解政策利率的變化，經驗也比較豐富）。我們採用芝加哥聯邦準備銀行總裁艾文斯所宣導的公式，刪去了之前「維持低利率到 2015 年年中」的承諾，改說：只要（1）失業率維持在 6.5% 以上；（2）我們對未來一到兩年的通膨預測維持在 2.5% 或以下，我們就預期聯邦資金利率維持在低檔。也就是說，呼應我們當年年初宣布的「平衡方法」，如果可以降低失業率，我們願意接受通膨些許超出新的通膨目標。* 重要的是，這些更明確的新條件是門檻，而不是觸發因素，投資者與外部評論人士有時似乎沒注意到這個區別。我們並沒有說，失業率達到 6.5% 時，我們一定會升息；而是說，失業率降至 6.5% 以前，我們不

---

* 那次會議上發布的經濟預測摘要顯示，2015 年接近尾聲時，失業率達到 6.5%。因此，誠如 FOMC 在聲明中所述，新的指引與它所取代的「視時間而定的指引」是一致的。

會**考慮**升息。事實證明，失業率降至 5% 以前，FOMC 一直沒有調高聯邦資金利率的目標。如今事後看來，我們當初的指引其實可以再強大一點。

整體而言，從 2011 年 8 月推出更強大、視時間而定的指引，到 2012 年 12 月確認 QE3 以每月 850 億美元的速度無限制地購債，連同視情況而定的前瞻性指引，我們已經大幅寬鬆了貨幣政策。新措施反映了我們對經濟進展的持續失望。我個人也認為，過去四年的經驗，讓我們更了解新的政策工具（雖然還不太夠）。這種認知上的進步，讓我們在權衡計劃的成本與效益時，更好採取行動。

縮減購債恐慌

2013 年的多數時間裡，FOMC 對於繼續實施 QE3 的投票結果是十一比一，僅有堪薩斯城聯邦準備銀行總裁艾絲特·喬治（Esther George）一人反對（有投票權的成員名單在年初變了，所以萊克沒有投票）。但遺憾的是，從我的角度來看，許多 FOMC 參與者對 QE3 的耐心比我預期的還要少。QE3 剛推出時，FOMC 的一些參與者曾表達疑慮，那些疑慮似乎隨著聯準會資產負債表的規模一起擴大。

在 2013 年 3 月的會議上，幕僚提交了新的研究報告，並再次主張，購買證券將降低較長期的利率，有助於經濟成長，而且潛在的成本依然在可控的適度範圍內。但 QE3 實施幾個月後，好幾位 FOMC 的成員似乎改變了主意。4 月 10 日公布的 3 月分會議記錄顯示，許多參與者認為，「從未來幾次會議的某個時點開始」，減緩購買步調是合理的。[14]

我以前當學者時，曾批評日本央行在 1990 年代末期對其創新的貨幣政策三心二意。我說，日本央行舉棋不定的心態，導致那些政策對市場參

與者的預期影響有限，也因此對經濟的影響大打折扣。[15] 我擔心，FOMC 內部持續存在的分歧也會產生同樣的效應。沒想到，這時另一個不同的問題出現了。即便有影響力的 FOMC 成員公開主張實施有限的購買計劃，而且 3 月的會議記錄也顯示，FOMC 的一些參與者支持在 2013 年底、甚至更早之前就減緩 QE3 的購買，但我們的市場連絡人與調查表示，許多投資者認為 QE3 將以目前的速度持續下去，而且會延續更久，可能一直到 2014 年。FOMC 內部與外界的認知脫節，令我憂心。

身為主席，我有責任向外界傳達 FOMC 的決定與計劃。然而，這項任務如今看來日漸微妙。一方面，我想傳達聯準會持續支持復甦與創造就業的承諾，尤其在財政政策變得更像阻力、而非助力的時候。另一方面，經濟開始出現一些好轉的跡象。失業率從 2012 年 9 月宣布首次購買 QE3 之前的 8.1%，降至 2013 年 4 月的 7.5%。而且，隨著 FOMC 日益擔心購債可能產生的副作用，我得跟外界解釋，購買速度減緩可能比市場上一些人的預期更早出現。由於當初設定繼續實施 QE3 的條件是質化且主觀的，那裡頭有很大的誤解空間。

2013 年 5 月 22 日，我在國會的聯合經濟委員會作證時，第一次試圖在購債議題上爭取一些靈活性。我指出，整體而言，我們購買證券的速度是看經濟的進展而定。我也重申了 5 月 FOMC 聲明中所增添的指引。該聲明強調，即使在停止購買後，FOMC 也不會急於提高聯邦資金利率的目標。

在問答時間裡，議員試圖要我押一個結束 QE3 的確切日期。在他們的追問下，我把重點放在該計劃的目標：勞力市場的前景大幅改善，我也表示：「如果我們看到持續的改善，而且我們有信心這種改善會持續下去，那麼在未來幾次的會議上，我們就可以放慢購買的步調。」我也提出

一個附帶條件：「就算我們那樣做，也不表示我們的目標會自動轉向逐步結束購買。反之，我們會把目光放得更遠，看經濟如何發展，我們可能會因此加快或放慢未來的購買速度。」[16]

新聞報導緊抓著我那段「未來幾次的會議上……可以放慢購買的步調」的說辭來大做文章。同一天稍晚，FOMC公布了4月的會議記錄，內容顯示FOMC內部剛出現的緊張局勢。一方面，根據會議記錄，儘管FOMC的「多數」參與者看到了QE3推出以來勞力市場的進展，但「許多」參與者仍希望在放慢購買步調之前，先看到更多的進展。另一方面，根據新的會議記錄，「一些」參與者表示，只要改善的證據夠強，他們有意願「最早在6月的會議」（亦即下個月）就下調購買規模。[17]整體而言，當天聯準會溝通的訊息暗示，購債可能會在當年晚些時候開始減緩，但減緩的條件依然模糊不清。市場把那次訊息溝通解讀為鷹派。S&P 500指數在5月22日至6月5日期間小幅下跌，跌幅約為3.5%。10年期美國公債殖利率的變動幅度較大，從4月30日與5月1日的會議到6月的會議，跌幅約為0.5%。

6月的FOMC會議非常關鍵，那次會議發布了新的經濟預測，隨後我召開了記者會。經濟消息略有好轉；在經濟預測摘要中，FOMC的參與者下調了他們對未來兩年失業率的預測。FOMC的普遍看法是，2014年年中的失業率將降至7%；2015年年初，將達到6.5%。FOMC曾表示，那是考慮升息的門檻。在會議上，FOMC開始把焦點放在失業率7%可以合理視為勞力市場已從QE3實施以來大幅改善的象徵。FOMC的幕僚也報告，他們對主要公債交易商所做的調查顯示，市場預期與FOMC對QE3期限的看法明顯脫節的現象似乎縮小了，也許反映了我的公開評論及前景的好轉。主要公債交易商告訴我們，他們預期，縮減購債將於2013年12月開

始（雖然2013年9月也有可能），購債將於2014年的某個時點完全結束。根據我們的經濟預測，這些結果與2014年年中停止購買證券的計劃相當吻合，我們預計，那時失業率將達到7%。

經過一場爭論不休但毫無結論的討論後，FOMC決定維持聲明不變，並要求我在會後記者會上說明我們的計劃。我的任務是在經濟如我們預期那般改善的前提下，勾勒出減緩購債的情景。FOMC同意，我可以提到失業率7%是我們需要看到的勞力市場改善指標之一，但由於失業率以外的因素也跟評估勞力市場的進展有關，購債的結束日期不會與達到失業率7%正式連在一起。

在記者會上，我回顧了FOMC的季度預測，接著說明了我們的計劃，並強調那是附帶條件，得看經濟發展而定：

我說：「如果未來得到的資料與這些預測大致相符，FOMC目前預計，今年稍後減緩每月購買速度是合適的。如果後來的資料與我們目前對經濟的預期大致相符，我們將在明年上半年繼續審慎地放慢購買速度，並於年中左右結束購買。在這種情況下，當資產購買最終結束時，失業率可能是7%左右……與FOMC宣布這項計劃時的失業率8.1%相比，是不錯的改善。」我再次強調：「至於以升息方式來踩煞車，那是很久以後才有必要考慮的事。」[18]

回到辦公室，我覺得記者會已經達到我們的主要目標。我說明了減緩購債及最終結束QE3的計劃，而且，根據我們的調查，那個計劃與我們認為的市場預期非常一致。事實上，我在記者會上所言與最近FOMC會議記錄透露的觀點不同，當時許多參與者希望那年年底就停止購買，但我說購買可能會持續到2014年。而且，我重申，減緩購買並不表示我們打算很快就升息。

儘管如此，市場還是出現了負面反應。10 年期美國公債殖利率上升了 0.1% 到 0.2%，股市當天下跌了約 2%。較長期的走勢更是令人擔憂：從我 5 月在聯合經濟委員會作證到 9 月，10 年期公債殖利率上升了整整 1%，從大約 2% 升到 3%，表示貨幣環境明顯緊縮。這個事件令人想起 1994 年的債市「大屠殺」，所以大家稱之為「縮減購債恐慌」（taper tantrum）。這些反應令我困惑不解：我原本就料到談論減緩購買會引起一些反應，但我本來以為我提出的計劃接近市場預期，應該不會引發那麼大的反應才對。

如今回頭來看，主要公債交易商的調查似乎並沒有全面反映債券持有人的觀點。有些交易商顯然認為購買會持續較久——當時流行的說法是「無限 QE」（QE infinity）。當這些交易商意識到 QE3 有限時，他們便爭先恐後拋售較長期的美國公債。這批出人意料的拋售在市場上引發了衝擊。我們傳達的資訊並未獲得外界理解的另一個跡象是，我開完記者會後，市場開始把近期升息納入考量。他們推斷，如果聯準會緊縮證券購買，那麼很快就會升息了——儘管我已經講明了聯準會考慮升息的條件。

在接下來的一個月裡，我與 FOMC 的同仁分頭去釐清那些誤解。我們傳達的訊息包括：貨幣政策非常寬鬆，而且會一直維持那樣；如果經濟減緩，減購步調會拖得更久，也將延後；即使停止新的購買，聯準會持有的大量證券仍會持續壓低長期利率。而且，重點是，重申我 5 月的證詞與 6 月記者會上傳達的訊息：QE3 結束後，短期利率仍會維持在低檔很長的時間。市場終於聽懂了這些訊息，於是金融市場開始平靜下來。

到了 9 月，市場普遍預期 FOMC 將宣布減緩購買步調。然而，我們刻意延遲宣布，以確保政策依然夠寬鬆，足以支持勞力市場的持續好轉。我們也擔心聯邦政府可能停擺（事實上，10 月 1 日起，聯邦政府確實停

擺了）。最後，2013 年 12 月，我們宣布逐步減少 QE3 的第一步，把每月購買量從 850 億美元減為 750 億美元。誠如我 6 月時說的，購買量的逐步減少一直持續到 2014 年，最終在 10 月結束。與此同時，為了把利率政策與證券購買分開，我們加強了 2012 年 12 月的前瞻性指引，承諾我們會把利率維持在低檔，即使失業率降到 6.5% 以下，低利率仍會維持好一段時間，尤其是在通膨率持續低於目標 2% 的情況下。

幸好，縮減購債恐慌對美國經濟的復甦幾乎沒有造成明顯的損害。我們曾預計，2014 年年中，QE3 結束時，失業率會降至 7%，但實際的情況比預期更好。2013 年 12 月，我們宣布將減緩購買之際，失業率已降至 6.7%。2014 年 10 月結束購買時，失業率已達 5.7%，比 QE3 宣布時的失業率低了約 2.5%。此外，即使面臨增稅與削減開支等財政阻力，2013 年的美國經濟仍以比較強勁的 2.5% 成長。無論以任何標準來看，勞力市場與整個經濟的前景都有顯著的改善。儘管溝通經歷了幾番波折，但幾乎可以肯定的是，貨幣政策促成了這樣的成果。

縮減購債恐慌對一些新興市場國家的負面影響比較大。聯準會壓低美國利率時，新興市場的較高報酬會吸引一些投資者。資本流入使新興市場國家的貨幣走強，推高該國股票與其他資產的價格，也增加銀行貸款，有時會促進當地的榮景。反之，聯準會提高美國利率，或大家預期聯準會升息時（如縮減購債恐慌的情況），流程則會顛倒過來。誠如 1990 年代墨西哥危機與亞洲金融風暴期間所示（發生在美國緊縮貨幣政策之後），「熱錢」（短期投資）流出新興市場，導致新興市場的貨幣大貶（這會加劇國內通膨），股價下跌，銀行貸款減少。依賴外國資金來支應巨額交易或預算赤字，或是金融監管制度不發達的國家，特別容易受到衝擊。2013 年受到這波恐慌衝擊最嚴重的國家包括所謂的脆弱五國（Fragile Five）：

巴西、印度、印尼、南非、土耳其。

以印度來說，前芝加哥大學教授與 IMF 首席經濟學家拉古拉姆·拉詹（Raghuram Rajan）出任印度央行總裁之後，情況開始穩定下來。他為印度的貨幣政策增添了公信力，並啟動金融改革。後來拉詹經常以充滿說服力的論點，批評已開發國家的貨幣政策（尤其是美國）。他認為，已開發國家並未充分注意到其貨幣政策對新興市場的金融外溢效應。拉詹並未否認，聯準會有時必須為了美國經濟的利益採取強而有力的措施，但他主張採取謹慎且可預測的方法，盡量減少外溢效應。我認為，美國政策的潛在外溢效應，是聯準會應該增加透明度的另一個有力論據。

我從縮減購債恐慌中記取了幾個教訓。如今回顧過往，理想的情況下，我們應該從一開始就為減緩及停止證券購買提供更精確的標準，並針對我們將如何安排證券購買的變化及短期利率的變化，提供更多資訊。遺憾的是，我們對於施行更多 QE 的效益與成本感到不確定，內部意見分歧，因此難以針對更具體的指引達成共識。此外，2013 年，市場情報不夠充分，讓我們誤以為市場預期與我們的預期一致。從此以後，聯準會擴大了調查及其他的資訊收集，以降低這種誤解的風險。

不過，縮減購債恐慌的根本來源，在於 2012 年美國經濟需要聯準會提供的資金與 FOMC 多數成員願意提供的資金之間有落差。我認為，無限制的量化寬鬆是正確的政策，雖然有溝通上的問題，但它確實對經濟與勞力市場有所助益。然而，為了發揮最大的效用，推動該計劃需要抱持「不惜一切代價」的心態，但我無法說服 FOMC 的參與者抱持那種心態。「不惜一切代價」的思維推動了 QE3 的無限制資產購買，那也是市場參與者普遍了解的想法；然而，我們在貫徹執行那個想法上卻猶豫不決。兩者之間的落差引發了縮減購債恐慌。

如今我們有更多證據可以證明，購買證券確實有效；也更有信心認為，儘管購買證券的成本不是零，但整體上還是可控的。誠如聯準會與其他央行對 2020 年新冠疫情危機的反應所示，如今貨幣政策的制定者因此更願意「不惜一切代價」來應對重大的經濟風險，從而降低（雖然無法消除）政策制定者與市場脫節的危險。

進化中的機構

　　我身為主席的最後一次會議是在 2014 年 1 月。當然，危機及其後果占據了我領導聯準會那八年的大部分時間。不過，誠如我在任期即將結束時向美國經濟學會演講所說的，我留下的一大政績是為聯準會這個機構帶來的改變，尤其是在三方面。[19]

　　第一，透明度與溝通。在我任內，聯準會針對其目標、前景與政策計劃提供了更多公開的資訊。主要的變化是導入通膨目標制；正式發表政策原則聲明；大幅擴充經濟預測摘要，包含了對經濟變數與政策利率本身的較長期預測；會後召開記者會。更廣泛地說，聯準會現在更努力向一般大眾說明採取的行動，而不只是對金融市場的參與者解說而已。

　　第二，更有系統地關注金融穩定所面臨的威脅。2007–2009 年的危機清楚顯示，聯準會與其他央行的核心使命在於隨時因應金融穩定風險，而不是視情況逐一處理突發的擔憂。與危機爆發之前相比，現在聯準會監督金融體系的方式更加有條有理。2010 年，我在聯準會內成立了金融穩定處（Office of Financial Stability），負責聯準會內部的監督與協調工作，也管理聯準會與其他部會之間的協調。內部的資深經濟學家梁內利（Nellie Liang）是金融穩定處的第一任處長。如今金融穩定處已經變成一個部

門，也就是說，它與負責貨幣政策分析、經濟研究與預測、銀行監管的部門有同等的地位。該部門必須向理事會及 FOMC 報告，如今在主席鮑爾的領導下，理事會開始定期發布評估金融穩定風險的公開報告。

第三，主要是出於必要，在我領導聯準會的期間，我們開發或擴大了一套新的政策工具，包括聯準會首次大規模購買證券，以及發布更明確的前瞻性指引。此外，在危機期間，我們引入或擴大了貸款工具，其中有一些援引了聯準會在大蕭條期間用過的《聯邦準備法》第 13（3）條的緊急權力。這些工具讓聯準會不僅可以向銀行放貸，也可以貸款給其他類型的金融機構，甚至是非金融的企業。雖然這些工具對聯準會在經濟中的角色及其獨立性的最終影響仍有爭議，但無論好壞，當代的聯準會可運用的工具遠比過去還多。

PART 3

從升息到新冠疫情

第 8 章
升息

　　2014 年 2 月 3 日，歐巴馬總統提名的葉倫宣誓就職，接替我擔任聯準會的主席，成為第一位領導聯準會的女性。葉倫身為聯準會的資深人士，在危機期間與危機之後一直與我密切合作。我很高興她獲選為聯準會的首長。

　　葉倫比她之前的任何一位主席擁有更多的相關經驗——這或許是女性尋求經濟決策的領導角色時，面臨額外障礙的一個指標。1974 年夏季，葉倫在理事會擔任客座經濟學家，那是她首次接觸聯準會。1977 年至 1978 年，她以專職經濟學家的身分重返理事會。這個角色從另一個面向改變了她的人生：她在理事會的自助餐廳裡認識了她未來的丈夫喬治‧阿克洛夫（George Akerlof），後來，夫妻倆經常合撰論文。* 不過，她跟我一樣，早年大部分的時間在當經濟學教授，起初是在哈佛大學任教，接著是倫敦經濟學院，然後在加州大學柏克萊分校教書。

　　1994 年至 1997 年，葉倫在聯準會擔任理事；1997 年至 1999 年，她

---

* 阿克洛夫後來以其研究（關於不完全的資訊如何阻止市場正常的運作）榮獲 2001 年諾貝爾經濟學獎。

轉任柯林頓總統經濟顧問委員會的主席。2004 年至 2010 年，她擔任舊金山聯邦準備銀行的總裁，這讓她在整個關鍵時期都在 FOMC 中占有一席之地。2010 年，她成為聯準會的副主席。在那個職位上，她幫忙制定政策，並帶領大家改善聯準會的溝通方式，包括 2012 年採用正式的通膨目標。葉倫後來擔任拜登總統的財政部長，為她史無前例的履歷又添了一筆不凡的功績。

葉倫升任主席後，留下了副主席的職缺。她想要一位有國際經驗及聲譽的強人來擔任副手。於是，她推薦總統任命我的恩師費希爾擔任副主席。費希爾就像葉倫一樣，是把凱因斯經濟學派加以現代化的主要學術貢獻者。對聯準會的官員而言，費希爾非比尋常之處在於，他的政策經驗是在美國以外的地方：2005 年至 2013 年，他曾任以色列的央行總裁。

根據葉倫的人生經歷、學術研究與政策記錄，聯準會的觀察人士有理由預期，葉倫擔任聯準會主席的期間將採取鴿派做法，優先考慮聯準會雙重目標中的就業最大化。她生於 1946 年 8 月，在布魯克林的工人階級社區灣脊區（Bay Ridge）成長。她的父親是醫生，在那裡治療碼頭工人和其他藍領勞工及其家人。她在耶魯大學攻讀研究所時，指導教授是詹姆士・托賓。托賓是赫赫有名的自由主義派經濟學家（1981 年的諾貝爾獎得主），是說服甘迺迪總統採取有利就業的凱因斯派政策的專業顧問之一。本著托賓的精神，葉倫的學術研究支持政府該大力對抗經濟衰退的觀點。而且，在金融危機期間及之後，葉倫是聯準會裡面最堅定、也最積極鼓吹持久維持寬鬆貨幣政策的人之一，她的目標是儘快恢復健全的勞力市場。

外界認為葉倫非常關注降低失業率一事，確實如此，但身為聯準會主席，她得拿捏複雜的平衡。她發現自己的處境很像葛林斯潘。聯準會在葛

林斯潘前一任主席伏克爾的領導下，必須採取的政策方向很明確：緊縮貨幣政策以控制通膨。通膨抑制下來以後（雖然經濟付出慘痛的代價，陷入嚴重的衰退），葛林斯潘面臨比較隱約、但依然相當艱巨的任務：鞏固伏克爾時代的成果——在促進經濟成長及穩定的同時，也維持低通膨。我擔任主席的大部分時間，就像伏克爾一樣，聯準會需要採取的政策方向很明確——走向寬鬆，使用各種可用的工具來降低失業率，並提振過低的通膨。葉倫的處境則與葛林斯潘非常相似，她的首要任務是維持及延續聯準會已有的進展，同時為最終回歸更正常的經濟與貨幣狀況做好準備——失業率低，通膨率在 2% 左右，短期利率高於零。

想要達到那種經濟的理想狀況，需要精密判斷，何時該讓危機後的特殊貨幣政策退場，以及退場速度應該要多快。許多央行已經把短期利率推至零（或更低），但葉倫接任主席時，世界上沒有任何一家央行成功逆轉零利率政策。這主要取決於做法是否正確：太早或太快升息都有可能扼殺經濟復甦，迫使利率回跌至有效下限；太晚升息則可能引發通膨或金融穩定風險。

2013 年 12 月開始，亦即我的任期接近尾聲之際，我們準備讓危機時代的制度退場。那時我們決定開始減緩 QE3 的購買速度，等待勞力市場持續改善。最後一次購買發生在 2014 年 10 月，亦即葉倫的任內，代表聯準會的資產負債表在危機後快速膨脹的時期結束了，至少會停止一段時間。當時，資產負債表的規模高達 4 兆 5,000 億美元，相較之下，2007 年 8 月的規模是 8,750 億美元。由於聯準會持續購買新證券來取代即將到期的證券，資產負債表暫時維持在 2014 年 10 月的水準。

未來的任務，是在不破壞經濟復甦的前提下，減少聯準會的證券持有量，並開始升息。緊縮政策這兩方面進展的速度都比預期還慢。延遲部分

反映了全球發展局勢牽累了美國的前景，但也反映了聯準會一直在重新評估美國的經濟，包括政策制定者意識到自然利率延續長期下滑的趨勢；經濟變得更能在不刺激通膨的情況下，維持很低的失業率；事實上，通膨行為本身正在發生根本上的變化。隨著葉倫與同仁開始因應「新常態」，他們發現現有的貨幣政策不如他們所想的那麼擴張，勞力市場也不像他們所想的那麼緊繃。

為升息做準備

葉倫身為新主席的任務中，比較直截了當的部分，是監督 QE3 購買的持續減緩。更新 FOMC 關於聯邦資金利率未來可能走勢的前瞻性指引，則需要更謹慎的關注。我最後一次召開 FOMC 會議時，前瞻性指引——最初是在 2012 年 12 月發布，同時也宣布 QE3 的公債購買——仍把失業率 6.5% 設為 FOMC 可能考慮升息的門檻，雖然我們附加了一個條件：第一次升息很可能在「過了失業率門檻很久以後」才會出現。到了 2014 年初，眼看 6.5% 的門檻似乎很快就會達標，近期緊縮貨幣政策的可能性也提高了。事實上，2014 年 3 月，葉倫擔任主席的第一次例常會議上，失業率已經來到 6.7%，FOMC 的多數參與者預測，到年底，失業率將降至 6.1% 至 6.3% 之間，低於前瞻性指引的門檻。

前面提過，我們一直打算把失業率 6.5% 當作一個門檻，而非觸發因素。換句話說，失業率達到 6.5% 不見得會導致升息。是否緊縮政策的實際決定，將取決於 FOMC 對復甦的持久性及當時通膨前景的評估。葉倫擔心，門檻與觸發因素之間的區別可能遭到誤解。現有的前瞻性指引可能導致市場把太早的緊縮政策納入評價。她知道，無論如何，把利率從零往

上調都可能相當棘手，對市場及依然脆弱的經濟都有不確定的影響。3月，在 FOMC 舉行例常會議之前，葉倫在一場電話會議上強調耐心等待的必要性：「我請各位持續提高警覺……注意經濟呈現的許多『假曙光』。」[1]

一如預期，2014 年 3 月的會後聲明宣布再次減緩購買證券的速度，並重申購買量可能持續「以審慎的速度」減少。更重要的是，葉倫領導的聯準會改變了聯邦資金利率目標的前瞻性指引。FOMC 刪除了失業率 6.5% 的門檻，並表示它打算「在資產購買計劃結束後，相當長的一段時間」，把利率維持在接近零的水準，「尤其預計通膨率持續低於 FOMC 設定的 2% 較長期目標時，更是如此」。由於眾人認為證券購買可能在 2014 年的秋季結束，該指引的目的就是把首次升息的預期推延到 2015 年。聲明中也首次暗示，一旦開始升息，升息的步調會很緩慢，聯邦資金利率將「有一段時間」維持在自然利率之下（自然利率是正常政策利率的基準）。

會後的記者會上，葉倫把「相當長的一段時間」定義為「約六個月之類的」。[2] 言下之意就是 2015 年初會首度升息，顯然早於許多市場人士的預期。葉倫向來是位一絲不苟又謹慎小心的溝通者，那天面對記者的提問，她那樣即興的回答，後來證實是她罕見的失誤。記者會後，市場開始拋售證券，雖然很短暫。但這下子市場上流傳的想法是，2015 年聯準會可能會啟動自 2006 年以來的首次升息。

打從 2008 年開始實施近零利率及量化寬鬆以來，聯準會常針對退場策略進行辯論，目的是讓市場（以及我們自己）放心，我們遲早會回歸比較正常的政策立場。在 2011 年 6 月的會議記錄中，FOMC 公布了一套原則，指引最終的退退計劃。葉倫上任後，聯準會又進一步精進並釐清了那項計劃。2014 年 9 月，隨著宣布 QE3 的購買即將結束以及可能考慮升息，

FOMC 發布了一份檔案，名為「政策正常化原則與計劃」（Policy Normalization Principles and Plans）。[3]

該檔案確認，隨著貨幣政策恢復正常，聯邦資金利率將恢復它作為主要政策工具的功能，資產負債表的變化頂多只是配角。聯準會使用聯邦資金利率已有數十年的經驗，市場參與者知道該如何解讀 FOMC 發出的利率訊號。2008 年，當聯邦資金利率觸及有效下限時，我們別無選擇，只能改用量化寬鬆。但量化寬鬆並非立即見效的工具——即使在 2014 年，其效用與潛在的副作用仍有爭議。FOMC 亟欲回頭使用聯邦資金利率來管理政策，不再透過資產負債表。

為了符合 2011 年制定的基本方法，FOMC 同意先提高聯邦資金利率——提高付給銀行準備金的利息。一旦把聯邦資金利率提升到有降息的空間，資產負債表的規模就有可能縮小。該原則解釋，要做到這點，就必須結束以購買新證券來取代到期證券的做法。隨著到期證券的消失，聯準會不必直接出售證券，資產負債表就會自動縮小。

新的退場原則並沒有講明資產負債表的最終規模。但為了向內外部那些批評 QE 的人士交代，該原則指出，長遠來看，聯準會持有的證券數量不會超過「有效率且有效地」執行貨幣政策所需的證券數量。至於那番措辭的確切意涵，FOMC 也辯論了一段時間。FOMC 表示，最終聯準會持有的證券將以美國公債為主。至少在正常時期，房貸抵押擔保證券的持有量將會盡量減少，以避免過度偏袒住房建設與銷售業，犧牲其他行業的利益。

延緩升息，達成升息

整個 2014 年，經濟持續復甦。2015 年 3 月，FOMC 開會之際，失業

率已降至 5.4%，比 FOMC 的多數參與者當時估計的自然失業率 5%–5.2% 高不了多少，充分就業似乎指日可待。由於貨幣政策的實施有滯後性，而且接近零的聯邦資金利率離自然利率還很遠（2015 年 3 月，FOMC 的多數參與者估計自然利率介於 3.5% 至 3.75% 之間），FOMC 的多數人認為，必須很快開始升息。誠如當時舊金山聯邦準備銀行總裁約翰‧威廉斯後來所言：「停靠船隻的時候，你不會疾速把船開向岸邊，再想著使勁逆轉。反之，停船的基本原則，是接近碼頭的速度，永遠不要高過撞上去的速度。」[4] 這個論點令人想起從前聯準會主席馬丁、伏克爾、葛林斯潘對通膨採取的先發制人策略，也得到 FOMC 多數成員的共鳴。2015 年 3 月的點陣圖顯示，以中位數來看，2015 預計會升息一碼兩次，2016 年會再升息一碼四次。

因此，在 2015 年 3 月的聲明中，FOMC 暗示，大家等候已久的升息雖然不會馬上發生，但可能很快就會出現了。結果，FOMC 沒有在 2015 年升息兩次及 2016 年升息四次，而是只在 2015 年和 2016 年各升息一次。利率不再趨近於零，但以往較為正常的利率水準似乎比預期的更遙遠。

這究竟是怎麼回事？事實證明，葉倫提出的「假曙光」警告頗有先見之明。首先，國際局勢的發展波及美國，因此導致升息延後。但即使後來國際阻力減弱了，聯準會的政策制定者也重新評估了他們對「後危機時期」美國經濟的正常狀況所做的一些基本假設。

▌人民幣貶值

第一個來自國外的衝擊源自一個意想不到的地方：中國。與其他國家相比，全球金融危機對中國的影響微乎其微。在全球經濟衰退的期間，中國的經濟成長依然令人稱羨，主要是大規模的財政刺激計劃及政府主導的

銀行貸款激增所致。更根本的是，過去 30 年來，中國的發展策略結合了政府的中央規劃與地方的自由市場，因此蓬勃發展。中國就像幾十年前採行中央規劃的蘇聯一樣，把大量資金挹注在重工業和公共基礎設施上，讓受青睞的國營事業扮演主角，抑制私人消費，促成很高的國民儲蓄率，並鼓勵數百萬農工前往城市從事製造業與建築業的工作。不過，與蘇聯不同的是，中國的模式也納入市場的力量。隨著時間的推移，它逐漸讓市場供需來決定價格，也逐漸讓國內的私營企業及（有限制的）外商與國營企業競爭龐大的國內市場。

中國也把關鍵產業導向出口，以間接運用市場規範，尤其是 2002 年加入世界貿易組織（WTO）之後。中國就像從前的日、韓等其他亞洲國家那樣，從出口廉價的製成品開始做起。但隨著中國企業從全球市場的競爭中不斷學習，且日益融入全球供應鏈，中國開始出口多元的高附加價值商品，在世界貿易中逐漸取得主導地位。

中國也以爭議性的匯率政策來支持出口策略。它嚴格控制人民幣的價值，先是把人民幣釘住美元，接著在 2005 年 7 月之後，只允許人民幣逐步調整。重要的是，在中國經濟快速成長的多數時間裡，相對於其他貨幣的價值，人民幣一直壓得比較低，好讓中國的出口品享有價格上的優勢。這種情況在金融危機之後發生了變化，中國逐漸允許人民幣升值。這個轉變的原因包括：來自中國貿易夥伴的外交壓力；中國想讓人民幣成為主要的全球貨幣（這得讓人民幣的價值隨著市場力量做出反應）；中國決定多靠擴大內需、少靠出口來推動成長。[5] 到了 2015 年，一些經濟學家認為，人民幣升值太多了，甚至損及中國的出口。與此同時，聯準會提高美國利率的意圖吸引了資本流入，並使美元走強，導致人民幣升值的問題變得更加嚴重。雖然人民幣不再釘住美元，但它仍與美元有關聯，所以當美元對

歐元及日圓走強時，人民幣也會跟著走強。

2013 年 3 月，習近平就任中國國家主席。他承諾做廣泛的改革，並設定雄心勃勃的經濟目標。但是，經過多年過熱的經濟成長後，習主席也承接了嚴重的失衡。長久以來，政府為了促進國內消費與投資，一直鼓勵企業與消費者借貸，導致 2008 年以來借貸激增，重工業產能過剩，以及房地產業過度建設。隨後政府為經濟降溫及抑制信貸擴張的嘗試都很成功。中國股市從 2015 年 6 月開始下滑，上證綜合指數在三週內暴跌了30%。隨著經濟成長率從 2013 年的 7.8% 下滑至 2015 年的 6.9%（依然很高），外國與中國投資者開始把資金移出中國，給人民幣帶來了貶值的壓力。

2015 年 8 月 11 日，在一份兩句話的聲明中，中國人民銀行宣布改變匯率設定制度，讓人民幣貶值 1.9%。翌日，人民幣又貶了 1%。這次貶值（儘管絕對值很小）引發了大家對於人民幣即將出現更大貶幅的擔憂。更嚴重的是，人民幣貶值，加上官方並未解釋，使投資者擔心中國經濟減緩的程度可能比之前所想的還要嚴重，並擔心那會損及全球其他地區的經濟。於是，世界各地的股價皆大幅下跌。

這對美國經濟及聯準會政策的影響是不確定的。在人民幣意外貶值之前，外界一直普遍預期 FOMC 將在 2015 年 9 月上調接近於零的聯邦資金利率。但人民幣突然貶值，接下來的局勢就不是那麼明朗了。此外，聯準會的高層之間出現了不尋常的公開歧異。8 月 26 日，紐約聯邦準備銀行總裁比爾・達德利（Bill Dudley）在記者會上表示：「在 9 月的 FOMC 會議上，大家決定啟動正常化的流程。如今在我看來，這個決定不像幾週前那麼令人信服。」[6] 他發表這番言論的前 5 個交易日，道瓊指數下跌了超過 10%。他一講完，股市在接下來的兩天內反彈超過 6%。但是，聯準會

副主席費希爾隨後在傑克森霍爾接受 CNBC 的史蒂夫・利斯曼（Steve Liesman）訪問時表示：「我不想現在就判斷情況怎樣——究竟是比較令人信服、還是沒那麼令人信服之類的。」他補充提到，9 月升息「有相當充分的理由」，雖然那尚未確定。[7]由於大家普遍認為紐約聯邦準備銀行總裁與聯準會副主席是 FOMC 中影響力僅次於主席的成員，他們的公開評論顯示，FOMC 正舉棋不定。

結果，FOMC 在 9 月的會議上維持聯邦資金利率不變。聲明中指出，FOMC 正在「關注國外的局勢發展」，這裡的國外指的是中國。不過，十七名參與者中，有十三名持續預測年底前會升息。在記者會上，葉倫說明了 FOMC 按兵不動的原因，她指出，中國讓人民幣貶值後，金融狀況緊縮（包括股價下跌、美元進一步升值）可能會減緩美國經濟。但顯然FOMC 與市場參與者都想知道，人民幣貶值究竟是不是在暗示中國的經濟更加疲軟，所以可能對發展中國家及其他出口中國的國家造成影響？由於很少人預期美國會在任何情況下迅速緊縮貨幣政策，暫且按兵不動似乎是值得的。

12 月 FOMC 開會時，情況變得比較明朗。對中國的擔憂已經平息了，美國的經濟前景有所改善，金融市場也已經反彈。近 10 年來，FOMC 首次把聯邦資金利率的目標調升至 0.25% 到 0.5% 的區間。記者會上葉倫指出，FOMC 為升息設定的標準已經達到了——勞力市場大幅改善，且有充分的理由相信通膨率正回升至 2%。2015 年 11 月的失業率是5%，是大衰退後高峰值的一半。她承認，FOMC 的許多參與者認為，通膨率要等到兩年多以後的 2018 年才會達到聯準會的目標。但是，她的解釋就像葛林斯潘的先發制人策略：「要是 FOMC 延遲啟動政策正常化太久，我們可能不得不在某個時點突然緊縮政策，以防經濟過熱及通膨明顯

超標。那種突然的緊縮可能會增加把經濟推入衰退的風險。」[8] 換句話說，達到及維持充分就業的最好方法，是確保通膨控制得宜。

FOMC 的參與者也抱持著同樣的思維，繼續預測利息緩慢但會穩定調升——2016 年升息一碼四次，2017 年再升息一碼四次。如果那些升息都確實發生，聯邦資金利率將突破 2%——依然很低，但至少可望擺脫零利率下限的牽制。然而，後來再度證實，這個預測還是太樂觀了。

▍ 小衰退與英國脫歐

第一次升息後，幾個事件阻止了聯準會的行動。首先，雖然聯邦基金利率維持在很低的水準，FOMC 透過演講及利率預測，傳達了未來至少還會再緊縮兩年的訊息。市場與經濟都對此做出很糟的反應——這也再次證明，在貨幣政策方面，措辭可能與行動一樣重要。對仍在復甦的經濟來說，聯準會的緊縮計劃似乎有點過頭了。

2018 年 9 月，財經記者尼爾・艾爾文（Neil Irwin）在《紐約時報》（*New York Times*）的專欄中，思考 2015 年 12 月的升息後果，並稱之為「2015–16 年的小衰退」。艾爾文寫道，聯準會採取行動才短短幾週，「全球市場就傳出一個訊息：動作別那麼快。美元持續走強，大宗商品的價格持續走跌，S&P 500 指數在 1 月底與 2 月初的三週內跌了約 9%，債券殖利率暴跌，可見美國面臨衰退的風險。」[9] 雖然 2016 年初美國的經濟不斷成長，失業率持續下降，但這場小衰退反映在商業投資、能源與農業（隨著油價與大宗商品價格的下跌）、製造業（美元走強不利出口）的減緩上。FOMC 注意到金融狀況收緊以及成長有所減緩，所以在 2016 年 1 月的會議上維持聯邦資金利率不變。

小衰退與隨之而來的金融動盪，後來證明是短暫的，主要是因為隨後

兩個事態的發展。首先，2 月下旬，G20 的財長與央行首長在上海開會兩天後，中國了採取行動支持國內經濟。它降低了銀行必須以現金與流動準備金的形式持有的資產比例，藉此鼓勵銀行放款。它也澄清了未來將如何管理人民幣，藉此平息了眾人對於人民幣可能繼續貶值的擔憂。第二，3 月時，FOMC 不僅像 1 月那樣維持聯邦資金利率不變，還調整了立場，偏向鴿派。政策制定者把 2016 年預期升息的次數從四次減為兩次。由於聯準會的做法變得更加謹慎，加上美元走強進一步拖累美國出口的可能性降低，市場終於鬆了一口氣。

1985 年，時任聯準會主席伏克爾曾幫忙協商廣場協議，該協議的目的，是為了壓低強勢美元，而且是正式且公開的。2016 年，市場的觀察人士也開始臆測，G20 會議上達成了一項非正式的祕密協定，稱為「上海協議」。該協議就像廣場協議一樣，目標是降低美元的匯率。那個論點認為，由於人民幣與美元連結，美元走弱有助於降低人民幣高估的程度，對中國有利。美國低迷的製造業也會因此受惠；此外，隨著大宗商品價格的上漲，美國的農民與能源生產商也會受惠。當時市場的臆測如下：聯準會已經同意採取比較寬鬆的政策立場，來換取中國澄清它不會讓人民幣進一步貶值。大家也臆測，日本與歐洲亦參與了協議，並同意不讓本國貨幣兌美元貶值。

葉倫接受艾爾文訪問時坦承，美國與中國官員確實在上海廣泛討論了全球經濟，那是國際會議的慣例。但她指出，雙方並沒有達成任何祕密協議——沒有承諾，也沒有明確協定。我參加過許多類似的會議，我相信那是事實。任何聯準會主席都不會去做那種協議，因為那樣做是不當地搶先行動，無視 FOMC 與國會的監督責任。葉倫無法保證 FOMC 同意任何協議，也無法保證 FOMC 個別參與者的利率預測與協議一致。總之，撇開

陰謀論不談，2016 年初，中美兩國的政策確實轉向擴張發展。

2016 年的春季，英國脫歐（英國退出歐盟的提議）進一步延遲了美國貨幣政策的正常化。預定於 6 月 23 日舉行的公投看來勢均力敵。由於擔心公投結果會對金融市場與全球經濟產生影響，FOMC 決定維持利率不變。結果顯示，公投決定脫歐後所掀起的金融動盪，導致葉倫取消了去葡萄牙參加歐洲央行年度論壇（相當於歐洲央行的傑克森霍爾年會）的行程。英國脫歐的不確定性——它將在何時發生、以何種形式發生、對經濟有什麼影響——在未來幾年一直是個令人擔憂的問題。

評估「新常態」

2016 年年中，葉倫擔任聯準會主席已兩年半，她只主導了一次升息，遠遠低於許多 FOMC 成員的預期，包括她本人。這種緩慢的升息步調，可以解釋為合理的謹慎行事及國外局勢發展出乎意料的結果。然而，小衰退也暗示了另一種解釋——緊縮政策計劃一開始抱負太大，美國經濟的架構變化需要一種更謹慎的方法。FOMC 的參與者在葉倫及其繼任者鮑爾的領導下，將逐漸轉向這樣的觀點。

《華盛頓郵報》的依蘭・梅（Ylan Mui）在 2016 年 7 月的報導〈為什麼聯準會正重新思考一切〉中強調了聯準會的觀點轉變。[10] 誠如報導所述，在我的任內以及葉倫上任之初，聯準會常把大衰退後的緩慢復甦步調歸因於「阻力」，包括限制性的財政政策、依然吃緊的信貸、房市泡沫破滅後未售屋過剩。這種診斷隱含著一種想法：阻力減弱時，經濟成長就會加快。然而，隨著時間的推移，經濟成長依然緩慢。於是，聯準會的官員開始更重視一種可能性——這符合薩默斯的長期停滯假說——美國經濟的

長期成長潛力其實已經下滑。

長遠來看，一個經濟體的生產潛力由兩個因素決定：勞力規模，以及每個工人能生產的商品與服務的數量（勞力的生產力）。在大衰退的復甦過程中，這兩者的成長率都變慢了。勞力成長減緩主要是人口因素的結果（例如嬰兒潮世代老化），而且已在意料之中。反之，生產力成長減緩則是意料之外。FOMC 的許多成員，包括我，都曾把生產力的部分疲軟視為危機的後遺症。我們預期，隨著危機的消退，生產力的成長會回升。但其他人開始覺得經濟減緩會持續更久。例如，2016 年羅伯·戈登（Robert J. Gordon）在頗具影響力的著作《美國成長的興衰》（*The Rise and Fall of American Growth*）中指出，二戰後那幾十年間，美國生產力的成長之快，在歷史上非比尋常，那是把大量新技術做商業化應用的結果（從噴射機到電視皆然），這些新技術的民用發展曾因經濟蕭條與戰爭爆發而減緩。[11] 因此，戈登認為，近年來生產力成長減緩並不是一種反常現象，只是回歸比較正常的成長率罷了。過去幾十年雖然有網路熱潮，但戈登認為，這幾十年來的新技術不像 20 世紀中期的技術那樣為日常生活帶來變革。這種觀點固然沒錯，但考慮到人工智慧、生物科學等領域那些大有可為的創新，一、二十年後的狀況是否依然如此，目前還不太明朗。

總之，無論是什麼原因，危機後十年潛在成長減緩，代表新資本投資的報酬較低──這與全球儲蓄增加以及溫和的通膨等其他因素綜合起來，可以解釋為何自然利率 R* 明顯下降。當然，聯準會的官員知道，1980 年代以來，自然利率已大幅下降，這正是利率的有效下限變成一種挑戰的原因。如今大家才逐漸意識到，金融危機之後，自然利率可能會進一步下降。

從 FOMC 的角度來看，自然利率的估計值較低，支持他們減緩政策

緊縮的步調。根據定義，自然利率是指利率回歸至較正常水準的流程終點，較低的 R* 代表達到聯準會的就業與通膨目標需要較少的緊縮。此外，某個政策利率的效果，可以看該利率比自然利率低多少來衡量。自然利率較低時，把聯邦資金利率設在接近零的水準——雖然絕對值很低——可能不像 FOMC 所想的那麼有刺激效果。因此，誠如葉倫開始在演講與記者會上指出的，自然利率低是 FOMC 刻意減緩緊縮政策的另一個原因。經濟面臨低利率這種「新常態」（政策回歸到自然水準，可能看起來與過去截然不同），成了聯準會溝通一再出現的主題。

事實證明，重新評估自然失業率 u*，對政策一樣重要。自然失業率就像自然利率，也是政策制定的關鍵因素。FOMC 每位成員都知道大通膨的歷史，以及政策制定者試圖把失業率壓到 4% 或更低的效果（經濟學家現在認為，當時的自然失業率沒那麼低）。那些經驗如今警告大家，太快把失業率降至極低的水準，最終可能會使通膨加劇，破壞經濟穩定。

2016 年的自然失業率是多少呢？一方面，一些經濟學家擔心，大衰退的嚴重程度加劇了勞工技能與企業需求之間配對不良的問題，也增加了經濟的不確定性，可能會提高自然失業率，至少會暫時提高。[12] 但另一方面，勞力老化（年齡較大、更有經驗的勞工通常失業率較低）以及公司與勞工之間的配對改善（例如透過求職網站）等因素，理當會使自然失業率下降。由於自然失業率無法直接觀察，又受到許多因素的影響，經濟學家早就發現，現有 u* 的估計值難免不太準確。[13]

葉倫引用她從前身為勞工經濟學家的經驗，常常主張失業率不該成為衡量勞力市場疲軟的唯一指標，尤其是在有嚴重壓力或架構變化的時期。在公開發言中，她提出許多替代性的勞力市場指標，例如勞力參與率、想做全職工作的兼職人口、自願離職率（衡量勞工換工作的自信）等。[14] 聯

準會的觀察人士開始定期更新葉倫的勞力市場「儀表板」，以期更了解聯準會對勞力市場狀況的看法。[15]

2016 年年中，失業率已降至 5% 以下，而且仍持續下滑。雖然失業率持續下降，但通膨依然溫和（相對於目標水準而言，其實太低），聯準會幕僚與 FOMC 的參與者開始下調他們對自然失業率的估計。較低的自然失業率代表經濟可以在不加劇通膨的情況下變得更加熱絡，因此，就像較低的自然利率一樣，那表示經濟復甦時，比較不需要緊縮政策。所以，FOMC 可以按兵不動，讓勞力市場轉強，不必擔心通膨。

季度的經濟預測摘要中，可以看到 FOMC 對這兩個關鍵變數做了重新評估，其中包括參與者對長期聯邦資金利率（自然利率的衡量標準）與長期持久失業率的估計（可解讀成對自然失業率的估計）。表 8.1 顯示 2012 年至 2021 年這些估計值的演變。[16]

表 8.1　FOMC 對長期失業率與利率的估計

年	自然失業率	自然利率
2012	5.2–6.0	4.25
2013	5.2–6.0	4.0
2014	5.2–5.5	3.75
2015	5.0–5.2	3.75
2016	4.7–5.0	3.0
2017	4.5–4.8	3.0
2018	4.3–4.6	2.9
2019	4.0–4.4	2.5
2020	4.0–4.3	2.5
2021	3.8–4.3	2.5

資料來源：每年 6 月的經濟預測摘要。自然失業率是預測的長期失業率（這是中間趨勢，剔除最高三個與最低的三個預測）。自然利率是預期的長期聯邦資金利率（中位數）。

FOMC 估計，整個期間的自然失業率與自然利率都會下降。考慮到這些重新評估，就比較容易了解為什麼在葉倫任期的頭三年升息步調緩慢。FOMC 正在即時了解，經濟需要多少緊縮，以及經濟能夠承受多少緊縮。[17]

菲利浦曲線已死？

葉倫時代的政策思維超越了自然利率與自然失業率，探究一個更廣泛的問題：1960 年代以來聯準會採用的通膨基本模型「菲利浦曲線」依然有效嗎？或者，就像許多評論者的質問：菲利浦曲線是否已死？

我們回顧一下，菲利浦曲線描述的是通膨（無論是以薪資或以消費價格來看）與經濟不景氣的指標（如失業率）之間的關係。它道盡了一種直覺：勞力與產品市場吃緊時，薪資與價格往往會漲得更快，表示失業率與通膨之間有權衡取捨的關係。

傳統的菲利浦曲線似乎解釋了 1960 年代末期美國通膨上升的原因。然而，誠如第 1 章所述，1970 年代更高的通膨促使經濟學家對原始的曲線做出兩個修正：第一，傳統的菲利浦曲線暗中假設，經濟主要受到需求衝擊的打擊，需求衝擊會把物價與就業推向同一方向。但油價大漲之類的供給衝擊也有可能發生。供給衝擊可能會推高物價，但會降低就業率，導致停滯性通膨（高通膨與高失業率的組合）。第二，傳統的菲利浦曲線也忽略了通膨預期的變化。但是，如果大家因過往的經驗而預期高通膨（如 1970 年代那樣），那些預期可能會自我應驗，因為勞工會要求更高的薪資以維持購買力，企業會藉由提高售價來彌補更高的成本。

1980 年代初期，伏克爾時代的聯準會為了打擊高通膨而採取緊縮政

策，導致失業率大幅上升，所以傳統的菲利浦曲線關係再次獲得證實。不過，經濟學家一致認為，1990 年左右，或更早一點，通膨行為與菲利浦曲線本身的性質發生了重大變化。就像 1960 年代一樣，1990 年代的經濟成長強勁，失業率較低，但與 1960 年代不同的是，1990 年代的通膨率一直很低又很穩定。這其中有部分可能是葛林斯潘高明管理的結果，有部分可能是因為當時沒有充分意識到自然失業率下降了。但是，至少如今回顧過往，證據強而有力地顯示，通膨行為本身正在改變，而且至少以兩種不同的方式發生變化。

第一，約莫 1990 年以後，通膨面對失業率（或其他衡量經濟疲軟程度的指標）的短期變化，反應開始不如以往。從圖表上來看，菲利浦曲線（通膨與失業率的短期關係）似乎「變平了」。[18] 通膨對勞力市場疲軟的反應微弱，在整個大衰退時期及隨後的復甦期間都持續存在，且在 2008 年以後變得更弱。我擔任主席的期間，儘管聯準會的內部預測者及 FOMC 的參與者都很清楚過去 20 年通膨行為的變化，但他們看到金融危機後，即使失業率上升至 10%，通膨卻只是溫和地下降，都感到很意外。[19] 在葉倫的任期內，隨著聯準會準備緊縮政策，通膨之謎又重新浮現，但方向正好相反。儘管勞力市場有所改善，但通膨率依舊低於目標水準，也低於聯準會的預測。自然失業率的估計值下修，加上各種特殊因素（例如聯邦醫療保險的報銷費率或手機費率的一次性改變）幫忙解釋了一些預測失誤。但是許多人還是覺得，傳統的菲利浦曲線關係似乎已經消失。

通膨行為的第二個重要變化是，約莫 1990 年以後，通膨似乎一年比一年穩定多了。雖然油價大幅變化之類的經濟衝擊仍有可能暫時推動整體通膨上升或下降，但往往會迅速恢復到預先設定的水準，不像 1970 年代那樣迅速惡化到新的水準。[20] 由於「正常化」政策需要把通膨率提高到 2%

的目標，葉倫時代的聯準會與一般的經濟學研究人員開始關注通膨的動態如何改變，以及為何改變。[21]

最近的研究從過往經驗探索通膨與失業率之間的短期關係，他們的結論是，菲利浦曲線依然存在。例如，分析許多國家以及美國各州與大都會地區的資料後發現，通膨對疲軟的衡量指標依然有所反應，只是反應不像過去那麼強烈。[22] 然而，對於失業與通膨之間的關係為何減弱，大家的看法不一。一些研究認為，菲利浦曲線之所以變平，與經濟架構的變化有關。例如，一些經濟學家認定，日益明顯的全球化使菲利浦曲線變平了，因為在許多國家銷售產品的公司，就算在國內也面臨外國公司的競爭，比較不可能只根據國內的經濟狀況來提高價格。[23] 另一個看似合理的論點認為，如今通膨對市場疲軟的反應較小，因為消費者現在消費較多不太受到市場力量影響的商品與服務，例如醫療保健——這些商品與服務的價格如今大多由政府的政策決定。[24] 還有另一種可能性是，由於勞力市場的長期變化（例如工時靈活的工作變多了），再加上社會對家庭分工的預期不再那麼僵化，現代人遇到經濟狀況改變時，可以更自由地進出勞力市場。也就是說，勞力供給更有彈性，因此需求的變化所造成的薪資變化比以前少。

儘管我們無法完全確定，通膨對失業的短期反應變弱究竟是什麼原因造成的，但我們現在更了解通膨行為的另一個重要變化：在沒有重大的供給衝擊下，通膨通常會持續維持穩定。這種改變之所以會出現，最令人信服的原因是貨幣政策的施行——具體來說，是 1980 年代伏克爾打擊通膨後，聯準會恢復了公信力。伏克爾成功壓低通膨後，後續三十年間，聯準會一直維持著穩定的低通膨，有助於把大眾的通膨預期固定在較低的水準。一旦貨幣政策可信，大家對通膨的短期變化往往反應較小，他們預期

通膨最終會逆轉，而這種預期也會自我應驗。[25]

通膨動態的這些變化——菲利浦曲線變得較平及更穩定的通膨預期——對貨幣政策與經濟有什麼影響？優點是，隨著通膨變得更穩定，而且不太可能對失業率的變化做出反應，貨幣政策的制定者有更大的空間來寬鬆政策，因應經濟衰退。同理，當衰退真的發生時，也不太可能把通膨率降至不當的低水準。穩定的通膨預期也讓貨幣政策的制定者有更大的空間來「沉著看待」油價上漲等暫時的供給衝擊，不必擔心這些衝擊提高通膨預期而導致整體通膨長期上升，像 1970 年代那樣。（相對，普遍且長期的供給衝擊則是比較嚴峻的挑戰，例如 2020–21 年新冠疫情後，伴隨經濟重啟而來的衝擊。）整體而言，近幾十年來通膨行為的改變，應該會讓政策制定者達成平均而言比較穩定的通膨及更健康的勞力市場。這些結果是伏克爾在 1980 年代恢復聯準會抗通膨信譽最重要的成果。

然而，這也有不利的一面。菲利浦曲線變平，表示通膨不再是經濟過熱的可靠指標。萬一通膨過高，把通膨降至目標水準的成本（以失業率計算）可能比過去還高。儘管聯準會對抗通膨的信譽使它在短期內有更大的餘裕去寬鬆政策，但長期來看，這種信譽就像一種資本資產，不維護就會折舊。聯準會仍必須確保通膨不會偏離目標太多或太久，並確保萬一它遭到衝擊，一定會隨著時間經過，逐漸回歸目標水準。以下做法有助聯準會維持通膨信譽：設定一個正式的通膨目標；建立一個政策架構，以釐清如何隨著時間的推移達成通膨目標；仔細追蹤通膨預期；最重要的是，貫徹執行維持物價穩定的承諾。

恢復升息

2016 年年中，隨著失業率持續下降，小衰退結束，FOMC 內部要求採取行動的壓力愈來愈大。6 月，就在英國脫歐公投之前，FOMC 一致投票決定繼續按兵不動。但 7 月的會議上，堪薩斯城聯邦準備銀行總裁喬治對維持不變投下反了對票。9 月的會議上，克利夫蘭聯邦準備銀行總裁洛麗泰‧梅斯特（Loretta Mester）與波士頓聯邦準備銀行總裁艾瑞克‧羅森格倫也跟著投下反對票。以 FOMC 的標準來看，七比三的投票結果（理事會有兩個席位空缺）算是正反兩方很接近的比數。

雖然 9 月 FOMC 維持利率不變，但其聲明指出，勞力市場正在改善，經濟成長也在加快；此外，它強烈暗示，危機後的第二次升息不遠了：「FOMC 推斷，提高聯邦資金利率的理由已增強，但暫時決定等待進一步的證據，以證明局勢的發展會繼續朝著目標邁進。」事實上，FOMC 的十七名參與者中有十四人預計，當年年底，聯準會至少會升息一碼。

如果再次升息的可能性那麼大，那為什麼 FOMC 不在 9 月升息？葉倫之前曾引用葛林斯潘那套先發制人打擊通膨的概念，現在她巧妙地轉向葛林斯潘的風險管理方法，但多加了利率接近有效下限而產生的變化。她在記者會上表示，由於聯邦資金利率接近零，風險是不對稱的。如果經濟表現比預期強勁，為通膨帶來初步的上升壓力，聯準會總是可以透過升息多一點來彌補。但萬一經濟表現不如預期，那麼聯邦資金利率已逼近下限將使聯準會很難因應，至少很難利用傳統方法因應。她認為，這種風險的不對稱性加強了聯準會應謹慎行事的理由。她的論點隱含著一種假設：如果通膨真的出現了，它也會緩慢地出現，不需要用連續快速升息來控制。事實證明，這種假設是正確的，因為核心通膨率持續在目標2%以下波動。

當 FOMC 終於在 12 月 14 日採取行動時,失業率已降至 4.7%,接近 FOMC 當時對自然失業率的估計(參與者估計的中位數是 4.8%)。升息一碼(升到 0.5% 至 0.75% 的區間)的投票結果是一致通過。然而,會後聲明的基調依然維持鴿派。聯準會表示,進一步升息可能是漸進的,並重申「聯邦資金利率可能會有一段時間維持在預期的較長期水準之下」,亦即低於自然利率。

不過,聯邦資金利率的預測值中位數就沒那麼溫和了。經濟預測摘要顯示,FOMC 的參與者預計,2017 年將有三次升息。這回,事實證明點陣圖是正確的。FOMC 在 3 月、6 月、12 月分別升息了一碼,年底的目標區間是 1% 至 1.5%。經濟撐過了緊縮,2017 年 12 月,失業率降至 4.1%。

2017 年,聯準會的資產負債表終於開始縮小。6 月,FOMC 以之前的原則聲明為基礎,公布了縮減如何進行的更多細節。從 10 月開始——恰好是 QE3 結束 3 年後——它將把到期證券的部分資金再投資於新證券。資產負債表的每月縮減將有上限,但縮減額將隨著時間經過逐漸增加。誠如之前宣布的,聯準會不會出售未到期證券。這種被動、可預測的方法是為了把市場的不確定性降到最低,但就像費城聯邦準備銀行總裁派翠克・哈克(Patrick Harker)形容的,「像看著油漆變乾」那樣枯燥乏味。[26] 政策制定者希望市場參與者不要像縮減購債恐慌期間那樣,對聯邦資金利率的可能走向做出沒必要的推斷。但對於資產負債表將於何時停止縮減,該計劃依然沒有提出明確的指引。確切的時機取決於幾個未知數。最重要的是,FOMC 對於如何控制短期利率最好,需要做出技術性的決定——這些決定會對資產負債表該有的規模產生影響。

FOMC 那種「看著油漆變乾」的縮表方式,代表著這個流程將很緩慢——實務上,資產負債表的縮減大多是鮑爾上任兩年後才發生的,鮑爾

的任期始於 2018 年。

政治：國會關係與川普的再次任命決定

我擔任主席的期間，聯準會因為危機前的監管失靈、危機期間為瀕臨倒閉的金融公司紓困及採取其他的特殊行動，以及使用量化寬鬆與其他新的貨幣工具，而在政治上一直遭到攻擊，尤其是來自國會的抨擊。聯準會與國會的不穩定關係，也延續到葉倫的任內。

葉倫跟我遇到的情況一樣，雖然民主黨的議員常尖銳地批評聯準會的監管政策對銀行過於友好，但共和黨議員依然是最猛烈的批評者。2014年 2 月 11 日，葉倫才宣誓就職八天，就嘗到了這種滋味，就在每半年一次、由聯準會主席向參眾兩院監督委員提交貨幣政策報告證詞的場合。聯準會主席的證詞通常限制在三小時左右。然而，眾議院金融服務委員會的主席傑布·亨薩靈（Jeb Hensarling，德州共和黨）逼葉倫開了長達 6 小時的聽證會，其間大多是充滿敵意的提問，感覺就像是給新人下馬威的欺凌儀式。

葉倫任期內，聯準會與國會的許多爭執，大多是為了一些無關緊要的議題。至少相較於聯準會該如何緊縮貨幣政策及何時緊縮貨幣政策等關鍵決定，那些議題根本無足輕重。例如，共和黨的眾議員抨擊葉倫 2014 年10 月發表的貧富差距演講，共和黨人認為那是在支持自由派政策（葉倫回應，她的演講不包含任何政策建議）。亨薩靈也製造了一些與聯準會有關的負面新聞，藉此對葉倫施壓。他頻繁公開要求 2012 年 10 月 FOMC機密資訊外洩的相關資訊——那是我任內發生的事情。邁德利環球顧問公司（Medley Global Advisors）發布的投資者通訊中，包含了 FOMC 討論

QE3 的非公開資訊。我下令進行內部調查,但找不到洩漏風聲的源頭。不過,美國商品期貨交易委員會(Commodity Futures Trading Commission)啟動了一項內線交易調查案,最終把這件事提交到聯邦檢察官的辦公室,讓他們啟動刑事調查,但沒有提出控告。2017 年 4 月 4 日,里奇蒙聯邦準備銀行總裁萊克突然辭職,坦承他與報導那次機密商議的通訊主筆交談過。[27]

儘管聯準會與國會的關係緊張,但在葉倫任內,聯準會沒有遭到重大的立法改革。參議員保羅(肯塔基州共和黨)繼續推動「稽核聯準會」的立法,該立法將使聯準會的貨幣政策決定受到國會的審查。2015 年,參議員伊莉莎白・華倫(Elizabeth Warren,麻州民主黨)與大衛・維特(David Vitter,路易斯安那州共和黨)提議進一步限制聯準會在金融危機中擔任最後貸款人的能力。[28](他們認為,聯準會的貸款犧牲了一般大眾,為金融業提供不公平的援助。不過,他們沒考慮到,一般大眾的福祉其實有賴一個正常運轉的金融體系。)上述兩項提案都沒有通過。

2016 年 9 月,亨薩靈提出《金融選擇法案》(Financial CHOICE Act)。該法案的修訂版於 2017 年 6 月在共和黨占多數的眾議院中通過,主要目標是取消 2010 年的《多德-弗蘭克法》的某些改革,也納入了保羅「稽核聯準會」的立法。最激進的是,該法案將要求 FOMC 宣布一項數學政策規則,以證明其利率選擇的合理性,並在每次會後向聯準會的參眾兩院監督委員會及美國政府問責署報告。預設的政策規則是由經濟學家約翰・泰勒制定的簡單法則,那項法則只把聯邦資金利率的變化和當前的通膨率及失業率連在一起。按規定,FOMC 必須根據法則設定利率,或為任何偏離的狀況提出理由。

亨薩靈的提議再次掀起貨幣政策應該依循法則、還是該視當下情況採

取權衡的議題。前面提過,支持依循法則的人認為,依循法則可以增加聯準會利率決定的可預測性與問責制;反對者認為,依循法則將使政策制定者幾乎沒有或根本沒有空間來因應不尋常的情況(例如金融恐慌)或經濟架構的變化。2017 年 1 月,葉倫在史丹佛大學的一場會議上大力反對依循法則。法則的主要支持者泰勒也出席了那場會議。[29] 葉倫坦承,簡單的政策法則「有助於提供廣泛的指引」,但死板地依循法則可能產生非常糟的結果。她指出,以當時的失業率與通膨率為例,標準的泰勒法則所指定的聯邦資金利率,將遠遠高於 FOMC 認為合理的水準,她也解釋了為什麼 FOMC 會做出不同的選擇。此外,泰勒法則只顯示聯邦資金利率的值,並未考慮短期利率的有效下限,也沒有考慮量化寬鬆等替代工具的潛在使用。

《金融選擇法案》的立法後來沒有成立,不過,葉倫與亨薩靈針對法則議題達成了某種和解。聯準會開始在半年度的貨幣政策報告中定期發布一個欄位,討論簡單法則在聯準會的政策制定過程中的作用(本質上,法則作為基準與參考架構),並比較 FOMC 的政策決定與五種替代法則的預測。在 2017 年 7 月的聽證會上,亨薩靈表示自己對這些新資訊「非常振奮」,雖然他還是敦促聯準會針對它為何偏離那些法則提出更完整的解釋。[30]

就像 2012 年共和黨的總統候選人抨擊聯準會與我個人那樣,2016 年的總統大選也為葉倫帶來了攻擊。候選人川普批評葉倫是一個「非常政治化的人」,說她維持低利率是為了取悅歐巴馬總統,說她應該為自己「製造虛假的股市」感到羞愧。[31] 大選的前幾天,川普為一支大家普遍認為反猶太的電視廣告配了旁白。那支廣告打出聯準會的徽章,除了詆毀川普的對手希拉蕊·柯林頓,也詆毀了三位金融相關人士(都是猶太人):高盛的勞埃德·貝蘭克梵(Lloyd Blankfein)、匈牙利裔美籍的投資人喬治·

索羅斯（George Soros），以及葉倫。廣告配樂充滿不祥的氣息，當葉倫的照片出現時，川普的旁白正好說到「全球特殊利益」等字眼。[32]

當選總統後，川普暫時放過了聯準會。在他宣誓就職十八天後，也就是 2017 年 2 月 7 日，他在總統辦公室內與葉倫短暫會了面。《華爾街日報》引用一位匿名消息人士的說法，說川普在會上告訴葉倫，她做得很好；還說葉倫跟他自己一樣，是個「低利率的人」。[33] 而且，可能是受到川普國家經濟委員會第一任主席蓋瑞・科恩（Gary Cohn）的影響，川普在任期之初並沒有在推特上發布與聯準會或貨幣政策有關的推文。葉倫卸任後曾在一次訪問中提到，在她的任內，川普於公於私都沒有試圖影響聯準會的決定。[34]

葉倫的四年任期持續到 2018 年 1 月。儘管川普在競選期間對她提出嚴厲的批評，但他似乎有可能再度任命她（「低利率的人」）擔任主席，因為有很多先例可循。伏克爾、葛林斯潘與我都獲得反對黨總統的再次任命。據悉，川普的聯準會主席人選最後有四人：葉倫、泰勒、前理事會成員凱文・沃許（Kevin Warsh）以及現任理事會成員鮑爾。這四人在政府中都有支持者，但鮑爾有財政部長史蒂芬・梅努欽（Steven Mnuchin）的大力支持。

川普曾在競選期間表示，他當選後可能會找個共和黨人來取代葉倫。2017 年 11 月 2 日，川普落實了當時的說法，提名鮑爾在 2018 年 2 月接任聯準會主席。於是，葉倫打破了傳統，未受邀參與白宮玫瑰園的提名儀式。據媒體報導，政府當局認為鮑爾與葉倫（及川普）的鴿派貨幣政策傾向一致，但可能會更支持政府放鬆監管的理念。反之，2017 年 8 月葉倫在傑克森霍爾的演講中，讚揚了危機後的金融改革，並呼籲大家「時時牢記」危機的教訓。[35]

第9章
鮑爾與川普

　　繼三位擁有經濟學博士學位的主席之後，鮑爾為主席這份工作帶來了不同的背景。鮑爾生於華盛頓特區，畢業於普林斯頓大學與喬治城大學法學院，曾在喬治城法學院擔任法學評論的編輯。畢業後，他前往投資公司狄龍瑞德（Dillon, Read & Company）工作，成為該公司的董事長尼古拉斯・布雷迪（Nicholas Brady）的得意門生。老布希總統任命布雷迪為財政部長時，鮑爾隨著布雷迪來到華盛頓，擔任高階職位。在財政部，鮑爾監督所羅門兄弟（Salomon Brothers）的調查與制裁（該公司的交易員在新公債拍賣中提交了假報價）。1997 年到 2005 年，鮑爾是私募股權公司凱雷集團（Carlyle Group，總部位於華盛頓）的合夥人，在那之後，鮑爾成為華盛頓兩黨政策中心（Bipartisan Policy Center）的訪問學者。2011 年國會為了政府債務上限爭論不休的那段期間，他在兩黨政策中心幕後工作，指導議員了解國家債務違約的風險。

　　2012 年 5 月，歐巴馬總統任命鮑爾為聯準會理事。歐巴馬同時提名了共和黨人鮑爾與民主黨的哈佛大學教授傑瑞米・施泰因為聯準會理事。他把兩人配在一起提名，以增加施泰因獲得國會批准的機率。當時我

仍是主席，對這兩項人事任命都很滿意。兩位新理事都能力卓越，渴望貢獻所長。我常在辦公室裡與他們會面（我們有一個半定期的週六上午會議），討論貨幣政策與經濟。

2012 年宣布 QE3 時，我曾說服施泰因與鮑爾支持 QE3，雖然他們都抱持保留的態度。他們兩人與理事貝琪・杜克及幾位準備銀行的總裁一樣，都擔心 QE3 的效果及潛在的金融穩定風險。FOMC 的意見分歧，導致 FOMC 對無限制 QE 的承諾不夠充分，混淆了我們的溝通，也多多少少引發了 2013 年的縮減購債恐慌。不過，鮑爾不是會只高談虛論，隨著經濟持續復甦，新的金融危機或其他嚴重的副作用沒有出現，他改變了觀點。在 2015 年 2 月的一次演講中，當時他還是理事，他說：「我也曾對進一步購買資產的效果與風險表達過疑慮，但我們讓資料自己說話吧：目前為止的證據清楚顯示，這些政策的效益很大，且風險並未發生。」[1]

在擔任理事那五年多的時間裡，鮑爾證明了他的能力與投入。他埋首研究貨幣政策，也研究金融監管與金融「管道」（financial "plumbing"，指執行及記錄交易的關鍵基礎設施）等沒那麼引人注目且技術性較高的議題。因此，他相當有資格接任主席這個新職務。川普提名鮑爾後，鮑爾在參議院以八十四對十三的票數大幅領先，獲得批准。在 2018 年 2 月 5 日的宣誓儀式上，鮑爾指出聯準會獨立性的重要——聯準會「長期、無黨派的傳統，只根據現有的最佳證據做客觀的決定」。[2]

鮑爾不是聯準會領導層唯一的新成員。2017 年 7 月，川普提名資深的政策制定者兼投資者蘭德爾・奎爾茲（Randal Quarles）擔任監督副主席（這是《多德－弗蘭克法》設立的新職位）。2018 年 4 月，川普提名大名鼎鼎的哥倫比亞大學經濟學家理查・克拉里達（Richard Clarida）為理事會副主席。2018 年 6 月，達德利從紐約準備銀行總裁一職退休，由舊金

山準備銀行總裁威廉斯接替其位。威廉斯曾在聯準會和舊金山準備銀行長期擔任貨幣經濟學家。

　　誠如上一章所述，從政府的角度來看，鮑爾勝過葉倫的理由，主要在於眾人認為鮑爾對總統放鬆管制的政策理念抱持開放的態度。然而，在監管議題上，鮑爾大多會堅持中間的立場。他與奎爾茲合作，想辦法減輕監管的負擔，並使聯準會的規範與監督合理化，包括簡化對所有銀行的資本與壓力測試要求（最大的銀行除外）。莉奧·布蘭納德（Lael Brainard）是歐巴馬提名的理事中，唯一還留任的人。她反對鮑爾任內提出的許多監管改革，並認為那些改革削弱太多必要的保護。顯然，鮑爾比葉倫（或布蘭納德）更支持監管鬆綁，在他的任內不會有重大的監管計劃。然而，另一方面，鮑爾也沒有興趣拆除危機以來由《多德－弗蘭克法》與國際協議建立的強化監管架構，他說：「整個概念是為了保存……重要的核心改革。」[3]

致力「正常化」

　　貨幣政策方面，鮑爾上任沒多久就明確表示，儘管總統有自己的偏好，他打算繼續朝更中性或「正常」的政策立場逐步邁進。2018 年 3 月是他擔任主席以來第一次的會議，FOMC 一致投票決定再升息一碼，把聯邦資金利率的目標區間提高到 1.5%–1.75%。十五名參與者中，有十二人預計 2018 年將再升息一碼兩三次，2019 年升息一碼的次數會更多。鮑爾在記者會上表示：「逐步縮減貨幣政策寬鬆的流程為經濟帶來很大的助益，而且這助益應該會持續下去。」[4] 他指出，葉倫時代從 10 月啟動的資產負債表縮減也會繼續下去。

FOMC 的參與者預計，經濟成長將持續高於趨勢水準，失業率將維持在低檔，這部分反映了前一年 12 月川普簽署的企業與個人減稅措施可能帶來的振興效果，也是繼續收緊政策的理由。川普貿易戰的一些早期攻勢帶來了風險——2018 年 1 月對進口洗衣機與太陽能面板徵收關稅；3 月對進口鋼鐵與鋁徵收關稅——但鮑爾表示，目前為止，那些關稅還沒有影響到更廣泛的經濟前景。6 月，FOMC 委員會再升息一碼，把聯邦資金利率的目標區間上調至 1.75%–2%。

川普總統宣布提名鮑爾當主席之際，曾稱讚鮑爾「很強大，全力以赴，精明幹練」。鮑爾上任的頭五個半月裡，川普從未對貨幣政策發表過任何意見。但蜜月期於 2018 年 7 月 19 日結束，那天川普接受 CNBC 採訪時表示，他對聯準會的升息「不太滿意」。一天後，川普在推特上發文哀歎：「美國正在升息，美元日益走強——帶走了我們（對中國與歐盟）的強大競爭優勢。」[5] 此後，他將持續公開批評聯準會的政策決定——這與尼克森以後的總統常態大相徑庭（僅少數例外狀況）。川普的抱怨也推翻了他在競選期間的說法；他曾說，寬鬆的貨幣政策製造了「虛假」的股市。

鮑爾因應川普的策略是多管齊下。就像他在宣誓儀式上以及更早之前宣布提名時所做的，他常公開強調，獨立性讓聯準會根據客觀的資料與分析，做出符合大眾利益的決定，不受短期政治考量的影響。為了幫大家更了解聯準會在做什麼、以及為什麼那樣做，他努力「以通俗易懂的語言」來說明聯準會的政策決定。他也宣布，從 2019 年 1 月開始，他將在每次FOMC 會議後舉行記者會，或每年舉行八次，而不是像我和葉倫那樣每季一次。他也堅定立場，避免對聯準會管轄權以外的政策發表評論——即便總統的貿易戰為經濟帶來風險，飽受經濟學家的抨擊。針對川普或其他政

客的批評，他一直拒絕直接回應。最重要的是，鮑爾努力培養關係、尋求國會對聯準會政策的支持，藉此平衡總統的攻擊。某次受訪時，他表示：「我會不厭其煩地造訪國會，會見議員，把國會的地毯走破。」[6]我與葉倫也花了很多時間透過電話與一對一的會議向議員說明我們的策略、回答問題。但鮑爾把這些努力提升至另一個境界，這些心血大幅改善了聯準會與國會兩黨的關係。

2018 年 8 月，鮑爾在擔任主席後第一次的傑克森霍爾會議上闡述了他的貨幣政策方法。他在演講中強調，政策制定者必須隨時注意我們對經濟架構的普遍不確定性。[7]FOMC 對自然政策利率（R＊）與自然失業率（u＊）的估計持續變化，就是反映這種不確定性的一種方式。他認為，由於我們所知有限，好的決策者必須態度謙遜、反應靈活。因此，他把葉倫時代聯準會採取的修正主義又向前推進了一步──從重新評估 R＊、u＊ 等關鍵變數的估計，變成強調政策制定者必須始終抱持開放的心態，根據新進的資料調整政策，即使（或尤其是）資料似乎與經濟模型不一致。

在演講中，鮑爾運用天文航海這個主題來討論 R＊ 與 u＊。他說：「觀測天體來決定航海方向，乍聽之下很簡單。然而，實務上，觀測指標來指引政策最近遇到很大的挑戰，因為我們對指標落點的最佳評估已經出現重大的變化……有時指標落點與我們所想的位置相去甚遠。」他舉例說明太相信預估指標的陷阱：1970 年代的政策制定者對他們估計的自然失業率過於自信，因此造成了大通膨。他認為，葛林斯潘的資料導向風險管理方法反而非常重視政策制定者對經濟的不確定感，並在 1990 年代幫聯準會推動了強勁的經濟成長，而且沒有引發通膨。當時我聽完演講，感覺鮑爾正在暗示聯準會將減少模型導向的預測與政策分析，而改用一種偏向不可知論的做法，更依賴葛林斯潘那種方式：深入探究經濟資料，以及來自商

界人脈與其他坊間的「在地」資訊。*

　　這一切對近期的政策決定有什麼含意呢？由於多年來，通膨率一直低於聯準會菲利浦曲線模型的預測，儘管聯準會多次試圖修補這些預測，但鮑爾可能把模型與指標落點的不確定性，視為停止或減緩貨幣緊縮的理由。不過，他在演講中明確表示，他並沒有得出這種推論。他反而主張，由於不確定性無可避免，緊縮過快或過慢都會帶來風險。因此，他總結，最好的政策就是延續葉倫那套逐步升息的政策，密切關注經濟發展，而且要有意願靈活地調整。誠如鮑爾演講所預示，FOMC 在 9 月再次升息，把聯邦資金利率的目標區間提升到 2% 至 2.25%。

　　2018 年 9 月的會議，是理事會新任副主席克拉里達的首次出席。理事會在 FOMC 會議中共有七席，但在克拉里達宣誓就職副主席之前，有近九個月的時間，理事會僅鮑爾、奎爾茲、布蘭納德三人出席 FOMC 會議。11 月，蜜雪兒‧波曼（Michelle Bowman）加入理事會，使出席FOMC 會議的理事人數增加至五人。波曼曾任堪薩斯州的州銀行事務督察長，以及其家族經營的社區銀行副總裁。她擔任理事符合《多德－弗蘭克法》的一項要求：一位理事必須具備在社區銀行任職或監管社區銀行的經驗。

　　除了奎爾茲、克拉里達、波曼以外，川普也提名了另外兩名符合傳統資格的理事人選：經濟學家馬文‧葛佛蘭（Marvin Goodfriend）與梁內利。葛佛蘭是卡內基‧梅隆大學的經濟學教授，曾是里奇蒙聯邦準備銀行的經濟學家；梁內利是聯準會金融穩定處的前處長。在參議院的民主黨

---

*　長久以來，FOMC 都會把個人人脈蒐集的坊間資訊納入考量，並於每次會議前，在所謂的「褐皮書」（Beige Book）中發布這些資訊的摘要。因此，鮑爾更加重視這些質性資訊，其實是把既有的策略更加發揚光大，而不是開創全新的方向。

議員與共和黨議員保羅的反對下，葛佛蘭的提名未獲批准（葛佛蘭於2019年12月因癌症病逝）。面對銀行業遊說者及參議院共和黨議員的反對，2019年1月梁內利退出考慮人選，後來她在拜登政府中成為財政部長葉倫底下負責國內財政的次長。

2018年12月19日，就在鮑爾擔任主席的第一年即將結束之際，FOMC把聯邦資金利率的目標上調至2.25%–2.5%。這是自三年前葉倫開始緊縮政策以來第九次升息一碼，也是鮑爾擔任主席期間第四次升息一碼。投票結果再次獲得一致通過。後來證實，這也是聯邦資金利率的高點，儘管FOMC並未改變先前的指引（「聯邦資金利率的目標區間進一步逐漸上調」將與其就業和通膨目標「保持一致」）。

那年秋天，市場一直不穩定，12月FOMC宣布升息之前，道瓊指數在兩週內跌了8.3%。鮑爾必然有考慮到市場動態，所以他在記者會上試圖對FOMC的升息及未來進一步升息的預測做出鴿派的解釋。他表示：「我們看到一些發展顯示，相對於我們幾個月前的預期，局勢可能有些減緩。」並指出，自9月的會議以來，「出現了一些相反的趨勢」，包括全球經濟成長減緩、金融市場的波動加劇、川普減稅的刺激力道減弱、整體金融狀況緊縮。他強烈暗示，FOMC取消進一步升息計劃的門檻很低。他也表明，最近一次的升息使聯邦資金利率「處於FOMC估計的較長期正常利率區間的下限」。[8] 10月初，PBS電視台的主持人茱蒂・伍德拉芙（Judy Woodruff）在上次升息一週後曾訪問鮑爾，當時他說：「目前我們距離自然利率可能還很遠。」[9] 12月的說法和10月那次受訪的說法形成鮮明的對比。另一方面，鮑爾也暗指計劃中的聯準會縮表是「自動運行」的，以示聯準會的資產負債表靈活度不足。[10]

儘管鮑爾努力減輕衝擊，但市場顯然認為聯準會緊縮過度，也緊縮得

太快——這個反應令人想起葉倫時代的小衰退事件。2018 年的四次升息與承諾 2019 年繼續升息，以及正在進行的資產負債表縮減（交易員稱之為「量化緊縮」），加在一起形成一次重大的預期緊縮。相較於鮑爾在傑克森霍爾採取的不可知論立場，或他在記者會上提到的經濟相反趨勢，這次 FOMC 的宣布似乎難以合理解釋。在宣布升息及記者會當天，道瓊指數下跌了 1.5%。12 月的會議結束後，市場持續下跌——那不僅是對聯準會動向的反應，也是因為眾人擔心全球經濟成長減緩、美中貿易的緊張局勢、企業盈利乏善可陳，以及川普與國會的民主黨人為了美墨邊境築牆的資金問題陷入預算僵局。12 月 22 日，由於川普與民主黨人都拒絕讓步，聯邦政府開始進入有史以來最長的停擺期（長達三十五天）。

12 月 21 日，彭博新聞社（Bloomberg News）報導，川普曾討論過要不要解任鮑爾——此舉是否合法值得懷疑，畢竟理事只能以「正當理由」解任，也就是說只能因違反法律而解任，不能因政策分歧而解任。川普的幕僚急忙澄清沒那回事，但總統的不滿很明顯。12 月 24 日，股市持續大跌，川普在推特上發文：「聯準會就像一個強大但無法得分的高爾夫球選手，因為他不能移動球（注：no touch，高爾夫球術語，意指打在球道上的球不得隨意移動），無法推桿。」

轉向

年底的股市下跌（1931 年以來股市最糟的 12 月）有助說服鮑爾與同仁相信，2018 年的四次升息以及後續承諾更多升息，對一個面臨成長減緩、貿易緊張局勢惡化的經濟來說，確實緊縮太多了。他得發出政策轉變的訊號。正巧，他本來就安排在 2019 年 1 月 4 日與葉倫和我一同出席美

國經濟學會在亞特蘭大舉行的年會。我身為即將上任的學會主席，安排了《紐約時報》的財經記者艾爾文在台上訪問我們三人。

艾爾文向鮑爾提出的第一個問題是：「您怎麼看 2019 年及以後的前景？」鮑爾看著手寫的筆記回應，坦言勞力市場最近有所改善，但「金融市場一直發出不同的訊號，擔憂一些問題，包括下檔風險、全球成長減緩，尤其與中國有關的問題、正在進行的貿易談判，以及或許我們可以稱為華盛頓的整體政策不確定性。」[11]

鮑爾指出，貨幣政策「主要是風險管理」，這話呼應了前一年 8 月他在傑克森霍爾年會上的說法。接著，他補充提到：「尤其在我們已經看到低通膨數據的情況下，我們將保持耐心，觀察經濟如何發展。」他回憶起 2016 年的情況，當時 FOMC 預期的中位數是四次升息，但面對小衰退之下，FOMC 只升息了一次。他說：「沒人知道今年會不會像 2016 年那樣，但我確實知道的是，我們會準備好迅速又靈活地調整政策，並在適當的情況下，動用所有的工具來支持經濟。」

那番話傳達出來的訊息是政策施行的耐心——在可預見的未來，不會再升息了。市場一聽，鬆了一口氣，當天道瓊指數上漲了 3.3%。在 2019 年 1 月 30 日的下一次會議上，FOMC 維持聯邦資金利率的目標不變，並在聲明中重申了鮑爾傳達的訊息：「FOMC 判斷未來如何調整聯邦資金利率的目標區間比較恰當時，會保持耐心。」在那次會議上，FOMC 沒有發布經濟預測，但在 3 月分的下一次會議中，利率預測的中位數是 2019 年不會升息，2020 年只會升息一次。FOMC 也在另一份單獨的聲明中明確表示，資產負債表的縮小（runoff，簡稱「縮表」，亦即一直令市場擔憂的「量化緊縮」）並不像鮑爾去年 12 月所言那樣，處於「自動運行」的狀態。反之，只要經濟或金融環境有需要，FOMC 就會準備停止縮表。這次

的政策轉向是為了因應市場訊號及不斷變化的前景，所以轉得很急，但也符合鮑爾所強調的：政策制定要根據資料做出靈活反應。

然而，政治環境讓所有的政策決定都令人擔憂。在 1 月的記者會上，《洛杉磯時報》的吉姆‧普贊赫拉（Jim Puzzanghera）問道，聯準會轉向寬鬆政策，是不是「屈服於總統的要求」。鮑爾回應：「我們總是去做我們認為正確的事，永遠不會納入政治考量，也不在職務上討論政治。人非聖賢，孰能無過？我們也會犯錯，但不會犯下品格或誠信方面的錯誤。」[12]

川普、貿易戰，以及預防性降息

2019 年，鮑爾與 FOMC 其他成員持續因應總統的施壓。他們必須避免向川普的要求「屈服」，但又不能讓展現獨立性的意圖扭曲了他們的決定。

12 月有傳言指稱總統考慮解任鮑爾後，總統的顧問開始安排兩人會面。2017 年 11 月宣布鮑爾的提名以來，川普與鮑爾就再沒做過實質的討論。2019 年 2 月 4 日，鮑爾與副主席克拉里達應總統之邀，在白宮與川普及財政部長梅努欽共進晚餐。

打從尼克森－伯恩斯過從甚密而運作不良以來，聯準會的領導人往往會想辦法與白宮保持謹慎的距離。聯準會與政府主要是透過財政部長與其他的資深經濟官員來進行溝通。然而，聯準會主席與總統之間確實有非正式的會晤。身為主席，我每年與布希總統共餐幾次，以前我曾在白宮為他效勞。偶爾我也會與歐巴馬總統會面，通常是為了討論經濟前景或監管問題。不過，有鑑於川普總統持續不斷公開批評，再加上市場懷疑他影響了聯準會的施政轉向，這場晚宴可能會讓人以為總統對聯準會有不當的影響。

為了避免誤解，也為了避免總統發出任何誤導性的推文，聯準會在晚宴後立即發布了一份新聞稿，上面寫道：「鮑爾主席（在晚宴上）的說法，與上週在記者會上的言論一致。他沒有討論對貨幣政策的預期，只強調政策走向將完全取決於即將獲得的經濟資訊，以及那些資訊對經濟前景的意義而定。」新聞稿也重申，FOMC 將「完全根據仔細、客觀、非政治性的分析」做出決定。[13]

諷刺的是，總統對聯準會的明顯不滿，為鮑爾一再強調的說法（聯準會的決策是獨立且非政治的）增添了可信度。川普在訪問與推文中的說法，變得更加尖銳與明確，政府官員偶爾也會加進來攪和聲援。3 月 29 日，國家經濟委員會主席賴瑞・庫德洛（Larry Kudlow）呼籲聯準會立即降息兩碼。4 月 5 日，總統告訴記者，聯準會應該降息。4 月 30 日，他在推特上發文指出，如果聯準會把基準利率下調整整 100 個基點，經濟會「像火箭一樣飆升」。6 月 11 日，川普又在推特上發文，說「他們（聯準會官員）根本搞不清楚狀況。」3 月 8 日與 4 月 11 日，鮑爾接到川普的電話。11 月，他再次前往白宮與川普及梅努欽會面（這回克拉里達沒去），會後聯準會也再次搶先發布聲明。

川普干預聯準會的做法實在很突兀，尤其與前幾任總統對聯準會的獨立性所展現的尊重相比，更是大相逕庭。聯準會的官員面對總統的出招，深知他們千萬不能中計。當媒體無可避免地提出總統推文與評論的相關問題時，聯準會的官員只能咬緊牙關回應。數十年來，總統利用權勢施壓，一直無法有效影響聯準會的政策，這次依然沒什麼效果。總統最直接影響聯準會的管道，就是透過任命聯準會的理事，所有的總統都用過這種方法。川普雖然對聯準會有諸多不滿，但他早期的人事任命（包括鮑爾、克拉里達、奎爾茲）都是符合常規且資格優異的人選，廣受讚揚，也輕易獲

得參議院的核准。他隨後提名的葛佛蘭與梁內利也是可靠的人選（兩位都沒通過）。然而，2019 年春季，總統改變了做法，為理事會的兩席空缺，直言不諱地提名了兩位親信，兩位的資格都不符合常規。他提名了史蒂芬‧摩爾（Stephen Moore）與赫爾曼‧凱恩（Herman Cain）。摩爾是電視評論員及《華爾街日報》編委會的前成員，曾在保守派的傳統基金會（Heritage Foundation）任職。凱恩曾是教父披薩連鎖店（Godfather's Pizza）的執行長，2012 年曾是共和黨的總統候選人。兩人都是川普的支持者，都聲援總統呼籲的大幅降息。然而，當幾位重要的參議院共和黨人對此表達擔憂後，兩人都沒有獲得正式的提名。那些擔憂——對聯準會未來的獨立性而言，可謂不祥之兆——主要和二人的個人經歷有關，而不是因為他們的資歷或政策觀點。[14]（2020 年 7 月，凱恩感染新冠肺炎過世。）

2020 年 1 月，川普又為理事會做了一次不尋常的提名：保守派作家茱蒂‧謝爾頓（Judy Shelton）。謝爾頓長期以來主張回歸金本位制（以及其他極端的立場，例如廢除存款保險），她本來一直抱持硬通貨（hard money）的鷹派觀點，但一遇到川普，就順理成章逆轉了自己畢生堅持的觀點，轉而支持川普的寬鬆貨幣立場。謝爾頓的提名與另一位資格正統的人選克里斯多福‧華勒（Christopher Waller）配在一起。華勒是聖路易聯邦準備銀行的研究主管，曾在聖母大學擔任經濟學教授。不過，謝爾頓也因其離經叛道及前後矛盾的觀點而得不到參議院的支持，華勒則於 2020 年 12 月獲准通過提名。這世上肯定有一些支持川普政策偏好的理事人選，也應該能獲得國會的批准；但川普偏偏喜歡提名一些邊緣人選，反而讓他失去了間接指引聯準會貨幣政策與監管政策的機會。

川普除了喜歡多嘴干預貨幣政策，也因斷然否定了兩黨前幾任政府普遍奉行的國際主義觀點，為經濟增添了更多的不確定性。他發動了多線貿

易戰，針對多種產品與貿易夥伴徵收或提高進口關稅，進而引發報復性的關稅上漲。對聯準會的經濟學家來說，預測貿易戰的影響是一大挑戰。標準的經濟理論認為，國家之間的貿易是互惠互利的，因為它讓各國專注投入自己比較有效率生產的商品與服務。* 反之，川普總統對貿易抱持著零和觀點，他認為如果 A 國對 B 國的出口超過了進口，A 就贏了，B 就輸了。更廣義來說，他把貿易限制視為達成政治目標的工具，例如孤立不友善的政權。國會在貿易規則上給予總統相當大的自由裁量權，因此大致上來說，川普能夠隨意徵收關稅（或揚言要徵收）。

從 2018 年到 2019 年初，川普總統造成的貿易小衝突不時爆發。2019年 5 月 5 日，川普宣布，美國將把之前宣布對 2,000 億美元的中國商品徵收的 10% 關稅，大舉提高為 25%。5 月 30 日，川普揚言，除非墨西哥採取更多的措施阻止中美洲的移民經由墨西哥的領土進入美國，否則他要對所有的墨西哥商品徵收高達 25% 的關稅。5 月的同一期間，道瓊指數下跌了 6.4%。

在一場以牙還牙的貿易戰中（如川普引發的貿易戰），消費者得面臨進口品因加徵關稅而價格上漲的情境。出口商（比如美國農民）也因對方報復，而難以把產品銷往海外。當關稅提高競爭性進口品的價格時，一些國內生產商可能因此受益。這些直接影響很容易衡量，只要觀察貿易限制實行後後，貿易商品的價格與數量變化就行了。研究發現，關稅造成的成本主要由美國消費者與公司承擔，與政府宣稱的關稅效益相反。[15] 川普暗

---

* 這種貿易觀點稱為比較優勢理論，由英國經濟學家大衛・李嘉圖（David Ricardo）於 19 世紀初提出。比較優勢理論並不表示自由貿易讓每個人都變得更好，只表示它創造出足夠的順差，原則上可以讓貿易的贏家補償輸家。實務上，這樣的補償很少發生，因此自由貿易可能使一些人的境況變得更糟（比如所屬產業必須與進口品互相競爭的工人）。

中承認了這點，他的做法是直接補貼那些在貿易戰中蒙受損失的農民，就像中國對美國大豆實施禁運時那樣。2020 年，補貼超過了 500 億美元，占農業收入的三分之一以上。[16] 儘管關稅等於是對美國人增稅，但這種增稅的直接影響，還不至於大到或廣到足以顯著影響美國的整體就業或通膨。

打貿易戰較大的代價（即使是比較間接的），在於貿易戰對全球化以及美國與他國的關係（尤其是中國）所造成的不確定性。[17] 全球經濟日益走向一體，不僅是因為消費者最終購買品的貿易增加了。隨著全球供應鏈的發展，生產流程日益跨越國界，生產商愈來愈依賴許多國家的投入。川普的貿易政策對這個相互依賴的複雜體系有多大的長期影響，我們無從得知。隨著全球貿易的適度變化，甚至美國的貿易夥伴做出一些有益的讓步，貿易戰或許很快就會解決。但貿易戰也可能導致原本逐漸開放的貿易趨勢逆轉，甚至走向極端，導致美國經濟與中國及其他的貿易夥伴「斷絕往來」，那會增加許多產業的生產成本，減緩產出與平均生活水準的成長。

誠如股市所示，市場對不確定性的反應很糟。不確定性也可能對整體經濟不利，例如，公司可能會延後資本投資或人才招募，直到他們獲得更多接觸外國供應商及進入市場的相關資訊後才開放。事實上，FOMC 在 2019 年 5 月的會議上指出，商業投資在第一季減緩了。在 6 月與 7 月的會議上，FOMC 指出，儘管最近美國削減了企業稅，但投資依舊疲軟。就貿易來說，比美國更開放的歐洲和日本經濟也在減緩，貿易的不確定性是一個重要因素。

FOMC 的參與者試圖評估貿易戰、不斷減弱的財政刺激、疲軟的全球經濟等因素對 2019 年春季美國經濟的成長造成多大的阻礙時，他們也注意到債市的一個現象：殖利率曲線倒掛。當長期利率（例如 10 年期國庫券）低於短期利率（例如 3 個月國庫券）時，殖利率曲線就是倒掛的。3

月，殖利率曲線短暫倒掛，5 月的倒掛更明顯，接著倒掛持續了整個夏季：8 月底，10 年期殖利率比 3 個月殖利率低了 50 個基點。

政策制定者和市場參與者之所以關注這個現象，是因為殖利率曲線倒掛往往預示著經濟衰退。為什麼？一種解釋是，殖利率曲線倒掛是緊縮貨幣政策的訊號。你可以把短期利率想成一種衡量當前貨幣政策立場的指標，把長期利率（反映未來短期利率的預期平均水準）想成自然利率 R* 的替代指標。根據這個邏輯，殖利率曲線倒掛時，貨幣政策是限制性的──短期利率高於自然利率──這可能預示著經濟衰退。換句話說，殖利率曲線倒掛顯示，債券交易員預期聯準會在未來幾年會下調短期利率。由此可見，他們認為經濟減緩即將到來。

這個例子中，殖利率曲線倒掛是否預示著經濟衰退，引發了廣泛的爭論。其他因素（例如歐洲與日本正在進行的量化寬鬆）以及聯準會本身的資產負債表規模依然很大，可能有助於解釋為什麼世界各地的長期利率都異常地低。另一個可能的因素是，由於通膨率較低，而且預期將維持在低檔，長期債券的持有人並未要求額外的報酬來補償通膨風險。儘管如此，加上貿易戰的不確定性及其他經濟減緩的跡象，殖利率曲線倒掛使聯準會更加擔心政策仍然過於緊縮。6 月 4 日，鮑爾在芝加哥的一場演講中首度暗示他正考慮降息。「我們正在密切關注這些（貿易）發展對美國經濟前景的影響，一如既往，我們會採取適當的行動來維持擴張。」[18] 道瓊指數馬上應聲上漲了 2.1%。

儘管如此，川普再次加強施壓。6 月 18 日，彭博新聞社報導，白宮正在探索解除鮑爾的主席資格、把他降為理事的合法性。當天記者問川普是否想把鮑爾降級，川普回應：「我們先看看他怎麼做。」

2019 年 6 月 19 日，FOMC 以九比一的投票結果，把聯邦資金利率的

目標區間維持在 2.25%–2.5%。聖路易聯邦準備銀行總裁布拉德對此抱持反對意見（這是鮑爾任內的第一次異議），他主張降息一碼。然而，點陣圖清楚地顯示，FOMC 成員的看法正在改變。儘管勉強過半數的參與者預計，到 2019 年年底都不會改變利率，但十七人中有七人預計年底之前會降息兩次，有一人預計只會降息一次。鮑爾在記者會上表示，FOMC 認為沒有「強而有力的理由」立即寬鬆貨幣政策。[19] 他雖然謹言慎行，不評論總統貿易政策的功過，但他指出，那些政策為企業帶來更大的不確定性，並導致金融市場的情緒惡化。由此可見 FOMC 偏向何方。

記者會上，《華盛頓郵報》的希瑟・隆恩（Heather Long）針對川普想把鮑爾降級的傳聞，詢問鮑爾本人的看法。他回應：「我認為法律明確規定我的任期是四年，我打算做滿這個任期。」[20]

聯準會在 7 月底的下一次會議上宣布了降息以及提前結束縮表。鮑爾在記者會上解釋，降息是為了「預防下檔風險」。[21] 換句話說，雖然經濟減緩還不明顯，但降息是為了避免美國經濟受到貿易不確定性、全球經濟減緩、其他因素等風險的影響。這番話聽起來就像葛林斯潘的風險管理方法。一年前，鮑爾才在傑克森霍爾的演講中讚揚了葛林斯潘的做法。在下個月的第二次傑克森霍爾的演講中，他又再次讚揚這種做法。這次會議有兩位 FOMC 成員投下了反對票。會議記錄中包含一份聲明，堪薩斯城的喬治在聲明中反對預防性降息，她認為只有在證據顯示「前景明顯疲軟」時，才有理由降息。波士頓的羅森格倫在反對聲明中指出，他擔心把利率降得太低會增加金融不穩定的風險。

一如往常，市場的參與者與聯準會的觀察人士試圖猜測，這次降息之後會不會再進一步降息。鮑爾在記者會上似乎暗示，聯準會寬鬆政策的意願有限。他把這次降息稱為「期中調整」，而不是長時間一連串降息的開

始。[22] 翌日，也就是 8 月 1 日，川普揚言要對中國商品徵收更多的關稅，中國在 8 月 5 日停止了對美國農產品的購買。貿易上的激烈交鋒，加上市場認為聯準會可能不會採取更多的行動，導致道瓊指數從 7 月底的 FOMC 會議之前到 8 月 14 日，總共跌了 6.3%。

儘管聯準會降息了（這是聯準會 10 年來的首次降息），川普仍持續抨擊聯準會主席。8 月 14 日，他說鮑爾「根本搞不清楚狀況」。8 月 19 日，他批評鮑爾「極度缺乏遠見」。8 月 22 日，川普聲稱，德國因出售負利率的債券，而比美國更有競爭優勢。當然，負利率公債其實主要是歐元區疲軟的徵兆，而不是優勢的象徵。那反映了私營部門的投資機會短缺、歐洲投資者在經濟不確定性中尋求避險的需求，以及歐洲央行刺激歐元區經濟的積極嘗試。

8 月 23 日，鮑爾在傑克森霍爾的年會上演講。同一天，川普問道：「……誰是我們最大的敵人？」──究竟是鮑爾？還是中國國家主席習近平？鮑爾在演講中提到新的中國關稅、金融動盪，以及一系列的地緣政治風險，「包括英國硬脫歐的可能性愈來愈大，香港的緊張局勢加劇，義大利政府解散」[23]，接著他重申「我們將採取適當行動以維持擴張」。儘管鮑爾在演講中發出至少還會再降息一次的訊息，川普仍舊發了那則推文。8 月 28 日，川普表示，聯準會在「心智上」跟不上競爭對手。9 月 11 日，他呼籲聯準會「把利率降至零，甚至更低」，並在第二則推文中罵 FOMC 是「笨蛋」。

一如預期，FOMC 在 9 月的會議上降息一碼，把聯邦資金利率的目標區間下調至 1.75%–2%。就像 7 月的會議一樣，FOMC 在聲明中表示，它將「採取適當行動以維持擴張」，清楚傳達了它對進一步降息抱持開放的態度。9 月 18 日的記者會上，鮑爾再次以預防性降息作為寬鬆政策的

理由。記者問及「期中調整」一詞的使用時，他提起過去的兩個例子：1995–96 年及 1998 年，在葛林斯潘的任內，都是連續降息一碼三次。FOMC 的多數參與者預計，2019 年不會再降息了，這多多少少削弱了下次會議可能三度降息的邏輯推論。但在 10 月 30 日的會議中，FOMC 確實做出了第三次降息。不過，這次 FOMC 沒提到「採取適當行動」，暗示寬鬆政策結束了，至少暫時是如此。在記者會上，鮑爾證實了這種觀感。他說，貨幣政策現在「處於良好狀態」，除非「澈底重新評估前景」，否則不會改變政策。[24]

7 月至 10 月的連續三次降息似乎奏效了。在降息前，金融市場的價格反映了經濟減緩的可能性很大。到了 10 月，那些擔憂大多已煙消雲散。經濟成長與就業增加的速度變快，金融市場穩定了下來。值得注意的是，殖利率曲線不再倒掛，表示債券交易員不再認為經濟衰退即將到來。整體而言，2019 年的貨幣政策三部曲——轉向、暫停、預防性降息——幫經濟度過了貿易戰以及不確定性的其他來源。就像葛林斯潘在 1990 年代中期做的那樣，鮑爾領導的聯準會似乎也做到了軟著陸。

然而，如果說鮑爾 2019 年的政策帶有葛林斯潘的風格，夏秋兩季的連續三次降息是否真的是葛林斯潘那種預防性降息（「保險降息」）則有待商榷。例如，葛林斯潘在 1998 年亞洲金融風暴期間的降息，有助避免成長與就業的風險，但就像任何保險一樣，那也付出了保費，也就是說，使大家覺得通膨上升的風險變高了。因此，當經濟減緩沒發生時，葛林斯潘領導的聯準會不僅逆轉了降息，還做得更多，最終把利率從 1998 年的低點總共上調了 1.75%。反之，鮑爾的降息是基於非保險的理由，包括經濟減緩、通膨（短期除外）一直低於目標且幾乎沒有上升的趨勢。所以，2019 年的降息與真正的預防性降息（「保險降息」）不同，並沒有付出保

費（除非你把羅森格倫對金融穩定的擔憂算進去），而且預計短期內也不會逆轉。當然，這種術語不像結果那麼重要。無論這種政策轉變叫什麼，截至 2019 年末，它看起來都是對一系列複雜情況的靈活應變，避免了可能帶來痛苦的經濟減緩。

聯準會傾聽：策略檢討

央行定期檢討指引政策選擇的智識架構或策略並不罕見。加拿大央行每五年檢討一次架構，日本央行 2016 年的檢討促成了政策方法的重大改變，包括決定直接鎖定較長期利率（所謂的「殖利率曲線控制」）。聯準會也以零碎的方式做過這類檢討，最近一次是在 2012 年導入通膨目標制之前。然而，金融危機後的政策挑戰占據了政策制定者與聯準會幕僚所有的注意力，使大家無暇做更全面的自我檢討。

到了 2018 年，隨著經濟情況好轉，聯邦資金利率不再維持在零，這時似乎是回顧過去十年及記取教訓的好時機。11 月，鮑爾宣布，聯準會將在明年「檢討追求目標所使用的策略、工具，以及溝通方式」。鮑爾說，檢討也會「廣泛接觸利害關係人」。[25]

鮑爾指派副主席克拉里達負責這項檢討任務。克拉里達在 2019 年 2 月的一次演講中表示，這次檢討會把聯準會的法定雙重任務視為前提。他補充提到，FOMC 現有的 2% 通膨目標與雙重任務「最一致」，藉此排除一些經濟學家想要提高通膨目標的提議。那些經濟學家想提高通膨目標，以便進一步拉開自然政策利率（R*）與有效下限的距離。[26] 克拉里達表示，檢討會把焦點放在三個問題上。第一，聯準會應該延續 2012 年採取的通膨目標制策略嗎？尤其，政策架構是否可以改變，好幫助聯準會更有

效地因應下限的限制？第二，前瞻性指引與量化寬鬆等新工具在危機後一直很有效，但是隨著世人愈來愈擔心利率下限，這些工具是否足夠？為了確保必要時能提供足夠的刺激，聯準會是否應該採取更多工具，包括其他主要央行已經採用的工具？第三，聯準會是否應該修改政策溝通的方式？

鮑爾承諾，聯準會的檢討會將廣泛接觸外界。這項承諾在華盛頓的聯邦準備理事會及全美各地的聯邦準備銀行所舉行的十五次公開活動「聯準會傾聽」（Fed Listens）中實現了。受邀參與者的名單遠遠超出聯準會較典型的顧問範圍（學術界的經濟學家、市場參與者、銀行家與企業人士），還包括了社區發展專家、工會領袖、代表少數族裔與年長者的團體領導人，以及一般公民。這些活動讓政策制定者有機會證明，聯準會的政策目的是為了造福社會大眾，而不是像華爾街銀行家那樣的特殊利益集團。這個訊息呼應了鮑爾在記者會與證詞中，努力以「通俗易懂的語言」說明聯準會政策決定的做法。出席「聯準會傾聽」活動的政策制定者也藉此更了解大眾對聯準會及其政策的看法。與會者一再告訴他們，勞力市場緊俏有廣泛的效益。勞力需求強勁時，會吸引更多人進入勞力市場，尤其是低收入者與少數族裔。由於通膨率低，而且幾乎沒有回升的跡象，這些意見回饋促使鮑爾與 FOMC 的同仁更致力推動更強勁的勞力市場。

這次檢討原本可望在 2020 年年中完成，但新冠疫情把時間延後了幾個月。不過，疫情所引發的新一波經濟衰退，將使檢討的結論更有相關性及迫切性。

貨幣市場動盪

一個更技術性、但影響深遠的問題也引起了 FOMC 的注意——未來

實施貨幣政策的方法，亦即所謂的操作架構（而不是政策架構）。問題在於，一旦政策制定者為聯邦資金利率選定了區間以制定政策，他們要如何確保聯邦資金利率維持在該區間內？顯然，貨幣政策若要發揮效用，聯準會必須有能力嚴格掌控短期利率。此外，操作架構的選擇與聯準會資產負債表的長期規模密切相關。

在金融危機之前，FOMC 是透過所謂的「短缺準備金」（scarce reserves）制度來實施貨幣政策。聯準會藉由改變銀行體系的準備金供給來控制聯邦資金利率——做法是到公開市場出售公債以抽走準備金，或買入公債以增加準備金。這種方法需要密切追蹤銀行對準備金的需求。例如，假期期間與季度納稅期間，準備金的需求往往會隨著消費者支出變多而增加。當銀行對準備金的需求有所波動時，紐約聯邦準備銀行會經常做（大致上是每天）公開市場操作，以便把聯邦資金利率維持在目標水準。

隨著 2008 年開始做量化寬鬆，聯準會等於過渡到一種新的操作架構，亦即所謂的「充足準備金」（ample reserves）體系。由於聯準會藉由創造銀行準備金來購買證券，危機過後，銀行集體持有的準備金遠比過去還多。由於準備金遠遠超出銀行的日常需求，銀行幾乎沒有理由向其他的銀行借入準備金，結果就是聯邦資金利率（亦即銀行間拆借利率）維持在接近零的水準。當然，從 2008 年到 2015 年，接近零的聯邦資金利率，與 FOMC 意圖促進經濟成長以及把通膨拉高到目標水準的努力是一致的。

開始緊縮貨幣政策的時機到來時，聯準會必須確保它能在需要時提高聯邦資金利率。由於金融體系中的準備金過剩，傳統的公開市場操作無法做到這點。於是，聯準會運用 2008 年國會首次授予它的權力，提高了支付給銀行準備金的利率，藉此提升聯邦資金利率。然而，與 2008 年一樣，技術因素導致準備金利率與聯邦資金利率之間出現了一些落差。2013

年9月，為了改善對短期利率的控制，聯準會設立了一個機制，讓某些符合條件的非銀行機構（例如貨幣市場共同基金、政府資助企業）也能在聯準會做短期存款。這些存款可獲得另一種由聯準會設定的略低利率，亦即所謂的隔夜附賣回利率（overnight reverse repurchase rate，簡稱 ONRRP rate）。藉由管理這兩種規定費率（準備金利率與隔夜附賣回利率），聯準會在升息期間成功把聯邦資金利率維持在接近目標的水準，儘管銀行體系持有大量的準備金。

隨著緊縮政策的實施，FOMC 必須決定，究竟要繼續使用新的充足準備金架構，還是回歸危機前的短缺準備金架構。2019 年 1 月，FOMC 永久地採用了充足準備金架構。這個架構比較直截了當，不需要為了把政策利率維持在目標水準，而持續追蹤及調整準備金的供給──這也是多數主要央行長期以來一直使用充足準備金架構的原因。此外，這種方法至少還有兩個重要的優點：第一，聯準會可能在某個時候會再次需要使用量化寬鬆，擴大資產負債表與銀行準備金的數量。果真如此的話，當量化寬鬆的退場時機到來，充足準備金架構有助於升息，就像 2015 年至 2018 年那樣。第二，充足準備金架構代表銀行體系中的準備金數量提高，萬一發生擠兌之類的銀行恐慌，銀行比較不會因為短期資金流失而受到衝擊，這有助於金融穩定。事實上，全球金融危機後，新監管的規定要求銀行持有的流動資產大幅增加，包括準備金。

採用充足準備金架構還有另一層含意：聯準會的資產負債表規模將永遠比過去還大。這種方法假設準備金的供給完全滿足銀行的需求，而那些需求（出於監管與防範的原因）自從金融危機爆發以來已大幅成長。另一方面，FOMC 在 2011 年 6 月的退場原則中承諾，資產負債表的規模不會超過有效實施貨幣政策所需的規模。這些條件加起來，預示聯準會的目標

是建立一個夠大的資產負債表，以確保在多數或所有情況下都有充足的銀行準備金，但不會比那個規模多出太多。

由於沒有人真正知道，在多數情況下能滿足銀行需求的準備金水準為何，聯準會資產負債表的理想水準必須透過反覆的試驗來判斷。在下一次的會議中，也就是 2019 年 3 月，FOMC 宣布 5 月開始會減緩縮表的速度，並密切注意銀行準備金與聯邦資金市場的行為。8 月，聯準會停止縮表，總資產約為 3 兆 7,500 億美元，低於 2017 年 10 月開始升息時的 4 兆 5,000 億美元。銀行準備金的降幅更大，從 2014 年 10 月的高點 2 兆 8,000 億美元，降到 2019 年 9 月中旬剩約 1 兆 4,000 億美元。聯準會對銀行的調查發現，最令人放心的準備金下限約為 9,000 億美元。據估計，充足準備金比那個最令人放心的下限高出約 1,000 億美元，準備金的供給似乎相當充足。[27]

後來，事實證明那個結論是錯的。2019 年 9 月，附買回市場爆發動盪，原本附買回利率往往很接近聯邦資金利率，但 FOMC 開會時，附買回利率飆升。當時聯邦資金利率目標區間的上限是 2.25%，附買回利率則是躍升至 10%。9 月 18 日，鮑爾在例行的會後記者會上，把附買回利率的飆升歸因於市場對流動性的需求突然激增，這是特殊因素推動的，包括證券交易商需要為財政部增加發行的新債取得資金。但更令人困惑的是，為何附買回利率的飆升會持續下去。原則上，銀行可以從它在聯準會的準備金帳戶中提取資金（當時準備金帳戶支付的利息略高於 2%），把那些錢拿到附買回市場上放貸，賺取高達 10% 的利率。這種現金流入應該會壓低飆升的附買回利率才對，但銀行並沒有那樣做，可見聯準會判斷錯誤。或許是因為擔心監管限制，銀行覺得他們在 2019 年 9 月**並沒有**足夠的準備金，至少不足以把一部分的準備金拿去附買回市場放貸。聯準會的縮表，以及因此造成的銀行準備金下降，已經做過頭了。

附買回市場的規模很龐大，是金融機構廣泛使用的市場，也是聯準會向整體經濟傳播利率決定的關鍵環節。幸好，聯準會有工具可以恢復附買回市場的正常運轉。短期內，聯準會代替那些不情願到附買回市場上放貸的銀行，向附買回市場提供資金，並收取美國公債作為抵押。這種操作很類似短缺準備金制度下的傳統公開市場操作，但規模大得多。聯準會這種貸款除了隔夜貸款以外，也有比較長期的。這種操作發揮了效用，附買回市場的波動消退了。

長遠來看，解決流動性短缺的方法是再次擴大聯準會的資產負債表，藉此增加銀行準備金。10 月 11 日，在兩次會議之間的空檔，FOMC 宣布它會開始增加準備金及擴大資產負債表，每個月購買 600 億美元的短期公債，至少持續到 2020 年的第二季。此外，紐約聯邦準備銀行會繼續暫時為附買回市場注入資金。FOMC 的聲明強調，這些行動不是貨幣政策的改變——尤其它們不是量化寬鬆，因為沒有購買較長期的證券——而是「純粹的技術性措施」。不過，這樣做的效果很顯著。截至 2020 年 1 月底，聯準會的資產負債表規模接近 4 兆 2,000 億美元，銀行準備金增至 1 兆 6,000 億美元，比 9 月中旬多了 2,000 億美元。聯準會的干預恢復了貨幣市場的穩定，但資產負債表的縮減明顯結束了。* 在掌控短期利率的過程中，聯準會也為其資產負債表的規模建立了新常態。

---

* 2021 年 7 月，FOMC 宣布了一項較長期的方案。它設立了兩個常設的附買回機制，一個針對主要公債交易商（最終也包含其他存款機構），另一個是針對外國的官方機構（例如其他國家的央行）。這些機制為附買回市場中的借款人提供資金，目的是當市場中的放款人沒有提供足夠的資金時，避免附買回利率飆升。

第 10 章
新冠疫情

撤開附買回市場的動盪不談，2020 年伊始，FOMC 仍抱著樂觀的態度。在 1 月 29 日的記者會上，鮑爾表示：「經濟成長進入創紀錄的第十一個年頭，失業率仍維持在史上低點（12 月為 3.6%）。信心十足的消費者持續消費，貿易不確定性似乎減少了，全球成長出現穩定的跡象。去年 12 月的會議上，FOMC 的參與者對聯邦資金利率的最新預測顯示，政策會停頓很長一段時間，暗示預期會出現軟著陸。以中位數來看，參與者預計 2020 年不會升息，2021 年與 2022 年分別只會升息一碼一次。鮑爾說：「只要經濟的最新資訊」與 FOMC 的展望「大體上維持一致」，就不該預期利率改變。[1] 換句話說，貨幣政策將維持不變。

豈料，後來局勢就改變了。年初，中國武漢傳出新型冠狀病毒爆發的消息。鮑爾指出，疫情對美國經濟構成一些風險，聯準會正「密切追蹤」局勢。[2] 但鮑爾似乎擔心的風險是間接且有限的。例如，中國的疾病與停工可能會影響其貿易夥伴，尤其是鄰近的亞洲國家。聯準會的評估呼應了多數公共衛生權威的看法。在 1 月與 2 月的大部分時間裡，那些公衛權威基本上都對病毒在全球蔓延的風險輕描淡寫。

然而，到了 2 月下旬，情況變得截然不同。2 月 23 日週日，義大利在新冠疫情爆發後封鎖了北部的十一個城鎮，引發了全球傳染的擔憂。2 月 25 日，亞特蘭大的疾病控制與預防中心警告，美國可能會爆發疫情。2 月 28 日週五，《紐約時報》報導，「其他十四國的病例……可追溯回義大利。」[3] 加州與俄勒岡州也發現來源不明的病例。病毒不再是他國的問題。

　　此後，金融市場暴跌。2 月的最後一週，美國股市出現 2008 年以來的單週最大跌幅，暴跌超過 12%（到 3 月下旬，道瓊指數累計已縮水逾三分之一）。2 月 28 日，10 年期公債殖利率跌至歷史新低，來到 1.13%。3 月 9 日已降至 0.54%。美國公債的殖利率下跌，表示投資者正湧向一般公認最安全的避風港：美國政府公債——這是危機期間常見的模式。2 月 28 日，鮑爾發表了一份四句話的聲明，其中提到新冠病毒「不斷演變的風險」，並承諾聯準會將「運用工具，並採取適當的行動來支持經濟」。[4]

　　這份不尋常的聲明加上「適當行動」一詞，暗示 FOMC 可能在下次預定會議之前就會降息。事實上，三天後，也就是 3 月 2 日晚間，FOMC 召開了緊急會議，決定把聯邦資金利率的目標下調 50 個基點。宣布降息決定後的隔天早上，鮑爾迅速召開記者會表示，美國經濟的基本面仍相當強勁，但前景面臨的風險已有足夠的變化，達到 10 月設定的降息標準。目前，疫情的影響範圍及可能造成的經濟損失仍不明朗。也許影響只侷限於特定的產業，如觀光與旅遊業。但疫情也有可能迫使更大範圍的經濟停擺。在那種情況下，較低的利率只能藉由支持投資者與企業的信心以及幫助維持金融穩定，提供間接的幫助。不過，隨著風險持續增加及市場警訊閃爍，FOMC 不想再靜觀其變。

　　接下來幾週，病毒對世界經濟的威脅變得更加明顯。3 月 11 日，世界衛生組織（WHO）宣布新冠肺炎為全球大流行性疾病（global pandic），全球一百一十四個國家的確診病例已達十一萬八千例。[5]同日，川普總統宣布，他將阻止歐洲的訪客進入美國。長期擔任美國國家衛生研究院（NIH）過敏和傳染病研究所（National Institute of Allergy and Infectious Diseases）所長的安東尼・佛奇醫生（Anthony Fauci）告訴國會：「情況還會變得更糟。」[6]幾個歐洲國家開始封城——除了必要的勞工以外，政府要求所有人都留在家中。美國的企業與學校也開始關閉，要求員工與學生待在家裡，等候進一步的通知。為了減緩傳染速度，美國公共衛生的官員建議民眾普遍維持「社交距離」——待在家裡，避免群聚，與他人保持至少一百八十公分的距離。他們希望能「拉平（確診人數）曲線」，亦即充分減緩新病例出現的速度，以免醫療體系不堪負荷。3月下旬，美國的確診病例突破十萬例，幾週前約為一千例。各州與城市開始發布正式的居家令。事實上，無論是在美國還是國外，局勢確實每況愈下。* 經濟活動出現歷史性的緊縮似乎無可避免。

疫情恐慌

隨著經濟風險激增，金融市場暴跌，喚起了大家對 2008 年危機的痛苦記憶。3 月 9 日與 3 月 12 日，股價再次大跌，觸發了紐約證交所的熔斷機制（臨時緊急交易暫停）。美國公債市場的動盪比較不為大眾所知，但或許更危險。2 月與 3 月初，投資者對美國政府公債的安全性與流動性的需求，使長期公債的殖利率維持在低檔。但從 3 月 9 日開始，亦即世界衛生組織宣布全球大流行的幾天前，公債市場的狀況突然惡化。價格與殖

---

* 《紐約時報》的新冠疫情統計資料顯示，2022 年初，全球病例超過三億例，死亡人數超過五百萬人。在美國，病例超過六千萬例，死亡人數超過八十萬人。

利率大幅波動，流動性消失，就連規模不大的交易也很難進行，且成本高昂。衡量債市波動性的指標達到金融危機以來的最高水準。美國公債相關衍生性商品市場原本交易熱絡，此刻幾乎停止運轉。

這種近乎崩解的情況顯示，病毒傳播的可怕消息導致恐慌情緒加劇。剎那間，每個人都想持有短期與最安全的資產——聯準會監督副主席奎爾茲稱這個現象為「搶現金」（dash for cash），而取得現金的最快手段就是出售較長期的公債，這種較長期公債往往就是為了這種目的而儲備下來的。[7] 銀行需要現金來貸放給那些動用授信額度的憂心企業。金融市場的交易員與高槓桿的避險基金需要現金，以結算短期債務或滿足追加保證金的要求。資產管理公司（包括那些投資流動性較低的公司債的共同基金）需要現金，好因應恐懼的投資者贖回。保險公司與其他機構投資者想要持有更多的現金（而非股票與債券），來減少他們的整體曝險。外國政府與央行需要美元，以便在外匯市場上支撐本國貨幣，或放款給本國銀行。

正常情況下，當市場參與者拋售美國公債時，造市的銀行與交易商會買入並持有這些證券，直到找到其他的買家。但在 2020 年 3 月，造市機構已經難以管理新公債的大幅增加（那些新公債是為了支應迅速成長的預算赤字而發行的），而且他們又受到資本監管規範及自訂風險承擔上限的限制。鋪天蓋地而來的賣單使他們應接不暇。市場上的賣家不計其數，但幾乎沒有買家，市場局勢變得非常混亂。

公債市場的混亂影響了整個金融體系。較長期的公債除了（在正常情況下）提供安全、流動性與報酬之外，也在金融市場上扮演多重角色。它們是各類證券殖利率的基準，是籌集現金或融資購買其他資產的抵押品，也是迴避金融風險的工具。驚慌失措的投資者賣光美國公債後，便開始拋售其他較長期的證券，如公司債、地方政府債券、房貸抵押擔保證券。在

這些關鍵市場中，利率飆升，流動性枯竭，發行崩解。就像 2008 年雷曼兄弟破產後那樣，貨幣市場的共同基金開始遭到大量贖回，許多公司賴以取得短期借款的商業本票市場也出現崩解的跡象。

市場混亂使世人更加擔心企業、家庭、地方政府取得信貸及償還債務的能力。《華爾街日報》報導，3 月中旬的市場動盪比 2008 年更嚴重，並寫道：「很少人意識到 3 月 16 日的金融體系距離崩解有多近」，當天道瓊指數下跌了近 13%，花旗集團（Citigroup）的短期信貸主管亞當‧洛洛斯（Adam Lollos）對《華爾街日報》表示：「2008 年的金融危機有如一場慢動作版的車禍，這次則是『轟！』的一聲就發生了。」[8]

聯準會記取了 2008 年的教訓，迅速承擔起最後貸款人的角色。從前一年的 9 月附買回市場動盪開始，聯準會就一直向市場挹注資金；但在疫情來襲之前，聯準會正在縮減挹注資金的規模。3 月 12 日，聯準會改弦易轍，大幅增加貸款給陷入困境的銀行與交易商，並接受美國公債作為抵押。到了 3 月 16 日，紐約聯邦準備銀行的公開市場部門每天提供 1 兆美元的隔夜貸款，以及 1 兆美元的較長期貸款。前一天，為了進一步支援交易商與公債市場，聯準會也開始充當最後買家，直接為其投資組合購買證券。聯準會宣布，將購買至少 5,000 億美元的美國公債與 2,000 億美元的房貸抵押擔保證券。此舉讓人想起 2008 年聯準會購買 MBS 的行動。

外國央行與政府是 3 月美國公債的主要賣家，部分原因在於他們需要紓解本國銀行體系中的美元短缺（和 2008 年一樣，外國銀行的多數業務仍以美元進行）。正如先前面臨危機那樣，聯準會成了全球美元的最後貸款人。為了防止海外壓力導致美國市場的動盪加劇，聯準會透過美元換匯協定向外國央行提供美元，並接受外幣作為抵押。在全球金融危機期間，聯準會與十四家主要外國央行建立了美元換匯協定，其中五項與最重要外

國央行所達成的協議已經成為永久協議。3 月 19 日，聯準會重新建立了十二年前用過的另外九項換匯協定。到了 4 月底，外國央行已動用 4,000 多億美元。[9] 此外，聯準會設立了一個特別的附買回機制，允許外國當局（包括那些沒有正式換匯協定的外國當局）以美國公債作為抵押借入美元。如此一來，就沒有必要直接出售那些證券了。聯準會明確表示，只要有必要，這些操作——為附買回市場與交易商提供貸款、直接購買美國公債與 MBS、換匯協定——都會持續下去。

與此同時，FOMC 也評估了疫情對經濟的影響。這場衝擊前所未有，不確定性很高。3 月 15 日週日，FOMC 直接線上召開會議，而不是等到接下來的週二與週三才開常規會議。幕僚提出兩種可能的情境，而非單一預測。[10] 兩種情境都預測，隨著大眾維持社交距離、居家上班、削減開支，經濟將在第二季陷入衰退。在第一種情境中，經濟將在第三季開始穩步復甦——亦即所謂的 V 型復甦。在第二種情境中，衰退將一直持續到年底。兩種情境皆預計失業率會大幅上升；兩者也預期通膨將在短期內下降，因為民眾都待在家裡，以致需求疲軟，油價下跌，投資者也會尋求避險導致美元走強。

隨著前景繼續惡化，FOMC 把聯邦資金利率的目標區間下調了整整 100 個基點至 0%–0.25%（兩週前才下調了 50 個基點），這個水準與 2008 年危機期間的低點持平。FOMC 表示，利率將維持在接近零的水準，直到 FOMC「確信經濟已安然度過最近的事件，並開始邁向就業最大化及物價穩定的目標」。這番指引既質性又模糊，反映出 FOMC 對經濟衰退的可能深度與持續時間感到不確定。不過，鮑爾在記者會上明確表示，FOMC 預計會維持低利率很長一段時間。鮑爾也談到聯準會最近宣布的計劃：大量購買美國公債與 MBS。他解釋，這項計劃的主要目的是穩定關鍵的金融

市場，而不是暗示新一波的量化寬鬆。新的購買會涵蓋多種期限的證券，金融危機時期的量化寬鬆則是偏重較長期的證券，以便壓低較長期的利率。但市場明白，一旦市場情況好轉，這波重新啟動的大規模證券購買，可能會為一場持久的量化寬鬆計劃（目的是支持經濟復甦）奠定基礎。

聯準會對新冠疫情的反應迅速又果斷，令人欽佩，但病毒的破壞效應將是對經濟最重要的衝擊。3 月 15 日會議後的一週內，經濟活動以前所未有的速度緊縮。隨著愈來愈多城市與州發布居家令，非必要的事業紛紛關閉，體育與娛樂活動都暫停了，旅行與觀光支出暴跌。勞工部後來公布，當週有三百多萬名勞工申請失業保險給付，幾乎是大衰退期間每週最高申請人數的五倍。

若要說 2020 年的經濟衰退還有一線希望的話，那就是與大衰退相比，美國這次陷入衰退之際，銀行體系的資本狀況與流動性都比 2008 年好多了。聯準會與財政部沒必要在週末出手干預，救援瀕臨倒閉的金融機構。然而，2020 年 3 月，放款者面臨巨大的不確定性，不僅對個別家庭與企業借款者的財務風險承擔力感到不確定，也對整個產業的財務風險承擔力憂心忡忡。新冠疫情消退後，旅館、餐飲業、購物中心與航空公司會多多少少恢復正常營運嗎？還是我們會進入一個新世界，世人對染疫的恐懼將永遠改變我們工作、購物、上學的方式？在這種環境下，想要評估信用風險幾乎不可能。儘管銀行的資產負債表相當穩健，在這種不確定性的陰影下，新貸款凍結可能還是會蔓延開來。

為了促進信貸以及維持大眾對金融體系的信心，聯準會再度採用2008年的策略，充當金融與非金融公司的最後貸款人。在 3 月 15 日的會議上，聯準會放寬了貼現窗口的使用條件，並鼓勵銀行借款。幾天內，聯準會又宣布，它將動用金融危機期間用過的第 13（3）條的權力，再次設立幾個

方案。聯準會透過「商業本票融資機制」，再次為企業提供短期貸款。「主要交易商融通機制」（Primary Dealer Credit Facility）將會收取各種抵押品，向證券交易商放貸。「貨幣市場基金流動性機制」（Money Market Mutual Fund Liquidity Facility）將幫助貨幣基金籌集所需的現金，以因應投資者的贖回（這個機制為銀行提供信貸，使它們能夠從那些基金購買資產）。接下來的那週，聯準會重新啟動另一項緊急計劃：「定期資產擔保證券貸款機制」，支援家庭與企業信貸的證券化。由於這些計劃的法律與操作細節不需要從頭開始設計，計劃可以迅速施行。

也許對金融穩定最重要的是聯準會繼續努力恢復公債市場的秩序。3月23日，聯準會宣布，它將不再限制美國公債與 GSE 發行的 MBS 的購買，「規模將達到支援市場平穩運作以及有效傳達貨幣政策所需的數量」。此外，聯準會也表示，除了買住宅 MBS 以外，它也會購買由商業房地產抵押貸款擔保的證券。在封城期間，由於購物中心與辦公室關閉，商業房地產承受了沉重的壓力。從 3 月的第一週到 7 月底，聯準會購買了將近 1 兆 8,000 億美元的公債及 6,000 億美元 GSE 發行的 MBS，這個規模遠遠超過其他計劃的總和。

聯準會也利用監管權力來協助安撫市場。依照規定，大型銀行的資本，相對於其持有的公債以及存在聯準會的準備金，必須達到一定的下限。4 月 1 日，聯準會暫停了這項要求。這項改變讓這些銀行組織及旗下的交易商更有能力及動機為公債造市，同時避免準備金大增（這是聯準會積極購買證券的結果）可能占用了銀行原本可用來支持放貸或造市的資本。

世界各地的主要央行也大舉干預市場，由此可見新冠疫情對全球的影響。3 月，英國央行把政策利率降至 0.1%，擴大了鼓勵銀行放貸的計劃，

並重新啟動政府公債購買。[11] 此外，英國央行也與英國財政部合作，設立了「新冠疫情企業融資機制」（Covid Corporate Financing Facility），向企業提供直接的短期信貸。日本央行也增加資產購買，包括購買商業本票與公司債，並設立一個鼓勵銀行放款給企業的機制。[12]

歐洲央行在新任行長拉加德的領導下，可能是最積極運作的外國央行。[13] 歐洲央行沒有下調已經是負 0.50% 的政策利率，但大幅擴大了證券購買計劃。除此之外，3 月時，歐洲央行也增設了 7,500 億歐元的新疫情緊急購買計劃，並在 6 月把規模增至 1 兆 3,500 億歐元。[14]

重要的是，新的緊急計劃比歐洲央行之前的量化寬鬆更加靈活，也更積極。在歐債危機期間，歐洲央行早在 2010 年就試圖透過購買那些陷入困境的歐元區國家債券來穩定主權債務市場。但誠如前述，2015 年 1 月以前，歐洲央行並未採取全面美國式的量化寬鬆政策（亦即把大規模購買較長期證券當作貨幣政策工具）。當時由於德國與其他北歐國家在政治上反對，加上擔心遇到與歐盟創始條約有關的潛在法律挑戰（該條約禁止為歐盟國家提供貨幣融資），歐洲央行遲遲沒有大舉購買長期證券。當歐洲央行真的開始執行量化寬鬆時，它一直謹慎地施加限制，以降低政治與法律風險，包括確保它購買的政府公債不會偏袒某些歐元區國家。反之，在新冠疫情期間的購債計劃中，歐洲央行購買證券的時間和期限只由市場與經濟條件決定，沒有嚴格要求購買哪些國家的債券或購買比例。尤其，與歐洲央行一般量化寬鬆計劃的不同之處在於，這回希臘債券符合購買條件。

為了刺激私人信貸，歐洲央行也於 2020 年大幅增加銀行貸款補貼：以低達負 1% 的利率，為那些增加對合格借款人放貸的銀行提供長期資金。[15] 銀行接受的資金額度都很龐大。財政方面，7 月，歐盟領導人同意集體資助 7,500 億歐元的紓困計劃，為受到重創的成員國提供貸款與贈

款，可謂政治上的一大突破。[16] 新冠疫情促使歐洲採取了全球金融危機與主權債務危機期間並未選用的一些財政與貨幣政策創新。

《CARES 法》

3月27日，川普總統簽署了一項2兆2,000億美元的兩黨緊急財政方案：《新冠病毒援助、紓困與經濟安全法》（*Coronavirus Aid, Relief, and Economic Security Act*，簡稱《CARES 法》），該法的前提是為了戰勝病毒，大部分的經濟必須關閉一段時間。《CARES 法》的主要目標是幫民眾與企業度過經濟關閉時的難關，以及盡量減少不必要的失業與破產。其中包括向個人與家庭支付約5,000億美元（反映在更慷慨、更包容的失業保險上，以及直接向每位成人發放最高1,200美元、兒童500美元）；向州政府與地方政府發放1,500億美元；支援醫療系統1,500億美元；為就業保護方案（Paycheck Protection Program，簡稱 PPP）資助3,500億美元。就業保護方案由美國小企業管理局（Small Business Administration）實施，為員工人數不到五百人的企業提供貸款；只要企業不裁員並持續支付薪資，貸款就無需償還。

《CARES 法》中，與聯準會最有關的條款是撥款4,540億美元支持聯準會的緊急貸款。在金融危機期間，聯準會常常使用《聯邦準備法》第13（3）條的放貸權力。該法把貸款限制在「非常與緊急的情況」，以及因市場混亂而無法從正常管道取得信貸的借款人。第13（3）條的貸款必須有充分的抵押或擔保，聯準會才能藉此合理預期那些貸款得以償還。然而，金融危機期間，由於聯準會運用第13（3）條的放貸權力來紓困 AIG 與其他公司，引發不少民怨，所以2010年的《多德—弗蘭克法》對聯準

會的放貸權力增設了限制，包括更嚴格的抵押品要求、禁止對單一借款人放貸（貸款機制必須設計成貸款給明確定義的類別，類別至少要包括五個潛在的借款者）。《多德－弗蘭克法》也要求，聯準會在啟用第 13（3）條的相關計劃以前，必須先獲得財政部長的許可。《多德－弗蘭克法》送往國會審核時，許多金融危機處理老手（包括我）都擔心，新的限制措施可能會在下一次的金融危機中阻礙聯準會的放貸權力。

然而，在《CARES 法》中，國會把聯準會的放貸權力視為幫助經濟度過新冠疫情的一種方式。4,540 億美元的撥款等於是讓財政部去支持聯準會新設立的 13（3）計劃。只要財政部的支援夠大，足以吸收任何預期的損失，聯準會就可以貸款給有風險的借款人，並持續遵守 13（3）條的要求，且預期貸款完全得到償還。從國會的角度來看，這有好處。由於財政部的撥款只是支應潛在的損失，而非貸款總額，透過聯準會可以產生乘數效應。以財政部 4,540 億美元的撥款為基礎，聯準會估計它至少可以提供 2 兆 3,000 億美元的貸款。從國會的角度來看，這樣做的其他好處包括聯準會具備金融與信貸市場的專業知識，以及無黨派與政治獨立的聲譽——由於民主黨人對川普政府不信任，這是一個重要的考慮因素。

國會的支持讓聯準會有強大的新工具對抗新冠疫情危機，但也為聯準會帶來了風險。萬一這些計劃失敗了，聯準會的聲譽與政治地位將會受損。如果成功了，未來國會是否會命令聯準會在緊急狀況之外，放貸給國會青睞的受益者，因此削弱聯準會的獨立性呢？在加速設立全新的貸款計劃方面，聯準會也面臨著困難的技術挑戰。儘管如此，聯準會仍有充分的理由同意這樣做——最重要的原因是，這場疫情對其經濟目標及金融穩定構成了可怕的威脅。此外，《CARES 法》讓聯準會對貸款計劃的設計保有最終的決定權，包括貸款條款及借款者的資格。法律規定，只有在「非

常與緊急的情況下」，以及信貸市場失靈時，才可以啟動 13（3）貸款——這項規定為聯準會提供了一個強而有力的基礎，讓它可以在緊急狀況結束時，堅持終止計劃。鮑爾領導的聯準會接受了這項任務，並投入開發貸款機制（其中很重要的是包括針對非金融借款人的貸款計劃）。這些計劃的範圍遠遠超出聯準會在全球金融危機的所作所為。

　　大體而言，根據《CARES 法》，有三類借款人有資格得到聯準會的貸款：公司、州與地方政府（市政府）、中型企業。聯準會從投資者購買現有的債券，藉此直接放貸，支持公司債與地方債券市場。購買公司債與地方債券的計劃非常成功，迅速讓這些市場恢復正常運作。聯準會光是宣布計劃就縮小了利差（連發放貸款或購買債券都還沒執行），並使公司債與地方債券市場的發行量增加到接近正常的水準。如果沒有其他人放貸，聯準會隨時都準備好放貸——這種保證讓投資者有信心重返市場。

　　聯準會的宣布威力強大，令人想起歐洲央行總裁德拉吉 2012 年的承諾：歐洲央行將「不惜一切代價」保住歐元。為了履行德拉吉在必要時購買受困國家主權債務的承諾，歐洲央行宣布了一項新計劃，名為直接貨幣交易（Outright Monetary Transactions）。不過，歐洲央行從來沒有必要為那個計劃購買任何政府公債，它光是宣布消息就恢復了市場信心，幾乎一夕之間就大幅降低了陷入困境的歐元區國家所支付的利率。聯準會宣布購買公司債與地方政府債券的計劃也有類似的效果。即使實際的貸款最終遠遠低於預設的額度，計劃還是達成了目標。更廣義來說，聯準會自 3 月以來的干預措施（包括購買美國公債與 MBS），有助說服投資者再次承擔風險——包括股市的投資者。仲夏時，股市已從先前的暴跌中完全反彈，並繼續上漲。

　　事實證明，對中型企業放貸是一項更艱巨的挑戰。這些中型企業五花

八門，大多無法從股市或債市取得資金。4月9日，聯準會宣布了「中型企業貸款方案」（Main Street Lending Program），獲得財政部750億美元的支持。*聯準會決定依賴商業銀行來評估及發放貸款，但銀行必須遵守聯準會設定的條款。這項計劃之所以如此設計，是由於與聯準會相比，銀行擁有較多潛在借款人的資訊；在發放許多較小貸款方面，也擁有較多的處理人員與經驗。銀行放款後，聯準會將購買每筆貸款的95%，以消除貸款銀行的多數風險；而銀行持有剩餘的5%貸款，是鼓勵銀行發放優質貸款的誘因。這項計劃的目標是以合理的條件向中型企業提供信貸，讓他們在經濟半停擺的情況下仍能存活下來。非營利組織後來也有資格獲得信貸。此外，中型企業貸款方案與針對較小型企業的就業保護方案有所不同，它不是無需償還的，但還款期很長——最初是四年，後來延長至五年。

設定中型企業貸款的條款其實很棘手，因為貸款額度必須大到足以吸引借款人，而且許多借款人可能需要的是贈款（無須償還）、而不是貸款，才能生存下來。與此同時，條款也必須讓銀行覺得放貸有吸引力（畢竟銀行承擔發放貸款及收取還款的成本，並承擔5%的風險），而且要夠強硬，以限制財政部的預期損失（財政部通常對風險比較保守）。要滿足這些條件，同時讓貸款機制夠靈活，兼顧財務架構不同、銀行往來關係不同的多種企業與非營利組織，並不容易。所以中型企業貸款方案的推出速度很慢，直到6月15日才開放放貸機構註冊。在啟動放款的前一週，聯準會放寬了借款人的貸款條件，降低了最低貸款額，也提高了最高貸款

---

* 「主要大街」（Mian Street）這個說法有點用詞不當，原本的定義為員工一萬人以下、或年收不到25億美元的公司有資格申請這種貸款，後來增加為員工一萬五千人以下，年收不到50億美元的公司。規模較小的企業是由其他計劃提供貸款，例如就業保護方案。聯準會支持就業保護方案的方法是放貸給發放就業保護方案貸款的銀行，並以面額接受那些貸款作為抵押（那些貸款由美國小企業管理局擔保）。

額，延長了貸款期限，並把償還本金的時間從一年延到兩年。10月30日，聯準會再度放寬貸款條件，把最低貸款額降至10萬美元。不過，銀行與借款者的參與情況依舊相當冷清。

國會的大規模財政計劃與聯準會的行動，保護了美國人的收入以及取得信貸的機會，藉此減少了疫情對經濟的損害，但經濟急遽衰退是無可避免的。美國國家經濟研究局把新冠疫情經濟衰退的起始日期定為2020年2月。疫情終結了長達一百二十八個月的牛市——1854年以來美國史上持續最久的景氣循環。2020年第二季的實際產出出現了美國史上最大的降幅。*

就業市場大幅受創。許多人就算不受官方封城令的限制，也會因為擔心染疫而選擇待在家裡。約有三分之一的員工能居家工作，但多數人無法這樣做。失業率從2月分的3.5%（50年的低點）飆升至4月分的14.7%，這是自1948年開始蒐集每月資料以來的最高紀錄。即便失業率已經那麼高，這個數字還是低估了：編制失業統計資料的勞工統計局坦承，商業普遍停擺的期間，很難判斷誰依然受僱，所以「真實」的失業率可能比官方的失業率高出許多。另一種算法試圖修正裁員人數遭到低估的情況，用那種計算，勞工統計局發現，4月分的「真實」失業率可能高達19.7%。光是那個月，就業人數就大減了2,070萬名，占3月分就業人數的13%以上。

新冠疫情造成的經濟衰退，除了源頭與嚴重性非同小可，其他方面也很不尋常。典型的經濟衰退對製造業與房地產業的衝擊最大，這次的衰退則是那些需要個人接觸的服務業受到最大的衝擊，例如實體零售業、觀光

---

* 儘管經濟大幅萎縮，但後來事實證明，這次的萎縮期很短暫，因為經濟在4月又恢復成長。美國全國經濟研究所後來宣布，經濟衰退（收縮期）只持續了兩個月——這也創下紀錄，成了美國史上為期最短的經濟衰退。

旅遊業、餐飲業。由於這些產業僱用許多女性、少數族裔與低薪勞工，這些群體受到的影響特別大，甚至比典型經濟衰退時所受到的衝擊還大。有些人把這次的經濟衰退描述為「K型」（注：指社會的一部分經歷V型衰退，社會的其他部分則經歷了更緩慢、更持久的L型衰退。字母K的形狀表示恢復路徑的分歧），指較富裕者過得特別好，收入較低者則是首當其衝。

繼3月採取引人注目的因應措施後，FOMC在貨幣政策方面進入了觀望狀態。FOMC討論了其他政策選擇，但沒有採取行動，理由是不確定性很高。此外，當時也無法確定貨幣政策是否能發揮比當下更大的作用——當下的作用主要是穩定金融與信貸市場，以及確保寬鬆的金融環境。在病毒肆虐的情況下，利率的微小變化會鼓勵民眾多購物嗎？會鼓勵企業做更多投資或招募更多員工嗎？既然從事正常的經濟活動有健康風險（例如購買服飾、外出用餐），上述結果真的值得推動嗎？在5月13日的演講中，鮑爾重申了一句話，那句話後來變成他的口頭禪：「聯準會有放貸的權力，而不是支出的權力。」[17] 他敦促國會與政府基於人道理由提供更多財政支持，避免長期的經濟損害或「傷痕」，例如許多小企業關閉、勞資關係切斷、技能流失、失業者失去勞力市場人脈等等，都有可能造成這些傷害。川普總統向來強調的經濟前景比鮑爾樂觀，他在同一天對記者發表了看法。對於鮑爾呼籲增加聯邦支出，川普並未發表意見，但他確實勉為其難肯定了聯準會在那年春季所做的努力。川普說：「過去幾個月，他做得非常好。他是我心目中的『M.I.P.』，最佳進步獎得主（most improved player）。」[18]

4月下旬與5月，隨著州與市政府開始逐步取消居家令，經濟看起來略有好轉。5月，新增二百八十萬人就業，官方失業率降至13.2%，經調

整後為 16.3%。經濟復甦持續了整個夏季。6 月與 7 月，美國經濟增加了六百萬人就業，官方公布的失業率降至 10.2%。

　　但就業總人數依然遠遠低於疫情爆發前的水準，失業率也遠比疫情前還高。在夏季與秋季，新的感染潮減緩了經濟復甦，許多學校與企業再次關閉。鮑爾在記者會與證詞中繼續強調經濟復甦不完整及不平均的長期風險。儘管鮑爾在細節上尊重國會的意見，但他也開始強調，先前強大的財政支持將無法滿足需求。

　　隨著 11 月總統大選逼近，國會與政府在財政行動方面陷入僵局。眾人意見分歧，民主黨人主張為州與地方政府提供更多援助，但政府與許多共和黨人反對。經濟低迷對銷售稅與所得稅的影響，嚴重衝擊了許多州與地方政府的稅收。之前州與地方政府削減開支，減緩了經濟從大衰退中復甦的速度；聯準會的政策制定者擔心這種情況恐怕會再次發生。

　　儘管有許多擔憂，經濟在第三季大有起色。經歷了 3 月與 4 月的大幅下滑後，2020 年第二季的實際產出比 2019 年同期下降了約 9%。第三季的產出反而大幅回升，只比前一年同期低了約 3%。失業率也持續下降，11 月的官方失業率是 6.7%。聯準會的寬鬆貨幣政策促進了強勁的房市（房貸利率處於新低點）並增加了大額消費的需求（例如汽車），對經濟復甦有所助益。儘管如此，經濟依然離常態很遠。整個 11 月新增的就業人數，只有 3 月與 4 月失去的兩千兩百萬個工作的一半多一點。此外，病毒捲土重來以及財政支援減弱，使得冬季的經濟成長減緩。12 月的就業人數其實下滑了，1 月的就業人數成長也相當有限。

新政策架構

新冠疫情來襲，使得聯準會延緩了正在進行的策略檢討（包括貨幣政策的架構、工具、溝通方式的檢討）。然而，2020 年 8 月下旬，在線上版的傑克森霍爾會議上，鮑爾宣布了架構的重大改革，那些改變幾乎可以馬上影響聯準會因應危機的貨幣措施。[19]

策略檢討於 2018 年 11 月啟動，當時的環境比較有利；聯準會之所以展開策略檢討，也是經濟與政策環境的較長期變化促成的。自然利率的持續下降（顯然全球金融危機後依然持續）縮小了貨幣政策制定者在經濟衰退期間削減短期利率的空間。這種限制讓貨幣政策難以因應經濟低迷，可能會導致更頻繁、更持久的高失業率與低通膨。比較有利的是，自然失業率的下降趨勢、更平坦的菲利浦曲線，以及穩定的通膨預期，似乎讓聯準會更能放手推動「熱絡」的勞力市場，不太需要擔心通膨過高。誠如鮑爾在演講中所述，在聯準會於全國各地舉辦的「聯準會傾聽」活動上，參與者強調了熱絡的勞力市場所帶來的實質與廣泛效益，尤其是對少數族裔、經驗不足或技能較低的勞工，以及來自中低收入社區的民眾來說更是如此。鮑爾說，因此，聯準會應該要將就業最大化視為「普惠目標」。

聯準會完成檢討之後，FOMC 批准了政策架構的兩大改變。第一，在追求通膨目標時，FOMC 此後將努力彌補過去通膨未達標的部分（但超標的部分不管）。如果通膨率在一段時間內都低於 2%（在大衰退後的擴張期間大多如此），FOMC 將讓通膨率「在一段時間內稍高於 2%」，以彌補未達標的部分。新方法的目的是把**平均**通膨率維持在目標附近。反之，在傳統的通膨目標制中，政策制定者會忽略過去未達標或超標的幅度或持續時間，想辦法隨著時間的推移逐漸達到目標——也就是說，既往不咎。

鮑爾把新的調整策略稱為「彈性平均通膨目標制」（flexible average inflation targeting，簡稱 FAIT）。* 它在幾種意義上是彈性的。根據聯準會的雙重目標及 2012 年採取的做法，FOMC 必須同時考慮就業與通膨。FAIT 之所以是彈性的，是因為它沒有提出明確的公式來描述新的調整政策。例如，FOMC 沒有具體指出通膨率的平均期限，也沒有以數字定義「略高於 2%」或「一段時間內」。這些措辭的定義取決於經濟前景與 FOMC 的判斷。就像央行溝通中常出現的情況一樣，缺乏明確性的同時，保留了政策的彈性與判斷的餘地，但也增加了市場溝通錯誤或誤解的風險。

　　鮑爾認為，如果市場了解並且相信彈性平均通膨目標制，這種新制應該可以幫貨幣政策制定者克服有效下限所造成的限制。尤其是當通膨率低於目標一段時間後，FOMC 可以讓它超出 2% 的目標——這相當於承諾：經濟從低通膨與低就業期復甦時，利率將維持在「較低水準更久的時間」。這樣的承諾若有可信度，應該會壓低較長期的利率，增加經濟刺激，即便短期利率已處於下限。此外，新方法把平均通膨率維持在 2% 附近，應該可以幫忙降低家庭與企業的通膨預期，讓它穩定在目標附近。穩定的通膨預期將使通膨控制變得更容易，而且可以避免利率降得太低，為經濟低迷時期的降息保留空間。相較之下，傳統的通膨目標制因受限於貨幣政策的下限，通膨率常常低於 2%，可能導致平均通膨率及最終的通膨預期低於 FOMC 的目標太多。

---

* 　彈性平均通膨目標制，正如 FOMC 於 2020 年 9 月的指引所述，非常接近我在 2017 年提出的一種策略：暫時性物價水準目標制（temporary price-level targeting）（Bernanke, 2017a, b）。Bernanke, Kiley, and Roberts (2019) 的研究報告顯示，當有效下限限制了政策，暫時性物價水準目標制可以改善經濟表現，即使只有金融市場的參與者理解且相信該策略，一般大眾不懂也無妨。芝加哥聯邦準備銀行總裁艾文斯在更早之前也提過類似的建議（Evans, 2012）。這種方法將在第 13 章中進一步討論。

聯準會架構的第二個重大變化，是更積極地確保充分就業。鮑爾在演講中表示，此後，貨幣政策只會針對**未達**就業最大化做出反應，而不對**偏離**目標（無論是超標還是未達標）做出反應。換句話說，FOMC 不再單純為了因應低失業率或失業率下降而緊縮政策——除非出現「通膨意外上升的跡象」或其他風險（例如金融穩定有風險）。

打從馬丁時代以來，聯準會主席常以先發制人的方式打擊通膨，亦即在更高通膨的先決條件（包括勞力市場過熱）出現以前，就開始緊縮政策。理由是貨幣政策的效果是滯後的，萬一等太久才出手，FOMC 可能會「落後通膨趨勢」，被迫後來再以迅速升息的方式迎頭趕上。政策架構的第二大改變，等於是 FOMC 結束了先發制人的策略，不再單憑「現今的低失業率必然會導致未來的高通膨」這種假設來緊縮政策。

新方法反映了 FOMC 會更加關注自然失業率估值 u* 的高度不確定性。鮑爾曾在 2018 年傑克森霍爾的演講中提過這點（題目為〈觀測天體以決定航海方向〉）。想要及時且有效地以先發制人的方式打擊通膨，政策制定者就得對自然失業率做出合理的估計，否則，用來預測通膨率的菲利浦曲線模型有可能不準確——這在疫情爆發的前幾年就已經很明顯了。在新策略中，FOMC 同意對 u* 抱持著比較不可知的觀點。在通膨或其他的過熱跡象具體證明就業最大化已經達到之前，FOMC 都會繼續追求降低失業率。無可否認，這種策略可能會帶來通膨過高的風險，迫使 FOMC 突然改變政策。但 FOMC 認為，平坦的菲利浦曲線及穩定的通膨預期都壓低了那個風險。FOMC 覺得追求更強勁的勞力市場以及避免通膨過低（這一直困擾著歐洲與日本）都有很大的效益。

為了正式確立這個新策略，FOMC 投票一致通過，修訂了「較長期目標與政策策略的聲明」（2012 年導入通膨目標制時首次發表），並表示將

會五年檢討一次政策架構。*鮑爾在 8 月的演講中並未具體說明近期將採取的政策行動。然而，FOMC 在 9 月的會議上發布了額外的指引。當時 FOMC 表示，在滿足以下三個條件以前，它打算把利率維持在接近零的水準：勞力市場的狀況符合 FOMC 對充分就業的評估；通膨率升至 2%；通膨率「會稍微超過 2% 一段時間」。FOMC 在那次會議上公布的利率預測顯示，FOMC 的多數參與者預期，這三個條件若要全數滿足，至少還要等三年或更長的時間。

12 月，FOMC 也為證券購買計劃提供了指引，承諾每個月至少增加持有 1,200 億美元的公債與 MBS，「直到 FOMC 在實現就業最大化及物價穩定等目標方面，取得顯著的進展」。FOMC 並未定義何謂「顯著的進展」，這個疏漏令人驚訝，因為 2013 年的「縮減購債恐慌」就是由類似的措辭引發的——當時聯準會與市場之間因為溝通不當，導致殖利率與波動性大幅上升。不過，與 2013 年相比，FOMC 的成員在堅持量化寬鬆的意願上似乎更團結了，他們也承諾在減緩購債速度之前，會先給予市場足夠的提醒。整體而言，到了 2020 年底，聯準會傳達的訊息是貨幣政策可能會維持寬鬆很久。

聯準會的新架構及其暗示的寬鬆政策，並沒有立即獲得新財政行動的配合。不過，11 月，民主黨的拜登當選總統，民主黨實際上掌控了參眾兩院。12 月，跛腳鴨（注：指因任期將滿而失去政治影響力）國會通過

---

* 2021 年 7 月，歐洲央行經過一年半的檢討後，也更新了貨幣政策的策略，但它的改變不如聯準會那麼多。它廢除了之前對通膨目標的描述，亦即「低於但接近 2%」。歐洲央行不再把 2% 視為上限，而是把 2% 視為中期的通膨目標，並把未達標與超標的狀況同樣視為不可取。它會持續使用通膨預測來判斷何時該緊縮政策。歐洲央行的新策略受到聯準會改變的影響，但比較像聯準會 2020 年以前對稱的「既往不咎」策略，而不是新策略。

了一項逾 9,000 億美元的新財政援助方案。更重要的是，幾種有效的疫苗開發問世，為控制新冠疫情帶來了希望。

12 月 31 日，《CARES 法》授權的聯準會貸款機制到期，需要續簽才能繼續，但財政部長梅努欽選擇讓它們到期，不再更新。鮑爾在一份聲明中表達了不滿，但他還是勉強同意退還財政部的資助，並停止利用那些機制做出新的貸款及購買證券。國會（12 月財政計劃的一部分）確認了梅努欽的決定，但也明確表示，相對於疫情前的狀況，聯準會第 13（3）條的權力不會受到進一步的限制。引用第 13（3）條所推出的貸款機制中，那些沒有得到《CARES 法》資助的機制仍暫時維持開放（例如商業本票融資機制）。市場參與者可能認為，那些機制在新的緊急狀況下會迅速重啟，所以對那些機制的結束抱持冷靜的態度。市場的反應呼應了以下的結論：透過《CARES 法》的貸款機制所做的實際放貸並不重要（相較於這些機制理論上高達 2 兆 3,000 美元的額度，實際的貸款金額非常小），真正重要的是證明聯準會與財政部隨時都準備好為失靈的市場提供後盾。2021 年 6 月，聯準會宣布，它打算出售透過《CARES 法》的貸款機制所買進的公司債。

2021 年 1 月，拜登政府上任（葉倫擔任財政部長），並在 3 月迅速通過了 1 兆 9,000 億美元的美國救援方案（American Rescue Plan），為家庭、企業、州與地方政府提供額外的支援。這個強大的新財政救助措施，加上之前的財政行動以及壓抑的消費需求——據估計，美國人在新冠疫情期間累積了逾 2 兆美元的額外儲蓄——在 2021 年的頭幾個月為新的支出與創造新的就業機會提供了動力。此外，到了初夏，多數想接種疫苗的成人接種了疫苗，雖然懷疑疫苗及拒絕接種的人仍為數不少。

這似乎為經濟繁榮做好了準備。在 2021 年 6 月的會議上，FOMC 的

參與者預計，第四季的失業率將降至 4.5%，2021 年的經濟成長率將達到穩健的 7%。2021 年夏季，就業成長迅速，6 月與 7 月分別增加了將近 100 萬個工作。FOMC 依循新的架構與政策指引，把利率維持在接近零的水準，並繼續購買證券。

然而，儘管有強大的財政與貨幣政策的支持，經濟復甦並不像預期那麼順利。2021 年底，失業率已降至 3.9%，但這只是因為許多潛在勞工仍未進入勞力市場。總就業人口雖然在夏季增加了，但還是比新冠疫情前的高峰少了 360 萬人。經濟復甦並不平均，有些產業的復工速度較快，許多人重返工作崗位的速度緩慢，導致雇主的需求與可用的勞力之間無法適配，因此出現一種奇怪的現象：數百萬人失業，但雇主普遍抱怨人力短缺。壓抑勞力供給的因素包括：學校關閉以及托兒服務短缺，導致一些家長無法重返工作崗位；移民減少；政府提供的失業福利讓失業者有更多時間尋找合適的工作。由於染疫風險仍在，潛在勞工對於重返職場依然戰戰兢兢，尤其是新的病毒變體導致美國新冠肺炎的病例在夏季重新飆升之際（特別是夏季的 Delta 變種及當年稍晚的 Omicron 變種）。由於變種病毒帶來的風險，2021 年聯準會的傑克森霍爾會議連續第二年在線上舉行。此外，許多人或許是因為脫離例常工作長達一年半，開始重新思考職業選擇，以及工作與其他活動之間的平衡，包括求學、在家照顧孩子或退休。

通膨構成另一個令人日益擔憂的威脅。好幾位經濟學家（包括薩默斯、奧利維耶·布朗夏爾〔Olivier Blanchard，IMF 的前首席經濟學家〕、傑森·佛曼〔Jason Furman，歐巴馬經濟顧問委員會的前主席〕）表示，他們擔心強大的財政刺激、累積的家庭儲蓄、寬鬆的貨幣政策將使經濟過熱，可能會導致 1970 年代那種通膨回歸，或導致聯準會匆忙緊縮貨幣政策，而擾亂經濟與市場。通膨上升的速度確實比 FOMC 參與者預期的快

很多。2021年底，前十二個月的核心 PCE 通膨已接近 5%。若以大家較為熟知的消費者物價指數（包括食品與能源價格）來衡量，當月的通膨率達到近四十年來的高點 7%。

到了 2021 年年中，聯準會官員承認通膨率高於他們的預期，但他們認為，通膨飆升主要是與經濟重啟有關的臨時性因素所造成的，包括疫情期間遭到重創的行業原本價格下跌的趨勢逆轉（像是旅館、機票）；供應鏈瓶頸（例如全球電腦晶片短缺使汽車生產減緩，推高了新車與二手車的價格）；以及隨著經濟活動的恢復，石油與一些大宗商品的價格上漲。

此外，聯準會的官員認為，2021 年與 1960 年代及 1970 年代的通膨有重要的差異。由於疫情爆發之前，失業率一直低至 3.5%，而且沒有產生通膨壓力，FOMC 不太可能像從前的政策制定者那樣低估自然失業率。2021 年的供給衝擊（包括供應鏈與勞力供給的中斷）似乎可能隨著時間的推移以及更完善的病毒控制而有所緩解。相較於 1960 年代與 1970 年代，2021 年的聯準會處於更有利的狀態，通膨預期比較穩定，而且受到密切追蹤，聯準會的政策獨立性也沒有疑慮。2021 年雖然物價上漲的速度加快，但中期的通膨預期大致上維持溫和（中期的通膨預期是以家庭與企業調查，以及通膨率連結公債〔inflation-indexed government bond〕的殖利率來衡量），這也支持了聯準會的觀點（亦即通膨飆升可能是暫時的）。

然而，出人意料的高通膨數據在 FOMC 與白宮引發了愈來愈多的焦慮。隨著時間推移，FOMC 的立場愈來愈趨向鷹派。2021 年 9 月的點陣圖顯示，FOMC 有一半的人（九名參與者）預計首次升息會在 2022 年底以前（3 月時，這麼預測的僅有四人，6 月時七人）。7 月的會議記錄顯示，許多參與者預計縮減購債將從「今年」開始。[20] 開始縮減購債確實是在 11 月宣布。在 12 月的會議上，FOMC 又加快了這個流程，使購債計劃

預計在 2022 年 3 月結束。這份聲明開啟了最早 3 月就開始升息的可能性。2021 年 12 月的點陣圖顯示，FOMC 所有的參與者（十八人）都預期，2022 年底至少會升息一次，其中有十二名參與者預期至少會升息三次。

整體來說，經濟從新冠疫情的衰退中非比尋常地復甦，為聯準會的新架構帶來了嚴峻的考驗。創紀錄的財政刺激、不平均的經濟重啟，以及就業與通膨的不尋常行為，使得預測及公開溝通變得格外棘手。中期的通膨預期似乎控制得當，但不能排除通膨預期失控——進而導致更持久的通膨——的可能性，這得看大家如何解讀 2021 年的通膨爆發而定。在 FAIT 的架構下，FOMC 曾追求暫時超出通膨目標。但這樣做的風險在於超標的幅度可能太大又持續太久。避免那樣的結果將同時考驗聯準會的預測能力與可信度。

鮑爾的任期將於 2022 年初結束。他在新冠疫情之前與疫情期間對貨幣政策的處理、他對 2020 年 3 月恐慌的反應，以及他的領導力與政治技巧，普遍受到民主黨人與共和黨人的讚揚。他加入聯準會時，還是貨幣政策的新手。但升任主席後，他已經證明自己是完美的 21 世紀央行首長，並積極主動運用多元的工具與策略。那些工具與策略都是 20 世紀的前任首長沒有料想到的。他也讓聯準會變得更加開放，在記者會上以及透過「聯準會聆聽」之類的活動來接觸廣泛的受眾。

然而，他的連任並非必然。伊莉莎白・華倫領導來自左派的批評，說鮑爾在監管事務上不夠積極。此外，FOMC 的某幾位參與者在 2020 年做了一些可疑的證券交易，這類消息曝光後，可能有損鮑爾試圖塑造的機構誠信形象。

感恩節的前三天，拜登總統宣布他將提名鮑爾為聯準會主席，布蘭納德為副主席，接替 2022 年初任期結束的克拉里達（布蘭納德是理事會中

唯一僅存的歐巴馬提名人選）。布蘭納德已成為競爭主席職位的勁敵。雖然她的貨幣政策觀點與鮑爾頗為相似，但民主黨的進步派認為，她在金融監管與氣候議題方面的立場比較強硬。拜登後來提名了鮑爾，選擇延續及回歸傳統（重新任命反對黨的優秀聯準會首長）。總統提名鮑爾與布蘭納德後，又提名了前理事會的成員與財政部官員莎拉・布魯姆・拉斯金（Sarah Bloom Raskin）擔任監督副主席，並任命經濟學家麗莎・庫克（Lisa Cook）與菲利浦・傑弗遜（Philip Jefferson）遞補理事會剩餘的兩席理事空缺。

能夠連任主席四年固然令人欣慰，但鮑爾沒有時間慶祝。面對高通膨與新變種病毒所帶來的經濟威脅，鮑爾與同仁不得不再次尋找方法，讓經濟再度軟著陸。

PART 4

思考聯準會的下一步

第 11 章
2008 年後的施政工具

　　21 世紀的貨幣政策制定者面臨與 20 世紀的前輩不同的世界：「新常態」。在這個新世界裡，通膨太低與太高一樣令人擔憂，自然利率太低會限制降息的空間，因而大幅縮減傳統貨幣政策的效力。政策制定者有哪些選擇可以因應這些挑戰？在 2007–2009 年金融危機期間與之後，聯準會（與其他的主要央行）用盡了傳統的降息策略，改採兩種替代工具：以大規模的量化寬鬆來降低較長期的利率，以及採用愈來愈明確的前瞻性指引，目的是藉由塑造市場對未來貨幣政策的預期來影響金融狀況。新冠疫情期間，聯準會和許多央行又再次重度依賴這些工具。

　　這些替代工具的效果如何？它們衍生出什麼成本與風險？在自然利率遠低於過去水準的情況下，光靠量化寬鬆與前瞻性指引夠嗎？金融危機期間聯準會導入這些工具時，只能根據現有的證據做最佳臆測。如今美國與國外都有豐富的經驗，我們對這些工具及運用它們的方式有了更多的了解。

　　重點在於，多數證據（來自正式研究與實務經驗）證實，2008 年後採用這些替代的貨幣政策工具確實有效。當短期利率已無法進一步下調時，這些工具增添了顯著的刺激力道，而且重要的是，它們的副作用是可

控的。因此，無論在美國還是在愈來愈多的其他經濟體，它們都適切地變成貨幣政策制定者的常備工具。另一方面，聯準會 2008 年之後所採用的工具，不太可能在所有情況下都足夠，尤其是遇到非常嚴重的衰退或自然利率很低的時候。這自然衍生了另一個問題：為了使貨幣政策與經濟穩定政策更持久有效，我們還能做什麼？

量化寬鬆

量化寬鬆一詞以前用來描述不同類型的計劃。這裡，我把量化寬鬆定義為央行大規模購買較長期的證券，目的是降低較長期的利率、寬鬆金融狀況，最終達到充分就業與物價穩定等總體經濟目標。

這種定義排除了日本央行 2001 年以來開始實施的證券購買。雖然日本央行那套計劃率先稱為「量化寬鬆」，而且確實有總體經濟目標（主要是克服通縮），但它購買的大多是較短期的證券，目的是增加銀行準備金及貨幣供給，而不是降低較長期的利率（日本根據一種有缺陷且過於簡化的貨幣主義理論行事，那種理論認定貨幣供給與價格之間有直接的關係）。我定義的量化寬鬆也排除了只為穩定特定的金融市場而購買證券的情況，例如歐洲央行在歐洲主權債務危機期間只購買陷入困境的國家之公債；或鮑爾領導的聯準會在 2020 年 3 月以最後買家的身分，購買美國公債與政府擔保的 MBS。不過，正如鮑爾那個例子所示，最初為了穩定特定市場的購買計劃，也可能演變成穩定整個經濟的工具，因此這兩類計劃之間的分界不見得很明晰。

美國推出量化寬鬆時，是把它當作放手最後一搏的措施。當時我們非常不確定它的可能效用，也不確定可能的成本與風險，於是面臨了激烈的

政治批評。然而，由於後來事實證明，量化寬鬆確實有效，沒有可怕的副作用，大家對它的接受度也就愈來愈高。令人訝異的是，鮑爾領導的聯準會在新冠疫情造成的經濟衰退與復甦期間，證券購買的規模總計近 5 兆美元，但幾乎沒有受到國會議員或其他單位的阻撓。同樣地，新冠疫情的緊急狀態也促使英國央行與歐洲央行推出新的證券購買計劃，那些計劃獲得相關機構的普遍支持，也廣為政界人士與大眾接納（從未結束資產購買的日本央行在整個危機期間仍持續購買資產）。在全球金融危機或大衰退期間完全沒有使用量化寬鬆的央行——包括加拿大央行、澳洲央行，甚至一些開發中國家的央行——在新冠疫情期間都採用了這項工具。[*]

▍量化寬鬆如何運作？

經濟學家針對量化寬鬆如何運作已做了廣泛的辯論，事實上，他們連量化寬鬆究竟有沒有效都討論過了。FOMC 剛開始討論證券購買時，一些經濟學家認為，量化寬鬆對資產價格或經濟的影響應該很小，或根本沒有影響——畢竟量化寬鬆只是把一套金融資產（銀行準備金）換成另一套（較長期的證券）罷了。[1] 誠如我 2014 年的論述：「量化寬鬆的問題在於它實務上有效，但理論上無效。」[2]

但量化寬鬆確實在實務上有效，它透過兩大管道——投資組合平衡管道與訊號管道——來影響金融市場，再透過金融市場來影響經濟。[3] 2008 年與 2009 年，我們規劃聯準會第一次量化寬鬆時，曾積極討論了這兩種管道——它們是互補、而非替代的。

---

[*] Rebucci、Hartley、Jimenez（2020）研究了二十一個國家在新冠疫情期間的量化寬鬆聲明。他們發現，量化寬鬆在已開發國家並未失去效力，它對長期債券殖利率的影響比新興市場強得多。

投資組合平衡管道（portfolio-balance channel）是一種直觀的概念，也就是說，央行購買較長期的證券會減少大眾持有的證券供給，因而推高證券的價格，降低殖利率。它的基本前提是，許多投資者不僅關心其金融資產的風險與預期報酬，也關心這些資產的其他特徵。如果民眾對蘋果與梨子的差異漠不關心，覺得它們都是水果，即使蘋果與梨子的相對供給量變了，那也不會影響它們的價格。但是，如果有些人喜歡蘋果的香氣，另一些人喜歡梨子的清甜，那麼梨子供給減少將使梨子的價格相對於蘋果的價格上升。同理，如果一些投資者有**偏好的投資標的**（亦即因專業知識、交易成本、法規、流動性、到期日偏好或其他原因，他們比較想持有某些類別的資產，那麼這些資產的相對供給變化就會影響價格）。*

　　許多投資者確實基於風險與報酬以外的因素，偏好特定類別的資產。例如，退休基金的經理人知道，他們必須在遙遠的未來向退休勞工支付固定的退休金，所以他們比較喜歡報酬安穩又可預測的長期資產，例如長期政府公債。貨幣市場共同基金主要持有短期流動資產（例如國庫券與評級高的商業本票）以符合監管機構的要求，也因為那些資產可以輕易出售，好因應股東突然贖回。投資銀行往往持有美國公債、MBS 等資產，這些資產可輕易作為短期借款的抵押品。

　　聯準會在量化寬鬆中，購買了大量較長期的美國公債與政府擔保的MBS，購買的代價通常藉由創造銀行準備金來支付。† 就像梨子供給減少

---

*　其實原因並沒有那麼單純，因為就算一些投資者基於風險與報酬以外的動機而持有某種資產，其他投資者可能沒有同樣的動機。後者有買進高收益資產、賣出低收益資產的動機，因此套利消除了量化寬鬆的部分效益。然而，誠如 Vayanos 與 Vila（2021）的研究所示，如果實際上套利者不願意或無法承擔無限的風險，這些影響還是有限的。

†　在「到期年限延長計畫」中，聯準會是靠出售或贖回投資組合中的較短期公債，來支付購買較長期公債的費用，而不是藉由創造銀行準備金。

時，其相對價格會上升一樣，央行購買這些證券也會減少較長期美國公債或 MBS 的淨供給，理應會使投資者抬高它們的價格。此外，那些出售美國公債或 MBS 的投資者也會轉而投資類似的證券（例如較長期的優質公司債），那些證券的價格也會被抬高。同理，抬高證券價格就是壓低殖利率，殖利率與價格的走勢正好相反。這就是投資組合平衡管道的本質：量化寬鬆逼投資者調整持有的資產，以因應不同資產的供給變化，藉此影響較長期的殖利率。儘管短期利率一直維持在零的水準，但量化寬鬆讓政策制定者得以降低較長期的利率。至少在美國，較長期利率在整個大衰退及隨後的經濟復甦期間，一直維持在遠高於零的水準（事實上是高於 1.5%）。

這種直觀論點有一個前提：美國公債與 MBS 流通在外的供給量非常龐大，價值高達數兆美元。金融危機期間與之後，聯邦政府的赤字進一步增加了公債的供給，包括較長期的證券。因此，為了讓較長期利率的變動大到足以影響經濟，聯準會與其他主要央行必須購買大量的證券。例如，聯準會在 2014 年 10 月結束第三輪量化寬鬆時，所有量化寬鬆計劃下的淨證券購買總額約為 3 兆 8,000 億美元。2014 年 10 月，聯準會持有的美國公債總值約 2 兆 5,000 億美元，約占大眾持有的美國政府公債的 37%。鮑爾領導的聯準會因應新冠疫情的經濟衰退之際，聯準會的證券持有量又大幅增加了。圖 11.1 顯示 2007 年以來聯準會持有的美國公債與 MBS 之演變。

量化寬鬆除了會影響私人持有的證券相對供給，也會透過所謂的**訊號管道**（signaling channel）發揮作用。宣布大規模的量化寬鬆計劃可能強烈顯示，政策制定者決心維持寬鬆的政策及較低的短期利率很長一段時間。至於量化寬鬆政策在傳遞這種「政策持續寬鬆」的訊息時，為什麼會比文字更有說服力，許多人提出了各種解釋。有些經濟學家指出，對央行這種

圖 11.1　聯準會的證券持有量，2007–2021 年

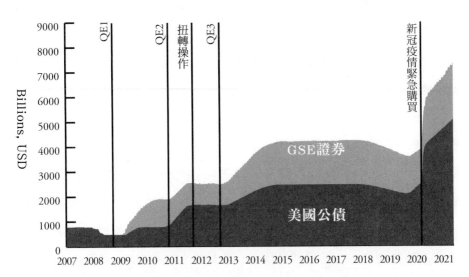

這個圖顯示聯準會持有的美國公債與 GSE 發行的證券。垂直線顯示宣布證券購買計劃的時間點。資料來源：聯準會與 FRED

機構來說，施行大規模的量化寬鬆計劃可能代價高昂。如果長期利率出乎意料地上升，導致央行持有的債券價值下跌，將會引來政治批評，並面臨資本損失的風險。至少原則上，央行希望避免投資組合出現資本損失——這使政策制定者不至於太早緊縮政策。因此，投資者可能把量化寬鬆視為央行認真想要持久振興經濟的證據。[4]

這種解釋雖然合理，也有一些可取之處，但根據我的經驗，量化寬鬆的訊號效應似乎源自一個更普通的原因：投資者相信央行將如何安排政策順序。市場參與者通常認為，只要央行繼續購買證券，就不會升息，畢竟央行一手緊縮（透過升息）另一手寬鬆（持續購買證券）並沒有意義。由於量化寬鬆計劃就算不是持續數年，往往也會持續好幾季，而且很少會太

早結束（因為太早結束會損害政策制定者的公信力），因此啟動或延長量化寬鬆通常會延後首次升息的預期日期。所以，宣布量化寬鬆可能是一種有效的前瞻性指引，強化了政策制定者把利率維持在低檔的承諾。當投資者看到這種「短期利率維持低檔的時間將比預期還長」的訊號時，就有了壓低較長期利率的另一個理由。

量化寬鬆拉低較長期的利率時（無論是透過投資組合平衡還是透過訊號效應），它刺激經濟的管道，大致上和正常時期的貨幣寬鬆一樣。例如，較低的房貸利率理應提高住房需求，或者允許屋主以再融資的方式來減少房貸還款額，藉此增加屋主的可支配收入。較低的公司債利率降低了資金成本，使得投資工廠或設備變得更有吸引力。較低的長期利率通常也會推高資產價格，包括房價與股價，使大家感覺更富有，往往也會刺激消費者支出——亦即所謂的**財富效應**（wealth effect）。[5] 在其他條件相同的情況下，較低的利率會減少流入美國的投資，降低美元的匯價，有助於美國的出口。這些發展的效應結合起來，會增加大家對國內生產的商品與服務的需求，促進那些未充分利用的資本與勞力重新投入工作。

在闡述量化寬鬆是什麼及其運作方式時，同樣值得討論的是量化寬鬆不是什麼。量化寬鬆與政府支出**不同**，因為央行購買的是計息的金融資產，不是商品或服務。擔任聯準會主席期間，我曾看到記者把量化寬鬆的購買與政府支出加在一起，以此計算刺激經濟的貨幣計劃與財政計劃的「成本」——我總是搖搖頭，這種算法毫無意義。量化寬鬆並不像家庭花錢買日用品或修理汽車那樣，而是比較像家庭購買政府公債以增加儲蓄。

同理，前面也提過，量化寬鬆不等於「印鈔票」，它對流通中的貨幣沒有直接影響。流通中的貨幣是由大家想持有的現金數量決定的。量化寬鬆也不見得會增加廣義的貨幣供給，貨幣供給的成長視幾個因素而定，包

括銀行和家庭的行為。例如，在聯準會實施危機後的量化寬鬆期間，衡量貨幣供給、所謂的 M2 指標（包括支票帳戶、儲蓄帳戶、貨幣市場共同基金的通貨與總餘額）僅略有成長，但是當大家把政府計劃發放的錢存入銀行帳戶時，這個指標在 2020 年就大幅上升了。

▋ 量化寬鬆事件的研究：一些初步證據

撇開理論的爭論不談，量化寬鬆是否有效，終究是一個實證問題。量化寬鬆的相關證據大多來自大衰退，不過新冠疫情時期的量化寬鬆證據也開始出現了。[6]

量化寬鬆的早期證據來自事件研究（event studies），是一種基礎研究工具。在金融經濟學中，典型的事件研究會比較某事件或公告前後的資產價格。資產價格往往會對新資訊反應迅速，因此，這種前後比較是一種實用的衡量標準，可以衡量投資者如何評估某事件的經濟後果。早期量化寬鬆計劃的宣布，至少有強大又廣泛的影響。例如，聯準會 2008 年 11 月宣布將購買 MBS 時，就對這些證券的殖利率產生了強大的影響，最終導致房貸利率大降。此外，誠如投資組合平衡理論所示，該聲明也大幅降低了較長期美國公債的殖利率（較長期美國公債是 MBS 的相近替代品）。

由於政策措施的相關資訊可能不會一次到位，一些事件研究會看資產價格在幾個關鍵日期的累積變化。2010 年 3 月提交給 FOMC 的一份幕僚備忘錄就觀察了聯準會發布相關資訊那幾天的資產價格變化，藉此評估 QE1 的效果。[7] 觀察的事件包括 2008 年 11 月 25 日宣布購買 MBS；2008 年 12 月 1 日我的演講提高聯準會購買美國公債的可能性；2009 年 3 月 18 日 FOMC 宣布大幅擴大 QE1 的聲明。備忘錄也考慮了其他相關的 FOMC 會議日期，其中包括至少一次會議（2009 年 1 月），眾人預期聯準會會採

取行動，但聯準會卻出乎意料沒有動靜。表 11.1 列出公布重要資訊的五個
日期，關鍵資產的價格與殖利率的總影響。前五列顯示殖利率的變化，以
百分比表示，最後一列則顯示股價的百分比變化。

表 11.1　資產價格與殖利率對 QE1 宣布的反應

2 年期美國公債	− 0.57
10 年期美國公債	− 1.00
30 年期美國公債	− 0.58
房貸抵押擔保證券（MBS）	− 1.29
AAA 級公司債	− 0.89
S&P 500 股價指數	2.32

注：每日反應匯總了 Gagnon, Raskin, Remache and Sack (2011) 所選的五個宣布日期。以上數字顯示美
國公債、MBS、公司債的殖利率變化，以及股價變化，皆以百分比表示。作者的計算。[8]

　　該表顯示，2008 年底與 2009 年初發布的量化寬鬆相關資訊產生了很
大的影響，包括（在五個關鍵日期內）10 年期美國公債的殖利率降了整
整 100 個基點，GSE 發行的 MBS 的殖利率降了超過 100 個基點。這些反
應的規模是這些價格與殖利率正常每日波動的好幾倍，應該會對經濟產生
很大的影響。聯準會沒有購買的資產（如公司債與股票）也在消息宣布後
出現大幅的波動，這些資產對當前的較長期利率及整體貨幣政策都很敏
感。在 QE1 之後，美元的匯價也大貶（表中未顯示）。對英國央行同時推
出的量化寬鬆政策所做的事件研究也發現相似的數據影響，英國較長期政
府公債的殖利率在關鍵宣布日期期間總計下降了約 100 個基點。[9]

　　市場對美國與英國的第一輪量化寬鬆反應強烈，鼓舞了政策制定者，
也推翻了之前那些看衰量化寬鬆的預測（有些人預測，央行的資產購買對
金融局勢影響很小或沒有影響）。然而，經濟學家一直很謹慎，沒有直接
以這些結果來推斷所有量化寬鬆計劃的效果，原因至少有二。[10]

首先，相較於聯準會 QE1 所產生的強勁效果，後幾輪量化寬鬆的事件研究發現，效果沒那麼明顯。例如，金融經濟學家阿溫德‧克里什納穆蒂（Arvind Krishnamurthy）與安耐特‧維欣－約根森（Annette Vissing-Jorgensen）研究了 2010 年 11 月聯準會宣布 QE2 時的市場反應。[11] 他們觀察兩個關鍵宣布日期的資產價格變化，結果發現，即使考慮到 QE2 的證券購買規模（6,000 億美元）僅是 QE1 的三分之一，但 10 年期美國公債殖利率的總降幅仍小，只有 18 個基點。針對後面幾輪的其他量化寬鬆事件研究（無論是美國還是其他國家）也發現金融影響較小。這些發現的一種解釋是，最早的計劃（如 QE1）之所以影響很大，主要是因為它們是在金融異常動盪的時期推出的，幫忙平息了金融動盪。如果這種解釋正確，那麼量化寬鬆在比較正常的時期推出，可能效用有限。

對事件研究抱持謹慎態度的第二個原因在於，本質上，事件研究只抓短期內的市場反應。* 或許市場參與者需要更長的時間來消化量化寬鬆等新政策的相關資訊，所以事件研究所衡量的非常短期的資產價格反應，並未反映量化寬鬆的長期影響。若真如此，倘若量化寬鬆的影響其實大多是暫時的，那又再次顯示，購買證券無法為經濟提供持久的幫助。

以上這種觀點（「量化寬鬆的效應可能是暫時的」）還有一種變體，以稍微長期的角度來看。它先指出，雖然較長期公債的殖利率對 QE1 宣布的最初反應很大，但在聯準會實際執行購買承諾時，並沒有持續下降。事實上，2010 年初完成 QE1 的購買時，10 年期美國公債的殖利率比 2009年 3 月宣布擴大購買前**高出**約 50 個基點。也許投資者開始意識到資產購

---

* 表 11.1 顯示的是全天的反應。有些事件研究則會觀察消息宣布期間僅三十分鐘的變化，那樣做的好處是減少一天內其他不相關事件的影響，但那也假設市場很快就會把政策資訊納入考量並反應出來。

買不會奏效？這種觀點再次顯示，如果量化寬鬆的效果不會持續，它對經濟就不會有太大的幫助。

這些針對量化寬鬆事件研究的批評都很重要。不過後來許多研究證實，這些論點最終並未削弱量化寬鬆確實有效的理由。我們將在下一節解釋，當研究人員排除「後幾輪 QE 大多在市場預料中」這個事實時，證據顯示，量化寬鬆依然運作良好，即使市場是在正常運轉的狀態。此外，現有的最佳利率決定模型也證實，量化寬鬆對較長期利率的影響是長久的，而不是暫時的；所以當短期利率受到下限限制時，量化寬鬆成了一種實用的貨幣政策工具。

▋ 後幾輪 QE 真的效果比較差嗎？

事件研究引發的第一個疑慮是後幾輪 QE 對美元的影響小於前幾輪，可見量化寬鬆可能只有在金融市場陷入危機時才有效。為了把量化寬鬆納入標準的貨幣工具箱，我們需要確定，即使市場運作正常，QE 也可以降低利率，寬鬆整體金融環境。

這種事件研究方法的背後有一個關鍵假設：事件或消息宣布出乎市場意料。由於市場展望未來，並考量可獲得的資訊，當你宣布一個大家普遍預期的事件時，即使事件本身有重要的影響，對資產價格也不會產生太大的衝擊。根據這個推論，後幾輪 QE 的效果較弱可能只是反映後來的計劃在大家的預期內，因此投資者已經把資訊融入價格當中，也比較了解 QE 這項工具以及央行使用它的意願。

當時對市場參與者的調查顯示，金融危機後，美國後面幾輪 QE（與 QE1 相比）其實在宣布的時候，就已經普遍在眾人意料之內。每次定期召開 FOMC 會議之前（每年八次），紐約聯邦準備銀行都會詢問主要公債交

易商（他們是政府公債的造市商）對貨幣政策的預期，包括證券購買。例如，2010 年 11 月宣布 QE2 之前，主要公債交易商認為聯準會採用 QE 的可能性是 88%，部分反映了我與 FOMC 其他成員的公開預告。此外，平均而言，主要公債交易商預期的計劃規模也大於聯準會最終決定的規模。[12] 因此，宣布消息當天的市場反應不大，也就不足為奇。

事件研究的方法是否能調整一下，把市場預期的轉變也納入考量？原則上，我們可以在衡量 QE 計劃所有的市場影響時，將公開**任何**相關資訊的所有日子都納入研究，不僅是正式宣布 QE 的那天。然而，實務上，許多日子都符合這樣的標準，例如當經濟資料或其他消息改變市場對前景的看法、進而改變新 QE 可能性的任一天。把相關的每一天都納入事件研究或許可以囊括一切影響市場對 QE 預期的新聞，但那樣也會納入許多與 QE 無關的消息。由於這種方法無法把 QE 預期對資產價格的影響獨立出來，其實並無法提供太多的明確性。

另一個看起來比較可行的做法，是試著在事件研究中直接排除市場的政策預期。假設我們知道市場對下一輪 QE 計劃的規模、構成、時間點的預期。如果央行隨後宣布了一項截然不同的計劃，資產價格對聲明中**出乎意料**的部分所產生的反應，可能有助於推斷整個計劃的效果。當然，這種方法需要對市場預期做夠準確的衡量。

聯準會對主要公債交易商的調查為這種預期提供來源。但研究人員也可以用投資者調查與媒體報導來建構預期指標。例如，由於大家日益擔心通縮的威脅，歐洲央行於 2015 年 1 月宣布首次大規模的量化寬鬆。歐洲央行的羅伯托・德桑蒂斯（Roberto De Santis）做了一項研究，使用金融媒體的報導來估計歐洲央行宣布首次大規模 QE 對市場的影響。[13] 歐洲央行的政策制定者與媒體在前六個月的言論，強烈暗示 QE 計劃即將推出，

因此正式宣布 QE 時，就像美國宣布後幾輪 QE 那樣，只對市場產生輕微的影響。此外，隨著時間經過，該計劃的更多消息陸續傳出，包括實施細節，以及規模與預期持續時間的變化。為了排除市場預期，德桑蒂斯統計了彭博新聞社報導中包含歐洲央行、量化寬鬆等關鍵字的新聞。他再根據這些數據創造出一個指數，來衡量歐洲央行宣布 QE 前後，媒體與市場對QE 的關注度。

德桑提斯以這個指數來衡量市場的政策預期，然後估計較長期利率對政策聲明中出乎意料的部分有多大的反應。他發現，歐洲央行 2015 年的QE 計劃使 10 年期主權債務的平均殖利率累計降了 0.63%。這樣的降幅在經濟上相當顯著，而且經過規模差異調整後，其實與美國和英國早期 QE事件研究的估計值相當。即使 2015 年初，歐洲金融市場並不像幾年前那樣陷入困境，但市場還是有受到影響。

德桑蒂斯這類的研究有個前提：宣布量化寬鬆計劃時，計劃的整體規模與投資者的預期之間有顯著的差異——但現實狀況不見得都是如此。不過，即使投資者預料到 QE 的整體規模，他們可能也不確定央行將購買**哪種證券或證券類別**。由於 QE 發揮效用的方式有一部分是藉由影響不同資產的相對供給（亦即投資組合平衡效應），大量購買特定證券的消息，應該會推高那些資產相對於其他資產的價格，並降低那些資產的殖利率。衡量這些差異效應是評估投資組合平衡管道效果的另一種方法。

許多研究都是以這種觀點為基礎來設計的，它們運用不同時期與國家的資料，得出大量的研究成果。[14] 例如，在 2013 年的一項全面研究中，聯準會人員麥可・卡希爾（Michael Cahill）、史蒂芬妮亞・達米科（Stefania D'Amico）、李燦林（Canlin Li）、約翰・西爾斯（John Sears）使用每一種未到期公債價格的日內資料，來研究各種 QE 計劃宣布購買不同

證券**組合**對市場的影響。為了找出聯準會計劃中出乎意料的變化，他們使用了主要公債交易商調查與市場評論。

他們的做法如下：2010 年 11 月 3 日，FOMC 宣布了 6,000 億美元的公債購買計劃（QE2）。先前提過，由於市場基本上已經料到 QE2 會出現，所以宣布 QE2 對美國公債的殖利率整體上幾乎沒有明顯的影響，這並不令人意外。然而，與此同時，紐約聯邦準備銀行公布了它打算如何把這 6,000 億美元配置到不同期限的證券上，並透露期限介於 10 年至 30 年的債券購買比例只占總購買量的 6% 左右，不像 QE1 占了 15%——這個消息令市場參與者感到意外。接下來發生的事情證明了投資組合平衡管道確實有效。上述購買組合的消息一出，期限小於 10 年的證券價格（相對於期限較長的證券）迅速上漲（殖利率迅速下跌），因為期限短的證券在購買組合中的比例高於預期。

卡希爾等人把這種方法做更廣泛的運用，結果發現，就降低較長期殖利率而言，QE2 和「到期年限延長計劃」（亦即扭轉操作）與 QE1 一樣有效，即使實施那些計劃時，金融市場並未陷入危機。其他研究也得出相同的結果（包括幾項英國研究），這些結果再次顯示量化寬鬆是有效的，即便市場正常運行。[15]

聯準會每次的 QE 購買計劃都不同，不僅偏重的公債期限不同，購買的公債與 MBS 的相對數量也不同。例如，QE1 主要購買 MBS 和 GSE 債券，但在 QE2 與扭轉操作中，聯準會只買美國公債。如果真有投資組合平衡效應，而大家沒有完全預料到公債與 MBS 的購買比重改變，那麼 QE1 應該會導致 MBS 殖利率的降幅比後續幾輪 QE 大。實際情況看來就是如此，前文提過克里什納穆蒂與維欣－約根森的研究報告（比較 QE1 與 QE2）就是一例。

同樣，研究人員也探究了聯準會的量化寬鬆對兩種證券殖利率的相對影響：一種是 GSE 發行的 MBS（聯準會可以合法購買），另一種是由「大額」房貸擔保的證券（GSE 不能購買這種證券，所以聯準會也不能買）。誠如投資組合平衡效應的預期，那些大量購買 MBS 的量化寬鬆計劃（如 QE1）降低 MBS 殖利率的幅度，遠遠超過大額房貸擔保的證券殖利率的降幅。相較之下，沒有購買任何 MBS 的量化寬鬆計劃（如 QE2），對這兩種 MBS 殖利率的影響一樣。[16] 這些發現都佐證了一種觀點：危機後的後幾輪 QE 中，投資組合平衡管道仍持續發揮效用。

雖然有較多的研究探索投資組合平衡管道，但一般認為，量化寬鬆也可以透過訊號效應來發揮效用——亦即發出「利率將維持在低檔較長一段時間」的訊號。一些事件研究記錄了這個管道的重要性，並指出出乎意料的 QE 宣布往往會與市場預期的短期利率走勢改變有關。例如，期貨市場可以看出市場預期的短期利率走勢，市場參與者可在期貨市場中對預期的利率走勢押注。[17] 2013 年的「縮減購債恐慌」本身就是一種訊號效應的事件研究，雖然是無心插柳的結果。當我的言論使市場參與者察覺到聯準會的證券購買可能很快就會減緩時，投資者也把他們預期第一次升息的時間提前了，導致較長期的利率也跟著上升。「縮減購債恐慌」顯示，QE 的訊號效應確實可能相當強大。

▍QE 效應是暫時的嗎？

目前為止，我們已經看到，一旦排除「市場大致上預料到後面幾輪 QE」這個事實，量化寬鬆的影響並不會隨著金融狀況的改善或央行資產負債表的膨脹而減弱。即便如此，反對事件研究證據的第二種意見仍在：這種研究只證明了 QE 宣布對資產價格與殖利率有短期影響。如果這些影

響只是暫時的，那麼量化寬鬆就無法有效刺激更廣泛的經濟。

那種反對意見的一大缺陷在於，它意指後金融危機時代的市場參與者會系統化地忽略有吸引力的獲利機會——但這種現象極不可能發生。如果宣布 QE 對股票與債券價格的影響真的已為人所知，或預計為期短暫，那麼聰明的投資者大可藉由押注這些效應的逆轉來獲利。然而，幾乎沒有證據顯示這種投機行為存在，如果真的有，它們往往會迅速逆轉我們已經看到的 QE 對利率的影響，但這種逆轉並未發生。在這方面，投資者與專業預測者的看法一致，他們大多也認為 QE 對美國公債殖利率（以及其他殖利率，如公司債的殖利率）有很大且長久的影響。[18]

或者，有些反對者可能會說：投資者最初可能認為 QE 效應會持續下去，但隨著時間推移，他們發現情況並非如此，導致最初殖利率的影響出現逆轉。例如先前提過，從 2009 年 3 月聯準會擴大 QE1 到 2010 年初 QE1 結束，10 年期美國公債殖利率其實是淨增，而不是下跌。

對於這種觀點，有一種回應是，較長期利率與資產價格通常會對貨幣政策以外的許多因素產生反應，包括財政政策、全球經濟狀況、市場情緒變化。誠如 2009 年 6 月我對 FOMC 所言，在我看來，隨著 QE1 的實施，殖利率上升，這不是失敗的跡象，而是顯示我們的政策（加上歐巴馬政府的財政刺激，以及主要銀行的壓力測試成功等其他措施）正在強化大眾對經濟的信心。相較於通膨保值證券的殖利率，實施 QE1（以及 QE2）期間，10 年期公債殖利率的增加大多反映了較高的通膨預期——既然我們擔心通膨過低，這其實是一種可取的結果。

不過，要對這種批評做出更深入的回應，最好仔細思考一下，我們該如何預期較長期利率與央行購買證券的關係。批評者的論點假設，如果量化寬鬆有效，那麼央行積極購買證券時，較長期利率應該比其他時候還

低。這種假設有時稱為**流動觀**（flow view），因為它假定較長期利率是由央行新購資產的流量所決定。在這種假設下，當聯準會實施 QE1 購買計劃，但較長期利率沒有下降時，他們就覺得量化寬鬆無效。

然而，如果量化寬鬆透過投資組合平衡管道來發揮作用，那麼 QE 與較長期利率之間的關聯，就比簡單的流動觀所假設的還要複雜了。根據投資組合平衡理論，央行購買證券是透過改變較長期債券的可用供給（亦即流通餘額存量）來影響較長期債券的殖利率。在這種 QE **存量觀**（stock view）的概念下，購買證券對某個時點殖利率的影響，並非取決於當前的購買速度，而是取決於央行累積的證券總量，以及預期持有那些證券多久。由於金融市場是前瞻性的，投資組合平衡理論與相關的存量觀，代表在任何時點，較長期利率也取決於市場對央行**未來**購買的預期。[19]

根據投資組合平衡理論，預期的與當前的央行持有證券都會影響較長期殖利率，導致 QE 效應的實證分析變得更加困難。儘管如此，許多仔細的研究還是完成了分析。其中一種方法不依賴事件研究，而是改用涵蓋所有期限的美國公債殖利率（公債殖利率的**期限架構**）的複雜模型。這種研究基本上是在問一個問題：既然我們已經知道決定不同期利率的因素（例如總體經濟狀況、流通證券的存量），在金融危機之後**沒有量化寬鬆**的那些年裡，我們預期公債殖利率的期限架構是什麼樣子？不同期限的實際利率水準與模型預測之間的差異，為 QE 對公債市場的影響提供了一個估計。

聯準會的人員珍・伊里格（Jane Ihrig）、伊麗莎白・克利（Elizabeth Klee）、李燦林、喬・卡秋維克（Joe Kachovec）在 2018 年的論文中，用這種方法探究了公債殖利率與聯準會累積與預期未來的公債持有量之間的關係。[20] 他們為市場預期的未來 QE 購買開發出合理的衡量標準。[21] 他們

也將新公債發行量的估計納入考量，那會抵銷聯準會購買公債的部分效應（聯準會是買投資者可獲得的政府債券淨供給）。[22] 他們採用的模型是使用危機前的資料開發出來的，所以他們的估計排除了 QE 有助於平息金融恐慌及改善市場運作等效益（他們的分析也忽略了訊號效應）。

把這些因素加在一起，這些研究人員發現，聯準會的證券購買對美國公債的殖利率有很大且長久的影響。他們的估計顯示，QE1 持續讓 10 年期公債的殖利率降低了 0.34%；QE2、扭轉操作、QE3 綜合起來，一開始總共使殖利率又降了 0.73%，後來當聯準會宣布更換到期證券的計劃時，殖利率又下降了更多。與其他研究一樣，這些估計顯示，後幾輪 QE 計劃每一美元的效果並不低於最早的 QE 計劃。* 雖然任何 QE 計劃的效果都會隨著時間經過而減弱（因為根據計劃購買的證券會到期，並從聯準會的資產負債表消失），但論文作者估計，QE 於 2014 年 10 月結束時，聯準會購買債券對 10 年期公債殖利率的累積影響超過 1.2%，到 2015 年底仍有約 1%。其他採用 QE 存量觀的研究也在美國與其他國家發現非常相似的結果。[23]

由於許多經濟決策（比如家庭買房子或公司投資新廠房與設備）得視較長期的利率而定，長期利率下降比極短期聯邦資金利率的同幅下降提供更多刺激。實證總體經濟模型得出一條經驗法則：10 年期公債的殖利率每下降 1%，其刺激效果相當於聯邦資金利率下降 3%。[24] 根據這個近似值，聯準會在金融危機之後實施的 QE 對有效下限提供的額外刺激，相當於聯邦資金利率下調 3%–4%。

---

* 這些結果比表 11.1 中的 QE1 事件研究的結果來得小，但考慮到統計上的不確定性，它們與事件研究的整體文獻是一致的。研究也顯示，QE 對經濟有顯著的影響，而且影響長久。

簡而言之，目前的研究顯示，較長期利率與央行購買證券之間的關係很複雜，過去與預期的未來購買都會影響利率。但是把這些關係納入考量時，證據顯示，QE 對較長期的利率有長久且明顯的經濟效應。此外，預期購買的重要性再次顯示，央行官員的溝通相當重要。可靠地承諾「只要經濟需要，就會持續執行 QE」，往往比避免講明及避免承諾的做法更有效。

前瞻性指引

除了量化寬鬆，近年來，聯準會與幾乎所有的主要央行都非常依賴前瞻性指引，亦即政策制定者向外界溝通他們預期經濟與政策將如何演變。央行的溝通有多種形式，且在各式各樣的場合出現，包括政策制定者的演講與證詞、政策會議的會議記錄、定期出版物（例如聯準會半年一度「**提交給國會的貨幣政策報告**」或英國央行每季發布的「通膨報告」）。然而，對聯準會來說，最有力且最受關注的指引是 FOMC 的會後聲明，由主席在記者會上解釋與闡述。

促成央行採用前瞻性指引的基本論點，在於金融狀況不僅取決於當前的短期政策利率，也取決於市場對未來利率的預期。如果市場參與者相信聯邦資金利率會升高，他們會跟著推高長期利率，從而緊縮金融狀況。同理，如果市場參與者預期未來聯邦資金利率將會下降，他們也會壓低較長期利率。倘若前瞻性指引會影響預期，它就可以成為額外的政策槓桿。

雖然前瞻性指引大多是針對金融市場，但原則上央行的聲明也有可能影響更廣泛的大眾預期。例如，宣布寬鬆政策的計劃，原則上可能使家庭與企業對經濟成長更加樂觀，促使他們現在就增加支出、投資，以及招募

人才。基於這個原因，以及為了透明度與民主問責，近年來世界各地的央行都更常以更直接的方式，向大眾講述其展望與政策計劃。不過，雖然這些努力有朝一日可能會有成果，但目前的證據顯示，對那些沒有積極投資的人來說，他們的預期比較可能受到個人經驗的影響，例如個人在勞力市場的經驗，或常購買的商品與服務的價格變化。[25] 聯準會人員在經濟模型中模擬前瞻性指引的效應時，常使用兩種替代的假設。第一種假設是，市場參與者與一般民眾都聽到並了解指引。第二，只有市場參與者（亦即積極參與投資及交易金融資產的人）聽到且了解指引。[26] 保守評估前瞻性指引的可能效果時，比較偏重第二種假設。

央行人士很早就知道對未來政策的預期很重要，但在 1990 年代中期以前，聯準會的官員很少積極去影響那些預期。[27] FOMC 是在葛林斯潘任內開始發布會後聲明，最初只在改變利率時發布。後來，它開始增加一些措辭來暗示政策制定者的傾向。葛林斯潘時代的前瞻性指引是質化的，而且通常是間接的，但依然對市場預期與金融狀況產生了重大的影響。瑞斐特・葛開納（Refet Gürkaynak）、布萊恩・薩克（Brian Sack）、艾瑞克・史汪森（Eric Swanson）在 2005 年的論文中估計，從 1990 年到 2004 年，在 FOMC 的聲明及聯準會的其他溝通後，5 年期與 10 年期公債殖利率的變化中，有四分之三以上的變化來自前瞻性指引（無論是明示，還是暗示聯邦資金利率的**未來走向**），而不是來自聯邦資金利率本身的意外變化。[28] 我們已經看到，2008 年後，當有效下限縮限了政策制定者透過降息來強化刺激的能力時，FOMC 愈來愈依賴前瞻性指引。

▌ 預測 vs. 承諾

實務上，央行的指引在很多方面各不相同。芝加哥聯邦準備銀行總裁

艾文斯與該行的經濟學家傑佛瑞‧坎貝爾（Jeffrey Campbell）、約拿斯‧費雪（Jonas Fisher）、亞歷杭德羅‧尤斯蒂尼亞諾（Alejandro Justiniano）在 2012 年的論文中，介紹了德爾菲型（Delphic）與奧德賽型（Odyssean）前瞻性指引之間的實用區別。[29] 德爾菲型指引（以古希臘城鎮德爾菲的阿波羅神廟的神諭命名）的目的是告知，幫大眾與市場更了解政策制定者的經濟展望與臨時的政策計劃。簡而言之，德爾菲型指引是央行（或者，也許是個別的政策制定者）所做的經濟與政策**預測**，而不是採取特定行動的承諾。反之，就像奧德修斯把自己綁在桅杆上避免女海妖的誘惑那樣，**奧德賽型**指引藉由陳述一項**承諾**（未來要以特定的方式執行政策），或至少是非常強烈的偏好，把政策制定者約束在隱喻的桅杆上。

德爾菲型指引在任何時候都很實用，不管利率是否受到有效下限的限制。事實上，1990 年左右開始，為了提供更好的德爾菲型指引，世界各地的央行紛紛朝向透明化發展。德爾菲型指引的基本原理是，更開誠布公的方式應該可以幫助市場預測政策制定者因應前景的變化，藉此減少不確定性，以及強化政策制定者影響金融與經濟狀況的能力。例如，當會後聲明或會議記錄顯示，FOMC 的政策制定者對經濟的看法比預期更悲觀時，市場可以推斷，政策可能會更寬鬆，至少一段時間是如此。聯準會的經濟預測摘要就像其他央行提供的類似預測與報告一樣，是傳達政策制定者的經濟與政策展望的另一個管道。這種指引是德爾菲型，因為它只反映央行對未來的最佳猜測，不涉及承諾。

由於德爾菲型指引是一種預測，隨著新資料或其他帶有經濟前景的資訊出現，它應該會跟著改變。如前文所述，經濟預測摘要中，FOMC 參與者對聯邦資金利率的預測就是德爾菲型指引的例子（偶爾會引起爭議），亦即所謂的點陣圖，因圖中的點顯示個別的利率預測。FOMC 的參與者在

會議前各自提交預測，所以點陣圖是個別參與者的預測摘要，不見得是整體 FOMC 的預測。每位參與者會根據目前對前景的評估以及個人的政策偏好，發表對未來幾年貨幣政策該如何演變的看法。但外界的評論人士有時會將點陣圖詮釋成某項政策承諾的反映，那是不正確的。FOMC 的利率預測取決於當前的經濟前景，並隨著經濟前景的改變而變化，政策預測理當如此。也就是說，即使撇開「點陣圖反映的是個別參與者的觀點，而非整體 FOMC 的觀點」不談，點陣圖依然是德爾菲型指引（一個預測，可能會變），而不是奧德賽型指引（一個承諾）。更廣義地說，德爾菲型指引旨在顯示政策制定者本身做經濟分析時所採用的因素，並邀請市場參與者與其他人跟著央行一起思考。*

相較之下，奧德賽型指引主要是在短期利率處於下限時有用。當短期利率無法進一步下調時，政策制定者仍然可以說服市場參與者相信，他們打算把短期政策利率維持在低檔好一段時間，比外界預期的更久，亦即所謂的**長期低利**政策（lower-for-longer policy），藉此壓低較長期的利率。奧德賽型指引可以闡明長期低利的承諾。只要承諾有可信度，就能改變市場預期，即使利率已達有效下限，依然可以促成更寬鬆的金融環境。

由於奧德賽型指引是一種施行政策的承諾，或至少是一種強烈的意圖聲明，如果它既明確又可驗證，而不是含糊的，它的效果可能會更好。全球金融危機後，FOMC 立即發布的前瞻性指引是質化的，使用了「很長一段時間」之類的措辭。那種指引缺乏明確性，所以沒那麼有效，因為許多

---

* 關於「點陣圖是否有效」這個議題的爭論與另一個議題很類似：FOMC 的參與者（全員到齊為十九人）經常在演講或受訪時提到他們對經濟與政策前景的個人觀點，那究竟對聯準會的訊息傳播有利還是有害？雖然觀點的多樣性有時會混淆 FOMC 的指引，但整體來看，我認為多元意見有助於大眾了解當前辯論的細微差別，並確保 FOMC 把多元意見都納入考量。

預測人士預期，FOMC 將比多數成員預期的更早升息。後來，FOMC 以更精確又有力的奧德賽型指引，壓過了過於鷹派的預期。例如 FOMC 一開始先承諾，至少在某個日期以前不升息（這是視時間而定的指引）；之後又承諾，在失業率至少降至某水準以前不升息（這是視情況而定的指引）。更強而有力的指引對市場的政策預期產生了良好的效果，也因此對金融狀況發揮了效用。面對聯準會比較明確的指引，專業預測人士的反應是一再下調他們預期 FOMC 將首次批准升息的失業率門檻。由此可見，FOMC 的指引確實傳遞了「更多政策耐心」的訊息——亦即按兵不動，延後升息。[30]

　　FOMC 在新冠疫情期間的前瞻性指引延續了更強而有力、更明確的指引趨勢。從 2020 年 9 月開始，FOMC 就明確表示，「在勞力市場達到 FOMC 評估的就業最大化，以及通膨率升至 2% 並可望在一段時間內稍高於 2%」以前，它不會把聯邦資金利率從接近零的水準往上調。此外，這次指引還附上經濟預測摘要中 FOMC 的個別參與者對失業率與通膨率的預測，以及政策制定者的發言與證詞作為補充，因此為升息條件與利率的後續走向提供了大量的資訊。[31] 初步證據顯示，聯準會的溝通以及 2020 年 8 月宣布的政策架構都發揮了預期的效果。例如，聯準會的調查顯示，新指引發布後，主要公債交易商與市場參與者預期，FOMC 從有效下限首度升息時，通膨率會明顯變高，失業率會低很多。[32] 這個實例也進一步證實，前瞻性指引可影響未來很久以後的政策預期，因為當時的市場預測，利率將維持在低檔好幾年。*

　　雖然FOMC在2020年9月針對升息計劃的各方面提供了大量的細節，

---

* 後來通膨飆升，導致政策比 2020 年 8 月預期的更早緊縮。那並沒有與當初的指引矛盾。當初的指引是視情況而定，把未來的政策與經濟發展連在一起。

但在其他方面卻含糊其辭。值得注意的是，FOMC 拒絕定義「稍高」與「一段時間」這兩個詞，把通膨超標的幅度與持續時間留給未來的政策制定者自行決定。此外，2020 年 12 月，FOMC 為其證券購買增添前瞻性指引時，把它與「顯著邁向」目標綁在一起──這是比較不明確的標準，這種做法讓人想起 QE3 的方式。這些模稜兩可的措辭，反映了許多奧德賽型指引實例中明顯的權衡取捨。一方面，非常具體的承諾對市場來說更清晰，以後萬一違反明確的意向聲明也比較明顯，使得政策制定者更難食言。另一方面，在不確定的世界裡，政策制定者不願放棄因應意外或異常情況的能力，這也是可以理解的。因此，奧德賽型指引往往會包含一些免責條款，例如，2020 年 9 月 FOMC 的聲明提到，「萬一出現可能阻礙 FOMC 達成目標的風險」（大概是指債務累積過多之類的金融穩定風險），它準備調整政策；或者，2012 年的聲明提到，FOMC 在判斷 QE3 的實施時間時，將考慮該計劃的「可能效果與成本」。央行官員仍在學習如何在承諾與彈性之間拿捏平衡。

整體而言，聯準會自金融危機以來的經驗說明了一個更普遍的觀點：各國央行一直在學習如何更善用溝通來作為政策工具。後金融危機時代最有力的央行訊號，無疑是德拉吉在 2012 年 7 月所做的承諾：「不惜一切代價」拯救歐元。不過，歐洲央行與其他外國央行也廣泛運用了更傳統的指引。歐洲央行於 2013 年 7 月開始發布正式指引，表示關鍵利率預計將「維持在當前或更低的水準很長一段時間」[33]──這個說法讓人想起聯準會更早之前所用的「很長一段時間」措辭。從那時開始，歐洲央行的指引變得更加詳細，不僅包括歐洲央行理事會對各種政策利率的預期，也包括購買證券、到期證券的再投資、特殊的銀行貸款計劃，以及政策工具之間的關係。

早在危機發生之前，日本央行就是使用前瞻性指引的先驅。近年來，日本央行也非常依賴前瞻性指引，包括把利率維持在低檔的長期承諾，以及讓通膨超過 2% 通膨目標的承諾。英國央行、加拿大央行以及其他主要央行也積極使用更明確、更偏向奧德賽型的指引。對外國央行的實證研究顯示，儘管受到有效下限的限制，央行的言論既可以減少市場的不確定性，也可以增加刺激。[34] 我常喜歡用有點誇張的方式來說：貨幣政策是 98% 的喊話與 2% 的行動。當然，近幾十年來央行記取的主要經驗教訓之一，就是良好的溝通有助於制定有效的政策。

▌ 指引的公信力

為了有效刺激經濟，奧德賽型指引必須顯示，政策制定者有意把利率維持在低檔，而且維持的時間會比市場參與者先前預期的更久。例如，如果市場認為利率會維持在接近零的水準兩年，這時政策制定者若承諾一年內把利率維持在零，那就無法紓解金融狀況——事實上，那可能還會使金融狀況緊縮。

由於奧德賽型指引若要發揮效用，就得讓央行承諾在遙遠的將來採取行動——這引發了此類承諾的公信力問題。幾年之內，經濟環境可能會發生變化，誘使政策制定者背棄先前的承諾。或者，隨著任期的結束及新官員的任命，政策制定者本身也會改變。如果市場參與者懷疑央行的承諾能否兌現（亦即奧德賽型指引不可信），那麼指引就不會發揮預期的效果。

各國央行要如何強化指引的公信力？我們已經看到，明確又可檢驗的承諾使背棄承諾很容易被察覺，因此可增加可信度。但是在日常生活中，我們判斷承諾的可信度時，主要是看承諾者的聲譽，而不是看承諾者的確切措辭。同樣的原則也適用於央行的承諾。央行的公信力有部分取決於關

鍵政策制定者本身的聲譽與溝通技巧，但由於政策制定者無法明確地約束自己或繼任者，機構的聲譽也很重要。由於攸關機構的聲譽，政策制定者有動機去履行承諾，就算是前任做出的承諾亦然。他們知道這麼做是在維護央行堅持到底的聲譽，也是在維護央行未來做出可信承諾的能力。[35]

除了明確的指引及持續信守承諾的過往記錄以外，至少還有兩個因素有助於確立央行的公信力。首先，一套更廣泛的政策架構（無論是隱性還是顯性）會有幫助，它在機構內獲得普遍的認同，並說明指引央行做法的原則。一套架構可以讓人從更廣泛的脈絡中了解個別的指引，幫助市場釐清央行做出特定指引的理由，也提高政策制定者背離承諾的成本。例如，通膨目標制與類似的架構都會限制政策制定者，讓他們只有「受限的權衡」。2020 年，鮑爾領導的聯準會一致通過採用彈性平均通膨目標。這表示，就算 FOMC 的領導層有變化，FOMC 仍會採行那種廣義的方法。

其次，央行不受短期政治壓力影響的獨立性可提高公信力。面對定期的選舉與政治情緒的波動，有黨派立場的政策制定者會覺得，針對未來三四年的政策做出可信的承諾，就算不是不可能，也相當困難。而且，有黨派立場的政策制定者也沒有太多動力去履行反對黨做出的承諾。提升聯準會獨立性的因素（例如拉長政策制定者的任期、強烈的無黨派精神）也可以增加承諾的可信度，即使是未來多年的承諾。

本章分別討論了量化寬鬆與前瞻性指引，但經驗顯示這兩者密切相關。一方面，量化寬鬆有部分是靠發出政策利率走向的訊息（訊號管道）來發揮效用。事實上，各國央行日益把量化寬鬆與利率之間的關聯變得更加明顯，例如承諾在債券購買結束很久以後也不會升息。另一方面，政策制定者也可以提供未來量化寬鬆的指引，或甚至把資產持有計劃的過程與利率水準連在一起。例如，2017 年 6 月 FOMC 表示，只有在升息「進行

好一段時間以後」，它才會開始縮減聯準會的資產負債表。由於量化寬鬆與前瞻性指引如此密切相關，區分它們對資產價格的影響並非易事。然而，當進一步降息不再可行，這些工具結合起來便為貨幣政策的制定者提供了額外的法寶。

第 12 章
聯準會的政策工具夠用嗎？

　　即使央行的官員愈來愈相信，量化寬鬆與前瞻性指引能在利率逼近有效下限時寬鬆金融狀況，但關鍵問題依然存在。首先，相較於降息而不採取進一步行動，這些工具可以幫政策制定者達到明顯更好的就業與通膨結果嗎？換句話說，這些額外的工具能夠彌補有效下限對貨幣政策造成的限制嗎？如果可以，能彌補多少呢？第二，考慮到可能的副作用，這些工具是否有通過成本效益測試？或者，這些工具的成本與風險是否限制了它們的效用？

對經濟的影響

　　研究人員試圖評估量化寬鬆與前瞻性指引的經濟效益時，一種做法是回顧歷史經驗（雖然這類經驗確實相當有限）。在美國與其他積極使用這些工具的國家，經濟表現是否明顯優於未使用的時候？

▋ 量化寬鬆、前瞻性指引，以及大衰退

新冠疫情後經濟陷入衰退，如今仍處於復甦狀態，所以目前為止的多數研究集中在大衰退及其後的復甦。當時，聯準會與其他主要央行都是首度廣泛利用量化寬鬆及愈來愈明確的前瞻性指引。

儘管用了這些工具，我們還是看到經濟衰退嚴重，復甦緩慢；且在多數的情況下，通膨一直低於央行的目標。另一方面，即使是危機之前、有效下限不成問題的時代，貨幣政策也無法永遠避免經濟衰退，只能減緩衰退及加快復甦。此外，貨幣政策只是大衰退後影響經濟擴張速度的因素之一。在美國，許多因素導致復甦緩慢，包括房市泡沫破裂對新建築的壓抑效應、歐洲主權債務危機對美國貿易與金融市場的外溢效應、2009 年推出財政方案後太早緊縮開支、生產力成長減緩。復甦雖然不快，卻異常持久，最終成為美國史上持續最久的擴張。由於記錄好壞參半，所以我們想問的問題依舊存在：新工具的幫助究竟有多大？

不出所料，經濟學家對此意見不一。有些研究顯示，量化寬鬆與前瞻性指引明顯克服了金融危機後有效下限的限制。根據這些研究，大衰退過後，貨幣政策雖然受限於有效下限，但依然可以幫助勞力與資本回歸市場，效果與往常一樣好。在 2017 年布魯金斯學會（Brookings Institution）發表的一篇論文中，約翰・費爾納德（John Fernald）、羅伯特・霍爾（Robert Hall）、詹姆斯・史托克（James Stock）、馬克・沃森（Mark Watson）發現，復甦緩慢的主要原因是生產力成長緩慢，以及嬰兒潮世代老化使勞力參與率下降。[1] 這兩種趨勢在危機之前就已經存在了。這些研究人員也指出，失業率等資源利用指標是以比較正常的速度恢復（相較於

潛在成長，資源利用指標受貨幣政策的影響較大）。*如果從大衰退中復甦的速度在歷史上不算異常，那麼考慮到衝擊的規模和經濟的成長潛力，也許貨幣政策（包括額外的工具）並沒有受到有效下限的嚴重牽制。

不過，研究人員針對危機後應對措施的評估，得出的結論大多比較複雜。聯準會的幕僚艾瑞克・恩根（Eric Engen）、湯瑪斯・勞巴赫、大衛・賴夫施奈德（David Reifschneider）於 2015 年發表的論文就是一例。[2]他們使用聯準會對美國經濟的主要預測模型（亦即 FRB/US）來模擬危機後聯準會政策的經濟效應。像 FRB/US 這種詳細的經濟模型，可讓研究人員控制貨幣政策以外的因素，例如財政政策與外國經濟的發展。該研究團隊發現，量化寬鬆與前瞻性指引結合起來，寬鬆了金融狀況，但在 2011年以前，它們並沒有明顯加快復甦的步調（超過只靠降息達到的復甦）。2009 年與 2010 年，這些新工具的經濟效益有限。恩根等人為這種現象找出了三個原因：聯準會早期的前瞻性指引並未說服市場相信，利率將維持在低檔更長的時間；量化寬鬆的效應只會隨著聯準會的證券持有量增加，以及投資者開始預期更多的資產購買而逐漸累積；重要的是，貨幣政策不管是傳統的、還是非傳統的，都需要一段時間才能完全發揮效用。

然而，這些研究人員也發現，到了 2011 年，新工具已經開始明顯加快復甦的速度。這些工具使 2015 年初的失業率降了約 1.25%；稍後也使通膨率比聯準會把利率降至零、但沒有使用量化寬鬆或前瞻性指引的情況高了約 0.5%。這些效應雖然延後出現，但很顯著。例如，在聯準會的

---

* 例如，失業率缺口（失業率減去國會預算局所估計的自然失業率）從 2009 年的高峰到 2019 年，每季下降 0.14%。這個降幅與先前戰後衰退的時期差不多。主力年齡層就業相對於人口的比率，在達到最低點後的十年裡，每季上升約 0.12%，明顯比 1973–75 年及 1981–82 年嚴重衰退後的復甦還慢，但與其他的復甦相似（包括 1990–91 年及 2001 年衰退後的復甦）。

FRB/US 模型中，聯邦資金利率每降 1%，預計失業率的降幅不到 0.25%，相當於新政策工具估計效果的五分之一。[3]

很多論文探究了美國與其他地方從大衰退中復甦的狀況，上述兩篇只是其中一部分。我從這些研究中得出兩個結論（順道一提，2020 年的一份聯準會幕僚報告也得出同樣的結論，那份報告是 FOMC 策略檢討的一部分）。[4] 第一，在優點方面，相較於把利率降至零、但沒有採取進一步政策行動的假設情境，全球金融危機後的量化寬鬆與前瞻性指引最終確實產生了明顯更好的經濟結果。聯準會的新政策工具不僅刺激了支出與人力招募，也提振了信心、風險承擔與信貸流動。比較各國的例子也顯示，及早積極使用新工具的國家（尤其是英美兩國），復甦比較強勁且持久，比較接近它們的通膨目標。

第二，然而，新工具似乎不太可能完全補償有效下限的限制。這部分反映了量化寬鬆與前瞻性指引本身的局限性，但也反映了我們如何使用這兩種工具。在聯準會，我們最初使用這些工具時戒慎恐懼，尤其是量化寬鬆。我們對新工具的效果不是很有信心，擔心它們帶來的代價與風險，也對經濟前景非常不確定，特別是早期。相對來說，市場參與者也需要了解聯準會與其他央行不斷演變的政策策略。久而久之，隨著我們更了解新工具，確定我們可以、也應該採取更多措施來振興經濟之後，我們才以更大的力道來運用量化寬鬆與前瞻性指引，讓它們發揮更大的效應。

雖然這些觀察結果顯示，大衰退後的復甦初期，新政策工具的效果可能比預期還弱；但有了經驗以後，事實證明，新工具可能更有效。聯準會有機會把當年記取的經驗教訓，應用在 2020 新冠疫情所造成的衰退上。

▍新冠疫情期間的新貨幣工具

新冠疫情毫無預警來襲，使表現良好的經濟頓時脫軌。2020 年 3 月，鮑爾領導的聯準會為了因應金融市場的動盪，充當了美國公債與 MBS 的最後買家。此外，聯準會也與外國央行建立美元換匯協定，並重新啟用 2008 年危機時期的計劃，為關鍵的金融市場與機構提供流動性。在國會的支持下，聯準會動用第 13（3）條的緊急權力來支持對企業、地方政府、中型企業的貸款。

為了減緩經濟衝擊，貨幣政策的制定者動用了量化寬鬆與前瞻性指引，但與金融危機期間相比，這回聯準會使用這些工具的速度更快、力道更強。3 月，FOMC 把聯邦資金利率降至接近零的水準，之後就開始大量購買美國公債（所有期限都買，不只買較長期的）與 GSE 發行的 MBS。2020 年 12 月，聯準會承諾將繼續購買證券，直到 FOMC 在實現政策目標方面「取得顯著的進展」。透過愈來愈詳細的前瞻性指引，尤其是 8 月導入彈性平均通膨目標架構以後，FOMC 也說服市場相信，在可預見的未來，聯邦資金利率可能維持在接近零的水準。誠如聯準會主席鮑爾在疫情初期的某次記者會上所云，FOMC「連想加息的念頭都沒想過」（not even thinking about thinking about raising rates）。[5] 疫情爆發前，10 年期美國公債的殖利率原本略低於 2%，在 2020 年剩餘的時間裡，一直維持在遠低於 1% 的水準，可能反映了聯準會的行動與指引。2021 年，疫苗的接種速度加快，加上強大的財政行動提高了眾人對經濟成長與通膨的預期，殖利率再次上升（雖然還是很低）。

聯準會的貨幣措施是否幫助經濟更快復甦？新冠疫情造成的經濟衰退性質獨特，導致任何評估都變得更加複雜。尤其，FOMC 成員所面臨的問題，在於許多人不工作或不購物的決定，跟利率毫無關係，而是因為地方

政府發布了居家令，以及民眾普遍對染疫的恐懼。在這種情況下，寬鬆金融狀況還能帶來很大的效益嗎？況且，就算疫苗已然問世，由於經濟重新開放的過程並不平均，使得貨幣與財政政策的制定變得更加複雜。新一波的感染浪潮、供應鏈的混亂、對重返工作崗位猶豫不決等等因素，都減緩了經濟成長，也推高了通膨。

儘管如此，初步證據顯示，貨幣政策的應對有助於經濟重新站穩腳跟。值得注意的是，在疫苗問世之前，2020 年下半年的復甦速度比任何人預期的還要快。3 月短暫出現金融恐慌的期間，FOMC 沒有做經濟預測；6 月，FOMC 預測一整年（從 2019 年第四季到 2020 年第四季）的實質成長率是負 6.5%，第四季的失業率是 9.3%。7 月初，國會預算局也預測了類似的數字：2020 年的經濟成長率是負 5.9%，第四季失業率是 10.5%。[6] 這些預測考慮了 3 月通過《CARES 法》的預期效應，數據上與私人預測相似。

然而，經濟表現遠遠優於預期。雖然秋冬兩季確診及住院的人數大增，而且新的財政行動快到歲尾才出現，但 2020 年間的實質 GDP 僅僅下降了約 2.5%（比預期高出約 4%），第四季的失業率降至 7% 以下。當然，這些數字看來依然疲軟，而且失業率之所以比較低，部分原因在於積極找工作的人數減少了。但經濟表現比預期來得好確實鼓舞人心，美國復甦的速度也超越了多數的先進國家。通膨率在 2020 年有所下降（以個人消費支出的價格來衡量，通膨率從 2019 年的 1.6% 降到 2020 年的 1.3%），但通膨預期仍相當接近 2% 的目標。

2020 年優於預期的經濟表現反映了幾個因素，包括美國人迫不及待想重返工作崗位與校園，以及《CARES 法》帶來超乎預期的效益。不過，貨幣政策的影響顯而易見。經濟復甦主要來自利率敏感產業的強勁成

長，其中最顯著的是房地產業；2020 年底，30 年期房貸利率已降至 2.7%以下，房地產業受益不小。其他利益敏感產業也迅速恢復，許多產業甚至超過新疫情前的活動水準，包括製造業、貿易（2020 年下半年，美元穩步下跌）、商業資本支出、耐用消費品。利息敏感產業的強勁成長彌補了服務業的持續疲軟，尤其是依賴人際接觸的服務業，例如休閒與餐飲旅館業。

貨幣寬鬆政策也對重振私人信貸市場有所幫助，並（與財政行動一起）減輕了金融壓力——這可由公司破產、信評調降之類的指標來衡量，事實證明，這些情況都沒有預期的那麼嚴重。[7] 各類借款人都更容易取得信貸，支持了經濟成長與就業。此外，股價與其他資產的價格不僅完全收復了之前的跌幅，還漲得比疫情前更高。這強化了家庭與企業的資產負債表，也提高了他們的消費意願與能力。

推動新的財政措施，再搭配持續的貨幣政策寬鬆，使產出與就業的強勁成長延續到 2021 年。不過，前面也提到，供給面的限制（例如全球電腦晶片與航運量的短缺）以及民眾對染疫的持續恐懼（包括新型的病毒變種）導致 2021 年下半年通膨爆發，經濟前景充滿不確定性。FOMC 根據之前發布的指引，宣布它打算開始讓政策退場，從逐步減少證券購買開始做起。FOMC 面臨的棘手挑戰，是在不扼殺勞力市場的持續復甦下，確保供給衝擊所引發的通膨不會持續太久。

想要解析始於 2020 年年中並持續到 2021 年的強勁復甦究竟從何而來，還需要更多的時間與研究。不過，整體來說，新冠疫情造成的經濟衰退以及隨後的復甦支持了以下觀點：即使經濟衰退之初，聯準會降息的空間相當有限，但陷入危機時，貨幣政策並非彈盡援絕、束手無策。[8]

自然利率在決定政策空間中的作用

歷史觀點很寶貴，但未來呢？經濟從新冠疫情的衰退中復甦後，21世紀的貨幣政策——結合降息、量化寬鬆、前瞻性指導、其他可能的工具——如何實現聯準會與其他央行的目標？雖然新貨幣工具的效果取決於許多因素，但我們已經看到，一個關鍵的決定因素是（名目）自然利率 R* 的水準。自然利率之所以重要，是因為它會影響貨幣政策制定者可施展的操作空間。

例如，假設短期的自然利率是 2.5%（指的是名目利率，或套用市場的說法，指未經通膨調整的利率）——這是 FOMC 參與者近年來的估計值。如果利率持續維持在這個水準，那麼平均而言，在正常情況下，較長期利率也將在 2.5% 左右，這裡先忽略一些複雜的因素，例如債券風險溢價（投資者持有較長期證券所要求的額外報酬）。現在假設經濟受到衰退衝擊，如果自然政策利率是 2.5%，假設利率下限為零，那麼平均而言——同樣是在正常情況下——央行將有約 2.5% 的空間可以降息。（為了因應 2020 年初新冠疫情後的經濟衰退，鮑爾領導的聯準會把聯邦資金利率下調了約 1.5%。2019 年已經做了 0.75% 的預防性降息。）

在金融危機之前的幾十年裡，聯準會通常的因應方式是把聯邦資金利率下調 5% 至 6%。如果自然利率是 2.5%，那麼傳統的降息顯然不足以因應典型的經濟衰退。尤其當經濟衰退來襲時，如果聯邦資金利率恰好低於自然利率，那更是窘迫。於是問題來了：一旦聯邦資金利率降至零，量化寬鬆與前瞻性指引能帶來多大的**額外政策空間**？這個問題隱含著一個恰當的假設：把短期利率降至零，不會導致長期利率也降至零。正因為短期利率處於有效下限時，長期利率往往會維持在零以上，所以量化寬鬆與前瞻

性指引可以提供有效的額外刺激。

我在 2020 年的一項研究中探索過這個問題。我使用聯準會的 FRB/US 模型，對美國經濟做了數百次的模擬，並假設類似 1970 年以來看到的那些事件隨機衝擊美國的經濟（包括引發大衰退的事件，但我的研究在新冠疫情之前就結束了）。[9] 在這些模擬中，我假設貨幣政策以傳統正常的方式因應經濟低迷與通膨，但我也假設，當聯邦資金利率觸及下限時，聯準會使用量化寬鬆與前瞻性指引的力道，比我們從大衰退中復甦之初所使用的力道更強——這呼應了大家日益形成的共識：更積極、更強力運用這些工具，效果最佳。[10] 我也假設聯準會利用前瞻性指引，把未來的政策利率和證券購買的改變，與通膨與失業率綁在一起（亦即視情況而定的指引）。每次模擬，我都會衡量經濟在達到或超過聯準會的充分就業目標及達到 2% 的通膨目標方面，平均表現如何。

結果，我的主要發現是，量化寬鬆搭配維持長期低率政策的前瞻性指引，可以提供相當於額外約 3% 的政策利率空間。換句話說，如果自然利率是 2.5%，強力實施量化寬鬆與前瞻性指引，可為聯準會爭取到相當於傳統降息約 5.5% 的總貨幣政策效果——這很接近聯準會在利率下限變成問題之前，對典型衰退的正常因應。然而，萬一遇到比一般更嚴重的衰退、需要超過 5.5% 的政策因應時，可能連強力使用新的貨幣政策工具也不足以完全彌補利率下限的影響。

我的 3% 經驗法則普遍呼應了實證文獻的結果，包括那些探究量化寬鬆的投資組合平衡效應與訊號效應的研究，以及使用 FRB/US 模型或類似經濟模型的其他研究。[11] 然而，由於針對量化寬鬆與前瞻性指引的效應建模時做了很多假設，不確定性是無可避免的。新工具創造的政策空間可能不到 3%，而且，政策空間可能會因經濟或金融市場的狀況而異。這是規

劃未來政策因應時應該謹慎行事的理由，也是促使我們持續尋找新方法來擴大政策空間的動力。

另一方面，許多對量化寬鬆與前瞻性指引的一般分析（包括我的研究），可能低估了這些工具的整體效果。例如，有證據顯示，量化寬鬆強化了銀行的資產負債表，並促成更多的貸款——通常來說，一般的分析（包括我的）不會考量這種可能性。[12] 此外，為了簡單起見，我的模擬假設聯準會只購買美國公債，忽略了購買 MBS 的額外效應；我對於前瞻性指引對市場預期的影響也做了保守的假設（完全忽略了量化寬鬆的訊號效應）。我們將在第 14 章看到，貨幣政策也有可能透過風險承擔管道來影響經濟（政策模擬中大多未考慮到這個管道）。整體來說，我認為 3% 的經驗法則是一個相當保守的起點。[13]

自然利率 R* 有助於判斷貨幣政策的總效力，但是對政策制定者來說，R* 的值是不確定性的另一個來源。R* 的值無法觀察，只能估計。前面提過，隨著時間的推移，聯準會對這個關鍵變數的估計值大幅下降。在美國，多數的研究目前估計，名目自然利率介於 2% 到 3% 之間——這符合聯準會 2021 年估計的 2.5%；或者，假設通膨預期接近聯準會 2% 的目標，那麼經過通膨調整後的實質自然利率則會介於 0 到 1% 之間。然而，如果 R* 的下降趨勢持續下去，或者 R* 被高估，這可能是即使有量化寬鬆和前瞻性指引，但有效下限仍會限制貨幣政策效力的另一個原因。

我的 3% 經驗法則是根據美國經濟模型的模擬，因此不能直接套用在其他經濟體中。至少，證據確實建議，外國央行應該要把量化寬鬆、前瞻性指引、其他可能的工具納入貨幣政策中。事實上，許多央行確實這麼做了。對其他國家來說，還有另一個關鍵啟示：為了讓貨幣政策有因應經濟衰退的空間，自然利率不能太低。由於全球各地的實質報酬率（經通膨調

整的報酬率）都很低，避免自然利率降得太低的最佳辦法，就是防止通膨率（和通膨預期）降到遠低於目標的水準。[14] 換句話說，達到通膨目標不僅對物價穩定很重要，也可確保貨幣政策還有降息的空間，以便有效地因應經濟衝擊。

很不幸，對一些主要的外國經濟體而言，持續達到通膨目標一直很難。在歐元區，至少在新冠疫情帶來供給衝擊以前，通膨率與通膨預期多年來一直遠低於歐洲央行的通膨目標（低於 2% 但接近 2%，最近改為 2%）。* [15] 歐洲的通膨率與通膨預期一直低於美國，因為全球金融危機之後，歐洲緊接著爆發主權債務危機，而且歐洲央行延後使用長期低利的前瞻性指引與量化寬鬆。在日本，接近零的通膨或通縮已長達數十年，導致眾人習慣預期通膨會維持在很低的水準。事實證明，儘管自 2013 年左右開始，日本央行採取了非常積極的貨幣政策，但要改變那些預期還是非常困難。未來，歐洲與日本可能需要更大的財政支援，才能把通膨與通膨預期拉近目標，進而推升自然利率，增加貨幣政策的效果。

新政策工具的成本與風險

量化寬鬆與強大的前瞻性指引可為貨幣政策增添火力，但也可能產生意想不到的成本與風險，利弊得失之間需要權衡取捨。全球金融危機後，聯準會首次使用量化寬鬆尤其引發了內外部的擔憂。經濟從大衰退中復甦的整個過程中，FOMC 持續討論可能的成本與風險，包括金融穩定的風

---

* 多數先進國家（尤其是英國與歐元區）的通膨與美國一樣，在 2021 年大幅上升，那是新冠疫情相關的供給面限制及能源價格上漲造成的。如果這些因素消退，這些經濟體的通膨可能會回落到目標以下。

險、通膨或通膨預期失控的可能性、QE退場時可能難以管理、對關鍵證券市場的運作可能產生不利的影響、聯準會龐大的證券投資組合可能出現資本損失等等。有些FOMC的參與者擔心，長期低利的前瞻性指引可能會使聯邦資金利率維持在接近零的水準好幾年，因此放大上述的風險。如今，我們可以從美國與其他經濟體汲取大量經驗，那麼這些新貨幣工具究竟有哪些潛在的成本與風險？

事實證明，許多對於量化寬鬆與長期低利前瞻性指引的擔憂都是無稽之談。這些政策雖然引發可怕的警告，但並沒有導致持續的過度通膨（2021年通膨率的上升反映了量化寬鬆以外的許多因素，包括財政政策以及與新冠疫情有關的供給面效應）。反之，從2008年到2020年，美國與其他主要經濟體的通膨率普遍維持在過低的水準，反映了經濟疲軟與有效下限的影響。

目前為止，QE退場也不是問題，至少從技術角度來看是如此。葉倫領導的聯準會開始收緊政策時，聯準會雖有龐大的資產負債表，但是為準備金付息的能力使它可以輕易提高聯邦資金利率。一旦聯邦資金利率升到零以上，聯準會就不會再把到期證券所償還的本金拿去再投資了，如此一來，即可縮減資產負債表。從2019年9月附買回市場急遽升溫來看，聯準會縮減資產負債表及銀行準備金供給（如果有的話）的幅度可能太大了。從那個角度來看，聯準會的資產負債表可以說在2019年已經完全正常化了，處於適合新的「充足準備金操作架構」水準。後來，2020年新冠疫情危機爆發，聯準會才又開始購買新的證券。英國央行是另一個在金融危機後迅速採取量化寬鬆政策的主要央行，它在適當時機升息時，也沒有遇到技術問題。

此外，也沒有證據顯示，量化寬鬆因排擠私人買家與賣家，或因製造

特定債券發行的短缺，而阻礙了美國證券市場的運作。反之，藉由增加流動性、提振信心、強化金融機構的資產負債表，量化寬鬆可能在全球金融危機及歐洲主權債務危機期間改善了市場的運作。2020 年，新冠疫情衝擊之初，聯準會的證券購買（儘管嚴格來說這不是量化寬鬆，至少一開始不是，因為它們的目標不是為了提供貨幣刺激）幫助金融市場與信貸市場恢復了正常運作。而且，即使聯準會的投資組合有虧損的風險，風險也不大。萬一未來真的出現虧損，也應該與以下的效益權衡一下：在新冠疫情爆發的前十年，聯準會匯給財政部 8,000 多億美元的淨收益；經濟走強為政府帶來更多的稅收，使政府債務的融資成本降低。[16] 無論如何，貨幣政策的目的是幫忙達成高就業與物價穩定，而不是為財政部賺錢。

雖然這些經常被提及的風險現在看來微不足道，或至少不足以阻止聯準會在必要時使用量化寬鬆與長期低利的指引，但其他議題的相關辯論依然持續。在此我將討論四個議題：（一）據傳新貨幣工具與金融不穩定之間有關聯；（二）有些人認為量化寬鬆（以及普遍的寬鬆貨幣）使貧富差距加劇；（三）有些人抱怨量化寬鬆扭曲了資本市場的訊號；（四）有些人擔心寬鬆貨幣會創造僵屍企業。

▌金融不穩定

寬鬆貨幣與金融穩定之間的關係，是一個很大又有爭議的議題。簡而言之，證據確實顯示，持續的貨幣寬鬆可能促進私人承擔風險，有助於低迷的經濟加速復甦，但久而久之，也可能增加金融不穩定的風險。多數經濟學家與政策制定者都認同，金融穩定的風險應該主要靠特定的工具來解決（例如金融法規與監管），並讓貨幣政策自由去追求物價穩定與就業目標。主要的爭議在於監管及其他特定的工具是否足夠；如果不夠，貨幣政

策的制定者在設定利率時，是否應該考慮到金融穩定方面的擔憂，以及該考慮到什麼程度。

我們把更廣泛的議題延到後面的章節再討論，這裡先討論比較狹義的問題：量化寬鬆與前瞻性指引是否**特別**有可能增加金融風險？這些替代工具除了與持續的低利率有關以外，它們還有什麼特質可能損及金融穩定的嗎？至少目前為止，答案似乎是否定的。

關於量化寬鬆與前瞻性指引為什麼比其他形式的貨幣寬鬆更有可能刺激冒險行為，答案至少有兩種主要論點。第一，量化寬鬆之所以有效，部分原因在於它引導私人投資者重新平衡手上的投資組合。那些出售公債和 MBS 給聯準會的投資者，想必會把部分的款項拿去購買其他的資產，其中一些資產的風險高於出售給聯準會的資產。這種投資組合的再平衡，使量化寬鬆得以影響央行沒有買的證券價格，例如公司債。此外，這種再平衡效應也解釋了為什麼許多投資者認為量化寬鬆提高了市場流動性：量化寬鬆提供流動資金給證券的賣家，賣家可以利用那些資金去購買其他可能風險更高的資產。

雖然量化寬鬆確實讓一些投資者擁有風險更高的投資組合，但整體來說，它其實可以透過兩種方式來降低私營部門的金融風險。首先，量化寬鬆向銀行系統注入準備金，並移走等量的較長期證券。較長期證券的風險高於（安全且流動的）銀行準備金，因為當較長期利率發生變化時，它們的價值可能會驟變。經濟學家里卡多‧卡巴雷諾（Ricardo Caballero）與古內斯‧坎貝爾（Güneş Kamber）發現，金融危機過後，以淨值來看，量化寬鬆使聯準會吸收了從前由投資者持有的風險，降低了一般私人投資組合的風險。[17] 第二，量化寬鬆藉由降低較長期利率以及強化借款企業的資產負債表，也降低了現有公司債與類似資產的風險。[18] 量化寬鬆政策的穩定

效果在 2020 年 3 月特別顯著，當時聯準會大規模購買美國公債與 MBS，為市場挹注亟需的流動性，平息了市場波動。

另一種把新貨幣工具與金融不穩定連在一起的論點，始於一種說法：長期低利的前瞻性指引（以及量化寬鬆的利率訊號效應）是向投資者保證，短期利率將維持在低檔一段時間。這種論點主張：長期低利的指引會鼓勵投資者承擔不必要的風險，因為他們不再需要擔心政策利率的短期變化。例如，長期低利的指引可能促使投資者投入所謂的**利差交易**（carry trades）——借入短期資金去買收益較高的長期投資。順道一提，類似的觀點認為，2004 至 2006 年之間一連串升息的可預測性同樣也會破壞穩定，因為那會讓投資者太篤定未來的利率走勢，而變得不太謹慎。

這種推理忽略了一個重點：即使是在長期低利的環境中，多數金融資產與實體資產的預期到期日也遠遠超出了政策制定者的前瞻性指引的範圍。因此，即使短期利率保證（或至少極有可能）在一段時間內維持在低檔，多數資產的價格仍會隨著攸關較長期前景的經濟消息波動。約翰‧威廉斯（時任舊金山聯邦準備銀行總裁、現任紐約聯邦準備銀行總裁）與史汪森合撰的論文顯示，即使聯準會在 2008 年把聯邦資金利率降到接近零的水準，後來長期利率依然隨著就業報告與其他經濟消息的出現起起伏伏，就像危機之前一樣。[19] 因此，實務上，前瞻性指引並未消除利差交易與類似策略既有的金融風險。反之，有些人把這些交易比喻成「在壓路機前撿硬幣」，也就是說，多數情況下僅能賺到蠅頭小利，偶有虧損（當較長期資產的價格意外波動時）就會血本無歸。此外，可信的前瞻性指引帶來的不確定性降低，很可能已經反映在較長期的資產中，又進一步減少利差交易的獲利機會。尤其，前瞻性指引應該會降低投資者從較長期資產獲得的風險溢價，降低利差交易的潛在利潤。簡而言之，長期低利的前瞻性

指引並沒有讓人過度冒險（超越長期低利政策所創造的風險）的明顯誘因。

我的結論是，相對於一般的寬鬆貨幣，量化寬鬆與前瞻性指引不會構成明顯額外的金融穩定風險。事實上，危機或經濟特別疲軟的時期最有可能使用這兩種工具，因為這時私人冒險往往太少，而不是太多。在那種情況下，新工具——藉由增強信心、強化資產負債表、增加信貸機會——既可能減少金融穩定風險，也可能增加金融穩定風險。

▌ 貧富差距

FOMC 的討論有時會提到貨幣政策的分配效應，但實務上，聯準會的使命及其政策工具的直接性，導致FOMC把重點放在整體經濟的表現上。一些批評人士認為，不太重視貨幣政策的分配後果是一個問題。他們認為，寬鬆的貨幣政策（包括量化寬鬆與長期低利的前瞻性指引）往往會導致貧富差距加劇，因此應該謹慎使用。

這種批評雖然經常聽到，但不太有說服力。促進經濟復甦的貨幣政策有廣泛的效益，包括增加就業、薪資、資本投資、稅收。由於強勁的經濟帶來廣泛的效益，也會降低不必要的反通膨、甚至通縮陷阱的風險，所以經濟低迷時期的寬鬆貨幣政策即使會使貧富差距加劇，那也很合理。

然而，多數研究發現，一旦考慮貨幣政策的所有管道，擴張性政策的分配效應其實很小，以淨值而言，貧富差距甚至減少了，尤其是以收入或消費衡量的貧富差距。也許最重要的是，許多證據顯示，「熱絡」的勞力市場其實對少數族裔與低收入社群的效益特別大；而長期的經濟衰退則會導致這些社群以及技能或經驗較少的勞工就業機會減少，使貧富差距變得更嚴重。[20] 在鮑爾領導的聯準會召開的「聯準會聆聽」活動中，這些見解

都得到了清楚的佐證。那些意見回饋有助於推動政策轉向更重視高就業水準的政策架構。由於強勁的勞力市場帶來廣泛的效益，當需求疲軟時，親勞方的團體往往會支持擴張性的貨幣政策，認為寬鬆貨幣是有助益的，而不是傷害中低收入者。

關於這些論點，大家常提出兩個問題：第一，依靠利息收入維生的退休人士與其他儲蓄者難道不會因為寬鬆貨幣而受害嗎？第二，寬鬆貨幣政策（包括量化寬鬆）難道不會推高股價而導致財富不平等加劇嗎？

關於第一個問題，一些退休人士與其他儲蓄者確實非常依賴利息收入，因此容易受到低利率的影響，但他們的情況並非典型。國民所得帳（national income accounts）的資料顯示，截至 2021 年年中，淨利息收入只占個人總收入的 8% 左右（2019 年初的可比較數字是 9%，當時聯邦資金利率處於最近的高峰值，還沒使用量化寬鬆）。退休人士中，最不富裕者主要是依賴社會福利與聯邦醫療保險等政府方案的人，這些項目的支付對利率變化並不敏感。[*]更廣義來看，在 2013 年的一項研究中，理查・科普克（Richard Kopcke）與安德魯・韋伯（Andrew Webb）估計了 2007 年至 2013 年間（這段期間經濟疲軟，貨幣政策大幅寬鬆），有 60–69 歲成員的家庭投資收入（利息與股息）減少的程度。[21] 他們把那些家庭分成五個財富級距，結果顯示，與 2007 年的收入相比，這五個級距家庭的投資收入萎縮幅度介於接近 0% 到 6% 之間。其中比較富裕的家庭（擁有較多的金融資產），投資收入減少較多。

寬鬆貨幣造成的影響之所以沒那麼大，部分原因在於許多家庭邁入退休生活時，至少有一些資產在低利狀況下會升值或維持價值穩定。例如，

---

[*] 社會福利有效穩定了多數美國老年人的退休收入相對於退休前收入的比例，並把老年貧窮降至較低的水準。參見 Devlin-Foltz, Henriques, and Sabelhaus (2016)。

截至 2019 年，約 60% 的工作年齡家庭（以及近 40% 的收入後段班家庭）有公司養老金或退休方案，約 65% 的家庭（以及 50% 的收入後段班家庭）有自己的住房。持有股票比持有其他資產更集中，但 2019 年，53% 的家庭（以及 31% 的收入後段班家庭）至少直接持有一些股票（或透過退休方案持有）。[22]

此外，包括退休人士在內的儲蓄者往往在經濟中扮演許多角色，那些角色都因適度的貨幣寬鬆而受惠。例如，他們可能有子女，子女因勞力市場的改善而受惠；或者，他們可能自己也想要有就業的選擇。他們可能也希望出售房屋或家庭事業（這在經濟穩健時更容易達成）。或者，他們可能不僅僅是儲蓄者，也是借款者，因利率較低而受惠，例如房貸再融資。所以我想再次強調，評估貨幣寬鬆政策的影響時，需要考慮所有的經濟效應。

關於第二個問題，更高的股價確實容易使財富不平等（而不是收入不平等）加劇，因為富人更有可能直接或透過退休方案間接持有股票。* 然而，任何促進經濟成長與就業的經濟政策都有可能導致股價變高。股價變高並不單單是由貨幣政策造成的。因一項政策對股價有正面影響就否定該政策，是沒有道理的。收入較高的人確實擁有多數的股票，但前文也提過，其他形式的財富（如住房或小事業的股份）對許多中產階級家庭來說也是重要的資產。更強勁的經濟與較低的利率，也會推升這些其他形式的財富。無論如何，對於那些（適度）擔心美國貧富差距長期加劇的人來說，有一個方法比抵銷貨幣政策更直接、也更有效：提高資本利得稅。那些批評聯準會加劇貧富差距的人，很少會提出這種更直接的解決方案，實

---

* 根據聯準會的《消費者財務調查》（Survey of Consumer Finances），收入高居前 10% 的家庭中，約 90% 的家庭直接或間接持有股票。

在很耐人尋味。*

　　當然，以上說法都不是在淡化貧富差距日益擴大的問題。財富方面持續存在的巨大種族差異特別令人擔憂——這是多年來歧視的結果，包括政府本身造成的歧視。[23]然而，且不論利率的起伏，至少自1970年代以來，美國的財富落差就一直在擴大。這種長期趨勢主要是一些緩慢演變的力量造成的，包括技術變革、全球化、勞力市場的改變（降低了勞工的議價能力）。因此，全面性的政府政策可以最有效地解決貧富差距問題，包括為低收入族群提供更多幫助的財政方案（賦稅、移轉、其他支出），以及普遍擴大住房供應、醫療、教育機會的政策。貨幣政策對減少貧富差距的最大貢獻是促進經濟復甦及幫忙壓低失業率。

▎市場扭曲

　　一些批評者聲稱（比如2010年寫公開信給FOMC並引起廣泛關注的那些人），寬鬆貨幣政策——尤其是量化寬鬆政策——「扭曲」了利率與其他的市場訊號，因此損害經濟效率。這種觀點認為，聯準會應該讓市場自己決定利率與資產價格，不要干預。

　　然而，在法幣體系中（亦即貨幣沒有黃金等實物作為擔保的體系），央行不可能把資產價格與殖利率完全放任給市場自由決定。†央行必須制定**某種**與利率及貨幣供給有關的政策，這難免會影響市場的結果。此外，

---

* 更微妙的是，即使較低的利率推高了股價，但較低的利率也帶來較低的報酬；也就是說，股東從每一美元投資的股票中獲得的股利收入較少。聖路易聯邦準備銀行的FRED資料庫顯示，儘管股價大漲，但個人資產收入占GDP的比例從1990年的17%，降到現今約13%，反映了較低的報酬率。

† 實務上，即使在大蕭條前的金本位制之下，各國央行也有一些管理利率的權限，尤其當央行的黃金準備夠多，黃金外流不會破壞貨幣與黃金之間的既定兌換率。

貨幣政策不是唯一影響利率與資產價格的因素。政府支出與稅收、財政部決定發行的債券期限、金融監管規定以及許多其他政府政策，也都會影響利率與資產價格。＊在現代經濟中，沒有所謂「純粹」的市場結果，也就是說，資產價格與殖利率完全不受所有政策影響是不可能的。

或許批評者會說，貨幣政策應該更加被動。例如，聯準會可以直接固定銀行體系中的準備金數量，而不是對物價與就業變化做出反應。那樣也許可以減少（至少稍微減少）債券交易員必須處理的資訊量，讓他們的日子過得單純一點。然而，純粹被動的政策，幾乎等於強迫聯準會放棄追求就業最大化與物價穩定的目標，這麼一來，它還有辦法改進資本配置或提振經濟嗎？事實上，經濟效率的最基本要求，就是經濟的資源（包括勞力）獲得充分的利用。

▌ 僵屍企業

市場扭曲論的另一種說法，是宣稱長期實施寬鬆的貨幣政策會促進「僵屍企業」（zombie company）生存。僵屍企業指的是根本上已經破產的公司，其資產（包括未來獲利的現值）低於負債，但依然持續營運。僵屍企業這個問題最早在日本出現，不過後來的研究認為，其他國家也有這樣的現象。[24] 由於多年來利率一直很低，日本有愈來愈多基本上已經破產的公司仍為負債繼續支付利息，這麼一來，它們的銀行就能避免宣布他們的貸款違約──這種做法稱為「長年化」（evergreening）。僵屍企業有礙經

＊ 這其中，量化寬鬆與財政決定發行的債券期限最相關。如果你把政府想成擁有一個合併的資產負債表，結合財政部與聯準會的資產和負債，那麼量化寬鬆相當於把短期政府負債（付息的銀行準備金）換成長期政府負債（政府公債）。從這個角度來看，量化寬鬆對資產價格的影響，就像是財政部決定縮短其發行公債的平均期限。

濟成長與效率，不僅是因為它們的生產力低落，也因為它們從效率更好的企業那裡奪走了市占率，降低了高效率企業的獲利、投資與人才招募。

一般而言，利率低的時候，一些原本無法獲得融資的差勁公司可能會得到融資。然而，那種結果不見得表示資本配置不當。例如，如果利率低是因為全球儲蓄超過市面上的高報酬投資，一些儲蓄必然會流向報酬較低的投資，畢竟那是資金的最佳用途。同理，如果利率低是因為經濟衰退及貨幣政策寬鬆，與其把資源投入低報酬的投資，讓資源閒置也是一種選擇。因此，資助生產力差的公司不見得就是資本配置不當。這也帶出了一個問題：這種情況下，資金最好的替代用途是什麼？資金配置不當指的是生產力更高的替代方案因某種原因而**得不到**資助。低利率本身應該有助於高報酬的投資獲得資金，而不是阻礙它獲得資金。

只有在金融體系與金融監管出現其他伴隨的問題時，低利率才會助長「僵屍企業」及相關的資本配置不當。以日本為例，主要問題是銀行資本不足（以前的銀行改革沒做好）加上銀行監管不足。監管失靈導致銀行把太多的資本配置給僵屍企業，而不是做更好的投資。資本不足的銀行有不認列貸款損失的動機，因為認列損失會減少帳上資本，導致銀行受罰——所以才會出現「長年化」現象，延遲損失的正式認列。稱職的銀行監管者應該迫使銀行持有足夠的資本，並迅速認列，打消不良貸款。（來自銀行與僵屍企業的政治壓力也許可解釋監管單位的消極態度）。簡而言之，雖然低利率可能讓爛帳「長年化」變得更容易，但日本這個例子更深層的問題，在於銀行資本不足及監管不足。解決監管或市場失靈的問題才是處理僵屍企業問題最直接的方法，而不是把利率提高到充分就業與物價穩定所對應的利率水準之上。最近的研究發現，僵屍企業在美國問題不大，雖然那些幫企業度過新冠疫情的方案未來可能會增加這個問題的風險。[25]

總而言之，當政策利率無法進一步下調時，量化寬鬆與前瞻性指引可有效刺激經濟。[26] 而且這些政策的成本似乎還算可以控制。聯準會與其他的主要央行現在把量化寬鬆與前瞻性指引視為施政工具中的基本要件，不僅危機時可以使用，在需要額外刺激時也可以啟動。然而，這些工具可能不見得足夠，尤其是經濟陷入嚴重低迷的時候。因此，貨幣政策的制定者仍得持續尋找新的工具與策略。

第13章
使政策更強大：
新工具與新架構

　　只要充分利用量化寬鬆與前瞻性指引，並妥善協調兩者的施行，據我估計，效果相當於把已經降至有效下限的聯邦資金利率再調降 3%。不過，這種額外的火力雖然實用，卻不是在所有情況下都足夠，尤其當名目自然利率 R*——也就是聯準會的政策空間——證實低於當前的估計時，更是如此。政策制定者必須持續探索因應就業與通膨不足的其他選擇。

　　有些選擇看起來大有可為，但政治議題（包括可能需要從國會獲得新的法律授權）可能會導致採用那些選擇變得相當複雜。例如，國外央行用了一些聯準會可能考慮使用的工具，包括負利率、殖利率曲線控制。此外，根據過去幾年的發展所改造出來的替代政策架構，可以讓前瞻性指引變得更清楚、更有公信力。

　　儘管如此，即使擁有更豐富的政策工具，未來的貨幣政策可能還是必須與財政政策配合，才能因應嚴重的衰退，新冠疫情造成的經濟衰退就是如此。財政政策受到繁瑣的政治流程阻礙，但它的優點在於，即使自然利

率很低，它的效果依然很強大（或者說，自然利率很低時，它特別強大）。而且，財政政策比貨幣政策更能準確鎖定需要幫助的群體或產業。貨幣政策與財政政策合作的多種可能中，比較新奇的選擇包括所謂的直升機撒錢（helicopter money）與現代貨幣理論（Modern Monetary Theory），後者建議貨幣與財政政策應該要顛倒其標準角色。

新工具：借鑑國外經驗

與聯準會一樣，世上其他主要央行（尤其是英國央行、歐洲央行、日本央行）也面臨 21 世紀貨幣政策的挑戰，包括全球金融危機與隨之而來的大衰退，以及新冠疫情的衝擊。歐洲央行還應對了主權債務危機，以及不完全的歐元區之整合。日本央行面臨全球金融危機之前，從 1990 年代中期開始就一直對抗持續的低通膨與低利率。

這四大央行面對 21 世紀危機的反應頗為相似，只是行動的時機有所不同。它們面對 2007–2009 年的金融危機及 2020 年春季的新冠疫情恐慌時，都積極擔任最後貸款人，努力穩定金融狀況與金融機構，並設計或擴大支持私人信貸市場的計劃。每一家央行用盡了降息這個傳統貨幣政策之後，都努力尋找其他方法來增加刺激。它們都採用了聯準會那種量化寬鬆，亦即購買較長期證券來壓低較長期的利率，並放寬整體的金融環境。它們都依賴愈來愈明確的前瞻性指引，來傳達短期政策利率與證券購買的計劃。

外國央行也設計了一些聯準會**從未用過**的政策工具，讓聯準會有機會借鑑同行的經驗，進一步擴增政策工具。聯準會可以借鏡並考慮使用的替代工具至少有四種：量化寬鬆購買更廣泛的金融資產、貸款融資計劃、負

利率、殖利率曲線控制。[1] 雖然這些替代工具都不會取代量化寬鬆與前瞻性指引，但若運用得當，每一種工具都可以增加實用的政策空間。

▋ 量化寬鬆購買更廣泛的金融資產

除非聯準會援引第 13（3）條的緊急放貸權力（這個權力只能在私人信貸市場陷入嚴重混亂時動用），否則聯準會能買的證券將受到相當嚴格的限制。在量化寬鬆計劃中，聯準會只買了公債以及由房利美與房地美等 GSE 發行的政府擔保 MBS。* 聯準會確實動用了第 13（3）條的授權買了其他證券：例如 2007–2009 年危機期間及 2020 年買了商業本票，2020 年也買了公司債、地方政府債券、銀行貸款。然而，聯準會在那兩個時期購買的另類資產規模很小，那樣做的目的是為了防止特定的信貸市場崩解，而且那些購買在法律上與概念上都與量化寬鬆及貨幣政策分開。

其他主要央行的量化寬鬆計劃與聯準會一樣，也是以購買政府公債或政府擔保的債務為主。但是，外國央行面對的法律約束較少，常常買其他類型的資產，包括公司債、商業本票、擔保債券（covered bonds，一種由歐洲銀行發行的抵押貸款擔保證券）；日本央行甚至還買了私人公司的股票以及房地產投資信託基金的股份。購買公司債的邏輯，其實跟聯準會在全球金融危機期間與之後購買 MBS 的邏輯一樣。在這兩種情況下，央行的購買都降低了目標證券的殖利率，鼓勵借貸與支出——如果央行買公司債，那就是鼓勵資本投資；如果央行買 MBS，那就是鼓勵住房與其他房地產市場。此外，由於政府購買債券會影響相關資產的殖利率，央行購買其他證券的效應同樣也會蔓延到更廣泛的領域。例如，央行購買高評級的

---

* 聯準會也有權限購買某些短期的地方政府債券，但它並未在量化寬鬆計劃中動用這種權限。

公司債會降低其他類債券的殖利率，像是州與地方政府發行的地方公債，以及風險較高的公司債。

前文提過，購買政府公債以外的金融資產通常只占外國量化寬鬆的一小部分，所以事實證明，這些購買的效益相當有限。但現有的證據顯示，購買更廣泛的證券可以提升量化寬鬆的威力。例如，史蒂芬妮亞‧達米科與伊莉娜‧卡明絲卡（Iryna Kaminska）的研究發現，英國央行購買公司債後，減少了公司債殖利率與公債殖利率之間的利差，並刺激了新公司債的發行。[2] 這些效應與聯準會購買 MBS 相似：降低了房貸利率與公債殖利率之間的利差，促進房貸再融資及住房銷售與建築。

如前所述，聯準會與其他主要央行不一樣，沒有權力把購買更廣泛的資產當作例常貨幣政策的一部分。若要把購買公司債或多數地方債券、非GSE 抵押貸款與其他替代資產作為非危機時期量化寬鬆計劃的一部分，聯準會需要獲得國會的許可。聯準會該尋求這樣的許可嗎？

想要擴大量化寬鬆的資產購買清單最有力的理由，在於這麼做可以讓聯準會的證券購買發揮更精準的效用，效果也更好。在全球金融危機期間與之後，幸好聯準會有權購買抵押貸款的相關證券——畢竟那場危機是由抵押貸款市場的崩解所引發的。但是，在未來的危機或衰退中，麻煩有可能集中在房地產以外的產業。此外，國會之所以願意在 2020 年的《CARES 法》中授權聯準會購買公司債、地方債券、銀行貸款（雖然授權是暫時的），代表立法者可能比我十年前所想的更願意擴大聯準會的權限。

另一方面，非危機期間，例行購買公司債作為量化寬鬆的一部分，會逾越聯準會一直想要保留的底線。首先，FOMC 一直盡量避免直接分配信貸，畢竟那樣難免會偏袒某些借款者。基於這個原因，大衰退後，FOMC

主要持有的是較長期的公債，並把抵押貸款債券的持有量降至最低水準，避免形成長期偏重房地產業而輕忽其他類型投資的現象。第二，購買私營部門或地方債券——不像購買美國公債或政府擔保的 MBS——需要承擔信用風險。聯準會不願這麼做，理由是任何損失都會減少它上繳財政部的利潤。

這些擔憂並沒有推翻擴大可購買範圍的理由。為了盡量減少購買公司債將偏袒某些公司或產業的風險，聯準會可以購買廣泛、多元的證券投資組合，就像 2020 年引用第 13（3）條的權限設立公司債融通機制那樣（不過，那種方法依然對大公司比較有利，小公司較難分一杯羹，畢竟通常來說，小公司無法發行債券）。購買多元證券，加上聯準會在壓力期間購買的私營部門證券往往殖利率比平常高，理應也可以降低聯準會的信貸損失曝險。此外，有證據顯示，在經濟衰退或金融不穩定的時期，私營部門債務（如公司債）的殖利率漲幅遠遠超過違約風險增加所需要彌補的幅度。[3] 貨幣寬鬆也可能降低公司違約風險，進而減少聯準會購買公司債的風險。[4]

儘管如此，除非政策空間變得更縮限，否則短期內聯準會可能不會敦促國會授權它在量化寬鬆計劃中購買私營部門的債券。聯準會光是購買美國公債與 MBS，透過外溢效應，就足以對地方債券與私營部門債券的殖利率產生很大的影響。況且，要是聯準會擁有購買廣泛金融資產的權力，萬一導致國會施壓，要求聯準會購買有政治影響力的借款者所發行的證券，或避免購買不受國會青睞的公司所發行的證券，那可能會損害聯準會的獨立性。[5] 也許是基於這個原因，鮑爾在新冠疫情危機期間常常強調，聯準會購買公司債與地方債券的計劃是有限且暫時的。2020 年年底，美國國會針對是否根據《CARES 法》延長聯準會的 13（3）貸款機制展開辯

論。由此可見，賦予聯準會購買更廣泛資產的永久權力，在政治上是有爭議的。保守派反對讓聯準會在金融市場上發揮更廣泛的作用。

▌ 貸款融資

除了在量化寬鬆中購買多元的金融資產以外，主要的外國央行也補貼了銀行貸款。套用英國央行的術語，這種計劃通常稱為**貸款融資**計劃（funding-for-lending schemes）。主要目的是幫助家庭或小事業的借款人，他們無法透過股市或債市融資，非常依賴銀行信貸。

貸款融資計劃最初是由英國央行與英國財政部於 2012 年 7 月一起宣布的。根據這項計劃，英國央行向那些對家庭與非金融事業增加貸款的銀行提供資金——利率最低為 0.25%，期限最長為 4 年。這類低成本資金的數額，取決於銀行貸款增加多少而定。原始的計劃擴大了好幾次，並於 2018 年 1 月結束，後來為了因應新冠疫情，又修改了形式，重新啟動。

歐洲央行的貸款融資計劃，是從全球金融危機及主權債務危機期間的最後貸款人計劃演變而來的。2008 年 10 月，歐洲央行設立了長期再融資操作（long-term refinancing operations，簡稱 LTRO）。銀行只要有足夠的抵押品，就可以用固定利率從歐洲央行無限借款。起初，收取的利率為 4.25%，貸款的最長期限是六個月，但隨著時間的推移，歐洲央行降低了利率，延長了期限，並放寬了抵押品的規定。這些發放給銀行的貸款一開始沒有限制用途，但 2014 年 6 月，在德拉吉的領導下，歐洲央行開始把 LTRO 貸款的條款與銀行的新貸款綁在一起。根據德拉吉的定向長期再融資操作計劃（targeted LTRO program，簡稱 TLTRO），銀行可以用低利率借入最長四年的貸款。不過，與英國的計劃一樣，銀行能以最優惠利率借入的金額，得視它對非金融事業與家庭放貸的淨成長而定。

TLTRO 計劃擴大了好幾次，條款愈來愈優厚。歐洲央行為了因應新冠疫情，在德拉吉的繼任者拉加德的領導下，以低至負 1% 的利率向銀行提供長期資金，條件是銀行必須用這些廉價資金來發放新貸款。日本央行也實施多種不同的計劃，包括為銀行提供低成本的融資，以及直接放款給企業。有證據顯示，貸款融資計劃一直是其他貨幣政策工具很重要的補充。這類融資的金額（以銀行的借款與貸款的淨成長來衡量）一直很龐大，尤其是歐洲。研究發現，這些計劃降低了銀行的融資成本，增加了對私營部門的放款，並改善了其他貨幣行動對經濟的影響效果。[6]

經濟從大衰退中復甦的過程中，聯準會是唯一沒有推出貸款融資計劃的主要央行。理事會與 FOMC 曾考慮過這個選項，但與銀行及市場人士討論後遭到勸阻。銀行與市場人士告訴我們，新貸款之所以成長有限，主要不是因為融資成本高（美國的銀行在危機後做了資本重組，可以在私人市場上取得便宜的借款），而是因為缺乏信譽良好的借款人，以及危機過後，信貸標準變得更嚴格了。因此，無論是好是壞，聯準會最後沒有採用這個方法。

不過，2020 年的新冠疫情至少在一段時間內，明顯強化了聯準會在信貸市場中的角色。在國會與財政部的財政支持下，聯準會運用 13（3）的授權設立了幾個臨時機制，好讓信貸持續流向企業、州與地方政府，以及其他借款者。其中包括「中型企業貸款方案」，就像貸款融資計劃一樣，增加貸款給那些依賴銀行的借款人。

然而，中型企業貸款方案的架構與外國的專案大不相同。外國的貸款融資計劃提供廉價的資金，但把發放給家庭與企業的貸款留在放貸銀行的資產負債表上。相較之下，在「中型企業貸款方案」中，聯準會打算購買及持有每筆貸款的 95%，承擔了貸款倒帳的多數風險（這個計劃由財政部

提供資金，聯準會則代表財政部承擔風險）。由於聯準會是代表納稅人承擔信用風險，它針對借款人的資格與貸款條款設了許多條件。也許因為這些條款與條件對借款人或銀行來說不太有吸引力，所以中型企業貸款方案所做的貸款比較少。此外，對資本充足、有能力承擔風險的銀行而言（其實 2020 年的美國銀行大多屬於這一類），聯準會的風險分擔計劃並沒有提供太多的誘因，讓它們發放本來不會做的貸款。2020 年底，財政部長梅努欽關閉了所有透過《CARES 法》批准的 13（3）方案。

聯準會把新冠疫情期間的貸款方案視為緊急金融穩定機制，而非貨幣政策的一部分。這些方案仰賴第 13（3）條的授權以及國會特別撥款的財政部資金，這兩大依據更凸顯出這些方案與貸款融資計劃的差異。不過，可以想見，特殊貸款方案未來可能會補充現有的貨幣政策工具。例如，當信貸緊縮阻礙經濟復甦，或銀行融資市場面臨壓力時，聯準會可能會向銀行提供廉價的長期融資，好讓銀行增加對家庭與小事業的放貸規模，並把這些貸款當作抵押品。那些貸放給銀行的資金可以從聯準會的貼現窗口提供。多數情況下，這樣做既不需要第 13（3）條的授權，也不需要財政部的資金（聯準會若要直接放貸給企業或其他非銀行的借款人，就一定要動用第 13（3）的緊急權力）。

這種方法可視需要施行，重點在於，它又有簡便的優點。唯一需要講明的條款是聯準會的貸款利率，以及有資格獲得聯準會廉價資金的貸款類別。貸款融資計劃的主要缺點在於，如果貸款利率一如預期低於支付給銀行準備金的利率，這種貸款的隱含補貼將減少聯準會的利潤，最終也會減少聯準會上繳財政部的利潤。財政部與國會是否會反對聯準會提供隱性補貼，可能得看經濟情況而定。還有個相關的議題：如果短期利率接近零，聯準會可能不得不直接付錢給銀行，讓銀行增加放貸；例如為聯準會提供

的資金收取負利率，就像歐洲央行在新冠疫情期間所做的那樣。那種情況下，除了對貼現窗口的貸款（提供銀行放貸的資金）設定明確的負利率以外，另一種選擇是為那些參與銀行一部分的準備金（金額等於銀行的放貸增量）支付較高的利息。

█ 負利率

　　歐洲央行、日本央行，以及歐元區以外幾個歐洲國家的央行（包括瑞典、丹麥、瑞士），已將短期政策利率降至負值。負利率指的是對銀行存在央行的準備金收取手續費。為了避免支付這筆費用，銀行會試圖把錢轉為其他資產，進而壓低那些資產的殖利率，有時甚至會使殖利率變為負值。由於個人與企業可以藉由持有現金（零利率）來避免被收取利息（負報酬），負利率不可能降得太低。不過，以 20 美元或 100 美元的紙鈔來交易與儲蓄，對消費者與企業來說可能不太方便或成本高昂，更何況是每天都得結算數百筆大額交易的銀行。因此，把利率適度降至零以下似乎不會造成大規模的存款轉變成現金。* 例如，短期（三個月）利率在瑞典降至 0.75%，在瑞士降至 0.85%。在主要的央行中，歐洲央行最依賴負利率。2014 年，歐洲央行首次採用負利率，並逐步調降它付給銀行的準備金利息，直到 2019 年 9 月達到 0.50%。[7]

　　以目前為止的有限經驗來看，負的政策利率似乎達到了目的。它使銀行的貸款利率降低，貨幣市場的利率降低，較長期的利率降低，也寬鬆了整體的金融狀況。因此，負利率可以藉由降低短期利率的有效下限，至少

---

* 　誠如肯尼斯·羅格夫 2017 年出版的《現金的詛咒》（*The Curse of Cash*，時報出版）一書中所述，如果政府努力減少現金的使用（尤其是儲存成本較低的大額鈔票），甚至可能出現負更多的利率。

增加一些貨幣政策的空間。有效下限似乎會是一個長久的問題，所以額外的空間可能證明是有用的。

不過，負利率也有爭議。許多人覺得，把錢存進銀行後，存款卻越存越少，並不公平；也有人認為，借款人不但不必付息，還可以賺利息，實在令人困惑。然而，當我們了解，對多數的經濟決策來說，衡量投資報酬或借貸成本的相關指標不是名目（或市場）利率，而是實質利率（等於名目利率減去通膨率）時，負利率看起來就不會那麼矛盾了。歷史上，負的實質利率並不少見。每當通膨超過名目利率，就會發生這種情況。例如，2021 年年末，當整體 CPI 通膨率（headline CPI inflation）超過 6%，聯邦資金利率接近零時，**實質**聯邦資金利率約為 6%。此外，對投資者來說，報酬率 0.1% 與 0.1% 之間的差異微乎其微，可忽略不計。不過，眾人對負利率所產生的焦慮或困惑往往會轉化為政治上的反對，使得央行不願使用負利率。

一種更實質的反對意見認為，負利率可能會增加金融穩定的風險。例如，銀行抱怨負利率降低了它們的利潤，最終也降低了它們的資本與放貸能力。銀行主要的擔憂在於，它們可能無法把準備金的負利率轉嫁出去。存戶反對支票帳戶與儲蓄帳戶收取負利率，迫使銀行自己吸收差額。事實上，一些經濟學家認為，利率可能有一個「逆轉率」。也就是說，利率低於逆轉率時，負利率對銀行資本與銀行放貸的不利影響，可能使負利率政策對經濟產生淨收縮的效果。[8]

實務上，負利率似乎沒有嚴重損害銀行的利潤，至少目前為止是如此。[9] 事實上，負利率可以提高銀行的盈利能力。如果負利率讓央行享有更多的政策空間，從而使經濟變得更強勁，那麼銀行將因為收入增加及信貸損失減少而受益。較低利率往往也會增加銀行投資組合中的資產價值，

同時降低銀行從存款以外的來源獲得資金的成本（例如批發融資、發行債券）。此外，一些央行已經找到減輕負利率衝擊銀行利潤的方法，例如，日本央行與歐洲央行只對超過一定水準的銀行準備金收取費用，這種做法稱為「分層存款利率」（tiering）。

聯準會應該考慮採用負利率嗎？聯準會的高層認為，他們有權實施負的短期利率（對銀行準備金收取費用），但目前為止對這個想法並不熱中。2010 年，聯準會曾短暫討論過這個選項，但後來否決了。當時我們認為，負利率的效益很有限。一份幕僚備忘錄估計，如果利率負太多，美國人可能會囤積現金，聯邦資金利率可能無法降至負 0.35% 以下。[10] 我們也擔心金融穩定問題；主要不是擔心銀行，而是擔心貨幣市場共同基金。貨幣市場共同基金在美國金融體系中的重要性比其他國家更高。我們擔心，萬一貨幣市場共同基金持有的資產變負報酬，導致它們「每單位淨值跌破 1 美元」（break the buck）──也就是說，每投資 1 美元回收不到 1 美元──他們可能會面臨投資者搶著贖回。葉倫與鮑爾擔任主席期間，聯準會也做過類似的討論，眾人依然不太支持負利率這個選項，至少在還有其他選擇的情況下是如此。

我雖然了解聯準會對此沒什麼熱忱的原因，但斷然排除負利率這種選項是不智的。我預期美國不會陷入持久的低通膨陷阱，但萬一真的陷入，負利率可能證明是有效的解方。即使那種極端的情況沒有出現，完全不考慮短期負利率也可能產生意想不到的後果：縮限了聯準會透過量化寬鬆或其他方法把長期利率降至極低水準的能力。[11] 由於較長期利率通常略高於市場預期的未來短期利率，貨幣政策制定者若能做出可靠的承諾，把短期利率維持在零或以上，等於也為較長期利率設定下限。就「實施負政策利率」的可能性而論，至少保留一些有益的模糊空間，似乎是比較好的策

略，雖然這麼做勢必會招來政治阻力。

▍ 殖利率曲線控制

聯準會可能考慮的最後一種國外政策選項是**殖利率曲線控制**，由日本央行於 2016 年 9 月推出。顧名思義，殖利率曲線控制同時釘住短期政策利率（誠如傳統的政策制定），並把較長期債券的殖利率鎖在一個區間，藉此控制一系列期限的政府公債利率。例如，2016 年日本央行宣布，把 10 年期日本公債的殖利率維持在零左右的範圍內，做法是隨時準備好以殖利率等於零的價格來購買公債。在傳統的量化寬鬆中，央行會先宣布它打算購買的證券數量，然後由市場來決定利率型態。殖利率曲線控制則正好相反：政策制定者先為債券殖利率設定一個目標，再讓市場決定達成那個殖利率必須購買的債券數量。

與傳統的量化寬鬆相比，殖利率曲線控制有幾個潛在的優點。首先，由於它鎖定的是長期利率，會直接影響到許多投資與支出決策，可以讓政策制定者更精確地衡量他們提供的刺激力道。其次，如果市場參與者相信央行會致力達成殖利率目標，央行其實不必購買大量債券，就有可能把債券殖利率穩定在目標水準。*實際上，宣布釘住債券殖利率的計劃可能就是一種前瞻性指引——由於央行承諾使用其資產負債表來執行這項政策，使得指引變得更加可信。

從 1942 年到 1951 年的「財政部－聯邦準備協定」，聯準會曾採取過類似殖利率曲線控制的做法。為了降低政府戰爭債務的融資成本，在那10 年間，聯準會固定了短期國庫券的利率（大部分的時間固定在

---

* 這個因素促使日本央行採用殖利率曲線控制，因為以日本央行目前的購買速度來看，它可能會提早買光可買的政府公債。

0.375%），並為長期政府公債利率設下 2.5% 的上限。在我擔任主席的期間，FOMC 仔細研究了那段期間的實施結果，看看能否為有效下限政策提供一些啟示。[12] 結論是，儘管有 1951 年以前的經驗，但是如今在美國，釘住長期債券的殖利率或設定上限可能不可行，或至少不恰當。

假設聯準會試圖把 10 年期公債的殖利率固定在 1%，如果市場參與者認為，幾乎任何情況下，聯準會在未來十年都會把短期利率維持在 1% 左右，那麼這招可能會奏效。但十年很長，只要經濟前景或央行溝通改變，導致市場參與者懷疑聯準會可能在未來十年改弦易轍，那麼釘住利率的可信度將會受到質疑。例如，萬一通膨意外上升，導致市場認為聯準會將把聯邦資金利率提高到 2%、並維持在 2% 左右，那將如何？儘管聯準會已宣布了殖利率目標，但較長期公債的殖利率會朝 2% 調整。到時候，聯準會將不得不放棄已宣布的殖利率目標，或是買進大量未到期的公債來達成目標──購買這些公債可能會使最終的退場流程變得更加複雜，並使聯準會面臨龐大的資本損失。

那麼，1951 年之前的聯準會，或現今的日本央行，是如何在不大規模購買債券的情況下釘住較長期殖利率？關鍵的差異在於當今美國政府公債市場的深度與流動性。例如，銀行與其他機構出於監管規定或其他原因（而不單只是為了報酬）持有許多日本政府公債，而且日本公債的交易量比股票低。1951 年以前，美國公債市場的流動性與活躍度也遠低於後來的發展。如今美國公債在全球的交易量很大。有鑑於美國公債市場的深度與流動性，聯準會為較長期公債殖利率設定的目標，只要與市場對未來聯邦資金利率的預期稍有不一致，可能就會迫使聯準會購買大量債券。

雖然鎖定 10 年期公債的殖利率可能不在聯準會的考慮範圍內，但固定公債的殖利率 2 到 3 年是可行的，畢竟 FOMC 可以合理承諾在兩、三

年內維持短期利率水準。把 2 至 3 年期公債的殖利率明確釘住有效下限，可以大大增強遠期利率的指引——這是一種以實際行動證明宣示的方法。在 2020 年的策略檢討中，聯準會探討了設定中期利率目標或上限的可能性——做法是承諾以期望的殖利率購買債券。[13] 如果市場已經相信聯準會將把政策利率維持在低檔一段時間，那麼中期殖利率曲線控制就不會發揮多大的作用。不過，我預期，當 FOMC 認為它對聯邦資金利率的前瞻性指引沒有效果時，就會認真考慮採用這種方法了。

▎改變政策架構

殖利率曲線控制是加強前瞻性指引的一種方式，另一種做法則是把前瞻性指引嵌入更廣泛的政策架構中，並在架構中講明政策制定者打算如何因應多種經濟狀況。有了明確的政策架構，市場參與者就會更了解聯準會可能採用的指引形式，甚至在聯準會給出指引之前就曉得了。他們會知道可能導致政策偏離指引的情況，以及如何偏離。他們也會更相信，聯準會一旦做出指引，就不會輕易放棄。簡而言之，良好的政策架構可以增加整體政策（尤其是指引）的連貫性與可預測性。

多年來，聯準會曾採用多種貨幣理論與架構（從早期的金本位制到葛林斯潘的風險管理方法），但直到 2012 年 1 月才有了正式的政策架構（FOMC 確立了 2% 的通膨目標，並解釋它對物價穩定與就業採取「平衡方法」）。[14] 2020 年，FOMC 批准的「彈性平均通膨目標制」（FAIT）就是以 2012 年的架構為基礎而生。它明確指出，為了把通膨與通膨預期平均維持在接近目標的水準，讓通膨暫時超標可以彌補未達標的影響。在新的架構下，FOMC 也斷然放棄了從前只要看到失業率下降就先發制人的打通膨做法。

聯準會之所以採用 FAIT，是為了因應不斷改變的經濟環境，包括不斷下降的自然利率（這使下限愈來愈有可能縮限政策效果），以及它日益發現，失業率可以維持在比以前更低的水準，也不會加劇通膨。當然，經濟環境會持續變化，也可能導致聯準會的架構再進一步演變（值得注意的是，主要得看 2021 年的通膨飆升會持續多久，以及自然利率如何演變）。聯準會主席鮑爾宣布 FAIT 時指出，聯準會打算每五年檢討一次架構。在下次的檢討中，一些可供選擇的另類政策架構可能會引起 FOMC 的注意。此外，儘管 FOMC 在上次檢討中排除了提高通膨目標的可能性，但聯準會以外的一些經濟學家仍舊持續主張提高通膨目標，來解決下限問題。

通膨目標制的變體

許多政策架構，包括那些正在使用的架構（如 FAIT）和其他仍在設計中的架構，都涉及消費物價水準或變動率的目標。關於這方面的討論，我們可以把這些架構視為通膨目標制的變體。每一種變體都有優缺點。

2012 年 1 月 FOMC 採用的架構（這裡稱為「**標準通膨目標制**」）仍是全球採用的主要架構，各國之間僅有些許的差異。採用這個架構的央行會宣布一個具體的通膨數字目標或目標區間，並打算在中期實現目標——這裡的「中期」沒有明確的數字，通常是兩三年的時間（然而，政策利率的有效下限，導致許多央行停留在低於目標的時間比兩三年還長）。所有採用「標準通膨目標制」的央行，實務上採取的都是彈性做法，也就是說，它們除了追求物價穩定，也追求其他目標。2012 年的原則強調 FOMC 會追求就業最大化與物價穩定，符合聯準會的雙重目標。我們認為那兩個目標往往是互補的，尤其低又穩定的通膨會改善經濟與勞力市場的運作。如果把通膨維持在接近目標的水準有助於穩定通膨預期，貨幣政策的制定

者就可以提升他們因應就業率下降的能力，不必擔心破壞通膨穩定。萬一目標相互衝突，我們會採取平衡方法來權衡取捨。

整體而言，通膨目標制最重要的目標之一是促進問責與透明度。採用通膨目標制的央行往往會針對所做的經濟預測、政策分析、政策預期提供廣泛的資訊。數字化的通膨目標加上公開政策計劃及施政理由，可以強化紀律與可預測性，又不會完全剝奪央行因應意外狀況的能力。套用我與米希金一起研究時所創的術語，通膨目標制與一些類似的制度讓貨幣政策的制定者擁有「受限的權衡」。[15]

採通膨目標制的央行會試圖把通膨率維持在它宣布的目標附近，但政策失誤、經濟衰退、供給衝擊或其他因素都可能使通膨率偏離目標。這種情況一旦發生，貨幣政策的制定者該如何因應？這個問題的答案能幫助我們區分通膨目標制的不同變體。

在標準通膨目標制下，答案比較簡單。通膨超標或未達標一樣令人擔憂──也就是說，通膨目標是「對稱的」。因此，在標準制下，當通膨因任何原因偏離目標時，政策制定者的宗旨就是逐步讓它回歸目標。至於如何逐步做到這點，可能會因勞力市場的狀況、前景面臨的風險、利率接近下限的程度以及其他因素而有所不同。不過，重要的是，在標準通膨目標制下，政策制定者不會試圖彌補之前未達標的落差或持續時間。無論從何時開始回歸，目標都是在合理時間內回歸目標，既往不咎。

另一種形式的通膨目標制叫做物價水準目標制（price-level targeting），它採用不同的因應方式。經濟學家已針對這個方法做了大量的研究，但目前為止還沒有任何央行採用。在這個架構下，央行會努力維持物價水準──而不是通膨率本身──在某個固定、通常是在趨勢向上的路徑附近。（與標準通膨目標制一樣，實務上，採用物價水準目標制的央

行做政策決定時也會考慮到就業與其他目標，但這裡先忽略那種複雜性。）

假設一籃子消費品的初始價格是 100 美元，採用物價水準目標制的央行設定了以下目標：一籃子的價格以每年 2% 的速度上漲。如果一切按照計劃進行，那麼一籃子第一年的價格是 100 美元，第二年將是 102 美元，第三年約 104 美元，以此類推。現在，假設一籃子的價格在第二年出乎意料，沒有漲到 102 美元，只漲到 101 美元。也就是說，第一年與第二年之間的通膨率是 1%，而不是 2%，這時央行該做什麼？

遇到這種偏離目標的狀況，採用標準通膨制的央行會想辦法讓通膨率恢復到 2%。以第二年 101 美元的實際物價水準推算，它的目標是在第三年讓價格提高到 103 美元，亦即大約高出 2%（第四年的目標價格是 105 美元，以此類推）。然而，若採用物價水準目標制，央行的目標則是讓物價盡可能維持在**最初**的目標路徑附近。因此，第二年價格僅漲至 101 美元之後，央行的目標是在第三年讓價格水準漲至 104 美元，回到原來的路徑上。以通膨率來說的話，採用物價水準目標制的央行會把第三年的通膨率目標調整為約 3%，以補償第二年 1% 的通膨率。採用物價水準目標制的央行會努力把平均通膨率維持在 2%，甚至維持很長一段時間，以完全抵銷之前偏離 2% 通膨率的部分。＊

物價水準目標制有幾個優點。[16] 首先，這種方法藉由鎖定未來所有日期的物價水準，以及完全抵銷物價偏離目標路徑的部分，大幅減少了長期生活成本的不確定性，應該會讓家庭與事業規劃變得更容易。第二，如果經濟繁榮與衰退主要是由總需求的變化造成的（例如消費支出或政府支出

＊　這個例子假設彌補期間為一年。實務上，央行使通膨回歸最初物價水準路徑的速度可能較慢或較快，得視勞力市場的狀況等因素而定。

的改變），物價水準目標制可能比標準通膨目標制更能穩定經濟。

　　為了說明第二點，假設需求下降導致經濟衰退，我們繼續以前面的數字為例，假設基於一般菲利浦曲線的原因，經濟衰退伴隨著通膨率下降（從 2% 降到 1%）。在標準通膨目標制下，央行會寬鬆政策，目標是將通膨率恢復到 2%，同時抵銷就業減少的效應。但是，採用物價水準目標制的央行會寬鬆更多，因為央行會想把通膨率提高到 2% 以上夠長的時間（如數字例子所示），好讓物價水準回歸原來的路徑，以彌補最初的通膨缺口。這種更強而有力的寬鬆政策，再加上市場對該政策的預期，應該能幫助經濟更快恢復充分就業。當短期利率釘在下限時，物價水準目標制所隱含的長期低利政策特別有幫助，因為此時讓市場相信政策將維持寬鬆很長一段時間特別重要。

　　物價水準目標制也有一些缺點：它可能比標準通膨目標制更難向市場與大眾解釋，所以有效性與可信度會跟著降低；此外，通膨性的供給衝擊（例如油價大漲或新冠疫情時代的供應鏈中斷）造成經濟低迷時，物價水準目標制可能會表現不佳。由於採用物價水準目標制的央行會努力完全抵銷供給衝擊導致的物價上漲，就必須暫時把通膨壓到長期平均水準**之下**，因此，就算供給衝擊把經濟推入衰退，央行可能還是得大幅緊縮政策。

　　第三種通膨目標制可以解決上述最後一個缺點，叫做「**暫時物價水準目標制**」（temporary price-level targeting，簡稱 TPLT）。我在 2017 年提出這種方法，並在 2019 年一份與聯準會的理事麥可・季里（Michael Kiley）及約翰・羅伯茲（John Roberts）合撰的論文中，評估了一種修改過的變體。[17] 暫時物價水準目標制顧名思義，與物價水準目標制很相似，但只適用於一種特定的情況：短期利率處於下限時。我認為，聯邦資金利率處於下限時，聯準會本著物價水準目標制的精神，應該致力維持住利率，至少

一直到把之前通膨未達標的差距彌補過來為止（亦即讓平均通膨率恢復到2%）。我在提議中指出，一旦平均通膨率回到2%，聯準會就可以把聯邦資金利率從下限拉上來。*延後緊縮可能會讓通膨率超標一段時間，但根據 TPLT，聯準會最終的目標是讓通膨率恢復到 2%。

暫時物價水準目標制代表在有效下限實行一種強大的長期低利政策，其效果與一般物價水準目標制相當。根據 TPLT，通膨超標不需要隨後調成低於目標，避免了一般物價水準目標制那個不討喜的規定：供給衝擊造成的通膨超標必須完全逆轉。此外，TPLT 可能比一般物價水準目標制更容易解釋，因為政策是以通膨率的目標來表達，而不是以物價水準來表達。

暫時物價水準目標制要求，當聯邦資金利率處於下限時，通膨必須回到平均2%，FOMC 才會考慮升息。通膨平均值應該計算多長時間內的平均？我最初的提議是，政策利率首次觸及下限以來的整個通膨缺口都先全部彌補之後，聯準會才應升息。不過，聯準會的理事布蘭納德指出，若要實施這種計劃，聯準會可能得接受通膨持久超標，這樣也許會破壞通膨預期。[18]隨後，我與季里及羅伯茲使用聯準會的 FRB/US 經濟模型的模擬來做研究。研究顯示，等前一年的通膨率平均達到 2%，再把聯邦資金利率從下限拉上來，效果很好。平均而言，這個策略對通膨與失業率都產生很好的效果。

隨著 2020 年 9 月 FOMC 的聲明，聯準會於 2020 年開始實施 FAIT 架構，並採用上述通膨目標制每種變體的元素。FAIT 依循 2012 年採用的標

---

* 在 TPLT 下，聯準會把聯邦資金利率從下限拉上來的必要條件，是平均通膨率回到2%。如果勞力市場的狀況沒有充分改善，聯準會可能會決定讓聯邦資金利率繼續留在下限久一些。聯準會也會想要確保，在升息以前，平均通膨率已經持續回到2%。

準通膨目標制，保留了 2% 的通膨目標、同時兼顧通膨與就業目標的彈性，以及 FOMC 的未來展望與政策計劃的透明度。不過，2018–2020 年 FOMC 檢討策略的結論是，標準通膨目標制無法充分解決自然利率下降、以及自然利率更頻繁觸及下限所帶來的問題。尤其如果下限的限制導致聯準會對抗衰退與低通膨的效果大打折扣（即使使用了量化寬鬆與其他新工具），那麼在標準通膨目標制下，多數時間通膨可能都會一直低於目標。長期過低的通膨率可能會降低通膨預期，進一步降低自然利率，縮限聯準會的政策空間。

聯準會的新架構藉由結合 TPLT 與一般物價水準目標制的元素，來解決標準通膨目標制下通膨下降的傾向。[19] 當聯邦資金利率處於下限，FOMC 會依循 TPLT 策略，直到平均通膨達到 2% 才緊縮政策。FOMC 也指出，在升息之前，勞力市場的狀況必須與充分就業一致，有助於確保通膨率回到 2% 是持久的。

一旦升息後，根據 FAIT，聯準會將管理聯邦資金利率，使通膨稍微超過目標一段時間，目標是讓通膨平均維持在接近 2%，好讓通膨預期穩定在那個水準附近。政策制定者將透過隨後的通膨超標來彌補通膨未達標的時期——這個一般原則蘊含著物價水準目標制的精神。FAIT 與一般物價水準目標制的區別在於，在 FAIT 下，FOMC 並不打算刻意以低於目標來補償通膨**超標**。這種不對稱的政策本身就容易推高平均通膨率，目的是抵銷下限的限制所造成的通膨下降傾向。

2021 年新冠疫情引發的大規模供給衝擊，帶給為低通膨世界設計的 FAIT 架構相當大的挑戰，因為那場衝擊把通膨拉到遠高於目標水準。在那樣的情況下，FAIT 的影響與標準通膨目標制相似。只要通膨預期維持穩定，貨幣政策的制定者可以耐心等待，讓供給衝擊消退。然而，萬一通

膨預期出現不穩的跡象，那麼政策必須在「把通膨與通膨預期維持在目標附近」與「促進勞力市場復甦」的目標之間拿捏平衡。

整體來說，採用 FAIT 反映了 FOMC 的擔憂：在自然利率低、菲利浦曲線平坦、自然失業率低、利率很可能觸及下限的情況下，通膨可能經常過低（低於 2% 的目標），而不是過高。日本以及歐元區（程度較輕）的經驗顯示，極低的通膨有可能發生。聯準會下次檢討政策架構時，通膨最近的表現（太高、太低或達標）將是決定聯準會究竟要保留、還是修改 FAIT 的重要因素。

▌名目 GDP 目標制

通膨目標制及其變體不是唯一可能的政策架構。FOMC 下次檢討架構時，可能會討論一個主要替代方案：**名目 GDP 目標制**（nominal GDP targeting，名目 GDP 指的是國內生產的商品與服務的美元總值）。雖然名目 GDP 目標制有幾種變體，但顧名思義，它的主要概念是，央行制定政策會以名目 GDP 為目標，而不是以通膨為目標。在此，我主要討論一種情況：央行為名目 GDP 的成長率設定一個固定目標，而且就像標準通膨目標制一樣，不試圖彌補過去未達標或超標的情況。*

根據定義，名目 GDP 的成長率等於實際產出的成長率加上通膨率（這裡的通膨率由構成 GDP 的所有商品與服務的價格來衡量，不是只有消費價格）。以這個變數為目標，而不是以通膨為目標，有幾個潛在優點。

---

* 之前討論通膨目標制的變體時，比較了央行以「通膨」（亦即物價水準的變化率）為目標的架構以及以「物價水準」為目標的架構。同樣地，名目 GDP 目標制也可以以「名目 GDP 的成長率」為目標或以「名目 GDP 的水準」為目標。這兩種選擇的差異就如同通膨目標制與物價水準目標制之間的差異。

首先，央行可以更明確地發出訊號表示，它既關心實質成長（因此也關心就業成長），也關心通膨——這對肩負雙重目標的聯準會來說特別重要。雖然彈性通膨目標的支持者也會考慮到就業，但名目 GDP 目標制的支持者認為，央行明確把成長納入目標時，可藉此強調央行支持就業與收入持續擴張的承諾。事實上，對於那些必須支付固定美元的人來說（比如租金或抵押貸款），名目收入的穩定可能比通膨穩定更加重要。

第二，在經濟受到衝擊後，以名目 GDP 為目標往往會推動貨幣政策朝正確的方向發展。例如，如果經濟衰退導致實際成長減緩，要維持名目 GDP 成長，就需要更高的成長與通膨，因此需要更寬鬆的貨幣政策。或者，停滯性通膨型的供給衝擊，不見得會促使央行緊縮貨幣政策。因為停滯性通膨型的供給衝擊會使通膨上升，實際成長減緩。通膨上升與成長減緩對名目 GDP 成長的影響會互相抵銷。

第三，以名目 GDP 成長為目標可能對央行因應自然利率下跌有所幫助。自然利率（以實質衡量）往往會隨著經濟的趨勢成長率上下浮動，因為在成長較快的經濟體中，資本投資的實質報酬較高。現在想想，趨勢成長與實質自然利率都下降時，會發生什麼事，例如兩者分別下降 1%。對有固定通膨目標的央行來說，實質自然利率下降 1%，代表名目自然利率 R* 也下降 1%，會進一步限制央行寬鬆政策的能力。然而，由於名目 GDP 成長是實質產出成長加上通膨，以名目 GDP 成長為目標的央行為了彌補趨勢成長下降 1% 的影響，它會將目標放在長期把通膨率提高 1%。隨著通膨與通膨預期提高——即使趨勢成長下降——名目自然利率 R* 應該不會下降，因此保留了降息空間。

經濟從大衰退緩慢復甦的過程中，在 2011 年 11 月的會議上，FOMC

曾考慮採用名目 GDP 目標，但最終否決了。* 我們的結論是，對聯準會的架構做那麼重大的改變，應該要達到一個很高的門檻；而且，相對於標準通膨目標制（這是 FOMC 本來就暗中採用，並於兩個月後正式採用的制度），名目 GDP 目標制的潛在優點大多是表面上的，而不是實際的。尤其，標準通膨目標制讓 FOMC 適當地彈性平衡通膨與就業目標；名目 GDP 目標其實是對任何時候的通膨與成長都賦予相同的權重。關於這點，紐約聯邦準備銀行總裁達德利指出，達到名目 GDP 目標本身並不能保證 FOMC 達成雙重目標。例如，5% 的名目 GDP 成長，與 3% 的實質成長和 2% 的通膨一樣，都是令人滿意的結果；然而，5% 的名目 GDP 成長，也與實質零成長和 5% 的通膨一樣，但這種結果就無法令人滿意了。

FOMC 的參與者也指出一個實務上的衡量問題：名目 GDP 的資料是按季計算，有很長的滯後性，而且常廣泛修正——這對及時的政策制定來說是個問題。儘管有這些疑慮，多年來，各種形式的名目 GDP 目標制仍吸引到許多經濟學家的支持。[20]

▍ 提高通膨目標

想要解決自然利率太低及有效下限的限制，另一種方法是保留標準通膨目標制，但提高目標。如果聯準會把通膨目標定在 4%，而不是 2%，那麼根據費雪原理，名目利率的一般水準也應該會上升約 2%，因為投資者會要求獲得額外的通膨補償。如果自然利率 R* 提高 2%，聯準會將會有額外的政策空間，讓它以傳統的降息方式更有效地因應更嚴重的衰退，減少對量化寬鬆或其他新政策工具的需求。[21]

---

* FOMC 的討論大多集中在為名目 GDP 水準設定目標，而不是為名目 GDP 的成長率設定目標，但 FOMC 的許多疑慮對兩種方法都適用。

提高通膨目標很簡單，所以很吸引人，但也帶來很大的代價與不確定性。持久的高通膨本身就要經濟付出很高的代價（雖然經濟學家對於代價究竟多高意見不一）。它為處於市場經濟核心的物價體系增添了雜訊，也使長期規劃（例如個人為了退休所做的儲蓄、企業考慮資本投資）變得更加困難。實務上，許多國會議員可能會認為，提高通膨目標根本就是違逆聯準會穩定物價的使命。

此外，過渡到更高的目標可能也很棘手。例如，通膨預期——根據多年的經驗，通膨預期已穩定在聯準會設定的 2% 目標附近——可能會開始波動，造成金融與經濟的不穩定。此外，如果大家推斷通膨目標將隨著經濟狀況或其他因素的變化而定期改變，那麼通膨預期可能很難重新穩定在新的目標上。而且，由於聯準會長久以來一直很難把通膨提高到目前 2% 的目標（2021 年的異常情況除外），目前還不清楚更高的通膨目標是否可信。如果更高的目標不可信，或如果市場參與者預計目標上調是暫時的，那麼央行期待的自然利率上揚可能不會發生。

基於這些原因，FOMC 在策略檢討中提前排除了提高通膨目標的可能性。然而，FOMC 最終採用的 FAIT 架構（允許通膨暫時稍微超過 2% 的通膨目標）其實也朝這個方向邁出了一步。根據 2012 年開始實施的標準通膨目標制，利率處於下限一段時間後，FOMC 會努力讓通膨率恢復到 2%。後來改採 FAIT 後，在同樣的情況下，FOMC 至少在一段時間內會讓通膨升到 2% 以上。

貨幣－財政協調

利率接近下限時，想辦法提高貨幣政策的效果是否有用？這些做法的

效果會不會愈來愈差？關於這些問題，理性的人可能看法分歧。撇開這些問題不談，由於下限的影響愈來愈大，目前眾人（包括央行官員在內）的普遍共識是，我們應該更常動用財政政策（改變政府支出與稅法）來穩定經濟，尤其是當經濟陷入嚴重衰退之際。有些經濟學家更進一步指出，由於低利率盛行時，貨幣政策的施展空間有限，財政政策應該成為對抗經濟衰退的主要工具，貨幣政策頂多只能從旁輔助。[22]

財政政策作為穩定工具有幾個優點。首先，與貨幣政策不同的是，自然利率很低時，財政政策的效果不會打折扣。反之，低利率降低了政府債務的融資成本，反而使擴張性財政政策變得更有吸引力。與此相關的是，以往大家對擴張性財政政策的擔憂，在於政府透過舉債來支應開支或減稅（舉債吸收了部分可用的儲蓄，也推高了利率），這樣做可能「排擠」了儲蓄的其他用途，例如企業投資廠房與設備。然而，當利率已經很低，有價值的私人投資不難得到融資，比較不會出現排擠效應。此外，擴張性財政政策所引發的任何長期利率上升也可能帶來好處，包括存戶拿到較高的報酬，以及自然利率上升帶來更大的貨幣政策空間。

財政政策比貨幣政策更容易鎖定經濟中最需要幫助的人或產業。例如，新冠疫情期間，2 兆 2,000 億美元的《CARES 法》不僅支持了整體經濟，也為公共衛生（援助醫院、疫苗開發）及受危機衝擊特別嚴重的群體（包括失業勞工與小事業）分配了專款。相較之下，貨幣政策只能強化整體經濟，寄望更好的總體經濟狀況會讓那些最需要幫助的勞工與事業受惠。

財政政策是一種反景氣循環的工具，所以也有缺點。貨幣政策可以視需求快速調整，財政政策則不同，政府支出與稅收政策無法輕易改變。聯邦預算是由數千條項目組成的，反映不同的目標、長期承諾，以及精心安

排的妥協——這一切都使財政政策在短期內缺乏彈性。例如，由於專案規劃的期間很長，很難迅速擴大基礎設施或國防方面的支出；經常改變稅收政策會扭曲經濟決策，使家庭與商業規劃變得更加複雜。轉移支付（例如失業保險或對各州和地方的補助）通常可以比較迅速地增加，但即使在這些方面，官僚與後勤挑戰也可能延遲資金抵達受助者手中的時間。最近，由《CARES 法》提供的延長失業保險就因各州的失業保險制度不同，加上有些州的制度已然過時，導致保險分配變得更加複雜。

運用財政政策來調整通膨與失業率還有一個更嚴重的問題：政府的支出與稅收政策是在複雜的政治環境中制定的。在美國，財政行動往往需要經過耗日費時的協商，接著還得得到政府與參眾兩院的同意——兩院有可能由不同的政黨掌控。最近的經驗顯示，我們的政治制度可以在重大的緊急情況下推出大規模的財政方案（例如 2009 年歐巴馬總統簽署的《美國復甦與再投資法》，2020 年川普總統批准的《CARES 法》），但其他方面很容易陷入黨派僵局，一再拖延。[23] 反之，無黨派、政治獨立的央行可以根據經濟前景的變化，迅速、適度地調整貨幣政策。因此，完全依靠財政政策來穩定經濟是不智的。

然而，有一點似乎很清楚——如果有效下限一如預期持續對貨幣政策造成明顯的限制——財政政策就得在經濟衰退時，擔負起振興經濟的更大責任。於是，問題來了，貨幣政策與財政政策該協調嗎？如果該協調，那要怎麼做？（我認為，在重大金融危機、疫情、其他的國家緊急狀況下，央行與政府的其他部門密切合作乃天經地義。）

貨幣－財政協調的最基本形式是非正式的磋商。聯準會主席與財政部長定期會面，討論內容包括經濟與金融發展，以及可能的立法計劃。諮詢政府及國會，有助於聯準會預測財政與其他經濟政策的可能改變，可以為

FOMC 的經濟預測與政策考量提供資訊。聯準會高層也應該讓國會及政府知道，聯準會對經濟的看法以及總體政策策略。

一般而言，當代聯準會與國會的關係是由國會主導，聯準會隨之。這表示 FOMC 往往會把財政政策視為既定的狀況，並跟著調整貨幣政策。在伯恩斯與葛林斯潘的時代，聯準會主席積極參與財政政策規劃的細節，但如今無論是白宮還是聯準會，都認為這種做法已不恰當。不過，最近幾任聯準會主席覺得光靠貨幣政策不足以因應經濟緊急情況時，也會直言不諱表達看法。例如，新冠疫情危機期間，鮑爾一再呼籲政府在原始的《CARES 法》之外，提供額外的財政支援。在經濟從大衰退復甦的時期，國會從支持性的財政政策轉向緊縮政策時，我也多次這樣做過。不過，就像鮑爾一樣，我十分小心謹慎，避免支持具體的措施或提議明確的金額。

我與鮑爾的謹慎反映了一個事實：聯準會首長對財政政策的評論難免都需要拿捏平衡。一方面，負責財政決策的是立法者，而不是未經選舉產生的央行首長，立法者很可能對聯準會的越權行為感到不滿。另一方面，央行首長擁有分析資源及經濟資訊，有能力針對是否需要採取財政行動提供建議，但財政政策的制定者大可逕自忽視那些建議。此外，財政政策的決定會直接影響到聯準會達成雙重目標的能力。我認為，恰當的平衡是，需要財政行動來幫忙穩定經濟時，聯準會應公開表態；但黨派辯論財政計劃的細節時，聯準會應避免偏袒任何一方。

當立法者把財政權力下放給聯準會時，也可以促進貨幣－財政協調——無論是隱性的（由於已授權給聯準會），還是透過新立法。所有的貨幣政策都有財政因素，光是改變利率就會影響政府舉債融資的成本。不過，整體而言，相較於多數的主要央行，聯準會的財政自由裁量權比較少（無論是內隱還是外顯）。例如，前文提過，許多央行的正常操作可以購

買有信用風險的證券（如公司債），這些購買會影響財政，因為資產的損益會影響央行上繳國庫的獲利。（聯準會承擔了持有較長期證券的風險，那些證券的價值可能隨著利率變化而變動，但聯準會在一般的貨幣政策制定中並不承擔信用風險。）歐洲央行運用部分利潤，透過定向 LTRO 計劃補貼商業銀行貸款，是央行行使財政自由裁量權的另一個例子。整體而言，貨幣政策與財政政策之間的分界是不固定的。實務上，它取決於政治、規範、制度的安排。必要的話，立法也可以改變兩者之間的分界。

《CARES 法》撥款支持聯準會的幾個緊急貸款方案，就是國會把財政自由裁量權授予聯準會（連同財政部）的先例。這種支援讓聯準會在財政部的批准下，動用第 13（3）條的放貸權，以可能導致虧損的條件去購買證券及發放貸款（其中一些是透過銀行系統）。這種補貼貸款為聯準會提供一個額外的工具，在新冠疫情爆發的頭幾個月幫忙穩定金融市場。重要的是，聯準會有足夠的自由裁量權去設計這些方案（包括確定誰有資格借款），從而放心地認為這項新任務不會危及聯準會的政策獨立性。

不過，這些貸款方案顯然是暫時的，因為這是《CARES 法》設下的限制，也因為它們是依照第 13（3）條緊急授權設立的。此外，共和黨人反對在 2020 年後繼續實施這些方案，或許是因為他們擔心，在拜登總統的領導下，聯準會可能會為他們不認同的目的提供貸款。那些方案的相關辯論清楚顯示，在美國的政治中，貨幣政策與財政政策之間的分水嶺究竟在哪裡，依然有爭議。

外國央行使用的幾種政策工具——例如貸款融資計劃，或在量化寬鬆中購買更多元的證券——至少都需要暗中賦予聯準會額外的財政自由裁量權（購買更多元的證券需要明確的修法授權）。考慮到有效下限帶來的限制，增添這些工具的論點在經濟上是合理的。但是，從政治的角度來看，

聯準會可能不會尋求提高財政的靈活性，除非達到以下條件。第一，國會了解也接受聯準會的財政自由裁量權增加可能產生的影響，例如可能影響聯準會上繳國庫的利潤。第二，任何新權力都沒有附帶條件，以免危及聯準會的貨幣政策獨立性，或使它偏離雙重目標的追求。尤其，聯準會的政策制定者希望確保任何新工具都只用來改善信貸市場的普遍運作及整體經濟表現，而不是用來分配信用額度給特定的借款人。

▌ 直升機撒錢

有些經濟學家主張更全面的貨幣－財政協調形式，而非已開發國家已熟悉的有限形式。我認為我們不會馬上看到更多新奇的協調形式，至少在美國看不到，但在某些極端的情況下，這些替代政策可能值得參考。

一個典型的例子是**直升機撒錢**，這個名稱與概念出自傅利曼。[24] 想像一種未來——其實跟日本目前的情況差不多——經濟持續面臨低通膨、甚至通縮，而且由於短期與長期利率都已接近零，光靠貨幣政策無法實現目標。根據傅利曼最初的思想實驗，假設有關當局這時派出直升機，從空中大撒新鑄造的貨幣，民眾當然會馬上去撿錢。傅利曼認為，大家花用那些新錢時，物價會上漲，進而結束通縮。

如果我們把傅利曼這個幻想的例子變得更實際一些，就能了解什麼情況下直升機撒錢可以有效因應通縮威脅、什麼情況下無效了。在美國這種現代經濟體中實施直升機撒錢，得分兩個步驟進行。第一步，國會批准一大筆退稅，立即支付給廣泛的民眾。具體來說，假設退稅計劃的總額為5,000 億美元。在正常情況下，財政部將額外發行 5,000 億美元的公債來支付退稅，這些債券將出售給私人投資者。不過，假設不是由財政部舉債，而是在第二步中，由聯準會直接為退稅提供資金。實務上，只要把額外的

5,000 億美元記入財政部在聯準會的帳戶，就可以做到這點。接著，財政部可以從帳目中提領那些錢，寄送支票給民眾。或者，另一種方法是，財政部可以發行 5,000 億美元的零利率永久債券讓聯準會購買，再把收到的錢存入財政部在聯準會的帳戶中。這兩個步驟加起來——擴大聯準會的資產負債表來資助減稅——就是傅利曼思想實驗的實作版。

這種（現實的）直升機撒錢如何影響處於有效下限的經濟呢？第一步退稅是標準的財政政策，效果眾所皆知。退稅可提高大家的收入，理應會刺激消費與經濟活動。但是，退稅由聯準會提供資金，而不是採用一般的方式（向大眾出售新的政府公債），是否會提供額外的刺激？或許令人驚訝的是，使用聯準會融資可能不會增加太多刺激。[25]

這裡之所以刻意淡化聯準會參與「直升機撒錢」的影響，有一個原因：儘管是聯準會提供資金，但長遠來看，退稅對財政部來說並不是真的「免費資金」。原因很微妙，與聯準會如何控制聯邦資金利率有關。無論民眾是把退稅花掉，還是存起來，他們收到的額外金錢最終都是以準備金的形式進入銀行系統。所以，在我們的例子中，直升機撒錢後，銀行準備金最終增加了 5,000 億美元。

在某個時間點——可能比原計劃早，因為退稅會改善經濟前景——聯準會會想要把聯邦資金利率從零調升上來，做法是為銀行準備金支付利息，包括為退稅創造出來的額外 5,000 億美元的準備金付息。聯準會付給銀行的利息會減少它之後上繳財政部的利潤，因此財政部實際上間接承擔了額外的利息成本。* 儘管財政部用了聯準會的融資，但它仍為那些用於

---

* 按照日本央行與歐洲央行目前使用的程序，聯準會或許可以靠一種方式來控制聯邦資金利率：低於某金額的銀行準備金不付息。這麼做可以降低財政部的隱性融資成本，但這只能透過對銀行徵收隱性稅達成。如果國會願意的話，可以直接立法規定。

退稅的資金支付利息。事實上，聯準會為銀行準備金支付的利率，往往很接近國庫券（短期政府債務）的利率；所以相較於直接向大眾發行國庫券以支應退稅，財政部利用聯準會融資所節省的成本很有限。此外，對於得到減稅的人來說，聯準會資助的退稅與發行債券所支應的退稅其實沒什麼差別。總之，在現今的美國，由聯準會直接提供資金的退稅與同規模舉債所支應的退稅，應該不會產生明顯不同的刺激效果。

不過，這個結論還是有幾個限制條件。第一，前面的論點暗中假設，聯準會融資的替代選擇是政府發行短期債券，那種債券的利率接近聯準會支付的準備金利率。如果政府是向大眾發行新的長期公債來為退稅融資，而不是發行短期債券，那麼長期公債的供給增加可能會提高那些債券的殖利率，從而增加向政府與私營部門的借款成本。聯準會可以在量化寬鬆時購買較長期證券來抵銷這個效應，避免利率上升的排擠效應，以免影響退稅的效果。注意，整體而言，這種實施直升機撒錢的方式，不見得需要特別多的貨幣－財政協調：歸根結柢是政府退稅加上聯準會做足夠的量化寬鬆，避免較長期利率隨後上升。

第二，宣布聯準會融資可能會產生心理效應。例如，聯準會透過量化寬鬆來阻止長期利率上升，這項承諾可能會導致財政政策的制定者立法制定規模更大的退稅，或促使大家預期更高的通膨，即使經濟的基本面沒有其他變化。另一種可能性是，宣布貨幣－財政聯合行動將使市場相信，聯準會把利率維持在低檔的時間比之前大家所想的更久——這或許是基於一個假設：聯準會不僅關心通膨，也關心政府的融資成本。這些心理效應很難預測。

另一種方法是把財政當局完全排除在外。有人提議實施所謂的**人民量化寬鬆**（people's QE），亦即央行直接發現金給大眾。人民量化寬鬆在經

濟上相當於直升機撒錢,效果類似聯準會資助同樣規模的退稅。不過,支持人民量化寬鬆的一個可能論點是,央行可能比立法機構更有能力判斷需要的刺激數量與時機。然而,據我所知,人民量化寬鬆在所有司法管轄區都是非法的,這反映了一個原則:分配公共資金是立法者的特權,而不是央行的特權。實務上,基於可理解的原因,立法機構不太可能授出這種權力。

直升機撒錢的效果,與傳統舉債資助退稅的效果(或許再加上量化寬鬆以抵銷較長期利率的上漲)類似——這個結論令人驚訝。我們早已聽慣了一些國家創造貨幣來支應政府支出或減稅,結果導致高通膨、甚至惡性通膨的例子,例如 1920 年代的德國、近幾年的委內瑞拉。不一樣的是,在這些例子中,央行不是獨立的,而是受政府支配。對一個運作獨立、致力穩定物價的央行來說,當它的通膨目標受到威脅,它會停止融通政府支出,並開始緊縮政策。非獨立的央行則沒有這種選擇,只要政府要求,它就必須持續創造貨幣並維持低利率。在這種情況下,如果政府讓財政需求凌駕在物價穩定之上,就可能導致通膨失控。政府(而不是獨立的央行)控制貨幣政策,並讓財政要求凌駕物價穩定時,這種情況叫做**財政主導**(fiscal dominance)。財政主導下,直升機撒錢會引發通膨。不過,現今的美國離那種情況還很遠。

理論上,我們可以想像一種介於「完全獨立的央行」與「財政主導」之間的中間情境。在那種情境下,既可以讓直升機撒錢發揮效果,又不至於釀成惡性通膨。例如,假設政府通過一項法律,讓央行只能在通膨率持久達到臨界水準(比如 3%)時,才能獨立運作。* 在這個例子中,當通膨

---

* 這種方法若要奏效,通膨的臨界水準必須高於央行完全獨立下會選擇的通膨水準。

率低於 3% 時，央行必須以零利率為政府赤字提供無限制的資金。然而，一旦通膨率超過 3%，央行就可以自由提高利率，防止進一步的通貨膨脹。這種方法原則上可行，實務上卻引發了明顯的擔憂。政府可能不會像承諾的那樣恢復央行的獨立性；或者，即使政府有意恢復央行的獨立性，但外界可能還是擔心政府不會那樣做，那種擔憂可能會破壞通膨預期。

▌現代貨幣理論

多數經濟學家認為，財政主導（通常出現在飽受戰火、災難或政治不穩定蹂躪的國家）應該要避免。然而，**現代貨幣理論**（modern monetary theory，簡稱 MMT）主張一種形式的財政主導是管理經濟的最佳方法。[26] 現代貨幣理論受到一些進步派民主黨政客的關注，包括佛蒙特州的參議員伯尼·桑德斯、紐約州民主黨的眾議員亞歷山卓婭·歐加修-寇蒂茲（Alexandria Ocasio-Cortez）。現代貨幣理論是理論主張與政策建議（包括政府提供普遍就業保障）的混合體。在此我只討論一些支持者如何看待貨幣政策與財政政策之間的關係。

實際上，現代貨幣理論的支持者想消除央行的獨立性，並把財政主導加以制度化。他們認為，貨幣政策應該隨時把利率固定在低檔。如果利率固定為零，那麼貨幣融資與舉債融資的政府支出基本上就沒有差別了，因為所有的政府債務都不必付息。與此同時，財政政策除了其他目標以外，還必須負責確保經濟穩定，包括物價穩定。財政當局將透過稅收與支出政策來促進經濟穩定，比方說加稅以降低私人的支出能力，有助於控制通膨。此外，其他政策也有助益，包括物價控制、就業保障。

現代貨幣理論的支持者指出，在這種安排下，某年政府預算赤字的確切水準不是特別重要——這說法確實正確。從預算的角度來看，赤字並不

重要，因為如果央行無限期把利率維持在零，政府舉債融資是免費的。如果我們也像現代貨幣理論的支持者那樣假設，政府透過所有政策的結合就能維持高就業與低通膨，那麼當前的赤字對經濟穩定也不重要。目前為止這些說法都沒有問題。

然而，一些觀察人士誤解了現代貨幣理論的結論（「預算赤字不重要」），他們以為「預算赤字不重要」是指政府基本上可以無限制地支出，不會產生經濟後果（包括需要徵收更高的稅金）──這樣想是不正確的。雖然經濟政策可能會影響經濟潛力，但最終，一國的生產力是有限的。從算數來看，如果政府使用大量資源，私營部門能用的資源就會減少。如果對商品與服務的總需求（無論是公共還是私人）遠大於經濟的生產力，通膨就無可避免──除非以控制來壓抑薪資與價格的上漲。但是，在那種情況下，需求壓力會變成短缺與瓶頸，就像 1970 年代尼克森政府試圖控制物價那樣。簡而言之，現代貨幣理論假設政府將使用財政政策來穩定經濟，尤其是維持低通膨，這表示政府的支出有一定的限度。

此外，實務上來說，讓財政當局獨自負責經濟穩定，而貨幣政策純粹扮演被動的配角，是不智的。以財政政策來穩定經濟有一些優點，當自然利率處於低檔時，更依賴財政政策是合理的。然而，由於政治決策的複雜性，財政政策不太可能對經濟前景的變化做出靈活又迅速的反應。因此，當一個系統要求聯準會把利率永久維持在零、並放棄打擊衰退與通膨的責任時，可能會破壞經濟穩定或導致高通膨。貨幣政策與財政政策在維持經濟平穩方面，各有不同的職責。

總而言之，貨幣政策的制定者可以尋求多種方法來提高工具與架構的效力，也可以想辦法與財政政策的制定者合作。改善的架構可以使貨幣政策變得更有力、更好預測。聯準會也可以考慮外國央行使用的幾種工具。

替代工具的主要不確定性，不在於技術的可行性，而在於政治與治理。立法者與央行需要針對貨幣政策與財政政策的分界達成協議，貨幣政策由獨立的央行負責管理，財政政策則是國會與政府的職責範圍。

還有一種可能是，只要有效下限持續限制貨幣政策，財政政策就必須在維持充分就業及避免過低通膨方面扮演比過去更重要的角色。財政政策的效力可以藉由多使用**自動穩定機制**（automatic stabilizer，指與經濟指標有關聯的政府支出或稅收的變化，在需要動用之前就已準備到位）來提高。例如，國會可以提前立法增加失業保險，當失業率超過預定水準時就自動生效。由於自動穩定機制會在經濟狀況需要時觸發，可以使財政政策變得更靈敏、更恰當，更不容易受到政治僵局影響。然而，國會對這種做法似乎興趣缺缺。除非大舉提升反景氣循環財政政策的靈活性，否則貨幣政策依然是重要的穩定工具。

第 14 章
貨幣政策與金融穩定

聯準會成立於 1913 年，成立的目的不是制定現代定義的貨幣政策（當時金本位仍占主導地位），主要是為了防止金融恐慌，以及充當最後貸款人。誠如巴治荷原則所述，當銀行存戶與其他的短期資金提供者失去信心並提領現金時，央行的任務是向金融機構「無限地提供貸款」，接受他們以優質貸款及其他未受損的資產作為抵押品。這種「最後的貸款」取代了金融機構失去的私人資金，可避免有償付能力的銀行倒閉，降低剩餘的存戶擠兌的動機，也避免銀行賤賣資產，讓銀行有喘息的空間去募集新資本及平息恐慌。

如今，聯準會身為「最後貸款人」的策略，基本上邏輯沒變，但這個策略已隨著美國金融體系的架構而演變。聯準會成立時，信貸主要是由銀行提供，銀行擠兌是威脅穩定的主要因素。然而，到了 2007 年，多數信貸是透過證券市場與非銀行的金融機構提供，亦即所謂的影子銀行系統。在全球金融危機期間，聯準會擴大了最後貸款人的角色，利用緊急授權向廣泛的金融市場與機構放貸，甚至在某些情況下向非金融企業放貸。在 2020 年 3 月短暫但劇烈的金融危機期間，聯準會更進一步，充當公債與

其他證券的最後買家；並在國會的支持下，為企業、地方政府、中型企業提供信貸支持。

　　雖然全球金融危機與新冠疫情都需要特別強大及廣泛的因應措施，但聯準會長久以來一直有在密切追蹤金融體系，以及因應新出現的穩定威脅。不過，以往聯準會的干預通常是**臨時的**，與貨幣政策分開，除非政策制定者使用貨幣工具來抵銷金融動盪對經濟的影響（比如 1990 年代亞洲金融風暴期間）。然而，到了 21 世紀，在促進金融穩定方面，聯準會的想法已經轉變了。轉變之一是聯準會傳統上最後貸款人的角色擴大了。更根本的是，隨著金融領域爆炸性的成長創新，以及監管鬆綁，金融不穩定——加上自然利率下降，限制了貨幣政策抵禦衝擊的能力——對聯準會的雙重目標已經構成日益令人擔憂的威脅。許多政策制定者如今把維持金融穩定視為聯準會**實際上**的第三項目標，因為一旦失去金融穩定，想持久達到就業最大化及物價穩定的希望可說是微乎其微。

　　這些變化使得聯準會內外部更熱絡地辯論金融不穩定的成因以及適當的因應措施。市場情緒的波動、金融創新、監管失靈是公認的不穩定來源，但貨幣政策呢？貨幣政策會給金融體系帶來風險、或放大風險嗎？如果會，貨幣政策的施行應該改變嗎？非貨幣政策（如金融監管）能控制系統性金融風險，並取代貨幣政策的因應嗎？這些都是央行官員面臨的最棘手問題。

金融不穩定及衍生的經濟後果

　　多年來，英國《金融時報》（*Financial Times*）的 Alphaville 專欄一直以〈這太瘋狂了，何時會崩盤？〉為題，報導《金融時報》的撰稿者在金

融市場上看到的異常或非理性行為。報導這些事態的發展很有趣，有時也很有啟發性。然而，這些例子是否像 Alphaville 專欄有時暗示的那樣，預示著更廣泛的金融風險？確實，整體的風險承擔很高時，特定資產或交易的過度行為更有可能發生。不過，令人驚訝的是，誠如《金融時報》的專欄所示，即使金融危機很罕見，但特殊的資產定價亂象卻不少*——也就是說，這些異常現象所發出的訊號很弱。事實上，特定金融市場出現某種程度的波動與難以解釋的定價很正常，也與健全的經濟相容。

相較之下，**系統性**的金融不穩定主要是政策問題，不僅威脅到整個金融體系的運轉，還可能嚴重波及實體（非金融）經濟。系統性的金融事件（如全球金融危機或 2020 年 3 月的恐慌）並不常見，但可能重創經濟。顯然，降低系統性事件的發生機率，並在系統性事件發生時減輕影響，應該是政策制定者的首要任務。

然而，若要預防或因應系統性金融事件，我們必須能一眼看出，那就是系統性金融事件。哪種事件會對金融穩定構成最大的風險？未來勢必會有新的威脅出現，金融體系遭到網路攻擊就是一種令人擔憂的可能性。不過，這裡我不臆測新的風險，而是比較兩種歷史上很重要、且備受大眾與媒體關注的事件：股市泡沫以及信貸擴張與緊縮。這兩種事件一旦夠嚴重，就會對更廣泛的經濟構成風險。然而，歷史證據顯示，信貸擴張與緊縮的危險遠比股市泡沫還要可怕，尤其信貸擴張與緊縮若與商業或住宅房地產的泡沫有關，那更是累卵之危。

---

* 一個眾所皆知的例子是所謂的元月效應（January effect），亦即一月股票通常會上漲。這種效應就像許多異常現象一樣，一旦引起大家的關注，效應似乎就減弱了。

▎股市泡沫

股市的繁榮與崩盤（事後常稱「泡沫」，有時甚至在繁榮期就稱為泡沫）充滿著戲劇性，嚴重的話甚至會演變成歷史性的事件。* 對許多人而言，1929 年的股市崩盤象徵著大蕭條。同樣地，大家普遍把 2001 年科技泡沫的破滅視為 1990 年代的繁榮與 2000 年代的黯淡之間的轉捩點。

股市泡沫的根源，通常來自心理與經濟兩個層面，所以難以預測或辨識。股市持續快速上漲往往是由普遍的樂觀情緒與信念（相信經濟正進入新的時代）帶動的。1920 年代，量產的新型消費產品大量湧現，加上薪資與休閒時間大幅增加，助長了樂觀的情緒。1990 年代末期的泡沫同樣反映了一種普遍的看法：網路革命將孕育全新的產業，並為舊產業帶來變革。如今回顧過往，1920 年代與 1990 年代的樂觀者並非完全錯誤。在那兩種情況下，新技術最終確實對社會與經濟產生了很大的影響，獲利也的確相當豐厚；但在那兩種情況下，樂觀情緒不是出現得太早，就是被中間的突發事件破壞，導致股價大跌。

其他因素也會影響股價，包括貨幣政策。寬鬆的貨幣政策往往會提高股價——藉由改善經濟前景（進而改善企業獲利），降低用來折現未來獲利的利率，以及（本章將提到）提高投資者的風險承受力。事實上，更寬鬆的貨幣政策有部分是透過提高資產價格來影響實體經濟。不過，話又說回來，實證研究發現，多數情況下，相較於經濟好轉所帶來的長期間接影響，貨幣政策對股價的直接影響較小。[1] 諷刺的是，最強烈的直接影響，往往出現在緊縮貨幣導致股價暴跌的時候，正如 1929 年與 2001 年的情況。

相對於散戶的投資組合，股市泡沫對整體經濟構成什麼風險？當然，

---

* 「泡沫」有多種定義。一種標準的定義是，在泡沫中，世人購買一項資產完全是因為他們相信該資產的價格會持續上漲，而不是因為看好基本面。

資產價格的大幅波動確實會影響經濟。較高的股價提高了家庭的財富與情緒，進而影響消費支出。高股價使公司更容易募資，也可能刺激更多的資本投資。同理，股市大跌應該會減緩支出與投資。話雖如此，歷史證據清楚顯示，股市的暴漲暴跌雖然令人擔憂，但只要與信貸市場更廣泛的崩解無關，那麼股市絕對不是最危險的金融不穩定形式。

例如，2003 年弗雷德里克・米希金與尤金・懷特（Eugene White）的研究發現，1900 年以來，美國股市共崩盤了十五次，每次崩盤，股價都在一年或更短的時間內下跌至少 20%。[2] 雖然跌幅很大，但其中多次下跌對經濟的影響出奇有限。有些股市暴跌與隨後的經濟減緩毫無關係，例如 1946–47 年間股價下跌 25%、1961–62 年間下跌 23%、以及 1987 年 10 月新任聯準會主席葛林斯潘面臨的單日 23% 跌幅。其他股市暴跌只與溫和的衰退有關，例如 1969–70 年下跌 30%、2000–2001 年下跌約 23%。2020 年初股市暴跌超過 30%，雖然是發生在米希金與懷特的研究之後，但那顯然是新冠疫情危機的結果，而不是成因；而且股市迅速反彈了，並於當年稍後創下新高。

另一方面，並不是每次股價暴跌都無害。1929 年股市崩盤後，經濟陷入大蕭條；2008–2009 年間股市暴跌，大衰退隨之而來。為什麼有些股市崩盤後會出現經濟緊縮，有些卻不會？米希金與懷特的研究顯示，那得視股市崩盤究竟是孤立事件（或許是一段「非理性繁榮」）、還是伴隨著銀行與信貸市場的廣泛壓力而定。* 股價暴跌但信貸市場沒有崩解（如1987 年），會對經濟產生一些影響（例如影響家庭財富與信心），但整體

---

* 米希金與懷特計算低風險與高風險公司債的利差來衡量財務壓力。這個利差增加，表示向風險較高的借款人放貸的意願或能力降低，所以這個利差與信貸狀況的惡化有關。

影響可能相當有限。反之，如果股市崩盤是廣大金融體系（涵蓋銀行與信貸市場）的廣泛壓力引起的，或導致那種壓力，那就很有可能造成嚴重又持久的衰退。

1929 年與 2008–2009 年的經驗顯示，觀察股市崩盤背後更廣泛的脈絡很重要。儘管一般普遍認為，1929 年的股市榮景與崩盤是導致大蕭條的唯一原因，但經濟史學家大多不這麼想。經濟在股市崩盤後減緩，但到了1930 年與 1931 年，美國與國外的銀行體系崩解時，經濟才暴跌。先前討論過，多數的經濟史學家如今認為，大蕭條的主因是國際金本位制的不穩定及反覆出現的銀行危機。[3] 金本位制的崩解，導致貨幣與黃金連結的國家出現消費物價通縮——1920 年代後期聯準會錯誤的緊縮政策又加劇了這種效應（諷刺的是，聯準會緊縮政策是為了幫股市降溫）。1930 年末期，美國開始出現銀行擠兌；1931 年春季，歐洲開始出現銀行擠兌。銀行擠兌加劇了貨幣供給的崩解，使得通貨緊縮更加嚴重，也縮限了家庭與企業可獲得的信貸。因此，1929 年的股市崩盤雖然代表大蕭條的開始，又衝擊了世人的財富與信心，導致經濟衰退加劇，但它其實並不是造成經濟崩解的主因。

2008–2009 年間，股價大跌後（2008 年 5 月至 2009 年 3 月間，股價下跌了近一半），經濟嚴重衰退。然而，與 1929 年的崩盤相似，這種下跌並非孤立發生。股價下跌反映、也放大了信貸市場更廣泛的崩解，信貸市場的崩解則是由次貸危機以及批發融資擠兌所觸發的。2008–2009 年的股市崩盤並不是造成大衰退的獨立原因，而是其他因素的鏡影。

▋ 信貸擴張與緊縮

縱觀歷史，信貸擴充與緊縮所帶來的經濟危險更大。在信貸擴張期

間，貸款與槓桿迅速增加，往往伴隨著商業或住宅房地產的價格快速飛漲。就像股價上漲一樣，貸款擴張可能是由不太理性的心理因素推動的，也可能背後有基本面的支撐，或兩者皆然。區分信貸擴張的「好壞」就像辨別股價上漲是不是泡沫一樣，可能相當有難度。不過，信貸擴張消失時，經濟面臨的風險可能會很高，尤其是當信貸擴張與房價暴跌有關的時候。

歷史經驗再次提供關鍵的證據。例如，經濟史學家奧斯卡·約爾達（Òscar Jordà）、莫里茲·舒拉里克（Moritz Schularick）、艾倫·泰勒（Alan Taylor）利用 1870 年以來的資料，對十七個先進國家做了一系列研究。他們發現，信貸擴張（尤其是由房地產投機所驅動的擴張）與隨後的金融危機之間有顯著的關聯；而金融危機之後，經濟往往陷入了嚴重的衰退，接下來的復甦也很緩慢。[*][4] 信貸擴張與房地產榮景出問題，正是2007–2009 年全球金融危機的最佳寫照。

為什麼房地產與相關信貸市場的擴張與緊縮所造成的經濟後果，比股價崩盤更嚴重呢？一個原因是，股票主要由比較富有的人持有，通常存在另外開設的退休帳戶中。相較之下，至少在美國，多數的家庭都擁有住房。對這些家庭來說，住房財富往往占總財富的一大部分。由於收入較低者通常會花掉較高比例的財富，平均而言，房屋淨值的變化對總消費支出的影響，比同規模股票價值的變化對總消費支出的影響還大。[5] 舉例來說，在全球金融危機爆發前夕，美國屋主透過房屋淨值貸款或重貸套現（cash-out refinancing）等方式來利用房屋淨值的能力，把住房財富與消費

---

* 這些學者的研究因時間範圍長、國家樣本多，也證實了米希金與懷特的研究結果：只有當股市崩盤與信貸市場嚴重受創一起發生時，股市崩盤才能可靠地預測隨後的經濟衰退。

支出緊密地連在一起。

不過，比這些財富效應更重要的是，住房與其他類型的房地產往往是靠借款融資，而且比股票融資多出許多。對多數家庭來說，房貸是他們最大的負債；而以住宅與商業房地產為抵押的貸款，占多數銀行與其他放款者資產的一大部分。[6]住房或其他房地產的價格暴跌，尤其這類價格暴跌又暴露出業界不良的放貸做法時，可能會比股價重挫所造成的金融危機更廣泛。由於屋主收入下降、房貸負擔沉重、房屋淨值縮水，為了持續支付房貸，他們只好大幅減少耐用消費品與其他商品的支出。[7]需求的下降進而減少了產出與就業，加劇了最初的影響，並把危機擴散到房地產業之外。同樣地，抵押貸款與其他房地產貸款的損失也損害了金融機構的獲利與資本，降低了它們放貸的能力與意願。在最糟的情況下（如 2007–2009年），可能會爆發金融恐慌。短期融資機構緊縮，被迫宣告破產或賤賣資產，又再進一步壓低貸款與資產價格。

簡而言之，在沒有其他金融壓力的情況下，股市下跌對經濟的影響主要是讓股東覺得自己的財富縮水了，導致他們減少支出。規模相當的信貸與房市泡沫破裂對支出的直接影響更大，而且很可能產生強大的第二輪影響，因為不斷惡化的金融危機會導致借款人與貸款人都緊縮。在最糟的情況下，信貸緊縮可能引發全面的金融恐慌，導致巨大的經濟損失。

政策制定者該如何因應這種狀況？有兩種主要的方法，而且兩者互不相斥。其一是運用貨幣政策來化解金融穩定受到的威脅，另一種選擇則是運用法規與監管來防止風險的累積。

貨幣政策與風險承擔

之所以使用貨幣政策因應金融穩定所面臨的威脅，理由在於貨幣政策與私營部門的冒險行為之間有明顯的關聯。

在傳統的總體經濟分析中，一般認為，貨幣政策主要藉由影響借貸成本來發揮作用。* 例如，其他條件不變的情況下，較低的資金成本將使投資新廠房變得更有利可圖，而較低的房貸利率使人更買得起住房。原則上，世人承擔風險的意願會影響借貸與投資決策，但傳統模型通常不會把這種承擔風險的意願變化納入考量。

然而，愈來愈多證據顯示，貸款人、借款人、投資者承擔風險的傾向，確實會隨著時間的推移而改變，並受到貨幣政策的影響。寬鬆的政策與承擔更多的風險有關。貨幣寬鬆有助於風險承擔的趨勢，就是所謂**貨幣政策的風險承擔管道**（risk-taking channel of monetary policy）。舉例來說，許多研究人員發現，其他條件相同的情況下，寬鬆的貨幣政策將使銀行更願意放款給風險高的借款者。[8] 寬鬆的貨幣政策似乎也會讓投資者更願意持有高風險的資產，因為利率低時，投資者持有這些高風險資產所要求的額外殖利率通常會下降。2005 年我與肯尼斯・庫特納（Kenneth Kuttner）一同進行研究，發現貨幣寬鬆之所以會提高股價，部分原因在於它降低了投資者持有股票時所要求的風險溢酬。[9] 同樣地，2015 年薩繆爾・漢森（Samuel Hanson）與傑瑞米・施泰因共同發表的論文也指出，聯準會的降息降低了投資者持有長期證券所要求的補償，放大了政策寬鬆對長期殖利率的影響。[10]

---

* 在標準的總體經濟模型中（例如聯準會的 FRB/US 模型），貨幣政策也會透過財富效應以及影響美元匯率來發揮作用。

為什麼寬鬆的貨幣政策會增加世人承擔風險的意願？此處有幾種機制在發揮作用。首先，如果寬鬆政策改善經濟狀況，提高民眾實際或預期的收入，大家就會更有財務上的安全感，因此更不擔心冒險的下檔風險。例如，投資者覺得萬一情況惡化，他們能夠承受損失，就更有可能購買高風險的股票。相較之下，財務緩衝較小的投資者可能會比較保守。此外，貨幣政策可讓人覺得經濟環境比較安全，使投資者在景氣好時更願意做高風險的投資。比方說，將持續提供支持保證的政策寬鬆，勢必會減少投資者對最壞情況的擔憂，鼓勵他們多投資高風險的資產。

　　第二，寬鬆的貨幣政策藉由提高資產價值，同時改善了貸款人與借款人的資產負債表，促進了新信貸的流動，包括放款給風險較高的借款人。銀行的資產負債表更加穩健，可以減少法規對新增貸款的限制，增強銀行吸引低成本、無擔保融資的能力。同理，借款人的資產負債表增強時，其信用評級也會提高。例如，房屋淨值增加時，屋主更容易得到二胎房貸或房屋淨值貸款；擁有更多抵押品的公司將可以利用更優惠的條款貸款。我與馬克・格特勒（Mark Gertler）、西蒙・吉爾克里斯特（Simon Gilchrist）曾提出所謂的**金融加速器**（financial accelerator）理論。在景氣循環週期中，資產負債表的強度變化是金融加速器的核心。[11] 這個理論的基本概念在於，經濟好轉通常會改善家庭、公司、銀行的財務狀況，進而鼓勵更多的貸款、借款與投資。

　　目前為止的討論顯示，貨幣寬鬆促進風險承擔不見得是個問題。在經濟衰退期間——尤其是金融危機之後的衰退——私營部門承擔風險的意願往往太低，而不是太高。這時應該鼓勵銀行與其他投資者承擔合理的風險，而不是囤積現金或沉潛待發。這就是為什麼政策制定者常說，恢復大眾的信心是復甦的先決條件。但是，過度鼓舞民眾冒險可能也不是好

事——貨幣政策或其他經濟政策促成的風險承擔太多，會對長期金融穩健不利。就像寬鬆貨幣有助於提升過低的風險承擔一樣，它也可能導致過度冒險。[12]

風險承擔的行為一旦被激起，就有可能一發不可收拾。原因之一在於，在現實世界裡，一般人並不是經濟學教科書中所描述那種完全知情又理性的行為者。許多人記性很差（或經驗有限），容易以最近的趨勢來推斷未來，或選擇性地詮釋證據，以便合理化他們之前的信念。如果股價或房價飆漲了一段時間，投資者或屋主可能會推斷這種漲勢將繼續下去。[13]更廣義來說，記性差及過度以近期經驗推斷未來，可能會讓人相信，如果最近的經濟一直很穩定，以後也將繼續維持穩定下去。經濟學家海曼·明斯基（Hyman Minsky）有個著名的論點：長期的平靜可能很危險，因為大家會誤以為平靜的狀況會持續下去，而承擔更多的風險，直到某次重大的不利事件——或稱「明斯基時刻」（Minsky moment）——把他們從自滿中搖醒。[14]

這些有心理依據的論點也遭受到一些批評。有些批評者主張，由於經驗豐富的投資者可以利用他人的認知錯誤，就算許多或多數投資者是不理性的，市場可能也是集體理性的。先前我提過路易士的著作《大賣空》，該書描述少數投資者在全球金融危機之前做空次貸市場——倘若這些行為被人普遍模仿，可能有助於市場降溫。[15]但是，誠如那個故事所示，如果比較精明的投資者只有有限的資源可以佐證觀點，或相信自己夠聰明、可以順勢而上，並在泡沫破裂之前全身而退，那麼比較不理性的參與者可能依然主導市場的結果。

承擔風險可能會變成冒險過頭的另一個原因是不良的誘因，這些誘因源自政府監管架構不佳，或是交易員、資產管理者、放款者的薪酬方案有

缺陷等因素。[16] 大型金融機構的交易員可能會從經手的交易獲利、賺取獎金，但分攤的交易損失卻少得不成比例。萬一情況惡化，他們總是可以選擇離職，一走了之。這些激勵方案促使交易員承擔更大的風險。同理，報酬較高的貨幣市場共同基金可以吸引更多的投資者，賺取較多的管理費。為了獲得更高的報酬，基金經理人可能會承擔額外的風險，包括投資者不易察覺的風險（比方說，因為他們會使用複雜或不透明的金融工具）。有些人可能認為，市場體系一旦發現效率低下又有風險的機制，就會把它淘汰。但快速的金融創新與緩慢調整的金融法規，降低了市場發現及消除不良誘因架構的能力。[17]

有些情況下，非理性的觀念與設計不良的誘因架構可能會合起來發揮效用。例如，我們常看到，利率處於低檔時，投資者可能會「追求收益」（reach for yield），為了獲得歷史平均報酬而承擔過高的風險。如果投資者把歷史平均報酬視為「正常」或「合理」的，並因此承擔過多的風險，這種行為可能有明顯的心理成分。或者，保險公司或退休基金可能會追求收益，因為它有長期的合約承諾，那些合約可能是在利率較高時訂定的，必須賺取高報酬才能履約。在這種情況下，穩健的低報酬肯定無法達到合約規定，因此（除非有充分的監管）保險公司或退休基金有強烈的動機去冒險賺取必要的報酬，即使那些風險比投保人或退休金領取者願意承擔的還大。[18]

對於「追求收益」的行為，還有很多需要了解的地方。例如，當利率維持在低檔多年，追求收益的行為是否會持續下去？如果利率長期處於低檔，投資者覺得「正常」的利率應該也會下降，因此降低「追求收益」的壓力。同理，利率長期處於低檔時，退休基金與保險公司有強烈的動機重新協商合約，以反映新常態。在日本，金融機構似乎不太容易過度冒險，

畢竟日本的利率幾十年來一直接近於零。同樣地，投資者衡量「正常」的利率時，究竟是看名目利率，還是（經通膨調整的）實質利率？這點向來不太清楚。原則上，投資者應該關心實質利率，但比較當前利率與他們習慣的利率時，他們可能想的是名目利率。想要清楚了解長期低利貨幣政策對風險承擔的影響，就得更花心思釐清這些議題。

冒險過度的另一個原因在於，借款人、貸款人、投資者沒有動機去考慮他們的決定對系統的整體穩定可能產生的影響。例如，景氣好時大量舉債的購屋者或公司，在危機爆發後，可能必須大幅削減支出。在做出借貸決定時，家庭與企業並沒有動機去考慮個別的借貸可能將導致普遍的支出縮減，進而加劇隨後的經濟衰退。同樣地，以短期借款為高風險信貸融資的經紀自營商，也沒有考慮到危機爆發後，他們被迫迅速賤賣資產可能會影響到所有投資者的報酬。由於大家忽略自己的冒險行為對整體金融穩定的影響是可以理解的，從社會的角度來看，他們可能會承擔太多的風險。*

簡而言之，貨幣政策的風險承擔管道可以鼓勵投資者、貸款人、借款人別再死守著資金，出來承擔適當的風險，藉此促進經濟復甦。然而，基於心理與制度因素，貨幣寬鬆誘發的風險承擔最後可能會變得過度冒險。這是否代表，央行應該避免使用寬鬆貨幣政策來對抗經濟衰退，或至少減少使用寬鬆貨幣政策的頻率或力道？

---

* 這是經濟學家所謂「外部性」（externality）的一個例子：個人或公司沒有動機去考慮整體利益，就像工廠老闆決定排放汙水，汙染河流，而不考慮那對下游民眾的影響。

總體審慎政策

對於上述問題，有些人會說，央行應該避免使用寬鬆貨幣政策來對抗經濟衰退，但答案其實沒那麼明確。貨幣政策會影響風險承擔，但這不見得表示它是金融危機的主源，也不表示它是預防金融危機最有效的工具。例如，19 世紀反覆出現的銀行業恐慌，以及觸發大蕭條的全球危機，大多發生在金本位制的時代，亦即現代的主動貨幣政策（activist monetary policy）出現之前。從 1951 年的「財政部－聯邦準備協定」到 2007–2009 年金融危機之間的漫長時期，既有主動貨幣政策，也有足以威脅總體經濟穩定的危機（但次數較少），至少在已開發國家是如此。此外，誠如前面的討論，多數經濟學家認為，貨幣政策頂多只是造成 2007–2009 年危機的次要來源。整體來說，儘管貨幣政策似乎真的會影響風險承擔，但其他因素也會影響危機的頻率與嚴重程度，例如金融體系的架構、金融監管的效果，以及大眾心理。

此外，雖然上述的主動貨幣政策可能有助於預防或緩解金融危機，也可能毫無助益，但貨幣政策偏離經濟目標的代價顯而易見。只要管理得當，貨幣政策是穩定經濟的有效工具，而且充滿彈性。比較被動的貨幣政策可能會導致過高的通膨或過低的就業，對促進金融穩定沒有多大幫助。

基於這些原因，在我們改變貨幣政策的運用方式之前，我們應該詢問，是否有更明確、專門因應系統性金融風險的政策存在。促進整個金融體系穩定的政策（貨幣政策除外），統稱為**總體審慎政策**（macroprudential policies）。[19] 相較之下，傳統的監管政策，如今有時稱為**個體審慎政策**（microprudential policies），目的是促進個別金融公司與市場的穩定、效率與公平，而沒有明確考慮整個系統的穩定性。這兩種政策都可以發揮作

用，促進一個運轉良好又穩定的金融體系。

一些國家早在 2007–2009 年危機爆發之前，就已經把總體審慎因素納入監管架構中。不過，危機爆發後，眾人對這種做法的興趣暴增。許多國家設立了有權執行總體審慎政策的官方委員會，國際監管機構公布了最佳實務做法，並努力協調全球計劃。美國在總體審慎監管方面已有實質的進展，但仍有令人擔憂的落差。

▍ 美國的總體審慎政策

自全球金融危機以來，美國的金融監管一直在改革，以解決美國監管架構中的缺陷。由於政治、歷史事件、金融市場不斷演變等因素的結合，在危機爆發的前夕，美國的金融監管既支離破碎又失衡。有些金融機構與市場有多個管轄權重疊的監管機構，有些金融機構與市場則處於灰色地帶，沒有有效的監管機構。有些情況下，監管機構選擇不優先管理或限制過度冒險的行為。

除了落差與重疊，危機前的監管體系還有一個根本的概念缺陷：每個監管機構只涵蓋一群定義狹隘的機構或市場，對管轄權以外的事物毫無責任。然而，金融危機暴露了整個金融體系的弱點，沒有一個機構的管理權限可以完全處理所有的缺點。例如，任何監管機構都沒有責任去了解證券化的更廣泛風險，也沒有責任去探索雷曼兄弟之類的投資銀行倒閉、或貨幣市場共同基金擠兌的影響。總之，沒有人對整個系統負責。

金融危機爆發後，世界各地的立法者與監管者普遍加強了監管，但他們也承認，金融體系中每個組成單位的孤立監管無法確保整體穩定。於是，他們建立了新的總體審慎架構來追蹤及促進體系的穩定，但不犧牲確保個別公司或市場的安全、效率、公平這個依然重要的任務。新的總體審

慎政策分為兩大類。**架構性政策**（structural policies），又稱為跨景氣循環政策（through-the-cycle policies），目的是增強金融體系抵禦衝擊的整體韌性。這種政策一訂好，就不會隨著景氣循環或市場發展而改變。相較之下，**循環性政策**（cyclical policies）應該隨著不斷變化的經濟與金融狀況，或市場穩定面臨的新威脅而變動。

在美國，2010 年的《多德－弗蘭克法》中，有許多條款採用了總體審慎的觀點。例如，《多德－弗蘭克法》之所以設立消費者金融保護局，並禁止金融機構做某些抵押貸款，其中一個動機就是因為立法者意識到，欺騙性的次貸對整個金融體系都有影響。不過，從總體審慎的角度來看，一項特別關鍵的規定是建立一個新的監管委員會：金融穩定監督委員會（Financial Stability Oversight Council，簡稱 FSOC），負責追蹤及因應金融穩定風險。

FSOC 由財政部長領導，負責協調聯準會、證券交易委員會、聯邦存款保險公司等關鍵監管機構的努力（FSOC 共有十位有投票權的成員）。其中幾個機構大幅增加了專門用來追蹤金融系統的資源。危機之後，聯準會成立了金融穩定部（Division of Financial Stability），負責分析金融系統面臨的風險，並向理事會與 FOMC 彙報。FSOC 與聯準會都會定期針對金融穩定風險與計劃中的政策因應發布報告。《多德－弗蘭克法》也在財政部內設立了一個新的金融研究處（Office of Financial Research），負責蒐集及分析資料來支援 FSOC 的任務，並發布自己的年度報告。

金融體系隨著需求、創新、監管動機而不斷變化，這對監管機構來說是一個長期的挑戰。例如，有人可能認為，把銀行貸款的監管變得更嚴格，就可以讓金融體系變得更安全。但是，萬一對銀行實施更嚴格的監管，只是把高風險的貸款推到體系中監管較少的部分，那麼上述的說法就

不成立了。為了協助監管跟上不斷演變的金融業，國會授權 FSOC 把個別非銀行的金融公司或活動，認定為有系統重要性的公司或活動，好讓它們受到聯準會的額外監督。此外，FSOC 也有權對個別的監管機構提出「遵守或解釋」等建議，藉此對個別的監管機構施壓，也就是說，它們必須採納 FSOC 的建議，或解釋為什麼不採納。

《多德－弗蘭克法》也建立了一個法律架構，名為**有序清理機制**（orderly liquidation authority），用來因應有系統重要性的金融公司瀕臨倒閉的情況（亦即下一個雷曼兄弟）。在一般標準的破產程序中，目標是盡量增加破產公司的債權人最終回收的債務。反之，有序清理機制則是授權聯準會、聯邦存款保險公司與其他機構，在清算破產的金融公司時，考慮到失控的破產可能對系統穩定構成的風險。這個條款所涵蓋的公司必須向監管機構提交**生前遺囑**（living wills），顯示公司在危機中如何安全地清算。公司還得發行特殊形式的債務，當公司被清算或重組時，這些債務可轉換為股權。這種條理比較分明的清算過程不會消除大公司倒閉的系統性影響，但衍生的流程應該不會像 2008 年雷曼破產時那麼混亂。

在另一項關鍵的總體審慎改革中，《巴塞爾協定 III》（*Basel III*，以舉行協商的瑞士城市命名）和《多德－弗蘭克法》一同大幅提高了銀行資本與流動性的要求，由此可見銀行在多數的金融體系中扮演著核心要角。《巴塞爾協定 III》也要求有系統重要性的大型銀行，持有的資本與流動資產必須比其他銀行更多。在美國，銀行必須接受定期的壓力測試，判斷它們是否有足夠的資本，以符合監管的最低要求，以及在極糟的經濟與金融情境中，是否能持續放貸。這些規定又進一步加強了銀行的資本要求（聯準會在 2020 新冠疫情期間，依靠銀行壓力測試來判斷是否讓銀行支付股利或回購股票，因為支付股利或回購股票都會減少銀行資本）。一般的銀

行資本與流動性的增加，是架構性的總體審慎政策。相較之下，根據壓力測試的資本要求則是循環性政策，因為壓力測試的情境反映了經濟與金融風險，兩者都是監管機構目前最擔心的風險。另一種循環性總體審慎政策，是讓銀行監管機構要求銀行在經濟擴張期間增加資本。聯準會有權實施這項政策，但即使在新冠疫情爆發前的長期擴張期間，聯準會也沒有用過。這種反循環的資本緩衝一旦建立起來，就可以在危機或衰退期間動用。

總之，這些改革與其他革新加強了美國的總體審慎監管，但這樣就夠了嗎？

美國總體審慎政策的缺陷

美國的總體審慎政策雖然已有顯著的改善，但仍有明顯的缺陷，導致金融體系依舊面臨著風險。多數的缺陷是可補救的，但補救需要立法者與監管機構做出真正的承諾。

▎金融穩定監督委員會的架構與權力

《多德－弗蘭克法》打算讓金融穩定監督委員會（FSOC）帶頭監督金融體系，以及協調對潛在風險的因應（歐巴馬政府曾提議把這些責任交給聯準會，不過金融危機期間，聯準會不討喜的紓困行動帶來了政治反彈，使這個概念無疾而終）。但FSOC的架構及權力受限，有礙其執行任務的能力。值得注意的是，FSOC是由財政部長領導，這可能賦予它政治上的合理性，但這也表示，它的主動積極程度取決於部長的優先要務與政治傾向。[20] 例如，在財政部長梅努欽的領導下，FSOC走的是放鬆監管的路線，

呼應川普政府的優先要務；但在穩固金融體系方面，卻是走了回頭路。

重要的是，在川普執政期間，FSOC 並沒有使用《多德－弗蘭克法》授予的權力，把特定的非銀行金融公司或活動認定為有系統重要性的公司或活動。事實上，在大都會人壽保險公司（MetLife）提起的訴訟中，法院做出了有問題的裁決，導致上述那種對金融公司的認定變得更加困難，政府並未針對那項有問題的裁決提出上訴。在川普執政末期，沒有一家公司被認定為有系統重要性（幾家公司在改變其架構或營運後，認定資格遭到取消）。

FSOC 的另一個缺陷在於，它不是獨立機構，而是一個由監管機構組成的委員會，每個監管機構都保有各自獨立的權限。各機構的首長約每季開會一次，分享見解與資訊。此外，誠如前述，FSOC 可以對個別機構施壓，要求它採取具體行動。這種諮詢流程延遲了對新風險的潛在因應。

此外，一個難以控管的機構也可以忽略那些促進金融穩定的建議，即使那些建議獲得 FOSC 所有其他成員的支持。歐巴馬執政期間，FOSC 為改革貨幣市場共同基金所做的努力，就是一個很好的例子。2008 年，貨幣市場共同基金面臨鋪天蓋地而來的贖回潮，需要財政部與聯準會的緊急援助。貨幣基金由美國證券交易委員會（SEC）監管。FSOC 提議改革，以消除貨幣基金遭到大量贖回的風險，但 SEC 拖拖拉拉，辯稱它缺乏足夠的權力（畢竟它沒有穩定金融的目標，而且基於歷史原因，它通常也不把限制風險視為目標的一部分），最終只實施了一些有限的改革，並未解決問題。* 聯準會、財政部與其他機構的經濟學家都知道，SEC 的改革不

---

* 例如，美國證券交易委員會的改革包括設立「閘門」制度，讓基金面臨大量贖回時，有權暫停贖回。但這類閘門的設計只會增加大家搶著在閘門關閉之前贖回的動機。此外，改革只適用於機構投資者所投資的基金，而非散戶投資者可投資的基金。

夠，貨幣基金投資者爭相贖回的動機並未消除。事實上，一些貨幣基金在2020年3月的新冠疫情危機期間也遭到大量贖回。顯然這個領域需要進一步的改革，但除非有新的立法，否則需要 SEC 的積極合作才有可能實行。*

▎ 住房與抵押貸款市場

整體來說，FSOC 及其成員機構也缺乏足夠的工具抑制住房與商業房地產的信貸擴張。當然，要判斷信貸擴張在經濟上是否合理，向來都不是一件容易的事，但誠如 2007–2009 年間的狀況所示，信貸擴張到泡沫破裂可能會破壞金融體系的穩定，阻礙新信貸的流動，並迫使財務狀況窘迫的借款人削減支出。全面的總體審慎架構應該為監管機構提供工具（或許可以跟財政部或 FOSC 合作），以緩和信貸擴張，協助確保金融體系挺過信貸緊縮的危機。

美國在危機後實施的總體審慎政策——包括嚴格的銀行資本要求、銀行壓力測試（可能包括信貸擴張與緊縮的情境）、有序清理機制——無疑有助於強化金融體系的韌性。《多德－弗蘭克法》也普遍提高了抵押貸款的標準，要求那些把評級較差的抵押貸款加以證券化的公司必須保留部分的所有權（「有切身的利害關係」），並成立消費者金融保護局。這些都是有意義的成果。† 即便如此，我依舊擔心美國的監管機構仍然缺乏量身打造的工具，來因應新出現的房地產與信貸泡沫。

---

* 本文撰寫之際，SEC 的主席蓋瑞·詹斯勒（Gary Gensler）正考慮進一步改革，以減少貨幣基金面臨大量贖回的威脅。

† 政府資助企業根據它們未來的地位，也可以在調整抵押貸款規則與要求方面發揮作用，幫忙緩和信貸擴張與緊縮。政府資助企業的監管者也是 FSOC 的成員。

許多其他國家（包括新興市場與先進市場）都針對房地產價格與抵押貸款過度，採取了相關的總體審慎政策。例如，一些國家不僅為抵押貸款的借款人設定「貸款價值比」（loan-to-value ratio）或「債務收入比」（debt-to-income ratio），也允許那些限制隨著經濟發展而變。國外使用的其他法規限制一家銀行可發放的「低頭款」或「高債務收入比」房貸的比例，限制銀行整體放貸的成長，或讓監管機構在擔心房價或信貸暴漲時有權提高資本要求。證據顯示，這類政策可以用適度的整體經濟成本來減緩房價、房貸、銀行信貸的成長，降低危機風險。[21]

▌影子銀行

美國總體審慎架構有個特別令人不安的缺陷，就是對影子銀行產業的監管依然不足。影子銀行的過度冒險行為是釀成 2007–2009 年危機的關鍵。當投資銀行（如貝爾斯登、雷曼兄弟）和其他信貸資產持有者（如表外特殊目的公司）的短期資金消失時，隨之而來的資產賤賣幾乎影響了所有形式的私人信貸，不單單是抵押貸款而已。

透過立法與市場改革，美國在降低影子銀行構成的風險方面已有一些進展。金融危機以前的五大投資銀行中，有一家倒閉（雷曼兄弟），兩家被大型銀行收購（貝爾斯登與美林），兩家轉變成銀行控股公司（摩根士丹利與高盛）──這些改變把它們帶進聯邦銀行監管機構的管轄範圍。聯準會也採取行動改善附買回市場的運作，監管機構迫使銀行降低透過表外單位（off-balance-sheet vehicle）承作的高風險企業貸款，金融穩定委員會（一個由監管機構組成的國際組織）開始在全球定期監控影子銀行。此外，針對影子銀行大量使用的金融衍生性商品，《多德－弗蘭克法》也改善了金融衍生性商品市場的安全與透明度。儘管如此，我們還是有理由擔

心改革不完整，嚴重的風險依然存在。* 22

市場意識到新冠疫情構成的威脅後，2020 年 3 月發生的事件證實了上述的擔憂。在那個月，影子銀行產業經歷了類似 2008 年的大量贖回及資產賤賣，造成極度的波動及市場失靈，連美國公債市場這個往往最為安全、流動性最強的金融市場亦然。前面提過，2020 年 3 月的狀況就像 2008 年那樣，投資者紛紛逃離貨幣市場共同基金，證實了 SEC 之前的改革根本不夠。一些債券基金也遭到大量贖回——這類共同基金持有流動性較差的公司債，卻保證投資者可以隨意贖回資金。有些類型的避險基金在附買回市場的借款，使它們的負債權益比（debt-to-equity ratio）達到近一百比一；它們因虧損而被迫拋售證券，因此增加了賣壓。後來是靠聯準會採取激進措施，包括緊急貸款及大規模購買公債與 MBS，才穩住市場。聯準會的緊急干預可能會產生道德風險（未來過度冒險的誘因）與不確定性，但在短期內為了保護經濟，那樣的干預可能是必要的。不過，聯準會的緊急干預不能取代防止危機發生的事前監管。

2020 年的恐慌凸顯出影子銀行的具體問題，現有的法律權限也許可以處理其中的一部分。但更大的問題在於，影子銀行合在一起，就像銀行體系那樣運作——它們提供流動性，並為投資者提供報酬，為借款人提供信貸——卻不像銀行體系那樣受到監管。例如，金融危機後，加強商業銀行資本與資金安全的改革，並不普遍適用於影子銀行，所以影子銀行的投資與放貸所受到的監管依舊有限。這種不對稱是不合理的，反而鼓勵高風險活動轉移到影子銀行產業。持有風險資產的影子銀行（如投資銀行或避險基金）應遵守反映其投資組合風險的資本要求或槓桿限制。而那些承諾

---

* 2018 年表示擔憂的人包括葉倫，她於 2021 年接任財政部長，將領導 FSOC。

讓投資者快速贖回資金的影子銀行（如貨幣市場基金或債券基金）應持有大量的流動準備金，或把產品設計成沒有誘因讓投資者爭相贖回。[23]

▍ 因應危機的工具

總體審慎政策應該可以降低危機發生的頻率與嚴重程度，但永遠無法消除危機。因此，危機發生時，我們需要適當的工具來因應危機。在美國，《多德－弗蘭克法》的有序清理機制讓監管機構以顧及金融穩定性的方式，處理瀕臨倒閉的系統性非銀行金融公司。其他國家也創造了處理倒閉公司的新工具，而且各國正齊心協力，為跨國公司的倒閉做好準備，例如透過聯合的角色扮演練習。這些都是好事，但另一方面，有序清理機制在處理非銀行機構上，權限不如 FDIC 處理破產銀行那麼有彈性。監管機構不能像 FDIC 關閉或出售倒閉銀行時那樣，利用現有的保險金來解決非銀行的問題。政府承擔的任何成本，都是事後評估金融業的費用後才彌補。雖然與 2008 年相比，2020 年的做法已有所改善，但清算權仍未受到考驗。

至於其他因應危機的工具，目前的狀況有好有壞。[24] 2008–2009 年推出紓困方案後，國會削減了聯準會、財政部、其他政策制定者用來控制危機的幾個工具。《多德－弗蘭克法》限制了聯準會第 13（3）條的緊急貸款權，禁止聯準會對單一受創公司放貸（但可以推出放款方案，對某個類別的所有借款人放貸）。如今，所有 13（3）的貸款方案都需要獲得財政部長及聯邦準備理事會的批准。《多德－弗蘭克法》也要求聯準會揭露貼現窗口借款人（落後兩年）和 13（3）方案的借款人（在方案終止後一年內）的資訊。國會希望提高透明度是可以理解的，但這些更嚴格的申報規定，會擴大向聯準會借款的汙名，導致聯準會更難在危機中扮演「最後貸

款人」的傳統角色。同樣地,危機時期的有效措施(例如 FDIC 為新發行的銀行債券提供擔保的方案,以及財政部為貨幣市場基金提供的保險方案)都已被取消,或受制於廣泛的新限制。

當然,國會可以根據需要恢復這些緊急授權,就像它根據 2020 年《CARES 法》來擴大聯準會 13(3)貸款方案那樣。然而,金融危機來得很快,立法者看得到的經濟影響往往落後金融市場的混亂。立法拖延或政治僵局可能會大幅增加未來危機最終釀成的經濟與財政成本。

比較正面的是,聯準會(以及財政部與其他監管機構)從 2007–2009 年及 2020 年的危機中記取了許多教訓。這些教訓帶來的效益,在 2020 年特別明顯。當時,聯準會採取了既迅速又積極的行動,甚至在國會擴大其放貸能力之前,就已經動用了第 13(3)條的授權。鮑爾領導的聯準會以全球金融危機期間所採取的行動為基礎,積極運用一系列現有的權力,包括與外國央行簽的美元換匯協定,以確保全球獲得美元;數兆美元的附買回操作以維持市場流動性;大規模購買美國公債與 MBS 以支持這些市場。因此,儘管受到新法限制,聯準會以創新的方法運用既有的工具,其實等於擴大了因應危機的工具組。

2007–2009 年金融危機之前,美國的總體審慎政策其實還不存在,如今已有長足的進步。有史以來第一次,金融穩定的風險受到例行的監控與分析;新的金融產品或監管措施對更廣泛系統的影響也被納入考量;此外,還有有序清理機構之類的工具可供使用。[25] 銀行體系比以前強健多了,政府也有各式工具(雖然尚未全面部署),可以把有系統風險的影子銀行公司與活動納入監管。美國擁有全球最複雜、最多元的金融體系,但在總體審慎工具的開發與應用方面,卻落後許多國家。美國政府在不到十五年內,被迫兩次大規模地干預市場,由此可見問題有多嚴重。幸好,多

元的國際實例在預測及因應金融緊急狀況方面，為美國架構的進一步發展提供了實用的參考模式。

貨幣政策 vs. 總體審慎政策

總體審慎政策的缺陷再次帶出一個問題：貨幣政策是否應該更關注金融穩定。貨幣政策的制定者在決定利率目標時，是否應該把新興的金融風險考慮在內？即使沒有明顯的風險，他們是否也應該基於「寬鬆貨幣政策增加未來不穩定的可能性」這個理由，而限制寬鬆貨幣政策的使用？

對於多數的政策制定者以及當過政策制定者的人（包括我）來說，原則上是這樣沒錯。但實務上，寬鬆貨幣政策的使用要非常謹慎，而且不能太頻繁。為什麼要這樣？2002 年 10 月，我第一次以聯準會理事的身分演講時，提出了質疑的基本理由。[26] 由於當時網路泡沫才剛破滅，促成 2001 年的經濟衰退，我的論點以一個問題為核心：聯準會是否該透過升息來找出並戳破新興的股市泡沫。不過，那番論點也適用於其他的金融風險。我在演講中提到，我認為貨幣政策不適合用來防範金融穩定風險的三個原因。

首先，我認為，聯準會無法可靠地辨識泡沫（或其他不當風險的累積），而且無論如何，聯準會也不該試圖成為股票或其他資產價格之「正確」水準的裁決者。第二，對於貨幣政策與穩定風險之間的關聯，我們的了解很有限，無法有效地指引政策。例如，歷史上，試圖利用貨幣政策來戳破泡沫的做法，往往導致股市崩盤，而不是溫和走低——1920 年代末期，聯準會試圖讓股市降溫，最終導致 1929 年的股市崩盤就是一個明顯的例子。第三，貨幣政策是一種遲鈍的工具：利率的變化會影響整個經

濟，但無法精確鎖定一小群狹隘的市場或幾個過熱的產業。誠如1920年代紐約聯邦準備銀行總裁史特朗所言，一個孩子調皮搗蛋時，以連坐法懲罰所有孩子是沒有意義的。[27] 試圖利用貨幣政策來戳破泡沫或處理其他金融穩定的風險，可能對整個經濟有幫助，也可能拖累整個經濟，因為抑制泡沫所需的政策緊縮程度，也可能在短期內抑制就業、經濟成長與通膨。

我要特別強調最後一點。泡沫與信貸擴張之所以發生，是因為投資者預期特別大的報酬會持續出現。因此，我認為，若要為股票或其他資產價格的飆漲降溫，需要大幅緊縮貨幣政策才會有效，但大幅緊縮貨幣政策會產生不必要的經濟副作用。幾年後，在聯準會2010年傑克森霍爾會議上，英國央行的經濟學家查爾斯·賓恩（Charles Bean）、馬蒂亞斯·鮑斯蒂安（Matthias Paustian）、亞德里恩·佩納弗（Adrian Penalver）、提摩西·泰勒（Timothy Taylor）發表的論文提供了一個例證。他們估計，如果聯準會為了因應房市泡沫，在2003年至2006年間把聯邦資金利率提高2%，可能會發生什麼事。考慮了成長減緩的間接影響以及利率上升的直接影響後，他們的結論是：信貸與房價在其他因素的推動下，漲幅會比較少。[28] 然而，從2003年開始緊縮貨幣政策2%，肯定會阻礙經濟從2001年的衰退中復甦，也會增加通縮的風險。經濟學家約爾達、舒拉里克與泰勒估計，若想完全避免2002–2006年間的房市泡沫，聯準會得把聯邦資金利率提高多達8%，他們的研究也呼應了前述的結果。[29]

雖然我反對經常使用貨幣政策來穩定金融市場，但我在2002年的演講中仍然承認維持金融穩定非常重要。我主張，我們應該使用「適合這項任務的工具」來控制金融風險——在多數情況下，法規、監管、最後貸款人的權力是比較合適的工具。

二十年後的今天，我依然肯定那場演講中的多數內容。不過，自那次

演講以來，發生了許多事情，最顯著的就是 2007 年至 2009 年那場毀滅性的危機，監管機構未能阻止危機的發生。而且，即使危機之後，金融法規已有所強化，我們離該達到的目標還很遠。如今我們對貨幣政策的風險承擔管道、金融危機的根源與經濟影響、有效下限對危機後貨幣政策的限制，也比 2002 年了解得更多。重新審視這些問題當然是有必要的。

▌ 逆勢操作政策

另一種觀點與我在 2002 年演講中提的有所不同，它主張，央行除了要因應就業與通膨前景的變化，也應該運用貨幣工具來抵禦金融風險的累積，亦即一般常說的「金融失衡」。這種所謂的**逆勢操作**（lean-against-the-wind，簡稱 LATW），在全球金融危機爆發之前就已經有支持者了。2003年，國際清算銀行的克勞迪奧‧博里奧（Claudio Borio）與威廉‧懷特（William White）在聯準會的傑克森霍爾會議上，闡述了這種方法的關鍵概念。[30] 2008 年金融危機爆發以來，這種方法自然受到了更多的關注。

LATW 的支持者大多不認為自己主張對傳統政策架構做出重大的改變。他們一致認為，貨幣政策的最終目標應該是物價穩定與高就業。事實上，他們承認，經濟衰退與過度通膨本身，可能就是金融不穩定的根源，例如，經濟衰退與過度通膨會削弱銀行體系、增加借款人違約，或加劇市場波動。然而，他們也認為，傳統的方法有缺陷，因為它只考慮到寬鬆貨幣政策的短期影響，忽略了寬鬆貨幣政策帶來的長期金融風險也可能危及經濟。他們認為，只要政策制定者有夠長遠的眼光，搶先以貨幣政策來防範金融穩定受到的威脅，就符合聯準會的雙重目標。

LATW 的支持者也普遍認同傳統主義者的觀點：總體審慎政策與其他監管政策理應是防範金融不穩定的第一道防線，相關單位應該要盡可能利

用這些政策來提高金融體系的韌性以及處理新興的風險。然而，他們也悲觀地認為，監管政策永遠不足以消除危機風險。這表示，可能還需要其他工具，包括貨幣政策（儘管它可能不完美）。LATW 的支持者往往也懷疑，遏制金融穩定風險所需要的升息幅度，是不是真如我引用的數據那樣大。他們認為，當投資者意識到貨幣政策的制定者不會忽視金融穩定受到的威脅時，承擔風險就不會變成過度冒險了。

那麼，實務上，LATW 貨幣政策與傳統方法有什麼不同呢？區分兩種主要的逆勢操作策略可以幫我們了解其中的差異。一種 LATW 的支持者認為，不斷成長的金融風險往往是看不見的，因此在制定貨幣政策時，應該始終都要考慮到潛在的金融失衡。我稱這種逆勢操作策略為**恆常型 LATW**（always-on LATW）。在這種策略下，政策制定者應該努力避免長期的寬鬆貨幣政策，即使在金融穩定沒有明顯威脅的情況下也是如此。[31]我稱另一種逆勢操作策略為**情境型 LATW**（situational LATW），貨幣政策主要是對風險承擔的可觀察指標做出反應，例如房價、股價或信貸的異常飆漲（我在 2002 年的演講中討論使用貨幣政策來戳破明顯股市泡沫的可能性時，內心設想的就是情境型 LATW）。

▌恆常型 LATW 政策

恆常型 LATW 政策的支持者主張，即使經濟表現未達預期水準，嚴重的金融風險也不明顯，使用寬鬆貨幣政策仍應小心謹慎。這種觀點把寬鬆貨幣政策視同一帖強大又有效的良藥，但也有不確定、甚至可能有危險的副作用，因此只有在絕對必要時才使用。

2013 年，時任聯準會理事施泰因發表了一場充滿影響力的演講。他提到，太頻繁使用長期低利的貨幣政策，可能會增加金融體系的脆弱性，

這番論點呼應了恆常型 LATW 政策。[32] 施泰因強調，實務上，政策制定者可能很難及時發現過度借貸與過度冒險的行為。例如，避險基金與其他資產管理公司可以用監管機構無法可靠地辨識及限制的微妙方法，運用複雜的金融衍生性商品來達到相當於高槓桿的效果，或是做高風險的大額賭注。從這個角度來看，由於恆常型 LATW 政策呼籲更節制地運用低利政策，它的優勢在於，較高的利率降低了借款來做各種高風險投資的動機。誠如施泰因所言，更高的利率可以「堵住所有的裂縫」，減少整個系統中的過度冒險行為，連監管機構看不見或權力有限的地方也可以防堵。

施泰因認為，某些情況下，過度冒險可能難以察覺或解決，這個觀點是對的。但是，對於那種風險，我認為現在就放棄整體審慎與監管政策還為時過早。監管機構可以改善監控影子銀行的能力，例如，要求更多的資訊披露，或對資產管理公司的投資組合做壓力測試。即使沒有這些措施，普遍提高金融韌性的現有政策（例如，確保銀行體系與其他關鍵金融機構的資本充足）也可以幫金融體系抵禦出乎意料的衝擊。

另一個問題在於，施泰因擔心的那種冒險行為會不會威脅到整體經濟穩定（這是聯準會的首要擔憂）。大到足以導致嚴重經濟衰退的金融穩定威脅，通常不會憑空出現，幾乎總是反映在經濟資料中，例如信貸與房價暴漲。* 政策制定者比較有可能得到「假陽性」的結果（股票或房價上漲其實不是系統性風險），而不是「假陰性」（毀滅性的衝擊發生時，事先毫無危險跡象）。

另一個支持恆常型 LATW 政策的論點，一言以蔽之，就是「穩定助長不穩定」。國際貨幣基金組織的研究已經正式確立這個觀點，這個觀點

---

* 例外是源自系統之外的威脅，例如 2020 年的新冠疫情，或者未來可能發生的大規模網路攻擊。

認為，短期與長期的經濟穩定之間得做權衡取捨。[33] 尤其，如果央行實現短期就業與通膨目標「太成功」，使經濟與市場更穩定的話，投資者可能會變得自滿，並承擔助長長期金融與經濟不穩定的風險。這種觀點令人想起另一種論點：「大平穩」（1980 年代中期到全球金融危機之間的長期經濟穩定）助長了觸發那場危機的過度冒險行為。[34] 它也讓人想起明斯基的觀點：自滿情緒日益高漲的長期景氣週期將導致危機。恆常型 LATW 政策的支持者因此主張，聯準會短期不該那麼積極地追求通膨與就業目標。如果聯準會願意接受短期更多的不穩定，就可降低投資者的自滿，進而降低破壞穩定的金融危機風險，最終反而可能促成長期更穩定的經濟。

短期經濟穩定可能助長長期金融不穩定，這種觀點也許有一定的道理，雖然現有的證據仍不明朗。就算假設這個前提屬實，我也不會主張貨幣政策的制定者應該刻意接受更多的短期經濟波動。「穩定助長不穩定」的觀點講白了，等於是說，經濟的一個部分（金融業）週期性地給經濟的其他部分帶來極端風險，而控制這種風險的唯一方法，是貨幣政策的制定者**刻意**接受短期內糟糕的經濟表現，以抑制投資者的自滿情緒。我想，多數人會覺得這根本是本末倒置。LATW 的支持者博里奧與懷特，在上述那篇 2003 年的論文中指出，金融不穩定的風險增加，其中很大一部分似乎是 1970 年代開始的全球趨勢造成的：金融鬆綁與自由化。如果金融業真的那麼危險，那些相信「穩定助長不穩定」假說的人，與其關注貨幣政策，還不如積極又持續地要求全面金融監管改革。

我們也可以把恆常型 LATW 政策與先發制人的打擊通膨策略相提並論。2020 年以前，聯準會往往會在經濟與勞力市場升溫、但通膨尚未上升時就開始升息。當時的聯準會領導人認為，這種先發制人的政策可以降低聯準會不得不因應通膨超漲的風險，而且長期可帶來更穩定的成長與就

業。然而，2020 年，FOMC 否定了先發制人的策略，理由是那樣很可能太早緊縮政策。恆常型 LATW 政策相當於先發制人的緊縮政策，犧牲當前的就業成長，以減少未來金融不穩定的風險。由於金融不穩定比通膨更難預測，而且某種程度上可用其他工具處理，聯準會放棄採用先發制人打擊通膨策略的論點（當前強勁的勞力市場太寶貴了，不該為了壓低未來不見得會出現的通膨而犧牲就業），其實更適合套用在恆常型 LATW 政策上。事實上，持續使用恆常型 LATW 政策，可能會導致就業與通膨長期低於目標，以及通膨預期下降的局面。

▋ 情境型 LATW 政策

另一個逆勢操作的選擇是情境型 LATW，它把貨幣政策與金融風險的可觀察指標（例如信貸快速成長）連結在一起。政策制定者只有在看到無法以其他工具管理的重大金融穩定風險時，才會動用貨幣政策去因應。

在我 2002 年的演講中，我對聯準會能否可靠地辨識市場泡沫或金融危機的其他前兆，以便這類政策發揮效用，表示懷疑。不過，從那時起，一些證據讓我改觀了。辨識系統性金融穩定所面臨的風險相當困難，但我們追蹤這些風險的能力與投入已經有所改善。聯準會內外的經濟學家已開發出評估潛在風險的系統架構與新的衡量標準。[35] 我在本書中已引用歷史研究（使用 19 世紀以來的資料）來證明，金融危機與嚴重衰退之前，往往（但不見得一定）會先出現信貸擴張。羅賓‧葛林伍德（Robin Greenwood）、薩繆爾‧漢森、安德列‧施萊弗（Andrei Shleifer）、雅各‧索倫森（Jakob Sørensen）等人組成的哈佛團隊做了另一項類似的研究，使用 1950 年以來四十二個國家的資料。[36] 他們的研究也顯示，信貸與資產價格快速成長三年後，會增加後續三年發生危機的機率。

一般來說，資產泡沫、不當的信貸擴張與其他金融風險，無法以任何接近確定的方式即時辨識出來——關於這點，我認為我 2002 年的演講仍是正確的——但現在愈來愈多的證據顯示，某些情況下，透過許多統計數據的警告，我們可以估計某個時點發生危機的風險比較高、還是比較低。如果嚴重的金融不穩定至少一定程度上是可預測的，如果總體審慎或其他監管政策無法充分降低這些風險，如果貨幣政策可以用來降低危機發生的風險，那麼情境型 LATW 政策可能是有意義的。也就是說，理論上是有道理的。但要把這種方法付諸實踐，我們還需要知道更多資訊，包括貨幣政策應該對特定的風險指標做出多大、多久的反應。

理想的情況下，為了獲得這方面的指引，我們應該回顧過往的例子。但是，光憑貨幣政策就成功戳破泡沫，而不導致崩盤與經濟重創的情況，就算有明顯的例子，也很少見。2010 年，瑞典央行不顧高失業率與低通膨，執意升息，因為它擔心房價與家庭債務不斷攀升。然而，隨著經濟因此減緩，這種逆勢操作的嘗試失敗了。於是瑞典央行改弦易轍，把利率降至負值，並實施量化寬鬆。另一個例子比較模糊，2012 年，挪威央行宣布，基於金融穩定的考量，央行政策不僅將反映通膨目標，也將反映利率偏離正常水準的程度。[37] 具體來說，當總體經濟狀況需要寬鬆貨幣政策時，它會把利率維持在略高於正常的水準，以降低金融不穩定的風險。我們很難知道這項政策是否有任何助益。挪威央行於 2017 年逆轉了這項政策，聲稱金融穩定風險降低了。風險是否真的降低了？如果真的有，降了多少？都很難說。2021 年，紐西蘭政府要求央行在制定貨幣政策時要考慮房價。然而，政府這樣建議的動機出自擔心大眾買房的能力，而非金融穩定。紐西蘭央行則（正確地）主張，為了民眾購屋能力來設定房價目標，將使央行更難達成整體經濟目標；比較好的因應方式是制定政策，增

加住房供給。簡而言之，關於逆勢操作貨幣政策的實施或效果，歷史幾乎沒有提供任何明確的成功案例，也幾乎沒有提供任何指引。相較之下，有效使用整體審慎政策來緩和信貸與房市熱潮的國際實例如今很常見。

由於歷史實例少之又少，經濟學家改用計量經濟學模型來探究情境型LATW。許多此類研究比較逆勢操作的預期成本與效益。積極LATW政策緊縮的主要成本是短期通膨與就業結果變糟。*效益是可望降低未來危機長期破壞經濟的風險。原則上，我們可以找出成本效益最好的政策，藉此判斷這種逆勢操作的最佳效果。遺憾的是，逆勢操作的成本與效益依然難以量化，要量化效益更是難上加難。

經濟學家拉爾斯・斯文森（Lars Svensson）做過一項有影響力的早期分析，他曾在祖國瑞典擔任貨幣政策的制定者（身為政策制定者，他非常反對瑞典央行試圖採用逆勢操作）。[38] 為了研究逆勢操作的影響，他使用瑞典央行的主要經濟模型來估計貨幣政策對失業率與信貸成長的影響，並以這個指標來代表金融危機的風險。他根據歷史證據，補充了以下假設：沒有LATW政策下的金融危機發生頻率、危機的平均持續時間、危機對失業的影響、信貸成長變化對危機發生機率的影響。綜合這些因素，他估計了以逆勢操作的形式先發制人地緊縮政策的預期經濟影響。接著他評估了成本（近期失業率較高）與效益（發生危機的風險較低）。最後發現，從數字來看，LATW政策的成本遠大於效益。使用美國經濟模型的研究也普遍發現，比較成本與效益可知，積極使用貨幣政策來促進金融穩定並不

---

* 其他可能的成本通常不會納入經濟模型中，這類成本包括：有些信貸或資產價格的增加其實不是泡沫，而是有基本面的支撐，卻被提前結束；引發比未干預還嚴重的崩盤。

划算。*

斯文森的研究證實了我 2002 年演講時所傳達的直覺觀念：足以抑制股市泡沫或過度信貸成長的升息幅度，也可能在短期內造成沉重的經濟成本。然而，這個邏輯有個潛在缺點：雖然我們大致上可以估算貨幣政策對當前經濟狀況的影響，但是貨幣緊縮對未來危機的風險，以及危機的經濟代價有何影響，我們其實所知甚少。[39] 例如，斯文森認為，危機對經濟的影響雖然嚴重，但終究是暫時的。不過，全球金融危機後，許多國家復甦緩慢，這顯示危機的經濟影響可能相當持久。如果真是這樣，避免危機的效益可能遠比斯文森所假設的還大。[40] 另一方面，誠如斯文森本人指出，緊縮政策本身可能使危機對經濟造成更大的衝擊，因為它在大家感覺到信貸緊縮時，減緩了經濟。

這種不確定的情況令人洩氣。根據我們目前所知，我得出兩個暫時的結論。第一，在多數情況下，監管與整體審慎政策在因應金融穩定風險方面，是最有效、最好懂，也是目標最明確的工具。這些工具可以強化金融體系的整體彈性，可以針對特定威脅做出調整，對經濟的外溢效應通常很有限。政策制定者應積極使用這些目標明確的工具，如果這些工具不夠充分，就應該直言不諱，要求擴大權限。† 尤其，每個金融監管機構都應該把金融穩定當作目標的一部分，過度的冒險行為，無論是發生在金融系統

---

* 例如，2019 年，聯準會幕僚安德烈亞・艾傑羅（Andrea Ajello）、湯瑪斯・勞巴赫、大衛・羅培茲・薩里多（David López Salido）、仲田泰佑（Taisuke Nakata）做了一項研究，他們在基準模擬中發現，最適貨幣政策對金融穩定風險的反應趨近於零。

† 2019 年安尼爾・卡沙普（Anil Kashyap）與卡斯柏・西格特（Caspar Siegert）發表了一份報告（也是聯準會策略檢討的一部分）。他們在報告中呼籲，國會應要求全面審查可用來預防或因應金融危機的工具。Hubbard and Kohn (2021) 提出一個任務小組研究金融穩定的結果，由布魯金斯學會與芝加哥布斯商學院共同贊助。

的哪個地方，都應該加以追蹤並解決。

第二，根據我們目前的了解，我們無法完全排除「貨幣政策可能在因應金融穩定風險時，彌補其他工具」的情況。這些情況可能很少見，而且應該對相關的權衡取捨做仔細的分析。

本著這種精神，2020 年 FOMC 政策目標與策略的相關聲明，並沒有把金融穩定視為跟失業與通膨一樣重要的目標。不過，它確實指出，「可能阻礙 FOMC 達成目標的金融體系風險」應該納入政策制定者權衡的整體風險平衡中。這個說法顯示，FOMC 不會為了因應大家感知的金融風險而大幅調整貨幣政策，它也沒有具體說明可能觸發貨幣政策反應的風險性質。但它確實保留了一種可能性：在危險關頭，FOMC 可能會對金融穩定面臨的風險採取逆勢操作，以防萬一。

國際金融危機蔓延

世界各地主要央行的貨幣政策，多多少少把各國之間的金融狀況連在一起。聯準會的行動特別有影響力，新興市場的經濟體往往受到最大的影響。2013 年的「縮減購債恐慌」雖是極端的例子，但闡明了一個更普遍的現象。

艾蓮娜・芮伊（Hélène Rey）記錄了她所謂的全球金融循環：世界各地的風險資產（從墨西哥公司債到南非股票）容易一起變動。[41] 芮伊與其他人也發現，美國貨幣政策的改變對全球金融循環有顯著的影響。聯準會寬鬆政策時，世界各地承擔的風險會增加，風險資產的價格會上漲，資本會湧入新興市場。而當聯準會緊縮政策時，這一切又會反轉。

聯準會的政策對全球金融狀況有顯著影響，原因並不難理解。[42] 美國

經濟的規模龐大，資本市場又是全球規模最大、流動性最強的。許多外國政府與公司為了接觸這個市場而借入美元，這表示美元的價值或美國利率的改變都會影響它們的金融穩健度。世界各國政府持有的大部分國際準備金也是美元，國際貿易也大多以美元交易（即使交易雙方都不是美國人）。目前分別在國際貨幣基金組織與國際清算銀行擔任資深經濟顧問的托比亞斯‧阿德里安（Tobias Adrian）與申鉉松（Hyun Song Shin）已經證明，美國寬鬆貨幣政策時，國際銀行往往會增加槓桿，出借更多美元給高風險的借款人——可謂國際版本的「貨幣政策的風險承擔管道」。[43] 由此產生的美元流動，尤其是流向新興市場借款人的美元流動，使外國貨幣升值，並提高了高風險外國資產的價格。然而，美國緊縮貨幣政策時，國際銀行會減少貸放美元，導致外幣下跌及資本回流。

儘管聯準會的任務是關注美國經濟，但聯準會顯然有興趣避免那些可能導致海外市場過度波動的行動，因為那些波動會反過來影響到美國的經濟與市場。為了盡量避免或縮小波動，聯準會試圖清楚傳達政策計劃，讓外國市場與政策制定者有時間應對調整。此外，在 2020 年 3 月等金融壓力時期，聯準會的巨大影響力及美國市場在全球扮演的重要角色，使強大的政策回應顯得特別重要。

新興市場國家也可以採取行動，降低它們在全球金融循環中的脆弱性。最直接的做法是改善經濟的基本面以緩和資本流動的大幅波動。在過去幾十年裡，許多國家藉由減少財政赤字與貿易赤字、保護央行的獨立性、改善金融監管、允許更大的匯率彈性、進行架構改革來強化經濟。這些類型的改變有助於說服投資者相信，即使全球金融狀況緊縮，一個國家也可以持續成長。

總體審慎政策也可以降低全球金融循環的風險。例如，國際貨幣基金

組織傳統上會對新興市場施壓，要求它們讓資本自由地跨境流動，不受限制，理由是外國投資可促進發展。然而，金融危機爆發以來，國際貨幣基金組織比從前更加支持新興市場經濟體使用明確的資本管制（限制金融資本的流入與流出），以緩和全球金融循環的影響。同樣地，新興市場的政策制定者也加強了監管本國銀行與非金融企業的美元計價借款。透過 G20 與金融穩定委員會之類的組織，先進國家與新興國家正一同努力監控全球風險，以及強化全球體系的韌性。

對聯準會來說，國際層面使維持金融穩定變得更有挑戰性。總體審慎政策在國際上實施更加困難，因為美國的監管機構觀察或因應海外風險的能力有限。況且，美國的監管機構也需要與多國的監管機構協調，這又增加了複雜性。當政策制定者必須同時考慮 LATW 貨幣政策對國內市場與全球市場的影響時，使用 LATW 貨幣政策也變得更加複雜。

整體來說，我們對於貨幣政策、監管政策、金融穩定之間的關聯，依然了解不夠透澈。研究人員與政策制定者還有很多任務要做。政策制定者與立法者也必須明白，我們需要重新設計監管系統，以便更準確地預測及防範金融危機，這項任務才剛起步而已。有些人建議金融穩定應該跟物價穩定及就業最大化一樣，變成聯準會法定目標的一部分，但我並沒有那樣的期望。不過，在可預見的未來，金融不穩定將會是 21 世紀央行官員的主要擔憂。

第 15 章
聯準會的挑戰

聯準會為了達到經濟與金融穩定的目標，可能會持續創新與實驗。然而，除了技術性的政策挑戰以外，聯準會身為一個機構也面臨著重大的挑戰。它能維持難得的獨立性嗎？它應該維持獨立性嗎？它如何因應更廣泛的社會變化，包括科技進步、氣候變遷，以及日益強烈的社會正義呼聲？

聯準會的獨立性

大家通常會把聯準會描述為獨立的機構，但這並不表示它完全自治、不需要為人民負責或抽離政治。反之，聯準會是政治體系的產物。它的權力與架構——它的存在——是由《聯邦準備法》規定的，國會可以隨時修改該法。聯準會的理事會成員是政府任命的，其主席與其他領導人透過聽證會、正式報告、私下接觸，讓立法者了解聯準會的行動與計劃。在我擔任聯準會主席的最後一次記者會上，當記者問我對繼任者有什麼建議時，我說：「國會是我們的老闆。」[1] 由於聯準會對經濟與金融體系有顯著的影響——有時充當救星，有時是代罪羔羊——聯準會是政

客非常關注的對象。

雖然聯準會受到政治約束，但實務上，它有一定程度的獨立性。國會設定了聯準會的目標——物價穩定與就業最大化——並提供廣泛的監督與問責。*不過，聯準會長久以來享有很大的實質政策獨立性，設定利率及採取其他行動以追求國會授權的目標，而且多數情況下，聯準會受到的政治干預有限。

與許多國家不同的是，美國沒有法律明文保證央行的獨立性。然而，實務上，聯準會的政策獨立性受到幾項法律條款的保護，其中許多條款在聯準會成立的初期就制定了。這些條款包括理事會的理事任期很長、總統不能因政策分歧而開除理事、聯準會可以靠持有的證券報酬來支應營運成本（但這個能力受到國會監督），不必依賴國會撥款。對這些條款的持續支持，反映了國會中的多數人及尼克森之後的歷任總統（僅有少數例外，尤其是川普）長期以來的信念：獨立的央行對經濟與政治都有利。聯邦準備系統遍及全國，這也支持了它的獨立性。地區性準備銀行的總裁與董事會，與當地的政界和商界領袖培養了密切的關係，這些在地的領導者在關鍵時刻幫忙捍衛了聯準會的自主權。

展望未來，聯準會的獨立性至少引發了兩個問題。第一，在當今的經濟與政治環境中，聯準會的政策獨立性依然合理嗎？假設合理，聯準會有能力捍衛這種獨立性，抵禦政治上的反對嗎？

雖然央行獨立性的原則淵遠流長，但大通膨的經歷強化了目前對它有利的共識。伯恩斯時代的聯準會無法獨立於尼克森政府之外，這種缺乏獨立性所造成的破壞顯而易見。伯恩斯時代的經驗，以及隨後極其獨立的伏

---

* 實務上，聯準會在詮釋目標時享有一定的彈性。例如，2012 年 FOMC 定義「物價穩定」是通膨率 2%；2020 年，聯準會強調其就業目標「廣泛與包容」的性質。

克爾時代在抑制通膨方面的成效，使大家常把聯準會的獨立性視為抵禦政客想在短期內過度刺激經濟的重要屏障。

獨立的央行官員比政治人物更有能力顧及經濟的長期利益，這種觀念依然是正確的。但是，說獨立是避免過度通膨的必要條件，這個說法如今看來就不是那麼有力了。儘管在新冠疫情後的復甦期間，通膨有所上升，但 21 世紀貨幣政策的制定者往往比較擔心通膨過低，而不是過高。此外，雖然川普是明顯的例外（他在新冠疫情爆發前，頻頻對鮑爾領導的聯準會施壓，要求降息），但近年來，央行面臨的政治反對，大多來自那些希望央行採取更少行動、而非更多行動的人。例如，共和黨人在金融危機後批評量化寬鬆政策；德國人反對歐洲央行的量化寬鬆計劃。

然而，避免「伯恩斯－尼克森」那種情境再次出現，並不是聯準會持續維持獨立的唯一理由。國會有充分的理由（無論是技術上還是政治上的）繼續把貨幣政策的決定授權給獨立的央行。

從技術觀點來看，貨幣政策的制定需要專業技巧與知識。身為優秀的主席或 FOMC 成員，並不需要擁有經濟學的博士學位（有些卓越的主席或成員並沒有經濟學博士學位），但他們確實需要了解複雜的經濟議題與概念，而且要全力投入監控經濟與金融市場。此外，貨幣政策往往有時效性，必須對不斷變化的經濟與金融狀況做出迅速又準確的反應，尤其在緊急狀況下。這需要對市場及大眾持續做一致、連貫且及時的溝通。說立法者既沒有時間、也沒有受過管理貨幣政策的訓練，並不是批評。國會之所以請聯準會來制定貨幣政策，部分原因就像我找專業人士來我家修水管一樣。雖然我會要求水電工對結果負責，但我不會對他完成任務的決定指手畫腳。貨幣政策很難，聯準會也會犯錯，但華府沒有其他的機構像聯準會那樣，擁有如此深厚的經濟才能與政策制定的經驗。

然而，光有技術性論點還不夠。要求財政部或另一個政治機構培養實施貨幣政策所需的專業知識，或許就能解決上述擔憂。例如，在1990年代的英國與日本，貨幣政策仍由財政部監督。支持財政部控制貨幣政策的潛在論點包括：更有民主問責度、更仔細地考慮貨幣政策對財政的影響、增加貨幣－財政的協調。儘管如此，由政府掌控貨幣政策——實務上是讓總統做利率決策——是很糟糕的概念。

貨幣政策的運作有很大的滯後性，政策的寬鬆或緊縮可能會延續好幾年（例如全球金融危機後的政策寬鬆與反轉持續了十幾年）。因此，政策的連續性與一致性，需要貨幣政策的制定者抱持比較長期的觀點。財政部長是按照總統的意思行事，可能迅速換人。我擔任聯準會主席的期間，曾與四位財政部長共事（其中兩位是共和黨人，兩位是民主黨人）；葛林斯潘擔任主席時，曾與七位財政部長共事。更廣泛地說，我們的政治制度每兩年舉行一次選舉，媒體週期不斷變化，其實不利於長遠的政策制定。獨立的央行比政治機構更有能力穩定通膨預期，發布可靠的前瞻性指引，以及建立可預測又一致的政策與政策架構。

一個政治化的貨幣當局，也會面臨更嚴格的審查，而且其行動的動機與時機也可能遭到質疑。眾人會覺得它的經濟預測是客觀且可信的嗎？一個政治化的機構會不會想要為了短期的政治利益而選擇調整利率的時機？在政治控制下，強大利益集團的影響會不會凌駕整體經濟的利益？這個政治化的機構會不會像1951年「財政部－聯邦準備協定」以前那樣，改變利率是為了管理政府舉債的成本，而不是為了促進高就業與物價穩定？考慮到目前黨派兩極分化與不信任的程度，支持貨幣政策與政治隔離開來的論點，似乎比過去更有說服力了。國會決定把新冠疫情時期的主要貸款方案都委託給聯準會處理，反映了國會議員信任聯準會的專業知識及其決策

過程不帶政治色彩的做法。

我對於聯準會能夠捍衛政策獨立性，抱持著適度的樂觀態度，即便它仍需要為達成目標負責。聯準會的獨立性與權威性挺過了金融危機後的衝擊與川普在推特上的攻擊，這證明了它的獨立性實務上並沒有那麼脆弱——雖然原則上隨時可被國會撤銷。拜登再次提名鮑爾連任，恢復了不同政黨的總統再次提名主席連任的傳統，這是另一個讓人充滿希望的跡象。不過，話又說回來，21世紀聯準會的獨立性所面臨的風險比以往還大。金融危機破壞了央行在左派與右派的聲譽——左派人士認為紓困行動偏袒華爾街，右派人士認為貨幣政策是高風險的實驗，兩派人士皆認為聯準會沒有阻止危機爆發是失職。民粹主義的興起，再加上陰謀論以及對精英的不信任，對聯準會這種技術官僚、無黨派機構，構成了特別的威脅。

聯準會的領導人一直知道，聯準會是在政治環境中運作，扮演政治的角色。私下與政界人士培養關係，讓他們有機會提出問題及表達關切，是聯準會主席的一大重要職責。葛林斯潘與兩黨總統及國會領袖的關係密切，鮑爾說他要「把國會的地毯走破」。但近年來，聯準會也一直在改變機構的風格，以提高透明度及向大眾宣傳。

身為聯準會主席，早期我努力提高聯準會透明度的動機，是為了改善與市場的溝通，使貨幣政策更可預測，更能發揮效果。但在金融危機後的政治亂象中，我意識到透明度與大眾宣傳可以達到解釋政策這個更廣泛的目標，進而（我希望）讓政策獲得支持。在聯準會的資深人士蜜雪兒·史密斯（Michelle Smith）所領導的公共事務處的協助下，我努力擴大聯準會的受眾，讓受眾不再只是金融市場的參與者與華府的局內人。我的繼任者也擴大了聯準會接觸的範圍，用更直白的語言來說明政策決定，並努力展示聯準會的政策如何幫助一般大眾。聯準會肯定會持續以更白話的方式

來說明它的行動，並尋找對話的機會，因為聯準會相信，如果大家更了解聯準會是什麼以及做什麼，大家更有可能支持它的獨立性。十二家聯邦準備銀行在當地社群耕耘已久，一直在這方面發揮重要的功能，未來也將是這方面的一大助力。

聯準會的廣泛影響

聯準會還面臨其他的挑戰，包括跟上新技術的發展、因應各種急迫的社會議題（從氣候變化到種族不平等）。

▌ 新技術

聯準會是個經驗豐富的機構，能夠接納日新月異的技術，以便把任務做得更好。例如，聯準會的幕僚日益透過大量可迅速取得的資料集來監控經濟，包括信用卡收費、通過機場安檢的乘客、餐廳訂位、線上搜尋主題，以及許多其他的衡量指標。把這種微觀「大數據」拿來衡量疫情期間的經濟活動特別有用。

聯準會也加強它身為銀行監管機構的高科技專業，例如，它正在監督銀行部署的機器學習演算法，以篩檢潛在借款人及管理風險。[2] 這些技術與其他人工智慧工具是否可靠且夠透明呢？它們是不是對少數族裔的信貸申請者特別不利？聯準會特別擔心銀行與其他的金融機構日益遭到複雜的網路攻擊。銀行體系本質上是緊密相連的，這為駭客創造了許多潛在的切入點。為了協助保護整個銀行體系，聯準會的銀行監管人員與財政部及其

他機構的網路安全專家合作，以測試銀行的防禦力。*³

聯準會在支付系統中扮演著關鍵的角色。它是財政部的財政代理人，處理政府向家庭與企業支付的大部分款項。例如，2020年《CARES法》授權發放的紓困給付，大多是由聯準會負責監督發放，包括透過直接存款、支票、預付借記卡的給付。⁴聯準會長期以來也為銀行清算支票，把資金從開票人的銀行移到收款人的銀行。從前，那需要在聯邦準備銀行分類大量的支票，並以飛機載運支票到全美各地交換。如今支票結算已完全電子化。

雖然很少人意識到聯準會在確保他們收到欠款方面所扮演的角色，但大家確實有注意到，從開出支票到收到款項之間有延遲。對那些靠業主開支票發薪的家庭，或仔細管理現金流的小事業主來說，延遲入帳可能會造成困難。為了消除拖延，聯準會正在開發一項名為FedNow的服務：透過全美任一家銀行，每天二十四小時提供幾乎即時的付款。⁵這項服務除了提供許多效益，也確保政府的紓困金可以立即使用（例如發放給天災的受害者）。

更有可能的是，聯準會也許將創造出一種「數位美元」，作為紙鈔的替代品。數位貨幣系統可用多種方式建構，包括（最有可能的是）聯準會與現有的銀行系統或專門做支付的新型金融科技公司合作建構。例如，大家可能透過現有的商銀帳戶，連上央行的數位支付。在概念上最簡單的模型中（雖然實務上很難管理），每個家庭與企業可以選擇在聯準會開立相當於支票帳戶的帳戶。那個聯準會的帳戶餘額等同於現金，可透過（比如）手機APP，立即把帳上的錢支付給任何擁有聯準會帳戶的企業或個

---

* 聯準會本身也必須防範網路詐騙。2016年曾有駭客侵入孟加拉的央行，向紐約聯邦準備銀行的孟加拉帳戶發送偽造的付款指令。

人。與現金交易不同的是，數位美元交易可能會留下記錄，雖然允許匿名或無痕帳戶也是有可能的。相較於現金或支票，聯準會支援的數位貨幣有幾個重要的優點，包括安全、方便、即時、保證匯款。它可能會加快及降低國際支付的成本，包括在美任職的外國人匯給祖國家人的款項。如果可以說服那些沒有銀行帳戶的人（例如因銀行各種收費而未開戶的人）加入聯準會支援的系統，數位美元也可以促進金融普惠性。

許多央行正在考慮數位貨幣，雖然只有中國人民銀行進展到實地測試的階段。聯準會正在研究數位貨幣的技術可行性，但已表示它打算在國會的指引下謹慎進行。聯準會之所以如此小心翼翼，技術與設計議題只是部分的原因。聯準會的政策制定者還必須考慮這種創新對金融體系與經濟的潛在影響。例如，一種有交易記錄的數位貨幣，如果最終取代了貨幣，將減少逃稅、洗錢、毒品交易與其他非法交易，但可能會犧牲隱私。有些人擔心，數位現金可能會導致金融不穩定，因為投資者可能覺得，金融體系一出現風雨欲來的跡象，可以輕易轉到（超安全的）數位貨幣去避險。聯準會也得了解數位現金將如何與信用卡網路等現有的支付系統互動，以及數位貨幣與傳統銀行存款之間的競爭，將如何影響銀行的獲利能力與融資管道。

另一個議題是，數位貨幣將如何影響貨幣與財政政策。它有一些明顯的優勢，例如，如果每個人都在聯準會有一個帳戶，退稅、紓困給付、其他的政府付款都可以立即交付。如果設立數位帳戶來支付利息，聯準會可以藉由改變數位貨幣的支付利率，來加快及加強其利率決定的效果。

央行數位貨幣與比特幣及其他所謂的加密貨幣大不相同。加密貨幣通常是以去中心化的技術（區塊鏈）開發及管理，而不是由央行開發與管理。自 2009 年比特幣推出以來，許多加密貨幣的價值飆漲，支持者把那

些加密貨幣吹捧為美元、歐元等央行貨幣的替代品。*比特幣與類似的資產會對貨幣政策有重大的影響嗎？

答案幾乎一定是否定的，至少在可預見的未來是如此。世人已經把比特幣這種加密貨幣視為一種投機資產，就像黃金一樣，但它們不是真正的貨幣。一種成功的貨幣，就像美元一樣，必須在一般交易中可以使用，並且有比較穩定的價值（以消費者購買的東西來衡量）。目前主要的幾種加密貨幣還不符合這兩個條件。一般人不會用比特幣來購買日用品（比特幣交易的手續費比一般信用卡交易還貴），而且以比特幣衡量的一般商品與服務的價格波動很大。因此，比特幣等價值浮動的加密貨幣，並沒有取代美元與其他主要的法幣，變成主要支付工具的危險。†即使比特幣或類似的加密貨幣在許多私人交易中確實取代了美元，政府要求民眾以美元納稅並以美元支付等事實，也確保了美元有持續的需求。只要大家普遍使用美元，貨幣政策仍將以例常的方式發揮效用，而加密貨幣的價值就像其他資產的價值一樣，會跟著聯準會的行動反應。

萬一比特幣之類的加密貨幣真的取代美元（這種可能性極低），那會發生什麼事？這種情況下，經濟其實就好像回歸 19 世紀的金本位制，只是換成比特幣扮演黃金的角色罷了（只是沒有官方的政府批准或央行的參與）。以比特幣計價的一般商品與服務，價格將取決於比特幣的供需，就像金本位制下，黃金的供需決定商品與服務的價格一樣。例如，如果比特

---

* 文中的討論適用於比特幣等價值可變、由市場決定的加密貨幣。有些加密貨幣與比特幣不同，它們的價值釘住美元或其他法幣，或釘住以法幣計價的資產。這些所謂的穩定幣（stablecoin）可能會成為新支付方式的基礎，但由於它們釘住現有貨幣，所以不會取代現有貨幣。關於如何監管穩定幣，以保護用戶及幫忙確保它們不會成為金融不穩定的根源，那也是一個重要的問題。

† 比特幣與類似資產還有其他的缺點：它們的創造使用了大量的能源，再加上它們常用於非法活動（從洗錢到勒索軟體），所以未來可能面臨更嚴格的監管。

幣的供給成長比經濟成長緩慢，一般商品的比特幣價格就會隨著時間的推移而下降。在比特幣的標準下，為了穩定物價或就業的貨幣政策將不再可行，因為央行無法掌控貨幣供給。由於大眾期望政府會努力穩定經濟，比特幣標準在政治上可能無法持久，就像事實證明，金本位制（限制了貨幣政策的積極使用）在 1930 年代也撐不下去一樣。

▋ 社會中的角色

聯準會在穩定經濟與金融體系方面所扮演的重要角色，也讓人不禁想問：聯準會能不能幫忙處理其他迫切的挑戰呢？例如，氣候變遷帶來的環境、社會、經濟代價日益顯著。另一方面，新冠疫情凸顯出美國社會的深刻裂痕，包括收入與財富方面的貧富落差愈來愈大、經濟與社會的流動性有限，以及醫療、教育、經濟機會的取得一直有落差。黑人、拉丁美洲裔與其他少數族群承受了最大的不利影響。聯準會能幫忙解決這些問題嗎？

一方面，儘管聯準會在某些方面很強大，但它紓解重大社會問題的能力，受到國會授權及工具限制的侷限。在民主國家，國家的優先要務應該要由民選代表來決定，而不是聯準會理事這種政府任命的官員。解決最棘手的社會問題，遠遠超出了聯準會的能力與職權範圍。但另一方面，只要聯準會有機會、有方法、有法律權限能做出有利的貢獻，又符合政治領導人與大眾設定的方向時，它應該會那樣做。

例如，在氣候變遷方面，可能有用的政策（例如碳稅或碳交易、對減碳技術的補貼，以及改造建築與公用事業）並不是聯準會的決定，而是國會（以及國會指定的一些機構，如環保局）的決定。不過，聯準會還是可以為集體努力做出貢獻。例如，聯準會贊助了有關氣候變遷的研究與會議。聯準會身為銀行的監管機構，繼英國央行與其他主要央行之後，也開

始把氣候風險納為評估銀行投資組合與資本需求的一個因素。這種做法一旦實施，可以逼銀行打消那些有氣候變遷風險的資產（例如位於氾濫平原或颶風區的資產），或是被限制暖化的政策所影響的資產（例如石油與天然氣公司發行的債券）。另一種可能的行動，歐洲央行與其他央行已經採用了：避免購買那些造成氣候暖化的主要公司所發行的債券。然而，與多數的主要央行不同的是，聯準會在正常的政策制定中，不會購買公司證券，所以這個議題在美國的實質重要性有限。目前為止，聯準會還沒把氣候變遷的影響納入經濟預測或貨幣政策分析中，因為一般認為，這些影響不可預測，而且大多是非常長期的，但隨著氣候變遷對成長與生產力的近期影響變得更加明顯，這種情況可能會改變。

前文提過，在貧富不均與社會流動性等議題上，聯準會可以做出一項極其重要的貢獻：運用貨幣政策來促進持續的高就業水準。熱絡的勞力市場為少數族裔、低收入、缺乏經驗的勞工所帶來的效益特別多。市場對勞力的穩健需求，也會吸引更多人進入勞力市場，累積經驗以及培養對自己有利的人脈關係。那些累積的經驗與人脈，即使勞力市場疲軟，依然對勞工有利。

除了貨幣政策以外，聯準會還有其他工具可以促進更平等的社會。例如，它與社區發展組織（包括社區發展金融機構、少數族裔開設的銀行）維持例常的關係。聯準會透過培訓方案及技術支援，來幫助這些機構服務顧客。[6] 聯準會也是實施 1977 年《社區再投資法》（*Community Reinvestment Act*）的機構之一，該法要求存款機構滿足其業務發展社區的廣泛信貸需求。[7] 聯準會位於華府及準備銀行的研究人員也會蒐集資料，研究勞力市場與貧富差距，包括種族與族裔差距。例如，聯準會定期的《消費者財務調查》就是美國貧富差距與收入不平等資料的基本來源。

聯準會也可以藉由增加本身的多元性來促進公平，確保所有的觀點都能在政策決策中體現，更廣泛地說，是讓經濟學這個專業更有包容性。聯準會把多元化列為正式目標已經好一段時間了，而且已經展現公平的結果。從 1990 年到 2021 年，共有十九名男性（其一為黑人）與八名女性在聯準會擔任理事。其中兩名女性，葉倫與愛麗絲・里夫林（Alice Rivlin），以及黑人男性弗格森還擔任理事會的副主席。後來葉倫擔任主席。2022 年，布蘭納德可望成為第三位擔任副主席的女性（注：於 2022 年 5 月 23 日上任）。同年，黑人經濟學家麗莎・庫克（Lisa Cook）與菲利浦・傑弗遜（Philip Jefferson）獲得提名，遞補理事會的席位。理事會成員是由總統選擇，而不是聯準會自己選的，因此聯準會員工的組成可能是展現聯準會追求多元化的更好指標。2019 年，布魯金斯學會的研究顯示，在聯邦準備系統的工作人員中，約 24% 的經濟學博士是女性，約 25% 是少數族裔。[8] 不過，布魯金斯學會對少數族裔的定義很廣泛。2021 年吉娜・斯米雅雷克（Jeanna Smialek）在《紐約時報》的報導指出，理事會只聘用了兩位黑人經濟學博士。[9] 這種多元化的缺乏，部分反映了整個經濟學專業的趨勢。在吸引、培育、提升女性與少數族裔方面，經濟學比科學、工程學科等其他領域落後。然而，身為公共機構及世界最大的經濟學家雇主之一，聯準會有特殊的責任來努力改善這種狀況。它應該加倍努力吸引多元的員工，並建立一個管道，把更多有才華的少數族裔與女性學生帶入這個領域。

過去與未來

保羅・高更（Paul Gauguin）有一幅名畫的標題這麼問道：「我們來自

何方？我們是誰？我們往何處去？」這本書試圖回答關於美國央行的這些問題。誠如聯準會在新冠疫情期間採取的非常行動所示，從馬丁與伯恩斯時代以來，聯準會已經歷了巨大的轉變。它澈底翻新了政策工具組以及策略與溝通方式；因應了不斷改變的政治風向；保護了政策獨立性。與此同時，它也與政府及國會合作一起因應危機，並支持其他國家的優先要務。

從馬丁到鮑爾，聯準會的政策工具與操作手法有了顯著的改變。這些改變主要並不是權力或使命改變的結果，也不是經濟思維變革的結果。誠如歷史記載所示，長期的經濟與政治發展在過去七十年間重塑了聯準會及其政策。

通膨行為的改變可說是第一個關鍵發展。通膨的變化主要源自聯準會政策的轉變及經濟結構的變化。1980 年代，伏克爾戰勝通膨，重新確立了貨幣政策在控制通膨方面的主導地位，恢復了聯準會的信譽，也展現了聯準會的政策獨立性的好處。葛林斯潘在經濟結構的有利變化加持下（包括失業率明顯下降），延續了伏克爾締造的效益，進一步穩定通膨與通膨預期。在我的任內，聯準會建立了一套正式的架構，描述它將如何實現通膨目標與就業最大化。後來，在鮑爾任內，聯準會又更新了架構。

控制通膨會繼續在美國的貨幣政策制定中扮演核心要角嗎？近年來，聯準會一直受到的批評是過於在意通膨而犧牲了就業。這種批評不無道理。1960 年代和 70 年代的大通膨，使得貨幣政策的制定者甚至無法忍受通膨小幅上升，他們擔心通膨小幅上升可能會破壞通膨預期，久而久之就會導致更嚴重的通膨問題。多年來，這些擔憂促成一些鷹派的政策錯誤。也有人批評，聯準會在 2012 年的政策原則中提出的「平衡方式」，賦予雙重任務大致相同的權重，那樣做並未充分重視高就業與勞力市場熱絡所帶來的社會效益。2020 年聯準會重新制定政策架構時，因應了這些擔憂。

尤其，鮑爾領導的聯準會放棄了先發制人的打擊通膨方式，願意接納更不穩定的通膨以及暫時的通膨超標，以便更穩定達到高就業水準。

熱絡的勞力市場所帶來的廣泛與持久效益，肯定會反映在聯準會的架構與政策中。話雖如此，聯準會不會、也不該忽視雙重目標中的另一半職責：物價穩定。控制通膨不僅對經濟有利（因為它讓市場運作得更好，有助於長期規劃），對促進穩定的高就業水準也非常重要。穩定的通膨與通膨預期，讓貨幣政策有更大的彈性來因應那些危及勞力市場的衝擊，因此可支持就業。例如，在通膨方面有公信力的央行，更有能力在面臨供給衝擊（油價上漲或新冠疫情造成的供應鏈中斷）時處變不驚，或是在經濟衰退時推出更強大的寬鬆政策，而不必擔心任何通膨上升會持續下去。* 聯準會可能會保留 FAIT 架構，也可能會在未來適時修改，但長遠來看，為了促進健全的經濟與就業市場，聯準會應該小心維護它在通膨方面好不容易才締造的信譽。

塑造聯準會及其政策的第二項發展是自然利率 R* 的長期下降。這個下降部分反映了通膨與通膨風險的降低，但（經通膨調整的）實質利率也大幅下降了，自 1980 年代中期以來降了約 3%。[10] 低利率環境會帶來許多經濟後果，最直接受到影響的是貸款人與借款人。對聯準會與其他的央行來說，面對有效下限，自然利率的下降縮限了央行以傳統的降息方法來刺激疲軟經濟的能力。幸好，新的政策工具（包括量化寬鬆，更明確、長遠

---

* 更廣泛來說，一個健全的貨幣架構必須要有經濟學家所謂的名目制約（nominal anchor）。名目制約指的是長期有助於穩定一般物價水準的政策目標。目前，通膨率是所有主要經濟體的名目制約。誠如第 13 章所述，貨幣政策的制定者可能考慮的其他名目制約包括物價水準或名目 GDP。對一些國家來說，固定匯率是一種名目制約。歷史顯示，名目制約的選擇非常重要，因為它有助於塑造貨幣政策及其造成的經濟行為。

的前瞻性指引等等）已經證明是有效的，可為央行增添火力，效果相當於聯邦資金利率下調 3%（根據我的模擬），而且副作用有限。話雖如此，即使有新的工具，以當前 R* 的水準來看，光靠貨幣政策不太可能因應嚴重的衰退。

這大多得視自然利率如何演變而定。債市判斷，導致自然利率下降的人口與技術因素將會持續存在，因此利率可能在未來多年持續維持在低檔。如果自然利率確實一直很低，我預期聯準會將繼續開發新的貨幣工具，或改造其他央行開發出來的工具。例如，聯準會可以用殖利率曲線控制來強化利率承諾，以增強前瞻性指引；它也可以開發補貼貸款計劃，以便在經濟不景氣時使用；它甚至可以考慮設定微負的短期利率。不過，如果自然利率持續維持在低檔，甚至降得更低，在嚴重的衰退中更依賴財政政策似乎無可避免。儘管目前看來政治上不太可能發生，但進一步開發財政自動穩定機制（亦即在經濟疲軟時自動生效的稅賦與支出條款），也許可以彌補貨幣政策力道不夠所造成的疲軟。

然而，並不能確定自然利率會不會維持在低檔或降得更低。通膨率變高、需要為美國與國外的巨額政府赤字融資，以及持有較長期證券的風險貼水增加，都有可能使未來的自然利率提高。更有可能的是，許多新技術──從人工智慧到新的綠能技術、量子運算、生技進步等等──都有可能扭轉生產力減緩的局面，結束投資機會匱乏的狀況。最重要的是，生產力的提升將導致產出與生活水準更快成長。此外，趨勢成長與投資所帶來的自然利率上升，將為貨幣政策提供更大的空間。

金融不穩定的風險增加，是塑造聯準會工具與策略的第三個長期趨勢，也可能是最令人擔憂的發展。許多助長這種風險的因素很難逆轉或修復，包括金融監管架構中的缺點（即使危機後已經改革過了）、迅速的金

融創新，以及全球金融體系日益複雜、不透明及密切相關的性質。為了維持金融穩定，並避免金融危機可能造成的經濟損害，聯準會擴大了對抗危機的工具——這點從它因應全球金融危機及 2020 年 3 月新冠疫情恐慌的措施即可見得。此外，聯準會也採取了整體審慎觀點，系統化地監管整個金融體系（包括聯準會沒有直接監管責任的市場與機構），並努力找出危及其穩定性的風險。聯準會也持續研究貨幣政策與私人風險承擔之間的關聯。

自全球金融危機以來，立法者與監管者所展現的進步成果確實值得讚揚，但關鍵的監管漏洞依舊存在，2020 年 3 月的事件就證明了這點。美國監管機構仍然缺乏防範重要系統性風險所需的權力與授權，尤其是在房地產與影子銀行領域。聯準會既然有專業與可信度，就應該採取更多的行動來凸顯出剩餘的落差，並向國會與 FSOC 的其他成員施壓，要求他們採取行動。尤其，由於冒險行為總是會轉移到體系中監管最少的部分，我們應該更認真看待一個原則：功能類似的金融公司應該受到類似的監管。從聯準會的角度來看，加強總體審慎監管可以減少金融穩定的可能副作用，讓積極使用貨幣政策變得更安全、更有效。

除了經濟與政策挑戰以外，聯準會也必須應付日益提升的大眾知名度。最近聯準會在因應金融與經濟危機時扮演主角，因此從一個鮮為人知的機構，變成全國關注的焦點。在這方面，全球自 1996 年以來已經出現很大的變化。1996 年，時任聯準會副主席的布蘭德說：「有人告訴我，數百萬美國人依然以為，聯邦準備系統（注：Federal Reserve System，reserve 也有自然保護區的意思）是一個由國有森林與野生動物保護區組成的系統，裡面有牛、熊、鷹與鴿子，牠們和諧地共處同歡。」[11] 聯準會的領導人將需要與所有的美國人有更密切的接觸——傾聽他們的擔憂，說

明聯準會的政策，並顯示非政治、獨立、客觀的政策制定符合經濟的長期利益。無庸置疑，聯準會會犯錯，就像過去一樣。但誠如鮑爾所言，聯準會必須持續證明，它不會犯下品格或誠信方面的錯誤。

懇請賜教與致謝

　　我熱切期待收到本書讀者的來信。書中是否有我遺漏的重要議題？或是我的說明是否有誤？有任何主題是我應該更深入探討的嗎？由於制定貨幣政策的環境複雜又多變，有沒有什麼新的問題是我應該說明的？如果您對本書有任何問題或意見，歡迎到 http://benbernankebook.com/feedback 留言。您的建議有助於未來版本的增修，我也會在公開網站上回覆一些精選的問題與評論。在此先感謝您的意見回饋。

　　許多人為這本書的出版提供了協助與鼓勵。Dave Skidmore 曾與我密切合作金融危機的回憶錄《行動的勇氣》。這回，他再度運用過人的編輯技巧以及對聯準會的了解，把這本書編整得更清晰準確。感謝他的辛勞，以及寶貴的想法與建議。我也要感謝 Michael Ng、Sage Belz、Finn Schuele、Tyler Powell、Eric Milstein 等人出色的研究協助，他們不僅支援這本書，也支援本書引用的幾個獨立研究專案。有幸與這些才華洋溢的年輕人合作是一大樂事。我相信未來會聽到更多有關他們的好消息。

　　試讀本書初稿的讀者包括 Bill English、Mark Gertler、Anil Kashyap、Don Kohn、Debbie Lucas、Rick Mishkin、Angel Ubide、David Wessel。感謝他們的試讀，也謝謝麻省理工學院研討會的參與者提出的實用意見。感謝

布魯金斯學會（我是該學會哈欽斯財政與貨幣政策中心〔Hutchins Center on Fiscal and Monetary Policy〕的特聘資深院士）與麻省理工學院（2020–21 年間我曾是格魯布金融與政策中心〔Golub Center for Finance and Policy〕的院士）的支持。

感謝諾頓出版社（W. W. Norton）的工作人員，尤其是我的編輯 Brendan Curry（他也是我出版《行動的勇氣》時的合作夥伴）對文稿提出的意見，以及在整個出版過程中的指導。我也非常感謝以下諸位的專業協助：專案編輯 Rebecca Homiski、製作經理 Anna Oler、藝術總監 Ingsu Liu、文案編輯 Carla Barnwell、公關人員 Rachel Salzman、編輯助理 Caroline Adams。感謝我的法律顧問與出版經紀人 Bob Barnett 和 Michael O'Connor 提供卓越的建議與指導。

這本書是我在新冠疫情期間投入的專案，大多是在家裡寫的，也因此迫使我的妻子安娜比以往更密切地接觸我寫作過程中的心境起伏，以及那不尋常的一年所帶來的焦慮。一如既往，她始終給予我無盡的支持與共鳴。

最後，我想向聯準會的朋友與以前的同仁致謝。聯準會是一個難能可貴的機構，遺憾的是，外界往往不太了解或不太欣賞它在強化與保護美國經濟與金融體系方面所做的努力。希望本書至少有助於導正這種情況一些。

資料來源

本書引用了許多資源，包括演講、報告、新聞報導、出版的書籍與文章、研究論文、經濟資料等公開文件。以下是本書準備過程中常用的一些資料來源與連結。

聯準會文件

聯準會的網站（www.federalreserve.gov）提供了大量的歷史資訊，以及當前政策的資訊。

■ FOMC的相關資訊，包括政策會議的會議記錄、會後聲明、執行說明、主席的記者會逐字稿，以及 FOMC 成員的每季經濟預測：http://www.federalreserve.gov/monetarypolicy/fomccalendars.htm

■ FOMC 的歷史資料（包括會議記錄與幕僚備忘錄）：http://www.federalreserve.gov/monetarypolicy/fomc_historical.htm

■ 聯準會新聞稿、貼現率會議的會議記錄、資產購買計劃的說明、緊急機制的授權：Https://www.federalreserve.gov/newsevents/pressreleases.htm

■ 聯準會「提交給國會的貨幣政策報告」，每年發布兩次（連同主席的國

會證詞），討論貨幣政策與經濟前景，並包含聯準會幕僚對金融業發展的分析：http://www.federalreserve.gov/monetarypolicy/mpr_default.htm

■ 2006 年起，理事會成員的發言：https://www.federalreserve.gov/newsevents/speeches.htm 以 及 1996 年 年 中 至 2005 年：https://www.federalreserve.gov/newsevents/speech/speeches-archive.htm

■ 2006 年起，理事會成員的國會證詞：https://www.federalreserve.gov/newsevents/testimony.htm 以 及 1996 年 年 中 至 2005 年：https://www.federalreserve.gov/newsevents/testimony/testimony-archive.htm

■ 聯邦準備經濟研究檔案系統（Federal Reserve Archival System for Economic Research，簡稱 FRASER），聖路易聯邦準備銀行：FRASER 是美國經濟、金融、銀行業歷史的數位圖書館——尤其是聯邦準備系統的歷史。可從 FRASER 取得的關鍵文件包括與聯準會以及 1996 年之前的聯準會演講與國會證詞有關的法律與其他文件：https://fraser.stlouisfed.org/

■ 聯準會口述歷史訪談：對以前 FOMC 的成員與理事會幕僚的採訪記錄，這是為了 2013 年聯邦準備系統百年慶所做的：https://www.federalreserve.gov/aboutthefed/centennial/federal-Reserve-Oracal-History-Interviews.htm

■ 關於聯準會歷史的文章與相關資源：https://www.federalreservehistory.org/

其他公共文件

■ 參眾兩院的聽證會記錄：http://www.gpo.gov/fdsys/browse/collection.action?collectionCode=CHRG

資料來源

■ 聖路易聯邦準備銀行的 FRED：FRED 是一個金融與總體經濟資料的資料庫。它也提供繪製及處理資料序列的工具。FRED 提供的主要指標包括失業率與就業人數、國內生產毛額（GDP）、消費價格指數（CPI）、個人消費支出（PCE）價格指數、個人收入、油價、S&P 與道瓊工業指數、公債利率、大眾持有的公債，以及房價（以 Case-Shiller 20-City Composite Home Price Index 衡量）：https://research.stlouisfed.org/fred2/

■ 有關聯準會資產負債表的資料，來自聯邦準備理事會的 H.4.1 發布：http://www.federalreserve.gov/releases/h41/

■ 章節附注中詳列了書中使用的其他資料來源。

注釋

前言

1. Transcript of Powell's press conference, January 29, 2020, 1.
2. Transcript of Powell's press conference, January 29, 2020, 11.
3. Transcript of Powell's press conference, March 3, 2020, 1.
4. Powell (2020b).
5. Friedman and Schwartz (1963).
6. For further discussion of the role of the gold standard in the Depression, see Eichengreen (1992), Bernanke (2000), and Ahamed (2009).
7. Eichengreen and Sachs (1985).
8. Bernanke (2002b).
9. Fischer (1995). Fischer used the term *instrument independence* rather than policy independence.

第 1 章

1. Phillips (1958). 關於薪資與失業之間的關係,其基本概念比菲利浦的論文更早出現,至少可以追溯到爾文・費雪 1926 年的一篇論文,該論文於 1973 年再版,Fisher, (1973)。
2. Samuelson and Solow (1960).
3. John F. Kennedy on the Economy and Taxes." *John F. Kennedy Presidential Library and Museum*, accessed November 20, 2020, https://www.jfklibrary.org/learn/about-jfk/jfk-in-history/john-f-kennedy-on-the-economy-and-taxes.
4. *The American War Library*, accessed November 24, 2020, http://www.americanwarlibrary.com/vietnam/vwatl.htm.
5. Hooper, Mishkin, and Sufi (2020). The original Medicare law prohibited any intervention by the government in physicians' decisions about care, eliminating the possibility of cost-saving restrictions.
6. Fair (1978).
7. Dam and Shultz (1977).
8. Bernanke (2008a).

9. Friedman (1968).

10. Phelps (1968).

11. Gordon (2013) discusses empirical work on the contemporary model of inflation. See also Yellen (2015).

12. Hodgson (August 20, 1998).

13. 關於協定的故事，更多資訊請參見 Hetzel and Leach (2001) 及 Romero (2013)。

14. In the Federal Reserve Archival System for Economic Research (FRASER), see "Joint Announcement by the Secretary of the Treasury and the Chairman of the Board of Governors, and of the Federal Open Market Committee, of the Federal Reserve System," March 4, 1951.

15. Binder and Spindel (2017).

16. Hetzel and Leach (2001).

17. Volcker (2018).

18. Martin's exact quote was, "Our purpose is to lean against the winds of inflation or deflation, whichever way they are blowing, but we do not make those winds." See, in FRASER, Martin's testimony to the Committee on Banking and Currency, U.S. Senate, January 20, 1956.

19. In FRASER, see Martin's address to the New York Group of the Investment Bankers Association of America, October 19, 1955.

20. In FRASER, see Martin's testimony before the Committee on Finance, U.S. Senate, August 13, 1957.

21. Romer and Romer (2002).

22. Hetzel (2008). Chapter 6.

23. Okun is cited in Orphanides and Williams (2013).

24. Current estimates of the Okun's Law coefficient are closer to 2 than 3. For a discussion of Okun's Law, see Owyang and Sekhposyan (2012).

25. Orphanides and Williams (2013) discuss the consequences of policymakers' strongly held beliefs about the natural rate during the Great Inflation. Orphanides (2003) was among the first to document the misestimation of u* during this period.

26. Binder and Spindel (2017).

27. Cited in Granville (June 13, 2017).

28. Granville (June 13, 2017).

29. Hetzel (2008). Chapter 7.

30. Federal Reserve Board Oral History Project: Interview with J. Dewey Daane, former Board member (June 1, 2006), 37.

第 2 章

1. 關於伯恩斯的觀點，詳情請見 Hetzel (1998) 以及 Wells (1994)。

2. Abrams (2006).

3. Ferrell (2010), 38.

4. Hetzel (1998).

5. Ferrell (2010), 34–35. 伯恩斯在佩珀丁大學（Pepperdine University）的演講中主張控制，Burns (1970)。

6. Steelman (2013).

7. Burns (1979).

8. Silber (2012), 136.

9. Federal Reserve Board Oral History Project: Interview with Paul A. Volcker (January 28, 2008), 77–78.

10. Silber (2012), 146.

11. Volcker (2018), 102–4.

12. Mondale and Hage (2010), 272–73.

13. Rogoff (1985).

14. In FRASER, see Volcker's testimony before the Committee on Banking, Housing and Urban Affairs, U.S. House of Representatives, February 19, 1980.

15. Silber (2012), 168.

16. FOMC transcript, October 6, 1979, 19.

17. For more on the credit controls, see Schreft (1990).

18. Silber (2012), 190. 伏克爾寫道，在費城的一場花園派對上，卡特說聯準會決定把重點放在貨幣供給上是「不智的」，Volcker (2018), 111。

19. Volcker (2018), 118.

20. Silber (2012), 254.

21. Volcker (2018), 113.

22. "Failure of Continental Illinois." Federal Reserve History, https://www.federalreservehistory. org/essays/failure-of-continental-illinois.

23. Haltom (2013). For Volcker's recollections, see Volcker (2018), 125–28.

24. 該法案名為《存款機構解除管制與貨幣控制法案》（Depository Institutions Deregulation and Monetary Control Act），參見 Robinson (2013)。

25. See Goodfriend and King (2005) for a discussion.

26. Volcker (1990).

第 3 章

1. Mallaby (2016).

2. Mallaby (2016), 344–45.

3. Greenspan (2007), 108.

4. Transcript of ceremony commemorating the Centennial of the Federal Reserve Act, December 16, 2013, 5–7, https://www.federalreserve.gov/newsevents/press/other/20131216-centennial-commemoration-transcript.pdf.

5. FOMC transcript, December 16, 1987, 71–72.

6. See Freund, Curry, Hirsch, and Kelley (1997).

7. Peek and Rosengren (1992), 21–31.

8. It was a recess appointment. Greenspan would not be confirmed by the Senate until February 28, 1992. In the interim, the Fed Board named him "chairman pro tempore."

9. Mallaby (2016), 366.

10. Nelson (March 9, 1990).

11. Bush, State of the Union Address, January 29, 1991. The American Presidency Project, University of California-Santa Barbara, accessed November 27, 2021. https://www.presidency.

ucsb.edu/documents/address-before-joint-session-the-congress-the-state-the-union-1.

12. Mallaby (2016), 398–400.

13. Blanchard (2019).

14. *Wall Street Journal* (August 25, 1998).

15. Blinder and Yellen (2001), 26.

16. In FRASER, see Greenspan's testimony before the Subcommittee on Economic Growth and Credit Formation of the Committee on Banking, Finance and Urban Affairs, U.S. House of Representatives, February 22, 1994.

17. Greenspan (2007), 155.

18. Boyle (1967), 217.

19. Bernanke, Laubach, Mishkin, and Posen (1999).

20. *Los Angeles Times* (September 27, 1987).

21. FOMC transcript, February 3–4, 1994, 29–30.

22. The minutes combined two previous documents—the Record of Policy Actions and the Minutes of Action—that had been released disjointedly. Previously, the Record had been released to the press and the Minutes of Action had been made available in the Board's Freedom of Information office—both on the Friday after the subsequent meeting.

23. Woodward (2000).

24. Uchitelle and Kleinfield (March 3, 1996).

25. FOMC transcript, February 4–5, 1997, 98.

26. 例如,最初公布的資料顯示,1996 年每小時工作產出(勞動生產力)成長 0.8%,1997 年成長 1.7%。參見 Productivity and Costs, Archived Press Releases, U.S. Bureau of Labor Statistics, accessed November 30, 2020, https://www.bls.gov/bls/news-release/prod.htm。修改後,資料顯示,1996 年與 1997 年的勞動生產力分別成長 2.1% 和 2.7%。此外,勞動生產力的成長正在加快,1998 年高達 3.3%。See Nonfarm Business Sector: Real Output Per Hour of All Persons, FRED (Federal Reserve Bank of St. Louis Database).

27. 勞工態度記錄在 Manski and Straub (2000)。Allen, Clark, and Schieber (2001) 以及 Stewart (2000) 研究了 1990 年代實際的就業保障。同樣的,Katz 和 Krueger (1999) 在研究中使用勞工調查與地區比較,幾乎找不到佐證葛林斯潘假設的資料。

28. Blinder and Yellen (2001), 43–48.

29. The CBO estimates of the natural rate are 6.2 percent for 1980, 5.3 percent for 1997.

30. Katz and Krueger (1999).

31. Lexington (KY) Herald, November 1, 1915, page 7, column 4, cited by Barry Popik (April 18, 2012), https://www.barrypopik.com/index.php/new_york_city/entry/luck_is_the_residue_of_design_dodgers_executive_branch_rickey.

32. Net private investment from abroad into those five economies rose from $40.5 billion in 1994 to $93.0 billion in 1996. See Radelet and Sachs (2000), 2.

33. 在股市下跌兩天後的國會證詞中,他說:「美國的股價已經準備好調整了……最近幾天股市的淨收縮將抑制(勞力市場閒置人力的縮減,那種縮減步調是無法持久的),這發展應該有助於延長我們六年半的景氣擴張。」參見 Greenspan's testimony before the Joint Economic Committee, U.S. Congress, October 29, 1997。

34. Greenspan (2007), 192.

35. Loomis (October 26, 1998).

36. Federal Reserve Oral History Project: Interview with Alan Greenspan (August 13, 2009), 68.

37. FOMC transcript, September 21, 1998, 98.

38. FOMC transcript, October 15, 1998, 29.

39. FOMC transcript, September 29, 1998, 29.

40. Greenspan (2007), 196.

41. FOMC transcript, February 3–4, 1994, 47.

42. FOMC transcript, February 22, 1994, 3.

43. Campbell and Shiller (1998).

44. Greenspan (1996).

45. 這個計算代表 1996 年 12 月至 2002 年 12 月期間 S&P 500 指數的報酬，並使用 Shiller (2000) 的資料。更新的資料是透過 Shiller 的線上資料儲存庫取得。

46. For a review of models used to estimate the equity risk premium, see Duarte and Rosa (2015). The premium appears to have been roughly stable during the 1990s through 1996, declining (and thus suggesting overvaluation) only in the period after Greenspan's "irrational exuberance" speech.

47. Greenspan (2007), 178–79.

48. Greenspan (2007), 199–200.

第 4 章

1. Shiller (2019).

2. Willoughby (March 20, 2000).

3. 從 2000 年 3 月納斯達克的最高點到 2002 年 10 月納斯達克的最低點，實質個人消費支出 增加了 11%，遠低於納斯達克攀升到最高點之前可比較期間的 19% 增幅。

4. Ferguson (2003).

5. Wicksell (1936) 稱之為「自然」利率，他把它定義為物價通常穩定的利率。

6. Fisher (1930).

7. Laubach and Williams (2003) and Holston, Laubach, and Williams (2017).

8. Summers (2014).

9. Hansen (1939).

10. Rachel and Summers (2019).

11. Bernanke (2005). See also Bernanke (2015c, d, e).

12. Caballero, Farhi, and Gourinchas (2017). 進一步的證據，參見 Del Negro, Giannone, Giannoni, and Tambalotti (2017)。

13. Mian, Straub, and Sufi (2021).

14. Greenspan (2007), 229.

15. 早期的一項重要貢獻是 Krugman (1998)。

16. Bernanke (2002c) and Bernanke, Reinhart, and Sack (2004).

17. FOMC transcript, December 9, 2003, 89.

18. Blinder and Reis (2005), 13.

19. FRED, S&P/Case-Shiller U.S. National Home Price Index.

20. See "Factors Contributing to the 2008 Financial Crisis," October 17, 2017, University of

Chicago Booth School of Business: The Initiative on Global Markets, https://www.igmchicago.org/surveys-special/factors-contributing-to-the-2008-global-financial-crisis/.

21. Glaeser, Gottlieb, and Gyourko (2013).
22. Kuttner (2012).
23. Bernanke (2010a).
24. Shiller (2007).
25. Bernanke (2015a), 96.
26. Gramlich (2007), 108–9.
27. 理事會禁止「不公平或欺騙性」貸款行為的權力，是由〈「住宅產權權益保護法〉（*Home Ownership and Equity Protection Act*，簡稱 HOEPA）確立的。相關討論，參見 Bernanke (2015a), 100-102。
28. Greenspan (2005).
29. Greenspan's testimony before the Committee on Oversight and Government Reform, U.S. House of Representatives, October 23, 2008.

第 5 章

1. 我對大蕭條的研究大多收集在 Bernanke (2000).
2. 自 2004 年 6 月起的兩年內，30 年期房貸利率僅從約 6.3% 上升至 6.6%，儘管同期聯邦資金利率上升了 4% 以上。葛林斯潘說，房貸利率與其他較長期利率對升息的反應如此冷淡，是個「謎」。我在一次演講中（Bernanke, 2006）主張，外國對明顯安全的較長期美元資產的需求，是造成反應冷淡的原因之一。短期利率上升確實會為變動利率貸款的借款者帶來壓力，但誠如本書內文所述，2007 年，那種變動利率的貸款在美國貸款中的比例不到 8%。
3. Lewis (2010).
4. Bernanke's testimony before the Joint Economic Committee, U.S. Congress, March 28, 2007.
5. FOMC transcript, March 21, 2007, 67.
6. Bartlett (2018).
7. Gorton (2012).
8. Kacperczyk and Schnabl (2010).
9. Pozsar, Adrian, Ashcraft, and Boesky (2010).
10. Bernanke (2015a), 402.
11. Kacperczyk and Schnabl (2010).
12. Gorton and Metrick (2012).
13. Bernanke (2018).
14. Bagehot (1873).
15. 若要詳盡檢視美國政府危機時期的計劃、邏輯與結果，請參閱 Bernanke, Geithner, and Paulson (2020)。我在回憶錄中更詳細地描述了金融危機中的事件，以及我在那些事件中扮演的角色，Bernanke (2015a)。
16. Articles collected in Bernanke, Geithner, and Paulson (2020) provide citations and reviews of the evidence.
17. See Bernanke (2015a), 248–69, and Bernanke, Geithner, and Paulson (2019), 61–73.
18. 關於危機期間貨幣政策的詳情，請見 Kohn and Sack (2020), 425。

19. Board of Governors, "Policy Tools: Interest on Reserve Balances," accessed November 20, 2021, https://www.federalreserve.gov/monetarypolicy/reserve-balances.htm.

20. 關於信貸中斷影響實質經濟的證據,參見 Bernanke (2018)。關於聯準會幕僚在危機早期對經濟過於樂觀的預測,參見 Kohn and Sack (2020)。

第 6 章

1. Bernanke (2008b).

2. FOMC transcript, December 15–16, 2008, 25.

3. 例如參見 Correa and Davies (2008)。

4. Bernanke (2009a).

5. Bernanke, Reinhart, and Sack (2004).

6. Furman (2020).

7. Kohn and Sack (2020).

8. FOMC transcript, March 17–18, 2009, 123.

9. FOMC transcript, March 17–18, 2009, 203.

10. FOMC transcript, April 28–29, 2009, 33.

11. Federal Reserve Board, press release, "Federal Reserve, OCC, and FDIC release results of the Supervisory Capital Assessment Program," May 7, 2009, https://www.federalreserve.gov/newsevents/pressreleases/bcreg20090507a.htm.

12. Reinhart and Rogoff (2009).

13. 事實上,FOMC 在 2014 年的退場原則聲明中(2011 年 6 月會議記錄提供的資料預示了這點),以及葉倫主席與鮑爾主席的實際政策中,採用了類似的順序。See Policy Normalization Principles and Plans, September 16, 2014, https://www.federalreserve.gov/monetarypolicy/files/FOMC_PolicyNorma See also Board of Governors, Policy Normalization: History of the FOMC's Policy Normalization Discussions and Communications, accessed December 8, 2020, https://www.federalreserve.gov/monetarypolicy/policy- normalization-discussions-communications-history.htm.

14. 幾位著名的經濟學家都料到了歐元區的缺點,包括 Barry Eichengreen、Milton Friedman、Martin Feldstein、Michael Mussa。參見 Jonung and Drea (2009)。

15. Erceg, Linde, and Reifschneider (2010).

16. Bernanke (2010b).

17. Letter available at David M. Herszenhorn, "Dear Mr. Bernanke: No Pressure, but...", *New York Times*, November 17, 2010, https://thecaucus.blogs.nytimes.com/2010/11/17/dear-mr-bernanke-no-pressure-but.

18. *Wall Street Journal* (November 15, 2010).

19. *Wall Street Journal* (September 20, 2011).

20. Wheatley and Garnham (September 27, 2010).

21. Bernanke (2015a), 493.

22. 有關立法鬥爭的討論,參見 Bernanke (2015a), 435-66。

23. Binder and Spindel (2017).

24. 裴利是 2011 年 8 月 15 日在愛荷華州參加競選活動時說的。金瑞契是 2011 年 9 月 7 日在共和黨總統候選人的辯論中說的。關於政治反彈的更多資訊,參見 Bernanke (2015a),

520–23。

25. Bernanke (2009b).

26. Bernanke (2015b).

第 7 章

1. Reinhart and Rogoff (2009).

2. Fernald (2014).

3. Woodford (2012).

4. Femia, Friedman, and Sack (2013).

5. Swanson (2011).

6. Bernanke and Mishkin (1997).

7. 典型的泰勒法則是寫在 Taylor (1993)。相關討論，參見 Bernanke (2015f)。

8. Mallaby (2016), 380.

9. Mallaby (2016), 487–91.

10. Bernanke (2003a, b).

11. Bernanke (2015a), 538.

12. Draghi (2012).

13. Bernanke (2012).

14. FOMC meeting minutes, March 19–20, 2013, 8.

15. Bernanke (1999).

16. Bernanke's testimony before the Joint Economic Committee, U.S. Congress, May 22, 2013.

17. FOMC meeting minutes, April 30–May 1, 2013, 7. 關於 FOMC 會議記錄中使用的數量詞（例如「大多數」、「許多」、「幾個」等）及其詮釋的討論，參見 Meade, Burk, and Josselyn (2015)。

18. Transcript of Bernanke's press conference, June 19, 2013, 5–6.

19. Bernanke (2014a).

第 8 章

1. FOMC transcript, March 4, 2014, 4.

2. Transcript of Yellen's press conference, March 19, 2014, 14.

3. Federal Reserve Board, press release, Federal Reserve issues FOMC statement on policy normalization principles and plans, September 17, 2014, https://www.federalreserve.gov/newsevents/pressreleases/monetary20140917c.htm.

4. Williams (2017).

5. Das (2019).

6. Spicer (August 26, 2015).

7. Rosenfeld (August 28, 2015).

8. Transcript of Yellen's press conference, December 16, 2015, 4.

9. Irwin (September 29, 2018).

10. Mui (July 27, 2016).

11. Gordon (2016).

12. Daly, Hobijn, Sahin, and Valletta (2012).

13. Staiger, Stock, and Watson (1997).

14. Yellen (2014).

15. Jamrisko, Whiteaker, and Diamond (2018).

16. Bernanke (2016).

17. Nechio and Rudebusch (2016).

18. 確認菲利浦曲線在 1990 年代失靈的研究包括：Blanchard, Cerutti, and Summers (2015); Blanchard (2016); and Del Negro, Lenza, Primiceri, and Tambalotti (2020)。

19. 相關討論，參見 Kiley (2015)。

20. Stock and Watson (2007) 使用統計方法顯示，最能描寫 1990 年以後通膨型態的模型是「暫時的偏離圍繞著一個永久的趨勢」；反之，較早期的時候，通膨衝擊往往會持續存在，而不是消失。Hooker (2002) 指出，油價衝擊在 1980 年代不再波及核心通膨。

21. Yellen (2017c) 回顧了聯準會在判斷通膨方面的思考。

22. 關於跨國研究，參見 Blanchard, Cerutti, and Summers (2015)。關於國際對通膨的影響，參見 Forbes (2019)。關於國家層級的研究，參見 Hooper, Mishkin, and Sufi (2020) and McLeay and Tenreyro (2020)。

23. 例如參見 Gilchrist and Zakrajsek (2019)。

24. Mahedy and Shapiro (2017) 討論了醫療的案例。Stock and Watson (2020) 更普遍地顯示，如今對景氣不敏感的商品與服務占消費籃的比例比過去高。當他們關注對景氣敏感的物價時，他們發現菲利浦曲線沒那麼平。

25. 參見 Bernanke (2007) 以及 Mishkin (2007)。關於貨幣政策的變化如何幫忙解釋菲利浦曲線變平，亦參見 Roberts (2006)。

26. Harker (2017).

27. Appelbaum (April 4, 2017).

28. Bernanke (2015g).

29. Yellen (2017a).

30. Yellen's testimony before the Committee on Financial Services, U.S. House of Representatives, July 12, 2017.

31. 2016 年 10 月 16 日，川普接受彭博電視台採訪時說，葉倫是「非常政治化的人」。2016 年 9 月 12 日，川普接受 CNBC 採訪時說，葉倫應該為自己感到羞愧。

32. See YouTube, "Donald Trump's Argument for America," November 6, 2016, https://www.youtube.com/watch?v=vST61W4bGm8.

33. Timiraos and Davidson (June 13, 2017).

34. Fleming (October 26, 2018).

35. Yellen (2017b).

第 9 章

1. Powell (2015).

2. Transcript of Powell's swearing-in remarks, February 5, 2018, 1.

3. Powell's testimony before the Committee on Banking, Housing, and Urban Affairs, U.S. Senate, June 22, 2017, 1.

4. Transcript of Powell's press conference, March 21, 2018, 2–3.

5. Condon (2019) 匯總了本章提到的那些川普推文。

6. Powell (2018a).

7. Powell (2018b).

8. Transcript of Powell's press conference, December 19, 2018, 1–4.

9. Cox (October 3, 2018).

10. Transcript of Powell's press conference, December 19, 2018, 6.

11. *Wall Street Journal* (January 4, 2019).

12. Transcript of Powell's press conference, January 30, 2019, 13.

13. Federal Reserve Board, press release, "Statement on Chair Powell's and Vice Chair Clarida's meeting with the President and Treasury Secretary," February 4, 2019, https://www.federalreserve.gov/newsevents/pressreleases/other20190204a.htm.

14. 詳 請 請 見 Tankersley (April 11, 2019) 以 及 Tankersley, Haberman, and Cochrane (May 2, 2019)。

15. Amiti, Redding, and Weinstein (2020).

16. Weinraub (October 19, 2020).

17. Baker, Bloom, and Davis (2016).

18. Powell (2019a).

19. Transcript of Powell's press conference, June 19, 2019, 1.

20. Transcript of Powell's press conference, June 19, 2019, 6.

21. Transcript of Powell's press conference, July 31, 2019, 1.

22. Transcript of Powell's press conference, July 31, 2019, 4.

23. Powell (2019b).

24. Transcript of Powell's press conference, October 30, 2019, 1–3.

25. Federal Reserve Board, press release, November 15, 2018, https://www.federalreserve.gov/newsevents/pressreleases/monetary20181115a.htm.

26. Clarida (2019).

27. 2019 年 8 月，一項調查訪問了持有約四分之三準備金的銀行的資深財務主管。調查結果顯示，讓他們感到安心的準備金最低門檻，加總起來是 6,520 億美元。據此推斷，讓所有的準備金持有者感到放心的最低金額約為 9,000 億美元：https://www.federalreserve.gov/data/sfos/aug-2019-senior-financial-officer-survey.htm.

第 10 章

1. Transcript of Powell's press conference, January 29, 2020, 2.

2. Transcript of Powell's press conference, January 29, 2020, 12.

3. Taylor (March 17, 2020).

4. Federal Reserve Board, press release, "Statement from Federal Reserve Chair Jerome H. Powell," February 28, 2020, https://www.federalreserve.gov/newsevents/pressreleases/other20200228a.htm.

5. Ghebreyesus (2020).

6. Achenbach, Wan, and Sun (March 11, 2020).

7. Quarles (2020).

8. Baer (May 20, 2020). 關於 3 月美國公債市場受創的討論，參見 Schrimpf, Shin, and Sushko (2020); Duffie (2020); 以及 Cheng, Wessel, and Younger (2020)。

9. 關於美元換匯協定的效果，參見 Cetorelli, Goldberg, and Ravazzolo (2020)。

10. FOMC call minutes, March 15, 2020, 6.

11. Bank of England, "Monetary Policy Summary for the special Monetary Policy Committee meeting on 19 March 2020," https://www.bankofengland.co.uk/monetary-policy-summary-and-minutes/2020/monetary-policy-summary-for-the-special-monetary-policy-committee-meeting-on-19-march-2020.

12. Bank of Japan, "Enhancement of Monetary Easing in Light of the Impact of the Outbreak of the Novel Coronavirus (COVID-19)," March 16, 2020, https://www.boj.or.jp/en/mopo/mpmdeci/state_2020/k200316b.htm/.

13. Lagarde (2020a).

14. European Central Bank, "Pandemic emergency purchase programme (PEPP)," accessed December 19, 2020, https://www.ecb.europa.eu/mopo/implement/pepp/html/index.en.html.

15. European Central Bank, "Open market operations," accessed December 19, 2020, https://www.ecb.europa.eu/mopo/implement/omo/html/index.en.html.

16. Rankin (July 21, 2020).

17. Powell (2020a).

18. Samuels (May 13, 2020).

19. Powell (2020c).

20. FOMC meeting minutes, July 27–28, 2021, 5. Clarida (2021) 提出 2022 年末或 2023 年初開始升息的背後邏輯，他認為這樣做符合聯準會的新架構。

第 11 章

1. Eggertsson and Woodford (2003).

2. Bernanke (2014b).

3. 關於量化寬鬆的經驗與影響的調查，參見 Williams (2014); Gagnon (2016); Bhattarai and Neely (forthcoming); Kuttner (2018); Dell'Ariccia, Rabanal, and Sandri (2018); 以及 Bernanke (2020)。本章與下一章的內容大多摘自 Bernanke (2020)，是作者對美國經濟學會發表的主席演講。

4. Bhattarai, Eggertsson, and Gafarov (2015).

5. Kiley (2014) 提出了一個模型，在那個模型中，短期與長期利率都會影響總需求。這隱含的意思是，量化寬鬆造成的長期利率下降（短期利率沒有下降），可能不如傳統寬鬆政策造成的短期利率下降與長期利率下降的組合那麼強大。

6. Rebucci, Hartley, and Jimenez (2020).

7. Gagnon, Raskin, Remache, and Sack (2011).

8. 表中（作者計算的）資產價格反應與最初幕僚備忘錄中的計算非常相似。Gagnon, Raskin, Remache, and Sack (2011) 也考慮了更大一組的公告日（八個）。使用較大的資料集結果基本上沒變。更廣泛來看，大量的相關文獻顯示，這些結果對考慮的確切天數並不敏感，對關鍵公告日周圍選的天數長短也不敏感。

9. Joyce, Lasaosa, Stevens, and Tong (2011).

10. 例如參見 Greenlaw, Hamilton, Harris, and West (2018)。Gagnon (2018) 對那篇論文的回應，比我更早提出這裡提到的一些觀點。

11. Krishnamurthy and Vissing-Jorgensen (2011).

12. See Cahill, D'Amico, Li, and Sears (2013).

13. De Santis (2020).

14. D'Amico and King (2013) 率先使用這種方法，但他們的論文只考慮 QE1。更多的美國結果，請參見 Cahill, D'Amico, Li, and Sears (2013); Meaning and Zhu (2011); 以及 D'Amico, English, Lopez-Salido, and Nelson (2012)。

15. 英國研究的一個有趣例子是 McLaren, Banerjee, and Latto (2014)。這幾位作者考慮了三個「自然實驗」，亦即英國央行宣布改變其資產購買的期限分布，但改變的原因與貨幣政策計劃或目標無關。他們發現，強大的本地供給效應（那些因為計劃改變而受惠的資產價格上漲）不會隨著時間的推移而消退。在英國發現類似結果的研究包括 Meaning and Zhu (2011) 以及 Joyce and Tong (2012)。

16. See Di Maggio, Kermani, and Palmer (2020).

17. 例如參見 Bauer and Rudebusch (2014)。

18. Altavilla and Giannone (2017).

19. D'Amico and King (2013).

20. Ihrig and others (2018).

21. 關於這種方法及其發現的摘要，參見 Bonis, Ihrig, and Wei (2017)。這項研究以 Li and Wei (2013) 及 Hamilton and Wu (2012) 為基礎。Hamilton 與 Wu 發現，資產購買的影響較弱。一些論文使用迴歸方法來評估債券供給對期限溢酬的影響，例如 Gagnon, Raskin, Remache and Sack (2011)。這種研究路線（以 Ihrig and others (2018) 為代表）試圖為這種方法套上更大的架構（包括無套利條件），亦參見 Greenwood and Vayanos (2014)。

22. 關於公債發行與量化寬鬆購買的相互競爭效應，參閱 Greenwood, Hanson, Rudolph, and Summers (2015)。

23. 例如，Wu (2014) 把 2008 年秋季至 2013 年「縮減購債恐慌」之間 10 年期美國公債殖利率下降 2.2% 的一半以上功勞歸給聯準會的資產購買。這個結論與聯準會幕僚的研究類似。Altavilla, Carboni, and Moto (2015) 以及 Eser and others (2019) 發現，2015 年 1 月宣布的歐洲央行量化寬鬆計劃也有類似的效果。

24. 聯準會的幕僚常提到這個三比一的比率。參見 Chung, Laforte, Reifschneider, and Williams (2012)，他們把聯邦資金利率的變化對 10 年期殖利率做了迴歸分析，發現四比一的關係，亦參見 Laforte (2018)。

25. 例如參見 Coibion, Gorodnichenko, Knotek, and Schoenle (2020)。這些作者在一項調查實驗中發現，多數人並不知道聯準會在 2020 年 8 月宣布了新的政策架構，或是對聯準會的宣布毫無反應。

26. 例如參見 Bernanke, Kiley, and Roberts (2019)。

27. See Nelson (2021), and Lindsey (2003), and Feroli and others (2017).

28. Gürkaynak, Sack, and Swanson (2005).

29. Campbell, Evans, Fisher, and Justiniano (2012).

30. See Femia, Friedman, and Sack (2013). Raskin (2013) 利用利率選擇權的資訊得出類似的結論。至於聯準會宣布把利率指引綁住特定日期的影響，相關的事件研究摘要，亦參閱 Bernanke (2020)。更廣泛來看，Carvalho, Hsu, and Nechio (2016) 統計了報章雜誌報導中的特定字眼，以衡量政策預期。結果顯示，聯準會出乎意料的溝通會影響較長期利率。Del Negro, Giannoni, and Patterson (2015) 的結論是，前瞻性指引對通膨與成長預期有正面影響。

31. Clarida (2020b) 是政策制定者的演講可提供廣泛指引的例子。

32. Bush, Jendoubi, Raskin, and Topa (2020).

33. Introductory statement to Draghi's press conference, July 4, 2013, https://www.ecb.europa.eu/press/pressconf/2013/html/is130704.en.html.

34. Charbonneau and Rennison (2015) 提供了危機後前瞻性指引的國際證據的年表與回顧。Altavilla and others (2019) 使用統計分析來找出歐洲央行溝通的關鍵面向。Gürkaynak, Sack, and Swanson (2005) 及 Swanson (2020) 也使用類似的分析。Hubert and Labondance (2018) 發現，歐洲央行的前瞻性指引持續降低整個期限結構的利率。

35. Nakata (2015) 為制度聲譽做了理論建模。

第 12 章

1. Fernald, Hall, Stock, and Watson (2017).

2. Engen, Laubach, and Reifschneider (2015).

3. 這個計算以 Laforte (2018) 為根據。

4. Caldara, Gagnon, Martinez-Garcia, and Neely (2020).

5. Transcript of Powell's press conference, June 10, 2020, 10.

6. "An Update to the Economic Outlook: 2010 to 2030," Congressional Budget Office, July 2020, https://www.cbo.gov/system/files/2020-07/56442-CBO-update-economic-outlook.pdf.

7. 關於 2020 年企業退場的分析，參閱 Crane and others (2020)。

8. 關於歐洲央行政策對 GDP 與通膨的過去影響，以及新冠疫情期間歐洲央行政策對 GDP 與通膨的預期影響，參見 Lagarde (2020b)。

9. Bernanke (2020).

10. Chung and others (2019).

11. Reifschneider (2016) 與 Kiley (2018) 得出質化的相似結果；Chung and others (2019) 則比較悲觀。至於這些研究之間的差異，相關的討論請見 Bernanke (2020)。Kim, Laubach, and Wei (2020) 對新工具的總經效益提出比較樂觀的看法。

12. Rodnyanksy and Darmouni (2017).

13. Kurtzman, Luck, and Zimmermann (2017) 發現，銀行在 QE1 和 QE3 購買 MBS 後，降低了放貸標準，放出風險較高的貸款。他們估計，額外的信貸發放相當於聯邦資金利率下調 1%。他們認為，這種風險承擔的增加有利於經濟復甦，不會損害金融穩定。

14. 如果實質自然利率大於零，達到 2% 的通膨目標將使名目自然利率上升到 2–3%，為貨幣政策提供一些空間。除了 Kiley (2019) 估計許多國家的實質自然利率為負值以外，目前多數的研究估計，主要外國經濟體的實質自然利率大於零。例如，紐約聯邦準備銀行根據 Holston, Laubach, and Williams (2017)，指出加拿大、歐元區、英國的實質自然利率的估計值，截至 2021 年都是正數。Okazaki and Sudo (2018) 使用 Laubach and Williams (2003) 的方法以及計量經濟學模型，估計日本的實質自然利率接近 1%。Davis, Fuenzalida, and Taylor (2021) 估計六個先進經濟體的實質自然利率是介於零與略為正值之間。

15. See ECB, press release, "ECB's Governing Council approves its new monetary policy strategy," July 8, 2021, https://www.ecb.europa.eu/press/pr/date/2021/html/ecb.pr210708~dc78cc4.

16. See Federal Reserve Board, press release, "Federal Reserve Board announces Reserve Bank income and expense data and transfers to the Treasury for 2020," January 11, 2021, https://www.federalreserve.gov/newsevents/pressreleases/other20210111a. 關於量化寬鬆對政府長期債務

的影響，參見 Clouse and others (2013)。

17. Caballero and Kamber (2019).

18. Gilchrist and Zakrajsek (2013).

19. Swanson and Williams (2014).

20. 研究檢視了貨幣政策在不同經濟體中的分配效應。關於美國的資料，參見 Bivens (2015)。關於歐元區的資料，參見 Slacalek, Tristani, and Violante (2020)。關於英國的資料，參見 Bunn, Pugh, and Yeates (2018)。Aaronson, Daly, Wascher, and Wilcox (2019) 展示了「熱絡」的勞力市場為低薪工人帶來的好處。Heathcote, Perri, and Violante (2020) 記錄了經濟衰退導致貧富差距加劇。進一步的討論，參見 Bernanke (2015h)

21. Kopcke and Webb (2013).

22. 退休方案、住屋擁有率、股票持有的相關資料，來自 "Changes in U.S. Family Finances from 2016 to 2019: Evidence from the Survey of Consumer Finances," Federal Reserve Bulletin, September 2020。

23. Bartscher, Kuhn, Schularick, and Wachtel (2021) 發現，寬鬆的貨幣政策使黑人就業人數的增加大於白人就業人數的增加，但也使財富的種族差異明顯加劇。

24. 關於日本，參見 Caballero, Hoshi, and Kashyap (2008)。McGowan, Andrews, and Millot (2018) 討論了先進經濟體中僵屍企業的發生率。

25. Favara, Minoiu, and Perez-Orive (2021).

26. 關於量化寬鬆與寬鬆貨幣政策的其他批評，更多的討論請參見 Bernanke (2017a)。

第 13 章

27. 更多的討論，參見 Dell'Ariccia, Rabanal, and Sandri (2018) 以及 Potter and Smets (2019)。

28. D'Amico and Kaminska (2019).

29. Gilchrist and Zakrajsek (2012).

30. Gilchrist and Zakrajsek (2012).

31. 2020 年 3 月，我與葉倫主張，國會應賦予聯準會有限的自由裁量權，讓它購買評級高的公司債，以支持信貸流向非金融的公司，參見 Bernanke and Yellen (2020)。《CARES 法》就設立了這樣的機制，但是，誠如我與葉倫的提議，那個機制的目的在於改善信貸市場的運作，而不是為了更普遍提高貨幣政策的效力。

32. See Andrade, Cahn, Fraisse, and Mesonnier (2019); Churm, Joyce, Kapetanios, and Theodoridis (2021); and Cahn, Matheron, and Sahuc (2017).

33. See Arteta, Kose, Stocker, and Taskin (2018) and Eisenschmidt and Smets (2018).

34. Brunnermeier and Koby (2018).

35. See Lopez, Rose, and Spiegel (2020) and Altavilla, Burlon, Giannetti, and Holton (2021).

36. Burke and others (2010).

37. See Grisse, Krogstrup, and Schumacher (2017).

38. See Bowman, Erceg, and Leahy (2010). 關於 1951 年以前的經驗，參見 Chaurushiya and Kuttner (2003)。

39. 早期的支持觀點，參見 Brainard (2019)。Clarida (2020a) 把殖利率上限與目標描述成「在當前環境下不需要，但可以保留這個選項……以防情況出現明顯變化」。

40. See "What is the Statement on Longer-Run Goals and Monetary Policy Strategy, and why does the Federal Open Market Committee publish it?" FAQ, Board of Governors, accessed January

26, 2021, https://www.federalreserve.gov/faqs/statement-on-longer-run-goals-monetary-policy-strategy-fomc.htm.

41. Bernanke and Mishkin (1997).

42. Svensson (1999) 是物價水準目標制的早期支持者。Eggertsson and Woodford (2003) 認為，當有效下限經常限制貨幣政策時，物價水準目標制可能特別有效。

43. See Bernanke (2017a) and Bernanke, Kiley, and Roberts (2019).

44. Brainard (2017).

45. Clarida (2020b) 提供詳盡的討論。

46. 關於理事會幕僚對名目 GDP 目標的分析，參見 Erceg, Lopez-Salido, and Tetlow (2011) 以及 Erceg, Kiley, and Lopez-Salido (2011)。克莉絲蒂娜・羅默在《紐約時報》的一篇投書中（2011 年 10 月 29 日）提倡名目 GDP 目標制。其他早期的支持者包括 Carney (2012)、Woodford (2012)、Sumner (2014)。最近的支持者則有聖路易聯邦準備銀行的總裁布拉德，Bullard and DiCecio, (2019)。

47. 關於最近一份主張提高通膨目標的聲明，參見 Andrade, Gali, Le Bihan, and Matheron (2019)。亦參見 Blanchard, Dell'Ariccia, and Mauro (2010) 以及 Leigh (2010)。

48. 例如參見 Furman and Summers (2020)。這觀點讓人想起 1950 年代與 1960 年代凱因斯經濟學家的觀點，他們追隨凱因斯的理論，把財政政策視為最有效的穩定工具。1930 年代（凱因斯正在發展他的理論時）的利率與 2000 年後一樣，接近於零，凱因斯認為那限制了貨幣政策的施展空間。

49. Boushey, Nunn, and Shambaugh (2019).

50. Friedman (1969).

51. 更多的討論，參見 Kocherlakota (2016)。

52. 關於現代貨幣理論的概要與進一步的參考文獻，參見 Matthews (2019)。Mankiw (2020) 提供了一個考慮周延的主流批評。

第 14 章

1. Bernanke and Kuttner (2005) 發現，聯邦資金利率意外下調一碼，通常會使股價上漲約1%。Reinhart and Reinhart (2011) 發現，聯邦資金利率與資產價格之間的長期關係很弱，尤其是 1990 年以後，外國資本流入美國的重要性增加。

2. Mishkin and White (2003).

3. 關於金本位制在大蕭條中扮演的角色，參見 Eichengreen and Sachs (1985)、Bernanke and James (1991)、Eichengreen (1992)。Friedman and Schwartz (1963) 的經典研究強調美國的銀行倒閉對貨幣供給與物價水準的影響。Bernanke (1983) 討論了銀行倒閉對信貸的影響。Bernanke (2018) 提供信貸在大蕭條中的角色的最新參考資料。關於大蕭條來源的精彩通俗論述，參見 Ahamed (2009)。

4. See Jordà, Schularick, and Taylor (2013) and Jordà, Schularick, and Taylor (2015b).

5. Case, Quigley, and Shiller (2013).

6. 例如，2020 年 FDIC 承保的銀行所持有的貸款與租賃中，約有一半是以房地產為抵押，這個比例高於其他任何類別。FDIC: https://www.fdic.gov/analysis/quarterly-banking-profile/qbp/2020sep/qbp.pdf.

7. Mian, Sufi, and Verner (2017).

8. 關於寬鬆貨幣對銀行放貸的影響，相關證據與理論的概述請參見 Paligorova and Sierra

Jimenez (2012)。

9. Bernanke and Kuttner (2005).

10. Hanson and Stein (2015).

11. Bernanke, Gertler, and Gilchrist (1996).

12. 更多的討論，參見 Borio and Zhu (2012) and Stein (2013)。

13. Barberis, Greenwood, Jin, and Shleifer (2018).

14. Minsky (1986).

15. 在根據 Lewis (2010) 改編的電影中，榮獲諾貝爾獎的行為經濟學家理查·塞勒（Richard Thaler）為演員席琳娜·戈梅茲（Selena Gomez）飾演的角色說明了投資者的行為偏誤。

16. Rajan (2005).

17. Stein (2013) 提出這個論點。

18. See Lu and others (2019).

19. 關於總體審慎工具的介紹，參見 Yilla and Liang (2020)。Crockett (2000) 是最早呼籲使用這類政策的人之一。

20. Liang and Edge (2019) 為政治考慮與總體審慎委員會的效用之間的權衡取捨提出了國際證據。

21. 例如參見 Claessens (2015) 以及 Richter, Schularick, and Shim (2019)。

22. Yellen (2018)

23. Metrick and Tarullo (2021) 主張「一致的」監管——概略來說就是，職能類似的金融公司應該受到類似的監管。

24. See "Conclusion: The Fire Next Time" in Bernanke, Geithner, and Paulson (2019).

25. 例如參見 the Program on Financial Stability at the Yale School of Management, https://som.yale.edu/faculty-research-centers/centers-initiatives/program-on-financial-stability. 這個計劃是在全球危機之後成立的，對世界各地的數十場金融危機以及政策制定者的因應方式做了詳細的分析。這些案例研究用來培訓世界各地的央行與財政部的人員，目的是改善未來的危機預防與管理。

26. Bernanke (2002a).

27. Ahamed (2009), 276.

28. Bean, Paustian, Penalver, and Taylor (2010), 300.

29. Jordà, Schularick, and Taylor (2015a).

30. Borio and White (2003).

31. Agur and Demertzis (2013) 認為，如果貨幣政策包括金融穩定目標，那麼面對疲軟的經濟時，最好的政策是積極寬鬆，但縮短利率維持在低檔的時間，以限制風險的累積。

32. Stein (2013).

33. See Adrian, Duarte, Liang, and Zabczyk (2020).

34. Bernanke (2004).

35. 例如參見 Adrian and Liang (2018)。

36. 參見 Greenwood, Hanson, Shleifer, and Sørensen (forthcoming)。在內文提到的那場演講之後的另一場演講中，Stein (2014) 建議以債券風險溢價的衡量標準作為財務風險的指標。

37. English (forthcoming) 討論了挪威的案例。

38. See Svensson (2017a, b).

39. Adrian and Liang (2018).

40. 這點是由 Gourio, Kashyap, and Sim (2018) 提出的。Reinhart and Rogoff (2009) 提供證據顯示，金融危機之後的衰退往往特別嚴重又持久。

41. Rey (2013).

42. 其他因素也會影響全球景氣循環。聯準會政策在決定國際資本流動方面，重要性較少，相關研究請參見 Clark, Converse, Coulibaly, and Kamin (2016)。

43. Adrian and Shin (2010).

第 15 章

1. Transcript of Bernanke's press conference, December 1

2. 8, 2013, 39.

3. See Das and Spicer (July 21, 2016).

4. Brainard (2020) 討論了聯準會作為財政代理人的角色，以及聯準會的 FedNow 所提供的立即支票清算服務。

5. 關於 FedNow，詳情請見 Federal Reserve Board, FedNow Service, accessed October 9, 2021, https://www.federalreserve.gov/paymentsystems/fednow_about.htm。

6. Federal Reserve Board, "Preserving Minority Depository Institutions," accessed October 9, 2021, https://www.federalreserve.gov/publications/files/preserving-minority-depository-institutions-2020.pdf.

7. 關於 CRA，詳情請見 Federal Reserve Board, Community Reinvestment Act, accessed February 26, 2021, https://www.federalreserve.gov/consumerscommunities/cra_about.htm。

8. Wessel, Sheiner, and Ng (2019). The Board's Office of Minority and Women Inclusion reports annually to Congress. See Federal Reserve Board, "How does the Fed foster diversity and inclusion in the workplace?" accessed February 26, 2021, https://www.federalreserve.gov/faqs/how-does-the-fed-foster-diversity-and-incluson-in-the-workplace.htm.

9. Smialek (February 2, 2021).

10. Holston, Laubach, and Williams (2017).

11. Blinder (1996).

柏南克談聯準會

21st Century Monetary Policy: The Federal Reserve from the Great Inflation to COVID-19

作者：柏南克（Ben S. Bernanke）｜譯者：洪慧芳｜主編：鍾涵瀞｜特約副主編：李衡昕｜編輯協力：徐育婷｜行銷企劃總監：蔡慧華｜出版：感電出版／遠足文化事業股份有限公司｜發行：遠足文化事業股份有限公司（讀書共和國出版集團）｜地址：23141 新北市新店區民權路108-2號9樓｜電話：02-2218-1417｜傳真：02-8667-1851｜客服專線：0800-221-029｜信箱：gusa0601@gmail.com｜法律顧問：華洋法律事務所 蘇文生律師｜EISBN：9786269659043（EPUB）、9786269659036（PDF）｜出版日期：2022年12月｜定價：680元

國家圖書館出版品預行編目(CIP)資料

柏南克談聯準會:21世紀貨幣政策/柏南克(Ben S. Bernanke)著；洪慧芳
譯.-- 新北市:感電出版:讀書共和國出版集團發行, 2022.12

472面；16×23公分

譯自：21st Century Monetary Policy: The Federal Reserve from the Great
Inflation to COVID-19

ISBN 978-626-96590-5-0 (平裝)

1.中央銀行 2.貨幣政策 3.美國

562.4521   111017458

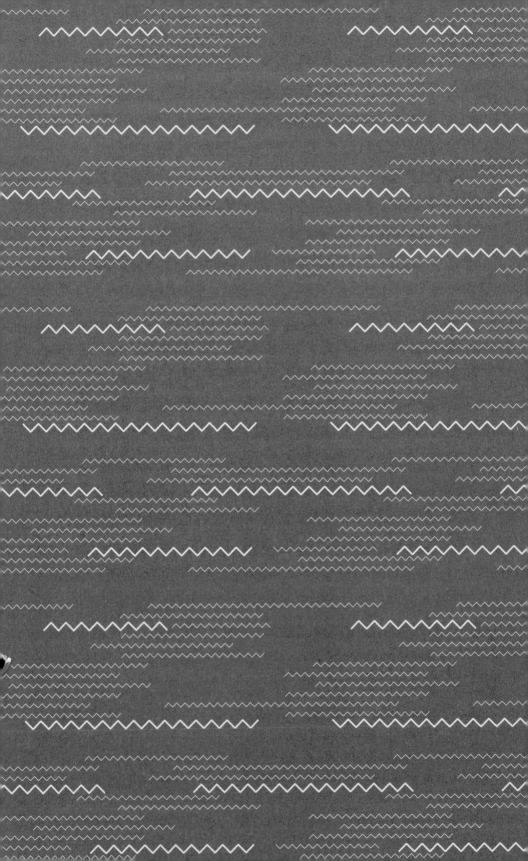

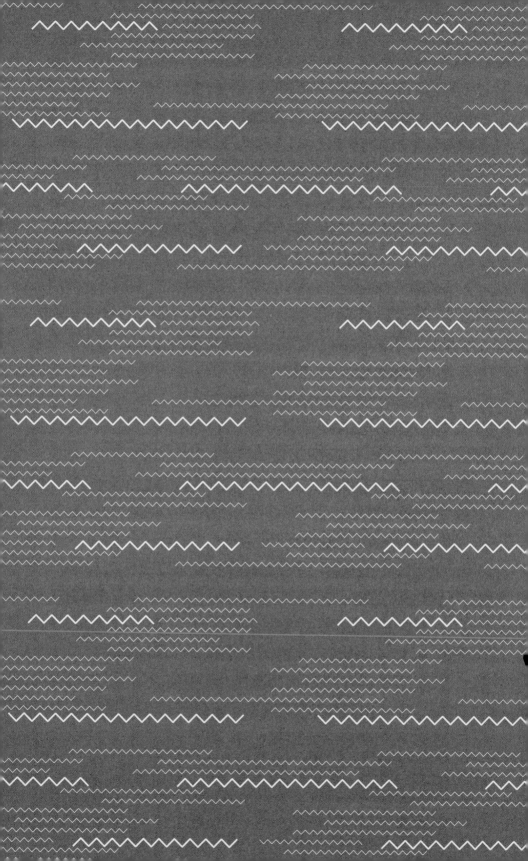